땅은 사유재산이다

사유재산권과 토지공개념

나남출판

나남신서 1138

땅은 사유재산이다
사유재산권과 토지공개념

2006년 3월 30일 발행
2006년 3월 30일 1쇄

저자_ 金正浩
발행자_ 趙相浩
디자인_ 이필숙
발행처_ (주) **나남출판**
주소_ 413-756 경기도 파주시 교하읍
    출판도시 518-4
전화_ (031) 955-4600 (代), FAX : (031) 955-4555
등록_ 제 1-71호(79.5.12)
홈페이지_ http://www.nanam.net
전자우편_ post@nanam.net

ISBN 89-300-8138-X
ISBN 89-300-8001-4(세트)
책값은 뒤표지에 있습니다.

나남신서 · 1138

땅은 사유재산이다

사유재산권과 토지공개념

김 정 호

나남출판

Land Is a Private Property !

Property in Land and The Public Concept of Land

by

Kim, Chung-Ho

NANAM

NANAM Publishing House

서 문

저자는 지난 18년간 토지와 주택문제에 대한 글을 써왔다. 정부가 시민들의 토지이용행위에 대해서 일일이 개입하고 규제하기보다는 그들의 자율적 결정과 시장의 움직임에 맡기는 것이 좋다는 것이 나의 일관된 주장이었다. 또 투기억제를 통해서 토지와 주택에 대한 보유수요를 줄이기보다는 택지 등의 공급을 늘리는 것이 우리나라 전체의 행복을 늘리는 데에 더 유용하다는 것도 내 글의 또 다른 측면이었다.

규제와 투기억제를 통해 잠시 동안은 매매가격을 내릴 수는 있지만, 전세가격은 오히려 오르게 되며, 또 시간이 지나면서 공급이 억제되기 때문에 매매가격조차 다시 오를 뿐이다. 가격이 지속적으로 하락하려면 지속적 공급확대가 있어야만 한다. 이 같은 현상은 지난 20년간 계속 반복되어 나타났음에도 불구하고 아직도 가격이 오를 때마다 공급확대책보다는 투기억제와 규제강화가 전가의 보도처럼 등장한다. 토지이용규제와 투기억제가 이 사회에 해롭다는 말은 '쇠귀에 경 읽는 것'에 불과한 모양이다.

그래서 이번에는 사유재산 그 자체에 대한 글을 써보고 싶었다. 우리나라의 지식인들은 토지의 사유재산권을 너무 하찮게 여긴다. 사유재산권이란 그 재산을 자유롭게 이용하고 처분할 수 있는 권리를 뜻하는데, 우리나라는 토지와 주택에 대해서 이용도 처분도 취득도 수익도 자유롭게 허용하지 않고 있다. 그런데도 지식인들은 아직도 더 많은 규제와 더 많은 세금을 요구하고 있다. 투기억제라는 말 하나면 어떠한 규제도 정당화할 수 있다는 투이다. 언론과 표현과 신체의 자유는 그토록 중시하는 자들이 왜 토지소유의 자유는 그토록 증오할까. 혓바닥과 몸뚱이는 누구나 가지고 있지만 토지와 주택은 일부만이 소유하고 있기 때문일까. 그리고 토지와 주택을 소유하지 않은 계층이 자신들의 지지층이기 때문일까?

사유재산은 문명사회의 주춧돌이다. 원시사회로 갈수록 사유재산은 사라지고 모든 것을 공유의 시각으로 바라본다. 어쩌면 그렇게 사는 것이 인간의 본성에 맞는 것일지는 모른다. 하지만 원시인들의 생활상으로부터 인간의 본성을 유추한다면 아직도 파푸아뉴기니 사람들이 그러고 있듯이 굶주림과 질병과 부족간의 전쟁과 약탈, 영아 살해 같은 것 역시 인간의 본성이다. 토지 공유제는 그런 현상들과 어울리는 짝인 것이다. 인간이 그런 원시의 상태를 벗고 문명을 이룰 수 있었던 것은 폭력을 자제하면서 평화를 이룰 수 있었기 때문이고, 무엇보다도 타인의 사유재산을 인정할 수 있게 되었기 때문이다. 평화와 사유재산제하에서만 인간의 지식과 재산이 늘어날 수 있으며, 그것 위에서 문명은 꽃을 피운다.

그런데도 우리는 사유재산을 존중하자는 말을 가진 자들의 이익을 보호하자는 말 정도로 여긴다. 정교한 사유재산제보다는 인디언 추장

들의 연설문에나 나올 법한 토지 공유제 같은 것에 더 마음을 빼앗긴
다. 싱가포르나 홍콩의 발전이 세계 최고 수준의 사유재산제와 경제적
자유에서 비롯된 것임에도 불구하고, 그들의 또 다른 모습인 토지 국
유제나 주택의 공영개발 때문에 경제발전이 가능했다고 억지를 부린
다. 만약 그런 것들이 번영의 원인이라면 토지를 국유화한 수많은 아
프리카 국가들과 공산권 국가들에서 수많은 인민들이 굶어죽을 이유가
없을 것이다. 번영을 가져다주는 것은 사유재산권과 경제적 자유이다.
토지에서도 마찬가지다. 토지의 사유재산권을 온전히 인정해 주어야
땅은 가장 가치가 높은 용도로, 다시 말해서 소비자들이 가장 간절히
원하는 용도로 이용된다. 규제는 그 과정을 방해할 뿐이다.
　물론 정부가 토지 소유자의 행위에 개입해야 할 때가 있을 수 있다.
그러나 그때도 정부는 시장을 흉내낸다는 태도로 임해야 한다. 즉, 시
장이 제대로 작동했다면 어떤 결과가 초래되겠는지를 추측해서 그렇게
이루어지도록 해야 한다. 또 정부가 소유자의 사유재산권을 제한하려
면 소유자가 구체적으로 무엇을 잘못했는지 입증하거나 또는 개입한
결과가 그대로 방치하는 것보다 좋은지 입증해야 한다. 규제를 해야
한다면 과연 중앙정부가 해야 하는지 지방정부가 해야 하는지, 또는
시장에 의해서 자발적 규제메커니즘이 생겨날 수 있는데, 정부가 그것
을 막고 있는지 잘 따져 보아야 한다. 그럴 때에야 비로소 정부는 폭
군이 아니라 소비자들, 또는 납세자들의 충실한 머슴의 자격을 갖추게
된다.
　이 책에서는 토지가 왜 사유재산이어야 하는지, 그리고 사유재산의
한계가 어디까지인지 밝힌 후, 토지의 소유・거래・이용 등에 대한 우
리나라의 규제들이 어떻게 사유재산의 원리를 위배하는지 설명하고자

한다. 그리고 마지막 제9장은 토지 사유재산제를 철저히 부인한 19세기 말 미국의 경제학자 헨리 조지의 사상에 대한 비판을 담고 있다. 헨리 조지의 사상은 토지시장의 다양한 측면을 동시에 다루고 있기 때문에 그것에 대한 비판인 제9장의 내용은 앞의 8개장들과 겹치는 내용들을 많이 포함하고 있다. 독자들의 넓은 이해를 구한다.

독자들이 재미있게 읽을 수 있도록 쉽게 쓰고자 노력했지만 정교함만 희생한 채 결국 재미있는 글은 만들지 못했다. 이 점 역시 독자들께서 넓은 마음으로 이해해 주시길 바란다.

책이 나오기까지 도와주신 분들께 감사의 말씀을 전한다. 자유기업원의 이완재 실장은 늦어지는 원고를 재촉해 주었다. 지금이나마 원고를 마무리할 수 있었던 것은 전적으로 이완재 실장의 공이다. 그리고 자유기업원의 곽은경 연구원에게도 감사의 말을 전한다.

무한히 인내하심으로 아들에게 생각의 자유를 주신 나의 어머니 이옥자님에게 이 책을 바칩니다.

2006년 2월
여의도 연구실에서
김 정 호

나남신서 · 1138

땅은 사유재산이다

사유재산권과 토지공개념

차 례

제 1 장

한국의 땅은 사유재산인가

1997년 대통령 선거운동 당시 김대중 후보는 그린벨트에 관해 획기적 공약을 내건다. 불요불급한 그린벨트는 풀어버리고 꼭 필요한 곳은 정부가 매입해서 국유지로 만들겠다는 약속이었다. 그렇게 된다면 30년 가까이 그린벨트로 묶여 손해를 보던 토지 소유자들의 억울함이 조금은 해소될 수 있을 터였다. 김대중 후보는 아마도 그 공약으로 제법 많은 표를 얻었을 것이다. 그러나 실제 그가 대통령이 된 후 벌어진 상황은 본래의 약속과는 딴 판이었다. 그린벨트 내 토지 소유자들에 대한 보상은 이루어지지 않았다. 일부 중소도시 등에서 법적으로 그린벨트가 풀린 것은 사실이지만, 대부분은 풀어놓더라도 묶은 것과 별반 달라질 것이 없는 지역들이 풀렸다. 거의 성장가능성이 없는 중소도시의 그린벨트들이 주요 대상이었고, 대도시의 경우 어떤 식으로든 이미 취락지역이 되어버린 곳을 양성화해 주는 정도였다. 그나마 풀린 곳의 대부분이 국민임대주택 용지로 수용될 처지에 놓여 있다. 가장 큰 보상을 필요로 하는 지역, 즉 그린벨트만 아니었다면 땅값이 비쌌을 지역일수록 보상받을 가능성도, 규제가 풀릴 가능성도 희박하다.

가장 큰 이유는 보상해 줄 만한 돈이 없다는 것인데, 보상을 못해 줄 사정이라면 당연히 묶은 땅을 풀어주어야 하는 것 아닌가. 일반시민이 그렇게 대가 없이 남의 땅을 깔고 앉아 있으면 당연히 쇠고랑을 찰 일인데, 정부는 특권을 누리는 것을 당연하게 여겨왔다. 수백 년 내려온 '왕토사상'이 아직도 건재하고 있다.

정부는 원래 그런 버릇을 가진 집단이라 치더라도 시민단체들마저 이 문제를 외면하는 것은 너무하다는 생각이 든다. 이렇게 수십만의 사람들이 억울하게 당하고 있는데, 좌익운동을 한 사람들에게까지 보상을 해주라고 외쳐대던 시민단체들은 왜 토지 소유자들의 억울함에 대해서는 침묵하나. 그들에게 보상하라고 천만인 서명운동이라도 벌여야 하는 것 아닌가? 그린벨트로 혜택받는 국민들이 세금을 내서 억울하게 규제당하는 사람들을 보상하라고 사이버 시위를 해주어야 하는 것 아닌가? 세금 내기 싫으면 그린벨트를 포기하라고 할 법도 한데, 어찌된 일인지 그런 일은 일어나지 않고 있다. 오히려 대다수의 시민단체들은 국민의 재산권이야 어떻게 되든 간에 그린벨트를 해제해서는 안 된다고 목청을 높인다. 정부든 시민단체이든 땅에 대한 사유재산권은 아주 하찮게 여긴다는 점에서 별로 다를 것이 없다.

미집행 도시계획시설도 그런 상태다. 멀쩡한 남의 땅을 도로부지니 공원용지니 해서 마구잡이로 묶어버렸고, 일단 묶인 땅에는 아무것도 할 수가 없다. 지난 2001년 말 현재 미집행 도시계획시설부지는 총 4억 3천만 평이며, 그 중에서도 10년 이상 장기 미집행 도시계획시설부지의 면적은 전체 미집행 면적의 3분의 2인 2억 8천만 평에 달한다. 전 국토면적 3백억 평 중 우리가 집이나 상가 또는 학교를 지었거나 지을 수 있는 땅의 면적이 9억 평 정도이니, 그런 쓸 만한 땅들의 30% 이상이 10년 이상 도시계획시설용 부지로 묶여서 제대로 이용되지 못하고 있다. 그나마 다행인 것은 헌법재판소에서 10년 이상 묶여

있는 도시계획시설부지에 대해 보상해 주지 않는 것은 위헌이라고 판
결한 일이다. 그후 정부기관들이 보상해 주어야 한다는 압박감에 시달
리고 있기는 하지만 실제로 보상은 잘 이루어지지 않고 있다. 물론 여
기서도 이유는 돈이 없다는 것이다. 보상해 줄 수 없다면 푸는 것이
마땅하지만, 도시계획시설에서의 해제 역시 원활히 이루어지지 않고
있는 실정이다.

그나마 그린벨트나 도시계획시설에 묶인 사람들은 사정이 나은 편
이다. 상수원보호구역, 군사시설보호구역, 국립공원 등으로 묶인 땅
들은 보상의 '보'자도 꺼내기 어려운 상황이다. 파주에 150만 평의 땅
을 가지고 있는 아무개 씨.[1] 당연히 큰 부자려니 생각하겠지만, 전혀
그렇지 않다. 수십 년간 군대가 점령하고 있기 때문에 옴짝달싹할 수
없는 처지다. 그러다 보니 감정가는 평당 1,030원이란다. 주변 땅들
의 가격이 평당 50만 원 정도는 쉽게 나간다는 사실을 고려한다면 군
대의 이러한 행위는 거의 강탈에 가깝다. 갑자기 전쟁이 났다면 모를
까 군대라고 하더라도 당연히 땅 주인으로부터 땅을 매입하던가 임대
료를 내고 사용해야 하는 것 아닌가. 국토방위가 중요하긴 하지만, 그
부담을 특정인에게 떠넘기는 것은 부당하다. 그런 원리를 아는지 모르
는지 토지 소유자의 억울함에는 누구도 귀를 기울이지 않는다. 가장
좋은 방법은 군대가 땅을 비워주는 것이고, 둘째는 주변시세로 땅을
매입하는 것이며, 셋째는 시세대로 임대료를 지불하는 것이다. 그런
데 현재의 상황으로 보면 어떤 것도 가능할 것 같아 보이지 않는다.

공영개발 방식 역시 고개를 갸웃하게 만드는 면이 있다. 신도시를
만들거나 대단위의 택지를 조성할 때는 대개 정부가 사업주체가 되어
공영개발이라는 것을 한다. 그 핵심은 농민으로부터 땅을 싼값에 사서
이른바 '실수요자들'에게 저렴한 값으로 공급하는 것이다. 그런데 그

---

1) 조성근, 《한국형 땅 부자들》(《한국경제신문》, 2004), pp. 169~170.

실수요자라는 사람들은 도시인들이며, 대개 농민들보다 형편이 좋은 사람들이다. 결국 현재의 공영개발은 농민으로부터 땅을 빼앗아서 형편이 더 나은 도시민들에게 헐값으로 넘기는 제도다. 왜 농민들은 도시민들을 위해 땅을 뺏겨야 하나? 공영개발의 필요성은 인정되지만 농민의 땅을 수용해서 나온 이익은 모두 원래의 토지 소유자인 농민들에게 돌려주는 것이 옳다. 그러지 않아야 할 이유가 없다.

이런 여러 가지의 일들은 우리나라의 땅들이 과연 온전한 사유재산인지에 대한 의문을 자아내기에 충분하다. 타인이 내 재산을 함부로 침해할 수 있다면 그건 이미 이름만 사유재산이지 실질적으로는 침해하는 자가 주인인 것이다. 그런 사실은 침해의 주체가 정부나 국가라고 하더라도 달라질 것이 없다. 공익이라는 명목으로 보상도 없이 규제하거나 다른 사람들에게 헐값으로 넘길 목적으로 땅을 수용하는 것은 사유재산에 대한 부당한 침해이다.

그럼에도 불구하고 사유재산 보호를 지지하는 목소리는 찾기 어렵다. 많은 사람들의 머리 속에 토지 하면 떠오르는 단어는 '투기'와 '공개념'일 것이다. 신체와 언론의 자유, 결사의 자유는 어떤 일이 있어도 지켜져야 하지만, 사유재산권은 공익을 위해서 쉽게 제한될 수 있다는 생각이 대부분 사람들의 머릿속을 지배하고 있다. 그래서 별 죄책감도 없이 남의 귀한 재산을 묶어놓을 수 있는 것이다. 그러나 그 일을 당하는 사람은 억울하기 짝이 없다는 사실을 한 번쯤 생각해 보라.

자유가 중요한 것은 자유를 누리는 당사자뿐만 아니라 다른 사람들에게도 이로운 결과를 가져다주기 때문이다. 각자의 자유를 억누르면 억눌린 사람 자신뿐만 아니라 다른 사람들도 결과적으로 피해를 입게된다. 타인에게 기여할 기회를 박탈하는 셈이기 때문이다. 토지의 재산권을 묶는 것도 같은 효과가 있다. 토지를 효율적으로 사용하면 그 이익은 소유자 자신뿐만 아니라 그 토지를 이용하는 사람들에게도 돌아간다. 자발적 거래는 거래의 쌍방 모두에게 이익이다. 그렇지 않다면 거래는 일어나지 않는다. 효율적으로 이용되는 토지의 이용자들이 자발적 거래를 하는 한, 이용자 모두가 이익을 보는 것은 그 때문이다. 따라서 잘못된 규제로 토지이용의 효율성이 떨어진다면 그 손해는 소유자뿐만 아니라 그 어떤 식으로든 그 토지를 사용하는 모든 사람에게 돌아간다. 다만 그렇다는 사실을 대다수의 사람들이 제대로 인식하지 못할 뿐이다.

물론 한 사람의 토지이용은 다른 사람에게 피해를 줄 수 있기 때문에 토지이용에 대해서 어느 정도의 규제가 필요한 것은 사실이다. 또 적당한 수준에서의 도시계획이 필요한 것도 사실이다. 우리나라의 토지규제들은 그 적당한 선을 넘었다고 확신하지만, 그렇다는 사실을 설득하기에 앞서 무엇이 부당한 규제이고, 어느 정도의 규제가 적당한지에 대한 기준을 제시할 필요가 있다. 그건 사유재산의 한계를 짓는 일이기도 하고, 토지의 재산권에 대한 국가나 정부의 개입한계를 짓는 일이기도 하다. 저자가 이 책에서 하려는 일이 그것이다. 먼저 왜 사유재산이 필요하며, 사유재산권의 한계가 무엇인지 밝힐 것이다. 그리고 나서 토지와 관련된 수많은 제도들이 그 원칙을 벗어나 있다는 사실을 밝히고, 그 때문에 어떤 폐해들이 나타나는지 보여주겠다.

제 2 장
부족할수록 사유케 하라!

사유재산이란 무엇인가

"이 차 갑돌이 거야"라는 말은 그 차를 타려면 갑돌이의 허락을 받아야 된다는 뜻이다. 갑돌이의 차는 갑돌이만이 사용할 권리를 가지고 있다. 누가 그 차를 운전할지, 누구를 태울지 갑돌이가 결정한다. 갑돌이를 제쳐놓고 엉뚱한 다른 사람이 갑돌이의 차에 대해서 그런 결정을 내린다면 그건 갑돌이의 사유재산을 침해하는 것이다.

이처럼 사유재산이란 그 재산권을 가진 자가 그 재산에 대해서 배타적으로 가지는 권리를 말한다. 배타적 권리라는 말은 남의 것을 사용하고 싶을 때는 반드시 주인의 허락을 받아야 함을 뜻한다. 주인이 허락하지 않는데 자기 마음대로 가져가거나 또는 사용한다면 사유재산을 침해하는 것이 된다. 사유재산제하에서 남의 것을 필요로 하는 사람은 주인의 동의를 받아야 하며, 주인의 허락을 받아서 필요한 것을 구하는 행위를 우리는 자발적 거래라고 부른다. 사유재산제는 자발적 거래의 기반이다.

사유재산권을 좀더 세분화하면 '사용권', '수익권', '처분권'으로 나눌 수 있다. 각각의 권리는 다음과 같은 뜻을 가지고 있다.

- 배타적 사용권: 사유재산권자는 그 재산을 자기만 이용할 수 있다. 사유재산권자가 아닌 사람이 그 재산을 사용하고 싶다면 재산권자의 허락을 받아야 한다. 허락을 받지 않고 사용하면 사유재산권을 침해한 것이기 때문에 여러 가지 형태의 손해배상과 처벌이 따른다. 배타적 사용권은 사유재산권의 가장 중요한 요소이다.
- 배타적 수익권: 사용권이 재산권자 자신의 직접 사용을 전제로 한다면, 수익권은 다른 사람의 사용을 허락하는 대신 그 대가를 받는 행위를 말한다. 즉, 사유재산권자는 자기 재산을 타인에게 대가를 받고 빌려 줄 수 있다. 그런 권리는 다른 사람이 아니라 사유재산권자만이 가진다는 의미에서 수익권도 배타적이다.
- 처분권: 사유재산권자는 자신의 재산을 다른 사람에게 주거나 팔 수 있다. 그런 권리를 처분권이라 하며, 양도권이라는 말로 불릴 때도 많다.

이처럼 배타적 사용·수익·처분권을 사유재산권이라고 부른다. '배타적'이라는 말은 다른 사람을 밀어낸다는 뜻을 가지고 있기 때문에 우리의 기분을 상하게 할 때가 많다. 그러나 그 배타성이 항상 남을 배제하는 것만은 아니다. 자신의 재산을 남들이 사용할 수 있게 허락해 준다면 여러분의 배타적 재산은 실질적으로 얼마든지 많은 사람들이 이용하는 재산이 될 수도 있다. 사유재산이란 단지 재산권자가 그 재산을 마음대로 할 수 있다는 것이지, 그 용도가 늘 사악함을 뜻하지는 않는다.

사유재산은 상대적 개념이다

연필은 사유재이다. 그건 연필 소유자의 허락 없이는 다른 사람이 그 연필을 쓸 수 없기 때문이다. 다른 누군가가 당신의 연필을 '훔쳤다가' 들키면 반환은 물론이고 손해배상을 해야 하며, 형사처벌도 받는다.

수많은 것들이 사유재다. 토지, 주택, 자동차, 개인소유의 교과서 등 소유자가 배타적 권리를 갖는 것은 모두 사유재다. 여러분의 귀중한 생명과 인격은 제일 중요한 사유재다.

하지만 세상의 모든 것이 사유재는 아니다. 대기는 누구의 소유도 아니다. 공기의 주인은 없다. 누구나 공기를 마실 수 있다. 대기 중의 공기처럼 누구도 배타적 권리를 가지지 않은 상태를 공유(共有)라고 부른다.

그런데 우리가 간과하기 쉬운 것은 사유, 공유라는 것이 상대적 개념이라는 사실이다. 주택은 사유재산이지만 주택에 대한 모든 권리가 재산권자(등기명의자)에게 배타적으로 귀속되지는 않는다. 비록 재산권자는 남편일지라도 실질적으로는 그 아내와 자식들이 그 권리를 나눠 가지고 있다. 주택의 소유자는 다른 가족에 대해서 배타적 권리를 가지지만 가족구성원 사이에서는 그렇지 않다. 주택은 세상의 다른 모든 가족들에 대해서는 사유재산이지만, 소유자 자신의 가족에 대해서는 공유재산이다.

아파트의 공유부분 같은 것도 그렇다. 일반적으로 아파트의 계단은 누구나 쓸 수 있게 열려 있으며, 그 소유자는 아파트 주민 전체이다. 그래서 그 아파트 주민들이 원한다면 경비실에서 주민이 아닌 사람은 못 들어오게 막을 수 있다. 아파트의 계단과 같은 공유부분은 그 아파트 주민이 아닌 사람과의 관계에서는 사유재이지만 주민들끼리는 공유재이다. 이처럼 사유와 공유 간의 경계는 상대적이다.

國有, 公有, 私有, 共有, 合有, 總有

배타적 권리의 형태를 법적으로는 국유, 공유(公有), 사유로 크게 나눌 수 있다. 국유란 중앙정부 소유의 재산이고, 공유(公有)는 지방자치단체의 재산, 그리고 사유는 일반시민들의 재산을 말한다. 국유나 공유재산의 궁극적 소유자는 대한민국 국민과 지방자치단체 주민이다. 그러나 실질적으로 그럴 수도 있고 그렇지 않을 수도 있다. 정부청사에서 공무원들이 사용하는 연필은 공유가 아니다. 해당 부처의 허락 없이는 어느 누구도 그것을 사용할 수 없기 때문이다. 반면 일반 국도나 지방도 같은 것은 공유재의 성격이 강하다. 누구나 쓸 수 있기 때문이다. 하지만 도로 중에서도 통행료를 내야만 사용할 수 있는 고속도로 같은 것은 사적 재화의 성격이 강하다.

한편 공유(共有) 재산에도 몇 가지 형태가 있는데, 무주물(無主物), 공유(共有), 합유(合有), 총유(總有)가 있다. 무주물이란 그야말로 누구도 그것에 대해서 배타적 권리를 가지지 않는 것을 말한다. 공유(共有)란 여러 사람이 하나의 재산을 나누어 소유하면서 명시적 청구권도 가지는 경우이다. 하나의 토지를 여러 명이 공동등기하는 경우가 이런 경우에 속한다.

합유란 공동소유이기는 하지만 그 지분이 잠재적 성격을 가질 때를 말한다. 예를 들어, 여러 명의 출자로 만들어진 조합이 하나의 토지를 소유할 경우, 그 토지와 조합원들 사이에 형성되는 관계가 합유의 대표적 사례이다. 조합원들은 그 토지에 대해서 직접적 지분을 가지지는 않지만 조합해산 등의 경우에 처분된 재산에 대한 배당청구권을 가진다. 그처럼 지분이 잠재적 성격을 가지는 경우를 합유라고 부른다.

총유는 집단구성원들에게 재산에 대한 사용권이 부여되지만, 구성원이라는 이유만으로 재산에 대한 직접적 청구권이 발생하지 않는 상태를 말한다. 마을사람이라면 누구나 주민회관을 사용할 수 있지만,

그 마을을 떠날 때 그 권리를 처분할 수는 없다. 그런 것을 총유라고
한다.

무주물을 제외한 모든 종류의 재산권들이 어느 정도는 사유재산이
고, 어느 정도는 공동의 재산이라는 것을 이제는 이해할 것이다. 공유
는 공유하는 사람들 사이에서는 공동의 재산이지만, 다른 사람들에 대
해서는 배타적 사유재산이다. 합유와 총유도 마찬가지다. 그 재산의
이익을 같이 누리는 사람들 사이에서는 그 재산이 공동의 재산이지만,
그런 권리를 갖지 않은 모든 사람에 대해서는 배타적 사유재산이다.

부족하기 때문에 사유재산이어야 한다

사유재산이 필요한 이유는 우리가 원하는 것에 비해 그 욕구를 충족
시켜 줄 재화나 서비스가 부족하기 때문이다. 우리는 집의 화장실이
공중화장실보다 깨끗하다는 사실을 알고 있으며, 자기 집의 책상을 학
교 책상보다 더 깨끗이 사용한다는 사실도 안다. 그건 자기 것일수록
아끼고 귀하게 쓰며, 자기 것이 아닐수록, 또는 공동의 재산일수록 낭
비하고 함부로 사용한다는 인간의 불가피한 본성을 그대로 드러내 주
는 현상이다. 그렇기 때문에 모자라는 것일수록, 또 부족한 것일수록
사유재산으로 만들어 주어야 한다. 그래야만 아끼고 효율적으로 사용
하게 된다.

평소에 참 신기하게 생각한 것이 있다. 오징어는 얼마나 그 숫자가
많길래 아무리 잡아먹어도 계속 잡힐까. 그리고 값도 매년 비슷한 수
준을 유지할까. 아마도 오징어의 번식력이 너무도 엄청나서 사람이 잡
아먹는 속도를 충분히 넘어서는 것 같다. 이런 상황을 경제학적 용어
로 표현하자면 "바다의 오징어는 희소하지 않다"라고 할 수 있다. 그렇
기 때문에 아무나 가서 잡으면 된다. 바다의 오징어 떼를 사유재산으

로 만들 이유가 없는 것이다.

그런 사정은 햇빛도 달빛도 공기도 마찬가지다. 그런 것들은 너무나 풍부하기 때문에 굳이 주인을 두어서 사용자를 골라낼 이유가 없다. 그저 쓰고 싶은 사람은 아무나 쓰면 그만이다.

자원이 희소해지면서 사정은 달라진다. 희소하다는 것은 쓰려는 사람은 많은데, 그 욕구를 충족시켜 줄 자원은 충분하지 않은 상태를 말한다. 그러다 보니 그것을 서로 차지하기 위해 경쟁이 생겨난다. 경쟁은 부족한 자원을 서로 자기 것으로 만들려는 노력이다.

그런데 그처럼 희소한 자원을 계속 공유상태로 방치해서 아무나 쓸 수 있게 하면 그 자원은 필연적으로 남용되고 만다. 또는 형편없는 용도로 쓰이고 만다. 자원을 둘러싼 경쟁이 그 자원 자체를 파괴시키는 것이다.

우리 연근해의 물고기는 대표적 사례이다. 생태찌개의 값은 보통 1인당 만 원 내지 만 2천 원 정도 한다. 4천 원이면 먹을 수 있는 동태찌개보다 거의 3배 가까이 비싼 것이다. 생태 값이 그리 비싼 것은 연근해에서 명태가 잡히지 않기 때문이다. 바닷물의 온도가 따뜻해졌다는 등 여러 가지 다른 이유도 있겠지만, 남획도 큰 몫을 했다. 바다의 명태에 주인이 없다보니 먼저 잡는 사람이 임자이고, 그래서 너도나도 먼저 잡다보니 연근해의 명태 씨가 말라버린 것이다. 아직 기술적으로 불가능하기는 하지만 양식장에서처럼 바다 속의 명태에도 주인이 있다면 그렇게 씨를 말렸을 리 없다. 잡으려는 사람은 많고 그것을 막을 주인은 없다보니 씨가 마를 때까지 잡아버린 것이다.

토지에서도 공유의 비극이 나타날 수 있다. 중세유럽에는 많은 땅들이 목초지였고 아무나 가축을 몰고 와서 풀을 뜯게 할 수 있는 공유지였다. 가축수가 적을 때는 공유지라는 사실이 문제가 되지 않았다. 그럴 때는 아무나 아무렇게나 가축을 뜯어 먹여도 풀이 자라는 속도가 더 빨랐다. 그런데 가축이 늘다보니 뜯어먹는 속도가 풀 자라는 속도를 넘어섰고 그래서 목초지들이 황폐화되었다. 이용자들 각자는 자기 가축들에게 서로 더 많이 뜯어 먹이려는 인센티브를 가졌기 때문이다. 목초지가 황폐화되는 것을 막는답시고 자기만 방목을 자제해봤자 다른 사람들도 모두 같이 하지 않는 한, 결국 자기만 손해보게 된다. 또 공유지이기 때문에 누구도 나서서 목초를 심고 방목의 강도를 관리하는 등의 노력을 하지 않았다. 이런 현상을 하딘(Hardin)이라는 경제학자는 '공유지의 비극'(tragedy of commons)이라고 불렀다. 처음에는 아무나 공짜로 쓸 수 있다고 좋아했는데, 시간이 지나면서 결국 누구도 쓸 수 없게 되니 비극이 아닐 수 없다.

중세 공유지의 비극은 인클로저 운동(Enclosure Movement)이라는 사유재산화를 통해서 해결된다. 인클로저란 울타리를 뜻한다. 즉, 울타리가 없이 아무나 이용할 수 있었던 공유지에 울타리를 쳐서 사유지로 만드는 과정이 인클로저 운동이다. 《유토피아》를 쓴 토머스 모어 같은 사람들은 양이 사람을 잡아먹는다는 말로 인클로저 운동의 부당성을 비난했지만, 실제로는 대부분의 과정이 상당히 공정하게 진행되었기 때문에 손해본 사람은 드물었다고 한다. 또 그것을 통해서 사유지를 소유한 많은 수의 소농들이 탄생하게 된다. 더욱 중요한 것은 그 과정을 거치면서 농지의 생산성이 폭발적으로 높아진다는 것이다. 같은 땅이라도 재산권을 어떻게 하느냐에 따라 생산성은 엄청난 차이를 가져올 수 있다.

사회주의 국가에서도 공유지의 비극이 어김없이 나타났다는 것은 아이러니한 일이다. 구소련에서 대도시의 주택은 거의 아파트였다. 땅이 부족해서라기보다는 인민의 생활에서 개인주의적 요소를 가능한 한 배제하고 통제와 관리를 용이하게 하려는 목적이 더 강했다고 한다. 그런데 그렇게 통제를 받다보니 공중도덕이 거의 사라져버렸다. 각자 자기가 거주하는 집의 내부는 비교적 청소도 잘하고 꾸미기도 잘했지만, 공공시설 혹은 공공장소는 대부분 폐허처럼 방치되어버린 것이다.[1] 청소를 맡은 사람이 없었던 것도 아니다. 아파트마다 1층에는 '뜨보르니끄'라는 직책의 사람들이 경찰의 정보원 역할도 하면서 아파트 외부와 복도도 청소하게 되어 있었지만, 그 사람들도 자기 집만 챙겼을 뿐 공공시설은 거의 돌보지 않았던 것이다.

우리나라의 아파트단지들에서도 공원이나 놀이터, 계단 등은 각자의 집 내부보다는 분명 지저분한 것이 사실이다. 그러나 지저분함의 정도가 심해지면 분명 입주자회의나 부녀회에서 관리사무실에 항의해서 뭔가 조치를 취한다. 공공시설이 나빠지면 동네의 주거환경이 나빠지고 집값도 영향을 받기 때문이다. 그러나 모든 것이 국유화되어 있는 사회에서는 그 정도의 유인마저도 사라진다. 사유재산이 사라졌을 때 나타나는 가장 심각한 문제는 각자가 어떤 식으로든 자신의 이익만을 추구할 뿐 공중도덕이 실종되는 현상이다.[2]

사람들로 하여금 희소한 자원을 아껴 쓰게 만드는 가장 좋은 방법은 사유재산제도이다. 사유재산제하에서는 아껴 쓰면 그 이익이 자신에게 돌아가니까 자연히 아끼려는 마음이 생겨난다. 또 그 자원을 만들어내면 그 결과물도 자신의 것이 되기 때문에 자꾸 생산하려는 마음도 생겨나고, 생산이 늘어날수록 희소성도 줄어든다.

물고기 양식장에서 우리는 그 증거를 찾을 수 있다. 물고기 숫자가 늘면 자신에게 이익이기 때문에 양식장 주인은 물고기의 수를 계속 늘리고, 그 과정을 통해서 물고기의 희소성은 줄어든다. 요즈음 거리를 다니다보면 광어나 우럭 1kg에 9천 9백 원이라고 써 붙여놓은 횟집들을 자주 본다. 횟값이 그렇게 싸질 수 있었던 것은 양식장들이 광어와

1) "사회주의의 잔재," Common Place, 경성대학교 권용 교수의 웹사이트에서 인용(http://www.kyungsung.ac.kr, 2005년 8월 14일 접속).
2) Richard Pipes, "Human Nature and the Fall of Communism," Robert Ellickson, Carol Rose, and Bruce Ackerman(eds.), Perspectives on Property Law(Aspen Law and Business, 2002), pp. 20~28, at p. 25.

우럭의 양식에 성공했기 때문이다. 사유재산화가 활어의 공급을 늘려서 생선회의 희소성을 줄여 준 것이다.

이처럼 사유재산의 필요성과 정당성은 희소성과 공유의 비극을 방지해야 할 필요성으로부터 나온다. 자원이 희소하니까 사유재산을 통해서 아껴 써야 하고, 또 사유재산을 통해서 생산을 촉진해서 희소성을 줄일 필요가 있다.

희소성과 사유재산권 : 히말라야의 셰르파족

셰르파족이라는 이름을 들어봤을 것이다. 한국의 허영호 대원 같은 프로 등산가들도 그들의 도움이 없다면 히말라야 등반이 불가능할 정도로 높은 산을 잘 타는 종족이다. 우리는 흔히 이 '셰르파'(*sherpa*) 를 '짐꾼'이나 '산악가이드' 정도로 알고 있는 경우가 많은데, 사실 이 말은 네팔의 소로쿰부 일대에 사는 고산족의 성(姓)이다. 그리고 셰르파는 티베트어로 동쪽을 뜻하는 '샤르'(*shar*) 와 사람을 뜻하는 '파'(*pa*) 의 합성어로서 '동쪽에서 온 사람'을 뜻한다.[3]

셰르파족은 토지 재산권의 성격을 규명하는 데에도 도움을 준다. 그들은 감자를 주식으로 하는데, 해발 4천 미터가 경작의 한계선이라고 한다. 그보다 높은 곳은 황량한 흙과 바위와 눈만 있는 황무지이다. 3천 미터와 4천 미터 사이의 땅 중에서는 토지의 사정에 따라 야크 등을 키우는 방목지 또는 목초지로 이용되는 땅들도 있다. 해발 4천 미터 아래의 땅은 일반적으로 사람이 사는 모든 지역이 그렇듯이 주택과 경작지와 사원들로 이루어져 있다.

소유권의 기원을 밝히기 위해 이 지역을 탐사했던 일본 나고야대학

---

3) http://www.himalayaz.co.kr

의 가토 마사노부〔加藤雅信〕 교수는 이 같은 자연환경상의 차이점이 소유권에도 차이를 만들어냄을 발견했다. 4) 즉, 경작이 가능한 해발 3천 미터 아래 지역 중 경작지는 돌무더기로 경계를 표시하고 있을 정도로 사유재산제가 확고하게 자리잡고 있다. 반면 풀이 자라지 않는 4천 미터 이상의 고지대에서는 어떠한 재산권도 확립되어 있지 않다. 명목상으로는 국유지이지만 실질적으로는 목숨을 내놓고 모험을 즐기는 등산객들만 오가는 무인지대일 뿐이다. 그 중간지역, 즉 경작은 안 되지만 드문드문 풀은 자라기 때문에 방목할 수 있는 지대는 사유도 아니고 완전한 공유도 아닌 공동체적 방목지로 이용되고 있다. 공동체적 방목지라는 이름을 붙였음에도 중간형태라고 표현한 것은 이 방목지의 이용이 그 동네 사람들에게만 개방되어 있기 때문이다. 다른 동네의 사람들은 사용할 수 없다는 의미에서 그건 사유재산의 성격을 가지기도 한다. 네팔 소르지방의 경우, 다른 마을 남자가 이 지역의 방목장을 이용하려면 사용료를 내야 하는데, 그런 관습은 그 남자가 소르지방 출신의 여자를 부인으로 두고 있더라도 달라지지 않을 정도로 확고하다고 한다. 소르지방의 방목장은 그 지방 주민에게는 공유재산이지만, 다른 지방 사람에게는 배타적 사유재산권이다. 5)

앞서 소개한 법률용어로 표현하자면, 가장 고도가 낮은 경작지의 경우는 사유, 가장 고도가 높은 지역은 무주물의 상태 또는 국유, 그리고 중간지역은 총유라고 부를 수 있다. 6) 이처럼 표고차에 따라 재산

---

4) 김상수 역, 《소유권의 탄생》(법문사, 2005), pp. 127~128.

5) 위의 책, p. 133.

6) 하나의 재산을 여러 명이 공동으로 소유할 경우, 그 법적 형태는 공유, 합유, 총유의 세 가지로 구분해서 생각할 수 있다. 공유란 여러 명이 하나의 토지를 공동으로 소유하고, 등기도 공동으로 했을 때처럼 지분이 명확히 존재하는 상황을 말한다. 합유란 여러 명의 출자로 만들어진 조합이 하나의 토지를 소유할 경우 그 토지와 조합원들의 관계를 지칭한다. 조합원들은 그 토지에 대해서 직접적 지분을 갖지는 않지만 조합해산 등의 경우에

권의 형태가 사유→ 총유→ 국유(또는 무주물)로 변화하는 현상은 네팔
의 세르파족에서만이 아니라 티베트, 부탄 등 히말라야 산악지역과 안
데스의 고산지대에서도 관찰되는 현상이다.[7]

히말라야에서의 소유권 형태는 사유재산과 희소성 간의 관계를 잘
보여준다. 지대가 낮은 지역의 토지는 생산성이 높다. 그래서 원하는
사람의 숫자가 많다. 그러나 그렇게 농사지을 만한 땅은 한정되어 있
으니 희소성이 생겨난다.

일반적으로 어떤 자원의 희소성은 그 자원의 부존량이 적을수록 높
아진다. 그런데 히말라야에서 토지의 희소성은 그 반대다. 높이 올라
갈수록 땅의 면적은 줄어든다. 산꼭대기의 표면적은 0인데, 내려갈수
록 산의 표면적이 넓어지기 때문이다. 따라서 단순히 면적만으로 따지
면 고도가 높은 지역(생산성이 낮은 지역)의 땅이 더 좁고 작다. 그러
나 그런 물리적 면적의 작고 큼이 희소성을 의미하지는 않는다. 희소
성이란 상대적 개념이기 때문이다. 희소성이란 사람들이 필요로 하는
정도와 부존량의 관계를 말한다. 아무리 부존량이 적더라도 사람들이
원하지 않는다면 그 자원은 희소하지 않고 풍부한 것이 된다. 반면 아
무리 절대면적은 넓더라도 사람들의 원하는 양이 그보다 훨씬 더 크다
면 그 자원은 희소한 것이 된다. 그래서 아래로 내려갈수록 토지가 넓
어지지만 희소성은 높아지고, 높이 오를수록 면적이 줄어들지만 희소
성은 줄어드는 것이다. 그리고 희소성이 높을수록 토지는 사유재산이
된다. 이처럼 고산지대의 높이에 따른 소유권 형태의 변화는 소유권이

처분된 재산에 대한 배당청구권을 갖는다. 그처럼 지분이 잠재적 성격을
가지는 경우를 합유라고 부른다. 한편 어떤 마을의 재산에 대해서 마을주
민 전체가 사용권을 가질 경우 총유라고 한다. 마을주민이라는 자격은 사
용권을 갖기는 하지만 재산을 직접적으로 분배받을 어떠한 권리도 주어지
지 않는다.

7) 김상수 역, 앞의 책, p. 134.

자원의 희소성에 대해서 반응한다는 사실을 아주 잘 보여주고 있다.

소유제도는 생활방식과도 맞아야 한다

소유권제도는 생활방식과 생산방식의 변화와도 밀접한 관련이 있다. 공동생활을 하고 공동생산을 하는 사회는 대부분의 필요한 것들을 공유한다.

저자는 매주 일요일 아침에 방영되던 KBS의 〈도전 지구탐험대〉라는 프로그램을 무척 좋아했다. 나도 한번 겪어 보고 싶은 지구 곳곳의 생활모습들을 간접적으로나마 경험해 볼 수 있기 때문이었고, 그 중에서도 특히 아프리카나 아시아, 아마존 원시종족들의 생활은 내 흥미를 자극했다. 원시종족들은 많은 것들을 공유하는데, 그 배경에는 공동생산과 공동소비가 놓여 있다. 남자들은 사냥을 같이하고 여자들은 채집을 같이하며 놀이도 같이한다. 그러기 때문에 거기에 필요한 많은 것들과 그런 활동들의 결과물도 같이 공유한다. 특히 나누어 소유하기 어려운 것들이 그렇다. 사냥터를 나눈다면 사냥하기가 아주 어려울 것이다. 또 여자들이 돌아다니면서 과일과 풀과 뿌리와 벌레를 채집하는 들판을 나누어 소유한다면 그 불편은 아주 클 것이다. 그래서 원시사회에서는 생활과 생산의 터전인 토지에 네 것 내 것의 구분이 약하다.

그런데 원시부족에서의 토지 공유제를 잘 따져보면 이것을 공유제라고 해야 할지 헷갈리는 부분이 있다. 토지 공유의 주체를 생각해 보면 혼돈의 실체가 분명히 드러난다. 원시부족에서 사냥터와 채집터를 공유하는 주체는 부족의 구성원들이다. 여기서 분명히 해두어야 할 것은 부족의 구성원들끼리만 '배타적'으로 토지를 공유한다는 사실이다. A라는 부족의 터전은 A족 사람만이 사용할 수 있다. 다른 부족이 그곳에 허락 없이 들어온다면 필경 죽임을 당하거나 전쟁이 일어나고 만다. 이건 지금의 사유재산제도와 가족제도 간의 관계와 일맥상통한다. 오늘날의 제도가 사유재산제도라고 하지만, 가족구성원들끼리는 철저한 공유가 이루어진다. 주택이 아버지의 이름으로 등기되어 있다고 해서 그 주택을 아버지만의 것이라고 이해할 사람은 누구도 없을 것이다. 법적으로는 아버지의 사유재산인 것이 사실이지만, 실질적으로는 모든 가족구성원이 네 것 내 것 따지지 않고 사용한다. 그러나 다른 가족이나 다른 사람은 주인의 허락 없이 그 주택을 사용할 수 없다. 이렇게 본다면 원시부족의 토지 공유제는 부족을 소유단위로 하는 사유재산제도라고 불러야 마땅하다. 일부의 개혁론자들이 주장하곤 하는 토지 국유제는 소유의 단위를 국가로 하는 사유재산제도로도 이해할 수 있다. 일본이 한국의 토지를 공유하자고 할 때 거기에 응할 한국사람은 누구도 없을 것이기 때문이다.

  이처럼 원시사회에서 토지소유제도는 부족원들 사이에서의 공유제가 가장 지배적 형태이다. 그러나 원시사회라고 해도 모든 것이 공유인 것은 아니다. 원시사회에서도 사냥도구나 바구니처럼 구분소유해서 문제가 없는 것들은 사유재산으로 삼는다. 또 그들에게도 정도가 약하기는 하지만 사생활은 있기 마련이고, 거기에 필요한 것들과 또 그런 활동의 결과물은 공유가 아니라 사유화된다. 예를 들어, 원시인들에게 가장 큰 생산활동은 아이를 낳는 일인데, 그들에게도 아이를 만드는 일, 즉 남녀 간의 성행위는 지극히 개인적이다. 그래서 그 아이는 대개 부부만의 소유가 된다. 남편에게는 아내가 사유재산이며, 아내에게는 남편이 사유재산으로 인정된다. 이런 사정은 토지도 마찬가지다. 사냥터와 채집터 노릇을 하는 들판은 나누어 소유하는 것의 이익이 없기 때문에 공유재산이지만, 각자의 집터(천막을 지어놓은 터와 그 천막의 내부)는 사유재산으로 인정된다. 물론 오늘날처럼 아무에게나 팔고 살 수 있다는 의미에서의 사유재산은 아니지만, 배타적 이용권을 가진다는 의미에서는 분명 강한 사유재산적 성격을 가지고 있다. 이렇게 본다면 오늘날의 토지소유제도가 대체로 현대의 생활방식을 반영하고 있듯이, 원시사회에서도 공유재산과 사유재산의 구분은 그들의 생활방식을 반영하고 있다고 볼 수 있다.

농업은 사냥이나 채집보다 덜 집단적이기 때문에 농업사회는 원시 수렵채집사회보다 사유재산제도의 색채를 더 강하게 띤다. 사람들의 생활이 더 자유분방해지고 생산도 소량다품종화하는 오늘날의 사회에 사유재산제도는 더욱 그 필요성이 높고, 대개의 사회에서는 실제로도 사유재산이 더욱 강화되고 있다.

그러나 희소성이 높을수록, 그리고 생활방식이 현대화될수록 사유재산제도가 확고해지는 현상이 늘, 그리고 어디에서나 현실로 나타나는 것이 아님을 강조해 두고 싶다. 20세기 동안 70년간 계속되었던 공산주의 국가들에서의 토지 국유화에서 볼 수 있는 것처럼 인간은 역사를 거꾸로 되돌리기도 한다. 또 사회발전의 결과 토지의 희소성이 높아짐에도 불구하고, 토지가 풍부할 때의 제도를 그대로 간직해서 갈등을 빚는 경우들도 자주 있다. 아프리카나 남태평양의 국가들이 주로 그런데, 지구상 마지막 낙원으로 불리는 피지(Fiji)도 토지 소유권제도와 사회적 환경이 갈등을 빚는 나라 가운데 하나이다.

피지, 그곳에도 사유재산제도가 필요하다

피지를 가본 사람이면 아주 정겨운 나라라는 사실을 금방 알 수 있다. 눈만 마주치면 원주민들이 "불라~"라고 인사를 건네고, 틈만 나면 기타 치며 노래를 부르는 사람들. 투명한 빛깔의 산호섬들과 야자수와 맑은 하늘. 서양인들에게 피지는 타히티만큼이나 매력적인 꿈의 관광지이다. 대한항공도 피지에서의 멋진 신혼여행과 은혼식 광고로 한국인의 환상을 자극하기 시작했다.

그러나 그곳에도 고민이 있다. 대한민국 사람이나 선진국 사람들에게 피지는 분명 지상낙원이지만, 정작 거기에 사는 사람들의 생활은 궁핍하고 비참하다. 그들에게 자기 나라 피지는 낙원이 아니다. 다른 모든 사람들과 마찬가지로 그 사람들도 부자가 되고 싶어한다. 외국 관광객들의 뒤치다꺼리가 아니라 자기들도 대접받으며 즐기고 싶어한다. 그러나 그들은 가난하기 때문에 그럴 수 없다. 그들을 가난하게 하는 원인은 여러 가지이겠지만, 그 중에서도 그들의 토지 소유권을 둘러싼 제도와 사고방식이 그들의 부자가 되고 싶은 열망을 좌절시키고 있다.

관광지는 단순히 좋은 경치만 가지고 만들어지지는 않는다. 좋고 쾌적한 숙박시설과 놀이시설, 휴양시설이 갖추어져 있어야 외국으로부터 관광객을 부를 수 있다. 자연을 최소한도로 다치면서 관광객을 편하게 해주는 관광지를 만드는 일은 대단한 자본과 노하우를 필요로 한다. 불행히도 피지사람들은 그럴 만한 자본도 노하우도 가지고 있지 않다. 피지사람들이 가난에서 벗어나려면 세계로부터 관광객을 유치해야 하고, 그러자면 외국자본이 자기 나라에 투자할 수 있게 해주어야 한다. 그러는 데에 가장 큰 걸림돌은 토지소유제도이다.

피지는 3백여 개의 섬으로 이루어졌는데, 면적으로 따지면 56억 평(18,500km)으로서 3백억 평인 우리나라의 5분의 1 만한 땅을 가졌다. 인구는 86만 명이다. 피지의 토지 소유권은 단순 사유지(*freehold*), 피지정부 소유의 국유지, 그리고 관습토지(*native land*)의 세 종류로 구성되어 있다.[8] 단순 사유지란 일반적으로 우리가 아는 사유재산으로서의 토지와 같다. 일반적으로 소유자가 한 명이며, 본인이 원하는 대로 사용할 수 있고 팔 수도 있다. 국유지는 우리의 국유재산과 같다. 사유지는 전 국토의 7%를 차지하고 국유지는 9%이다. 피지의 경제

---

8) 이하의 내용은 Timoci Waqaisavou, *Tourism on Native Land in Fiji: Conflict is Never Ending* (2002)을 참조했음(http://www. usp. ac. fj).

발전에 걸림돌로 작용하는 것은 전 국토의 84%를 차지하는 관습토지이다.

피지는 아직도 부족마다 사용하는 언어가 다를 정도로(물론 공용어는 영어이지만) 부족단위의 사회이며, 토지는 부족원들의 공동소유로 되어 있는데, 그것을 관습재산이라고 한다. 이는 다른 많은 나라들과 달리 영국식민지 당시 피지의 초대 총독이던 아더 고든(Arthur Gordon) 경이 피지 전역에서 본래의 토지소유 방식을 그대로 인정한 결과이다. 관습재산이라는 하나의 말로 불리기는 하지만, 사실 공동소유가 가지는 의미는 부족마다 다르다고 한다. 그럼에도 불구하고 대개는 부족원 중에서도 가장 유력한 혈족인 야부사(yavusa) 구성원의 소유로 된다는 점에서는 공통적이라고 한다.

공동소유라는 사실이 문제가 되는 것은 새로운 일을 하려고 할 때이다. 부족의 땅을 일부 떼어서 리조트나 호텔을 만들려고 할 경우 전 소유자의 과반수의 찬성을 얻어야 할 경우가 대부분이다. 부족원 전체를 한자리에 모은다는 사실도 어렵고, 서로 이해관계가 다른 사람들로부터 과반수의 찬성을 받아낸다는 것도 어렵지만, 더욱 어려운 것은 도시나 해외로 나가 있는 부족원들을 불러모으는 일이다. 외지에 거주하는 사람의 숫자가 많을 경우 과반수의 찬성을 얻어내느니 차라리 사업을 포기하는 편이 낫다고 한다.

외지인이 관습토지를 사거나 이용하려면 그 어려움은 기하급수적으로 커진다. 어떤 땅을 어떤 부족이 소유하는지 알 수 없는 경우가 허다하며, 설령 안다고 해도 해당 부족의 구성원 중에서 누구와 협상을 시작해야 하는지도 알 수 없을 것이다. 외지인들 또는 외국인들이 관습토지를 사거나 사용한다는 것은 거의 미로 찾기에 가까운 일이다.

우리나라의 부동산 전문가 임달호 사장은 대전 근교에 7백 명이 공동으로 소유하는 땅이 있는데, 그건 영원히 보여주기만 하는 땅으로 남게 될 것이라고 단언한다. 절대 팔 수 없다는 뜻에서이다. 7백 명의 소유자 중에는 해외 거주자도 있을 테고 죽은 사람도 있을 터이다. 주민등록상의 주소가 틀리는 사람도 많을 것이다. 그러다 보니 소유자를 모두 찾아내는 일은 거의 불가능에 가까우리라. 설령 그들을 모두 찾아낸다고 해도 모든 소유자의 동의를 받는 일은 더욱 어려울 것이다. 피지 땅의 84%는 대부분 그런 상태에 놓여 있는 것이다.

부족원들로부터 과반수의 동의를 받았다 하더라도 거기서 끝이 아니다. 다시 국가기관인 관습토지신탁원(Native Land Trust Board, www. nltb. com. fj)의 허가를 받아야 한다. 만약 신탁원이 거부한다면 그때까지의 노력은 수포로 돌아가고 만다. 게다가 신탁원으로부터 허락받는 것은 일정 기간 동안의 토지사용 승낙(lease)으로서 계약이 갱신될지의 여부는 갱신시점에 가봐야 알 수 있다. 리조트 시설 등에 막대한 투자를 해 놓고도 계약갱신을 위해 엄청난 프리미엄을 주어야 하는 경우가 종종 있으며, 아예 그것조차 허용되지 않아서 투자한 것을 모두 빼앗기는 사례도 있다고 한다. 그런 상황에서 원활한 투자가 이루어지기를 기대할 수는 없을 것이다.

부족과 국가 중 어느 한쪽이 거부하면 재산권을 이전할 수 없다는 점에서 피지의 관습토지는 부족과 국가가 공동소유한 셈이기도 하다. 이렇게 본다면 피지의 관습토지는 2중으로 공동소유되어 있다. 첫째는 부족과 중앙정부 간의 공동소유이고, 두 번째는 부족원들간의 공동소유이다.

토지를 둘러싼 권리관계가 이렇게 복잡하다 보니 토지의 이용과 거래를 둘러싸고 수많은 갈등들이 발생한다. 부족원들로부터 동의를 받은 줄 알았는데, 나중에 또 다른 구성원이 나타나서 보상을 해달라고 요구하는 경우도 자주 있다고 한다.

토지 소유권제도를 사유재산제도로 현대화하지 못한다면 피지는 자신이 가진 천혜의 자원을 사장시켜버리고 말 것이다. 또 세계 사람들도 피지를 더 많이 즐길 수 있는 기회를 잃게 될 것이다.

위대한 사유재산의 옹호자, 존 로크, 그러나 논리의 오류

현대적 사유재산권의 논리적 기초를 놓은 사람 중 가장 대표적인 인물이 존 로크(John Locke)이다. 로크는 그의 대표작 《통치론》에서 정부의 가장 중요한 임무는 시민의 사유재산을 보호하는 것이라고 강력히 주장했다. 그 이전까지 시민의 재산권은 주권자인 왕이 자기에게 충성하는 자에게 베푸는 시혜였다.[9] 그런 상태에서 로크가 주장하는 재산권 논리는 왕의 권위를 부인하는 것으로서 정치권력에 대한 정면도전이었다. 어떤 권력자도 누군가가 자신의 권위에 도전하는 것을 좋아할 리 없다. 로크도 당시 영국 왕이었던 제임스 2세의 탄압을 피해서 네덜란드로 피신해야만 했다.

그러나 당시 세력이 커져가던 신흥자본가 시민계급에게 로크의 이론은 구원 같은 것이었다. 그의 이론은 영국에서는 명예혁명의 배경이 되고, 미국에서는 독립운동을 이끌어내는 힘이 되었다. 이처럼 로크는 국가의 간섭을 배제한 자유로운 사유재산권제도의 강력한 지지자였지만, 그가 동원한 논리는 그리 탄탄한 것이 아니었다. 그의 말을 직접 인용해 보자.

> "나 이외의 모든 사물은 신이 인류 모두의 공유재산으로 주었다. 그러나 내 몸과 내 마음은 나의 것이다. 공유물에 나의 노동을 결합하면 그 공유물은 비로소 나의 사유물이 된다. 다만 공유물을 취한 것이기 때문에 다른 사람에게도 충분한 양을 남겨 주어야 한다."

나의 마음과 몸은 내 것이기 때문에 그것이 만들고 취한 것들도 내 것이라는 내용이다. 그리고 노동의 산물만이 내 것이라는 말이기도 하

---

9) 우린 그것을 '왕권신수설'이라고 부르는데, 가장 대표적인 주창자는 필머(R. Filmer, 1588~1653)였다.

다. 이 같은 로크의 논리에는 몇 가지의 문제점이 있다. 첫째, 그는 사물의 가치가 인간의 노동에 의해서 발생한다고 보았지만, 사실은 그렇지 않다. 사물의 가치는 인간의 노동 때문에 발생하는 것이 아니라 사람들이 그것을 필요로 하기 때문에 생긴다. 희소성은 바로 사물의 가치를 말하는 것이기도 하다. 예를 들어, 토지의 가치는 자신이 직접 사용하지 않더라도 다른 사람이 그것을 유용하게 사용할 수 있는 가능성이 있다는 사실만으로도 높아진다.

다이아몬드의 값이 비싼 것은 그것을 찾는 데에 노동이 많이 투입되어서가 아니라 많은 사람들이 그것을 필요로 하는데, 부존량은 적기 때문이다.

노동 때문에 가치가 생겨나는 것처럼 보이는 것은 그 노동을 통해서 가치가 있는 것이 만들어질 때가 많기 때문이다. 하지만 아무리 열심히 노동을 하더라도 사람들이 필요로 하지 않는 것을 만들어낸다면 그 창조물의 가치는 0일 뿐이다. 로크는 이 같은 사실을 이해하지 못했기 때문에 노동이 가치를 만들어낸다고 얘기했고, 그래서 그 가치를 만들어낸 사람에게 사유재산권이 있어야 한다고 말했다. 하지만 그건 틀린 말이다. 사유재산은 희소성 때문에 필요한 것이지 노동이 가치를 만들어내기 때문이 아니다.

사물의 가치가 노동에 의해서 만들어진다는 이론을 '노동가치설'이라고 부른다. 노동가치설은 여러 가지 적대감의 원천이 된다. 가치는 노동에 의해서만 만들어진다고 보았기 때문에 가치를 만들어내지 않는 자본가는 노동자의 것을 착취하는 것으로 비춰졌고, 그래서 자본가는 타도의 대상이었다. 그러나 자본가도, 경영자도 모두 가치의 창조에 참여하며, 자유경쟁시장은 대개 각자에게 기여한 만큼 분배한다.

토지 사유재산제에 대한 반감도 노동가치설에서 비롯된다. 노동가치설을 연장하면 사유재산은 노동의 산물에 대해서만 적용되어야 한다는 결론으로 이어진다. 로크도 인간의 노력과 결합한 토지는 사유재산이 되어야 한다고 말했지만, 본래 토지는 신이 선사한 공유재산이기 때문에 다른 사람에게도 충분한 양이 남겨져야 한다는 단서를 달았다. '로크의 단서'(Lockean Proviso)라고 불리는 이 같은 생각은 노동의 결과만이 사유재산의 대상이 될 수 있다는 노동가치설의 당연한 귀결이었다.

이 노동가치설은 《국부론》을 쓴 아담 스미스(Adam Smith), 지대론을 창시한 데이비드 리카도(D. Ricardo), 《자유론》의 저자 밀(J. S. Mill) 등 대부분 고전경제학자들의 사고를 지배했다. 노동가치설이 본래 그렇듯이 그들도 토지는 노동의 결과물이 아니기 때문에 사유화하는 것은 나쁜 일이라고 생각했다. 그래서 지주계급의 부당성을 비난했고, 토지 사유재산제도는 폐지해야 한다고 생각했다.

로크는 강력한 사유재산의 옹호자였지만, 그의 논리는 일관성이 없어서 오히려 사유재산을 부정하는 지경에까지 확장될 수 있다. 그래서 로스바드(Rothbard) 같은 학자는 로크나 아담 스미스, 리카도 등 고전 사회이론가들이 맑스나 엥겔스의 사회주의 이론의 기초를 놓아주었다고 비난하기까지 한다.

노동가치설은 틀린 이론이었기 때문에 왜 다이아몬드의 값이 비싼지 설명할 수 없었다. 그래서 그런 현상은 그냥 '역설'(paradox)로 남겨졌다. 사용가치와 교환가치가 다른 이유도 설명하지 못한 채, 그냥 소유자가 착취하는 것이라고 받아들였다. 그런 것들이 설명되기 시작한 것은 칼 멩거(C. Menger)나 제본스(Jevons) 같은 사람들이 가치가 희소성 때문에 생겨난다는 사실을 깨닫기 시작하면서부터이다. 나중에 그들은 '한계효용학파'라고 불리게 되는데, 그들의 깨달음은 '수요와 공급의 법칙'이라는 위대한 경제학의 발견으로 이어진다.

결론적으로 사유재산은 자원이 희소하기 때문에 필요하다. 사유재산이 존재하기 때문에 그 희소한 자원을 아껴 쓰려는 인센티브가 생겨난다. 그리고 희소한 것을 사유재산으로 만들어 주면 새로운 것을 만들어내서 희소성을 줄여간다. 로크는 그런 원리를 이해할 수 없었기 때문에 로크의 단서라는 이상한 것을 만들어냈다. 로크의 단서는 뒤이어 세 번째의 문제로 다루어 질 것이다.

두 번째의 문제는 그가 적용한 '선점의 원칙'(First Possession)에 있다. 선점의 원칙이란 주인이 없는 자원의 소유자를 결정함에 있어 가장 먼저 그 자원을 점유한 사람에게 소유권을 부여한다는 원리이다. 로크의 주장 중 토지라는 공유물에 대해서 처음으로 자신의 노동을 결합시킨 사람에게 소유권을 주어야 한다고 주장한 부분은 선점의 원칙을 말하는 것이다. 로크는 그 주장을 하면서 왜 그래야 하는지에 대해서 이유를 대지 않았다. 아마도 너무나 당연하게 생각했기 때문일 것이다. 독자들 중에서도 당연하게 받아들이는 사람이 있겠지만, 잘 생각해 보면 선점의 원칙이 그렇게 당연한 것만은 아니다.

우주공간에 많은 행성들이 있는데, 그 중에는 한국이름을 가진 행성도 두 개 있다. 관륵(關勒: Kanroku)과 세종(Sejong)이다. 관륵은 백제의 천문학자로서 일본에 건너가 달력과 천문학, 지질학 등에 관한 지식과 책을 전달해서 일본 천문학의 시조가 된 분이다. 1993년 당시 도쿄천문대 교수이던 후루카와 기이치로〔古川麒一郎〕는 자신이 새로 발견한 소행성에 관륵이라는 이름을 붙여 국제천문연맹에 등록했다.[10] "과거 일제의 행동을 조금이라도 반성하는 마음에서" 그렇게 했다고 한다. 후루카와 박사는 또 1997년에 그의 동료인 와타나베 카즈오〔渡邊和郎〕 교수가 발견한 소행성 QV1에 세종의 이름을 붙이라고 강력히 권한 사람이기도 하다. 고마운 분들이다. 우주공간에서 지금까지 발견돼 이름이 붙여진 소행성은 7천여 개. 그 중에서 한국인이 발견한 것은 하나도 없지만, 두 분의 일본인 덕분에 한국이름을 가진 소행성이 존재하게 됐다.

---

10)《중앙일보》, 1998년 3월 9일.

저자가 이 얘기를 꺼낸 것은 선점의 원칙에 대해서 이야기하기 위함이다. 우주공간에 존재하는 행성은 누구의 소유여야 하나? 먼저 발견한 사람? 아니면 먼저 발을 디딘 사람? 또는 누구의 것도 아니어야 하나? 만약 로크의 논리대로라면 공유물인 그 행성에 처음으로 노동을 결합한 사람에게 소유권이 생겨난다. 소행성을 처음 발견한 사람은 그것을 발견하기 위해 눈이 빠지도록 망원경을 들여다봤을 것이다. 다시 말해서 최초의 소행성 발견자는 공유물에 대해서 그의 노동을 결합시켰다. 따라서 세종은 와타나베 교수의 소유물이어야 하고, 관륵은 후루카와 교수의 소유여야 한다. 그것이 과연 맞는 말인가. 아마 수긍하기 어려울 것이다. 단순히 발견만 했다고 해서 그것의 소유권을 부여한다는 데에는 뭔가 인정하기 어려운 점이 있다.

그러면 먼저 발을 디딘 것은 어떤가. 달에 제일 먼저 착륙한 사람은 미국의 암스트롱이니까 그가 달의 주인인가? 또는 그를 달에 착륙시킨 미국정부가 달의 주인인가? 이건 뭔가 이상하다는 것을 누구나 눈치챘을 것이다. 이 문제에 대한 답을 얻으려면 소유권 발생의 원칙으로서 선점의 원칙이 갖는 장점과 단점에 대해서 자세히 살펴볼 필요가 있다.

선점의 원칙의 이점은 시행이 쉽다는 것, 그리고 발견이나 생산이 촉진된다는 점이다. 시행이 쉽다는 점은 긴 설명이 필요치 않다. 한편 이 원칙은 먼저 발견하거나 생산한 사람이 그것을 차지하기 때문에 발견이나 생산을 촉진한다. 그러나 선점의 원칙은 나름대로의 다른 문제를 가지고 있다. 앞서 설명했던 연근해의 명태문제를 다시 떠올려 보자. 선점의 원칙에 의하면 바다 속의 명태는 먼저 잡는 사람이 임자이다. 그러다 보니 남획을 해서 아예 명태의 씨가 마르는 결과가 초래되었다. 미국정부는 서부개척 당시 서부의 미개척 땅을 일정 기간 경작한 사람에게 소유권을 부여했다. 그러다 보니 사람들은 경작할 이유도 없는 땅으로 진출해서 울타리를 치고 경작을 해서 소유권을 확보하려 했다. 선점의 원칙이 자아낸 낭비이다.

인터넷 주소 같은 것도 비슷한 문제를 안고 있다. 선점의 원칙을 적용해서 제일 먼저 등록하는 사람에게 인터넷 주소의 사용권을 줬더니, 당장 쓰지도 않을 주소들을 쌓아 두고 장사하려는 사람들이 등장했다. 사이버 스쿼팅(cyber squatting)이라고 불리는 이 현상 때문에 아주 유용하지만 아무도 쓰지 않는 주소들이 생겨나는 현상이 초래되기도 했다. 예를 들어, 얼마 전까지 교보문고의 영문 인터넷 주소는 kyobo book.co.kr이었다. 문제는 kyobobook.com인데, 누가 봐도 이 주소는 교보문고밖에는 사용할 사람이 없다. 그리고 .co.kr보다는 .com이 더 편하다. 문제는 kyobobook.com이라는 주소를 다른 사람이 선점해 놓았고, 둘 사이에 협상이 잘 이루어지지 않았다는 사실이다. 그래서 수년 동안 그 주소는 누구도 사용하지 않은 채 방치되었다. 선점의 원칙이 자아낼 수 있는 비용이다.

최초로 자신의 노동을 결합한 자에게 자원의 소유권을 준다는 발상은 당연한 것이 아니다. 그렇기 때문에 자원의 성격에 따라서 선점의 원칙을 적용할 수도 있고, 경쟁입찰 같은 방식을 적용할 수도 있다. 노동가치설은 로크로 하여금 선점의 원칙을 지나치게 당연하게 여기도록 했다.

셋째, 토지가 최초에는 왜 공유여야 하는가에 대한 설명이 없다. 원시상태에 있어서 토지가 공유일 가능성은 높지만 그래야 하기 때문은 아니다. 단지 최초의 인류는 그렇게 할 수밖에 없었기 때문에, 또는 그렇게 하는 것이 좋기 때문에 그렇게 한 것이지, 공유가 지상명령이기 때문에 그랬다는 증거는 없다. 최초의 공유상태를 당연한 것으로 보다 보니까 '로크의 단서'라고 불리는 이상한 명제가 도출되었다. 로크의 단서란 "다른 사람에게도 자기가 차지한 것만큼의 공유물이 남아 있어야 한다"는 내용이다. 애초에 모든 사람의 공유물이었기 때문에 한 사람이 모두 차지하는 것은 곤란하다는 내용이다.

그런데 이 단서를 인정하게 되면 결국 누구도 토지를 소유할 수 없다는 이상한 결론에 이르게 된다. 5천 년 전 이 땅에 환인과 웅녀 두 사람이 있었을 때 이들은 자기의 힘이 미치는 곳의 모든 땅을 소유할 수 있었을 것이다. 그런데 로크의 단서에 의하면 그들은 땅을 소유할 수 없다. 다른 사람에게도 자기가 차지한 것만큼의 땅이 남아 있어야 하는데, 1만 년 후 또는 10만 년 후 이 한반도에 1억 명이 살지 아니면 10억 명이 살지 어떻게 알 수 있는가. 10억 명에게 땅을 남겨 주려면 환인과 웅녀는 한 평의 땅도 자기 것으로 소유할 수 없었을 것이다.

　　로크의 단서는 한 사람의 소유가 다른 사람들에게 손해라는 생각에 바탕을 두고 있다. 그러나 잘 따져보면 주인이 없는 것을 한 사람이 차지한다고 해서 다른 사람이 반드시 손해만 보는 것은 아니다. 결론부터 말하자면 손해 보는 사람도 있고 이익 보는 사람도 있는데, 그 둘을 합쳐보면 이익 쪽이 크다. A가 주인 없는 땅 백 평을 소유했다고 해보자. 그것 때문에 손해를 보는 사람은 조금 있다가 그 땅을 소유해야겠다고 마음먹고 있었던 사람이다. 그러나 그것이 전부가 아니다. A의 토지를 이용해서 새로운 물건이나 서비스가 생산될 것이고, 그렇게 만들어진 제품을 사용할 사람(소비자)에게는 이익이 된다. 설령 최초의 점유자가 가장 효율적 이용자는 아닐지라도 양도의 권리가 주어진다면 그것을 가장 효율적으로 이용할 사람에게 매각될 것이다. 이런 원리는 경쟁을 인정하면 경쟁자에게는 손해이지만, 경쟁의 결과 만들어지는 제품을 사용하는 소비자에게는 이익인 것과 마찬가지다. 그리고 경쟁으로 소비자가 누리는 이익은 경쟁자가 입는 손해에 비해 늘 크다는 것이 경제학의 일관된 결론이다. 로크의 단서는 그가 소유와 경쟁의 원리를 이해하지 못했기 때문에 나왔다고밖에 이해할 수 없다.

　　이 같은 문제에도 불구하고 로크의 재산권론이 강력한 영향력을 가졌던 이유는 정부에 대한 인식이 그 당시의 상식을 뒤집는 것이기 때문이다. 그 전까지 재산권은 정부가 만든 것이고, 아버지가 아들에게 재산을 나눠주듯이 시민의 재산권도 왕이 신하에게 자비심으로 나눠주는 것이었다. 그러나 로크는 오히려 그 반대였다. 재산권은 정부 이전부터 본래 존재했던 것이고, 정부의 유일한 역할이란 시민의 그 재산권을 보호하기 위해 존재한다는 주장을 폈다. 그렇게 해서 그는 왕권의 절대성을 부정했던 것이다. 그의 이론은 미합중국 건국의 주춧돌이 된다. 여러 가지의 이론적 결함에도 불구하고 그의 사유재산권론이 현대사회에 끼친 기여는 누구도 부인할 수 없을 것이다.

사유재산을 스스로 지켜야 한다면? 만인의 만인에 대한 투쟁

사유재산제는 희소한 자원에 대한 배타적 권리들이 잘 보호되는 제도를 말한다. 일반적으로 우리가 사는 사회에서는 국가 또는 정부가 그 재산을 보호해 준다. 나를 따라 다니는 스토커가 내 집 문을 두드릴 때, 112에 전화만 하면 경찰이 달려와서 그를 끌고 갈 것이다.

그처럼 사유재산이 잘 지켜지면 사람들은 자신의 시간과 자원과 노력을 새로운 것을 만들어내는 데에 사용한다. 그래서 세상은 점점 더 풍요로워진다. 그리고 그 사유재산을 보호하는 역할은 대개 정부에 맡겨져 있다.

만약 자신의 재산을 정부가 지켜주지 않고 스스로 지켜야 한다면 어떻게 될까. 그렇게 되면 다른 사람들이 자기가 애써 만들거나 구해 놓은 것을 타인이 뺏어가지 못하도록 막으려고 할 것이고, 그처럼 자신의 생명과 재산을 방어하는 데에 많은 노력과 시간과 자원을 투입할 것이다. 또 자신의 재산을 지키는 것이 어렵기 때문에 새로운 것을 만들려는 노력도 줄어들 것이다. 그뿐만 아니다. 자기도 남의 것을 빼앗기 위해 시간과 노력과 자원을 투입할 것이다. 세상이 이렇다면 모든 사람들의 생활이 피폐해진다. 각자가 가지고 있는 시간과 능력과 신체적, 정신적 능력들이 새로운 것을 구하고 만드는 일이 아니라, 이미 만들어져 있는 것을 지키고 타인의 것을 빼앗는 데에 소비되기 때문이다.

홉스가 '만인의 만인에 대한 투쟁상태'라고 불렀고, 로크가 '자연상태'(state of nature)라고 이름 붙인 이런 상태는 누구나 벗어나고 싶어 한다. 그래서 사회구성원들이 서로 합의해서 정부를 만든 후, 그 정부로 하여금 각자의 재산권을 보호하게 해준다면 각 개인들은 새로운 부를 만들어내는 일에 매진할 수 있다. 물론 정부를 유지하는 데에도 자원과 노력이 들 것이고, 그것은 구성원들 누군가에게 세금 같은 것으로 부담하게 할 것이다. 하지만 정부 때문에 각자에게 생겨나는 부담이 구성원들 각자가 직접 자신의 재산을 보호하고 남의 것을 뺏기 위해 사용하게 될 자원의 크기보다 작은 한, 정부를 만드는 일은 모두에게 이로운 일이다.

그러나 정부에게 사유재산을 보호하는 임무가 맡겨져 있다고는 하지만, 현실적으로는 그 일을 제대로 해내지 못하는 경우가 많다. 주택가에 도둑이 들끓어도 경찰이 그들을 잡아내지 못한다. 조폭이나 스토커들의 위협이 심각함에도 경찰은 뒷짐만 지고 있다. KT 텔레캅과 같은 경비용역 회사나 보디가드 회사들이 성업중인 것은 그런 이유 때문이다. 세금은 부지런히 받아가면서도 국가가 제 역할을 못해주니까 시민들이 자신의 생명과 재산을 보호하기 위해 자신의 시간과 노력과 자원을 2중으로 투입하는 것이다.

팔 수 있어야 효율적으로 이용된다

공자님의 사상을 본받다보니 그렇게 되었는지, 토지에 관한 한 대부분의 조선시대 학자들은 공산주의자였다. 다산 정약용 선생도 예외가 아니었는데, 그의 사상은 통일된 베트남 건국의 아버지로 추앙하는 호치민의 교과서 역할까지 할 정도다.

중국을 통일한 마오쩌둥〔毛澤東〕, 북한에 사회주의 정권을 세웠던 김일성과 마찬가지로 호치민도 철저한 공산주의자였다. 마오쩌둥은 철저한 사유재산 파괴운동이던 '대약진운동'으로 3천만 명의 중국인민을 굶어죽게 했고, 김일성 역시 북한주민들을 고통에 밀어 넣었듯이, 호치민 역시 베트남을 공산 통일해서 한동안 수많은 베트남 인민들을 굶주리게 했다. 하지만 칭찬받을 만한 면도 있었으니 결혼도 하지 않았을 정도로 호치민이 검소했고 청렴했다는 사실이다. 그 호치민이 죽으면서 몇 가지를 남겼는데, 지팡이 하나와 옷 두 벌, 그리고 책 몇권이 전부다. 그 책 몇 권 중에 다산 정약용 선생의 《목민심서》가 있다. 어떻게 국민을 잘 다스리고 잘 보살필지를 설파한 다산의 사상은 철저한 공산주의자의 지침서가 되었다.

다산의 토지개혁사상은 여전제(閭田制)로 대표된다. 모든 가구가 식구 수대로 땅을 분배받아야 한다는 내용이다. 그분의 주장을 받아들여서 4인가족에게는 모두 천 평씩을 나눠주었고, 딸만 둘 있는 김서방네도 아들만 둘 있는 이서방네도 땅 천 평씩을 분배받았다고 해보자. 처음에는 그렇게 잘 살았다. 그러다가 아이들이 시집·장가를 가기 시작하면서 문제가 생기기 시작했다. 김서방네 집은 딸들이 시집가서 식구가 둘로 줄어든 반면, 이서방네 집은 아들 둘이 며느리를 데리고 와서 여섯 명이 되었다. 그러면 당연히 이서방네는 옛날보다 더 많은 땅을 필요로 할 것이고, 반면 김서방네는 땅이 남아돌 것이다. 이런 상황에서 둘간의 거래가 허용된다면 김서방은 이서방에게 남는 땅을 팔 것이고, 그 결과 전체 땅은 효율적으로 이용될 것이다. 그러나 토지가 왕의 소유라는 이유로 사용권의 거래를 금지한다면 현재의 상태에서 그대로 고착된다. 김서방네 땅은 남고 이서방네 땅은 모자라는 비효율적 상태가 지속되는 것이다. 토지의 효율적 이용을 위해서 자유로운 거래는 반드시 필요하다.

사유재산이 있어야 시장과 가격이 생겨난다

시장경제에서 가격은 매우 중요하다. 노동가치설이라는 심각한 오류가 있음에도 불구하고 아담 스미스를 현대경제학의 아버지라고 부르는 가장 큰 이유는 '보이지 않는 손'의 원리를 발견했기 때문이다. 각자가 자신의 사익을 추구하더라도 보이지 않는 손에 의해 결과적으로 공익이 달성된다는 내용이다. 아담 스미스는 사익이 공익으로 이어진다는 것을 직관적으로만 이해했을 뿐, 구체적으로 그것이 무엇인지는 알 수 없었기 때문에 '보이지 않는 손'이라고 불렀다. 아담 스미스 이후의 경제학자들은 바로 시장가격이 그 보이지 않는 손임을 밝혀내게 된다. 수요가 늘면 가격이 오르고, 가격이 오르면 공급이 늘어난다. 결과적으로 늘어난 공급에 의해 늘어난 수요가 충족된다. 그것이 바로 공익이 충족되는 과정이고, 시장가격은 그 과정 전체를 이끌어간다. 사람들은 가격을 보고 무엇을 공급하고 무엇을 수요할지 결정하게 되는 것이다.

시장가격이 없다면 오늘날과 같은 대규모의 익명사회는 유지될 수 없다. 복잡한 도시형 사회를 유지하려면 분업이 필수적이고, 분업이 가능하려면 다른 사람들이 무엇을 필요로 하는지 알아서 그것을 생산하고 교환해야 한다. 가격은 분업사회에서 사람들이 필요로 하는 것이 무엇인지 알려준다. 시장가격이 사라지거나 왜곡된다면 사람들은 필요 없는 것을 생산하는 데에 시간과 노력과 자본을 낭비하게 되며, 정작 필요로 하는 것은 생산하지 못한다.

우리는 급작스럽게 시장이 사라진 상황에서 아주 극적인 증거들을 마주치게 된다. 과거 소련에는 시장가격이 없었다. 오직 정치적 가격만 존재했다. 시장경제에서는 값이 비싼 것이 부족한 것임을 뜻하기도 하기 때문에 값이 오를 것이라고 예상되는 것을 생산하면 돈도 벌고 사람들이 원하는 것을 공급하는 것이 된다. 그러나 소련에서는 시장가격이라는 것이 존재하지 않은 데다가, 생산자에 대한 보상은 정부가 정한 방식을 따랐기 때문에 전혀 필요하지 않은 것들이 생산되곤 했다. 유리공장의 경우 처음에는 생산된 유리의 면적에 비례해서 보상을 해주었더니 넓기만 하고 깨지기 쉬운 유리들이 생산되었다. 그래서 이번에는 그 문제를 해결하고자 보상기준을 무게로 바꾸었더니 이번에는 너무 무거워서 들기도 어렵고, 밖을 내다보기도 어려운 유리가 생산되었다. 가격이 사라지면 이런 현상들이 생겨난다.

그런데 시장가격은 온전한 사유재산이 존재할 때 자연스럽게 형성된다. 자기 재산을 자기 마음대로 처분할 수 있는 권리가 인정되지 않는다면 거래가 사라지게 되고, 그 결과 가격도 사라지게 된다.

토지도 마찬가지다. 부동산 장사는 "땅 집고 헤엄치기"라는 말들을 많이 하지만, 실상은 전혀 그렇지 않다. 건물이나 아파트를 분양하다가 미분양으로 부도가 나는 일은 비일비재하다. 땅을 이용하는 일에도 굉장한 위험이 도사리고 있고, 그 핵심은 소비자들의 마음을 읽어내는 일이다. 즉, 시장이 원하는 대로 그 토지를 사용해야 하지만, 그것은 정말 어려운 일이다.

각각의 필지들에 대해서 농사를 짓는 것이 좋은지, 축사를 짓는 것이 좋은지, 건물을 짓는다면 언제 어떤 모양의 건물을 어떤 재료를 가지고 몇 층으로 지어야 하는지, 이런 결정들은 매우 어렵다. 시장가격이 존재하는 상황에서도 소비자가 어떤 건물을 어떤 값에 얼마나 원하

는지 예측할 수 없기 때문에 건물을 지어놓고도 분양이 안 되어 빈 건
물로 방치되거나 부도를 맞는 일이 허다하게 생겨나는 것이다.

　시장가격이 존재하는 상황에서도 그처럼 소비자의 기호를 알아내기
어려운데, 사유재산이 사라져서 국유화되고 나면 더 말할 필요가 없어
진다. 공무원은 땅이 자기 것이 아니기 때문에 잘 관리할 인센티브가
없지만, 설령 잘 관리하고 싶어도 할 수가 없다. 시장가격이 사라진
상태에서는 소비자가 원하는 것을 알 방법이 없고, 그 결과 소련의 유
리공장에서와 비슷한 일들이 벌어지게 되는 것이다.

　정부가 공급하는 공공임대주택에서 우리는 그런 일을 본다. 그런 아
파트의 상당수가 불법으로 전대되었고, 이는 소비자가 필요로 하는 것
이 무엇인지 정부가 모른다는 것이다.

사유재산권은 땅을 자본으로 만들어 준다

　헤르난도 데소토(Hernando de Soto)는 《자본의 미스터리》[11]라는
책을 써서 아주 유명해진 페루의 경제학자다. 그는 가난한 나라들이
가난한 가장 큰 이유는 토지나 주택과 같은 재산이 자본으로서의 기능
을 제대로 하지 못하기 때문이라고 한다. 토지나 주택을 담보로 해서
자본을 빌릴 수 있다면 가난한 나라들이 국제기구로부터 엄청난 돈을
빌려올 이유가 없다는 것이다. 그런 재산들이 불법적인 영역에 놓여
있기 때문에 자본이 있어도 자본의 역할을 못한다는 것이다. 페루에서
는 무허가 건물 같은 것들에 대해서 사유재산권을 분명히 해준 결과
가난한 사람들은 그것을 담보로 해서 돈을 빌릴 수 있었고, 그 돈으로
사업들을 시작해서 많은 사람들이 가난으로부터 벗어날 수 있었다고

---

11) 윤영호 역, 《자본의 미스터리》(세종서적, 2003).

한다.

　이처럼 같은 땅이라도 재산권이 어떤가에 따라 그것의 가치와 용도가 달라진다. 예를 들어, 재개발 아파트의 경우 여러 가지 복잡한 권리관계 때문에 입주가 이루어지고도 수년씩 등기가 안 되는 경우가 발생한다. 그런 상태에서는 은행이 집을 담보로 잡아주지 않는다. 그래서 낮은 이자로 돈을 빌릴 수 없다. 신용대출의 이자율이 10~12%인 반면 주택담보대출의 이자율이 5% 남짓이니까 외형적으로는 같은 재산이라고 하더라도 권리관계에 따라서 현격한 차이를 만들어내는 것이다. 재산권이 분명해져서 이자가 낮아진 것은 사회의 부가 창조된 것을 뜻하기도 한다. 이처럼 재산권이 어떻게 되는가에 따라 신용이라는 귀중한 자산이 창조되기도 하고 파괴되기도 한다.

　정부가 세금을 거둬서 공공임대주택을 지으면 그만큼 민간의 임대주택은 줄어들게 된다. 민간의 사유재산이 줄어드는 것이다. 사유재산이 줄면 국민이 그것을 담보로 자금을 빌릴 수도 없고, 비록 밝은 미래를 가진 사업가라도 그것을 실현시킬 방도를 마련할 수 없게 된다. 토지의 사유재산성을 인정하지 않는다는 것은 그만큼 귀중한 자원을 사장시키는 일이다.

사유재산제의 비용

　하지만 세상 모든 일이 그렇듯이 사유재산제도에도 좋지 못한 점이 있다. 가장 큰 문제는 거래비용이 든다는 점이다. 토지의 주인이 생기면 그것을 사용하기 위해 주인의 허락을 받아야 하고, 그 과정에서 비용이 발생한다. 직접적 비용으로는 주인을 찾아서 계약을 체결하기 위해 지출해야 하는 비용이다. 이것을 거래비용이라고 통칭한다. 하나의 활동이 여러 필지의 토지를 이용해야 하는 경우 특히 거래비용은 많이 든다.

이런 거래비용 문제는 유목생활을 하는 종족들에게서 특히 많이 발견된다. 1990년대 초 소련의 공산정권 붕괴 이후 몽골에 자본주의가 들어오기 시작하면서 토지의 사유재산제를 둘러싸고 갈등이 발생하기 시작했다. 우리가 대부분 알고 있듯이 몽골사람들은 주로 유목생활을 해왔는데, 유목생활이란 늘 떠도는 생활이다. 한 지역에 머물면서 말을 먹이다가 그 지역의 풀이 다 없어지면 다시 풀이 있는 다른 곳으로 떠나곤 한다. 그래서 몽골에서는 행정단위도 토지가 아니라 인간을 기초로 해서 만들어져 있었다고 한다.12) 그러다 보니 몽골 유목민들에게 편지 한번 배달하려면 보통 일이 아니었을 것 같다. 물론 토지 소유권도 없었다. 그러다가 시장경제가 들어서면서 정착생활을 하는 사람들이 늘기 시작했고, 토지에 사유재산제를 들여오려는 움직임이 시작됐다.

1992년 제정된 몽골 헌법 제6조 3항 1문에 의하면 "유목지, 공적 이용지 및 국가의 특수한 이용에 제공되는 토지를 제외하고 몽골 국민에 한해 토지를 사유로 하는 것이 가능하다"고 규정하고 있다. 이에 따라 도시부와 농업용지에 대해서 사유재산제를 도입하려고 하자13) 강력한 사회적 반대가 일어났다. 반대의 골자는 가축에 대해서만 사유재산을 인정하는 몽골의 전통을 파괴하는 것이라는 내용이다. 어쨌든 1998년 현재 몽골에는 어디에도 토지의 사적 소유가 인정되지 않는다. 단지 건물의 소유만이 인정될 뿐이다. 하지만 건물의 소유는 토지이용권 계약과 같이 이루어지기 때문에 실질적으로 도시의 토지는 사유재

---

12) 김상수 역, 앞의 책, p. 27.

13) 몽골의 도시에도 아파트가 들어왔다고 한다. 아파트는 상류층들이 살고, 하류층들은 전통가옥인 게르에 산다고 한다. 그래서 아파트 생활이 동경의 대상이라고 한다. 《오마이뉴스》 최형국 기자의 〈푸른 깨비의 몽골문화 답사기 4〉, "거세기만 한 자본주의 물결"(http://www.ohmynews.com).

산이 되어 있는 상태다.14) 정착생활이 이루어지고 인구밀도가 높아진 도시에서는 어떤 식으로든 사유재산제가 불가피하지만 유목지인 초원의 사유화를 주장하는 사람은 찾기 힘들다.

몽골의 무소유 전통은 유목생활의 특성 때문이다. 유목생활은 매우 넓은 지역을 떠도는 생활이다. 그리고 인구밀도도 매우 낮다. 유목생활을 하는 한 토지가 희소한 자원이 아니기 때문에 토지를 사유재산으로 삼고 싶어하는 사람도 없겠지만, 만약 사유재산으로 만든다면 막대한 거래비용을 감수해야 할 것이다. 즉, 유목민이 유랑생활을 하면서 지나가는 토지마다 주인을 찾아서 통행료와 토지 이용료에 대한 거래를 해야 할 텐데, 그건 보통 번거로운 일이 아니다. 주인을 찾기도 힘들 것이고, 찾는다 해도 양쪽에 이로운 거래조건을 찾아내기도 쉽지 않을 것이다. 즉, 유목생활은 토지 사유재산제에 따른 거래비용을 매우 높여 놓는 것이다. 따라서 유목생활중에 토지에 대한 사유재산권이 발생하지 않는 것은 어쩌면 매우 당연한 일인지 모른다.

도시에서도 그런 비슷한 일이 나타나곤 한다. '알박기'라는 현상이 그것이다. 다른 누군가가 자기 땅을 꼭 필요로 한다는 것을 알고 나면 엄청나게 비싼 값을 요구하는 현상을 알박기라고 부른다. 알박기는 토지의 거래를 매우 어렵게 만들고, 알박기가 발생할 만한 투자는 꺼리도록 만든다. 그래서 다수의 필지를 합병해야 하기 때문에 알박기의 가능성이 높은 사업들에서는 수용권이 동원되는 경우가 많다. 거래비용이 높은 경우 부분적으로 사유재산권을 부인할 수 있음을 보여주는 사례이다.

이처럼 사유재산이 늘 좋은 것은 아니다. 사유재산제는 공유자원의 비극이 거래비용의 증가보다 더 큰 경우에 정당화될 수 있다.

---

14) 김상수 역, 앞의 책, p.32.

위험분담과 공유제

사유재산제의 비용은 위험부담과 관련해서도 생길 수 있다. 사람은 대부분 위험을 싫어한다. 그런데 사유재산제는 각자의 위험을 각자가 부담하는 것을 원칙으로 한다. 위험만을 생각한다면 그건 사회구성원 모두에게 그리 달가운 일이 아니다. 그렇더라도 보험시장이 발달해 있다면, 각자의 위험에 대해 보험에 가입함으로써 각자의 위험을 다른 사람들의 위험과 상쇄시킬 수 있다. 그러나 보험이 발달해 있지 않은 사회라면 각자가 자신의 위험을 부담해야 하고, 그건 어려운 일일 수 있다. 그보다는 차라리 공유화에 따른 여러 가지의 폐해를 감수하고서라도 공유를 유지하는 것이 대부분 구성원에게 좋은 경우들이 있을 수 있다. 예일대학 로스쿨의 엘릭슨(Robert Ellickson)[15]과 같은 학자는 원시사회의 토지 공유제가 그런 이유 때문에 존속한다고 말한다.

추수감사절은 미국 대륙에서 사유토지제가 확립된 해의 풍작을 기리던 날이다. 그 이전까지 6년 동안 토지는 정착자들의 공유지였다. 즉, 공동생산과 공동분배를 유지했다. 그 결과 생산의 인센티브가 생겨나질 않아서 기근을 면할 수 없었고, 많은 사람들이 굶어죽었다. 그러다가 토지를 사유재산으로 하고, 그 수확물도 각자의 것으로 하기 시작한 해부터 풍작이 시작되었다고 알고 있다.

그러나 엘릭슨 교수는 초기 미국의 이 같은 경험에 대해서 다른 견해를 제시한다. 사람들이 공유제에 그런 문제가 있었음을 다 알고 있으면서도 왜 6년이라는 오랜 기간 동안 공유제를 계속했는가가 그의 의문이었다. 거기에 대한 그의 대답은 바로 위험의 공유 필요성이다. 가혹한 날씨, 인디언 원주민들의 공격 등 여러 가지 요인으로 사람들은 엄청난

---

15) R. Ellickson, "Property in Land," *Yale Law Journal*, Vol. 102 (April 1993), pp. 1315~1400.

위험에 노출되어 있었다. 보험이 없는 상황에서 그 위험은 공동분배를
통해서만 해결할 수 있었다. 공동분배를 하다보면 공동생산을 하게 된
다. 엘릭슨의 논리는 상당한 설득력을 가지고 있다. 그러나 그건 개별
적 위험이 매우 높은 상황, 그리고 보험이 없는 상황, 즉 다른 방법으
로는 위험을 분산할 방법이 없는 상황, 그리고 상호감시가 비교적 용이
한 상황에서만 설득력이 있다. 오늘날처럼 보험시장이 발달한 상황에
서 토지의 공유제는 설득력을 상실했다.

배고픈 것과 배 아픈 것

세계식량농업기구(FAO)나 세계은행(World Bank) 모두 가난의 해
결을 위해 토지와 다른 것들에 대해 재산권을 확실하게 해주라고 권고
한다. 16) 소설가 복거일은 토지든 무엇이든 재산권을 부여해서 사유재
산을 만들어 주는 것이 사회적 약자들과 가난한 사람들에게 이로운 것
임을 역설한다. 17) 사유재산제는 자기의 것을 보호하고 방어하는 데에
투입되는 에너지와 노력과 시간을 생산적 활동으로 돌리게 만들어 주
기 때문이다.

국가가 국민 각자의 재산을 보호해 주든 아니든 사람은 누구나 자신
의 재산이 안전하기를 원한다. 그래서 국가가 보호해 주지 않으면 스
스로 그 재산을 보호하기 위해 시간과 노력과 정렬을 쏟아 붓는다. 가
난한 사람들은 더하다. 부자는 힘이 있기 때문에 스스로의 재산을 보
호하는 비용이 그리 부담스럽지 않지만, 가난한 사람은 자신이 갖고
있는 것의 굉장히 많은 부분을 재산의 보호에 쏟아 부어야 한다. 국가

---

16) Klaus Deininger, *Land Policies for Growth and Poverty Reduction* (World Bank, 2003).
17) 복거일, 《정의로운 체제로서의 자본주의》(삼성경제연구소, 2005), p. 72.

가 그 역할을 해준다면 가난한 사람은 그 노력을 보다 더 생산적인 일에 투입할 수 있고, 그것이 그들을 가난에서 끌어내는 데에 큰 도움을 주게 된다.

월드뱅크는 가난한 나라들에서 정부가 재산권을 확실히 보호해 주었을 때 노동시간 중 생산적 용도에 투입되는 시간이 늘었음을 발견했다.[18) 그것 못지않게 중요한 것은 사유재산권의 공식화가 그 재산의 자본가치를 생산해낸다는 것이다. 헤르난도 데소토의 주장처럼 자산을 자본화하는 것은 사람들의 가난 탈출에서 매우 중요하다.

어떤 사람이 미래에 대한 생산적 계획을 세웠고 성공을 확신한다고 생각해 보자. 그런데 그 사업을 일으킬 돈이 없다. 누군가 돈을 빌려준다면 사업을 해서 얼마든지 이자까지 충분히 갚을 수 있지만 누구도 그를 믿어 주지 않는다. 이때 필요한 것이 담보물이다. 담보물이 없는 상태에서는 아무리 스스로는 성공을 확신하더라도 돈이 들어가는 사업은 해 볼 수가 없다. 토지의 사유재산제는 그런 의미에서도 필요하다. 저개발 상태에서 가장 중요한 담보물은 토지와 주택일 수밖에 없다. 그것을 사유재산으로 해주면 많은 담보가 생기게 된다. 많은 사람들이 그것을 담보로 미래를 개척할 수 있을 것이다. 그만큼 가난을 벗어나기도 쉬울 것이다.

이처럼 사유재산제는 가난한 사람들을 물질적 빈곤으로부터 벗어나게 만들어 준다. 그러나 안타깝게도 사유재산제가 마음속의 가난까지 없애주지는 못한다. 40년 전 북한의 김일성 주석은 북한의 인민들에게 이밥에 고깃국을 먹게 해주겠다고 약속했다. 그건 그 당시 부자의 기준이었고, 김일성은 모든 인민들을 부자로 만들어 주겠다고 약속한 것이었다. 그렇게만 될 수 있다면 세상에 가난문제는 사라지는 것이었다. 그 당시 남한사람들은 북한보다 더 못 살았다. 1970년대 초까지

---

18) Klaus Deininger, 앞의 책.

남한의 1인당 GNP는 북한보다 낮았었다. 그러니 이밥에 고깃국을 먹을 수 있게 된다는 것은 모두가 가난에서 벗어나서 부자가 됨을 뜻했다. 김일성과 김정일은 그 약속을 지키지 못했다. 그러나 대부분의 남한사람들은 이밥에 고깃국 먹는 정도를 넘어서 다이어트를 해야 하기에 이르렀다. 50년도 안 되어서 모두 부자가 된 것이다. 그런데도 여전히 가난은 존재한다. 그 가난은 마음의 가난이다. 다른 사람보다 덜 부유해서 여전히 가난하다고 느낀다면, 또 배고픈 것은 참아도 배 아픈 것은 못 참는다면, 사유재산을 없애고 배고프기를 택해야 한다.

사유재산을 버린 곳, 재앙이 있을진저!

SBS는 매년 자선단체인 월드비전과 공동으로 〈기아체험 24시〉라는 프로그램을 한다. 화면에는 굶어서 뼈만 앙상한 아이들, 얼굴에 파리떼가 득실거리는 데도 쫓아낼 힘조차 없어 해골처럼 누워있는 모습들. 정말 가슴이 아프다. 50년 전에는 우리도 저런 모습이었을 텐데 하고 생각하면 모골이 송연해진다. 그들은 왜 그렇게 못살까? 많은 사람들이 그 답을 가뭄과 사막화에서 찾는다. 하지만 그건 답이 되지 못한다. 1977년 미국의 캘리포니아에는 전대미문의 가뭄이 닥쳤지만 기근이 일어나지는 않았다. 오히려 그해 곡물수확량은 최대를 기록했다. 1975~76년 기간 동안 영국도 최대의 가뭄을 겪었지만 그해를 포함해서 1975년에서 1980년까지 영국의 곡물생산량은 15%나 증가했다. 가뭄이 고통스럽다는 사실은 모두에게 공통이지만, 우리가 어떤 제도를 채택하는가에 따라 기근으로 이어지기도 하고 그렇지 않기도 하다.

아프리카 사람들이 원래부터 지금처럼 비참하게 살았던 것은 아니다. 서구제국의 식민지배가 시작된 후에도 꽤 잘 살았던 적이 있었다.[19] 그 중에서 음펭구(Mfengu)족의 이야기는 우리의 흥미를 자극

한다. 이들은 케이프(Cape)의 동쪽에 살던 종족으로서 이 지역에 대한 식민지 지배가 시작된 후에도 토지의 개별적 소유와 그것으로부터의 생산물을 자유롭게 판매하는 것이 허용되었다. 그러다가 흑인들의 성공에 두려움을 느낀 나머지 영국 총독은 원주민들의 사유재산을 몰수한다. 그나마 허용된 토지도 개인의 사유재산이 아니라 마을 공동소유로 만들어 놓는다. 사유재산은 백인에게만 허용된 특권이었다. 그렇게 해서 흑인들은 땅과 자유와 부(富)를 빼앗겼다. 그 이후로 남아프리카공화국은 흑인들에게 지옥과 같은 곳이 된다. 사유재산이 자유와 번영과 당당함의 기초임을 보여주는 좋은 사례다.

그런데 식민지로부터 해방된 이후의 상황은 오히려 더욱 악화되었다. 식민지 상태에서 그들이 못살았던 이유가 사유재산이 없기 때문이었음에도 불구하고 오히려 그들의 진단은 반대였다. 즉, 사유재산 때문에 못살게 되었다는 것이다. 그래서 그들이 택한 대안은 사유재산제의 전면적인 부정, 즉 토지 국유화와 집단농장이었다. 가나는 1960년대에 대규모의 집단농장을 설치한 후, 1970년대 기간중 1인당 산출량이 19%나 줄었다. 탄자니아의 사정은 더욱 안타깝다. 1970년까지 이나라는 식량수출국이었다. 그러다가 1970년에 우자마(Ujama) 사업이라는 이름으로 천8백만 총인구 중 천3백만 명을 집단농장에 수용했는데, 그 일이 있은 지 10년 후 1인당 식량생산량은 15% 줄었다. 식량수출국이던 나라가 수입국으로 바뀌었다. 1975년 독립한 모잠비크 역시 비슷한 길을 걸었다. 독립하자마자 농업의 집단화를 시작했는데, 5년 후 1인당 농업생산량은 12%나 감소했다. 봉건사회 또는 식민사회에서 아프리카인들은 굶주려왔다. 그들이 그토록 염원하던 독립 이후 그들은 사회주의를 택했고 그냥 굶주림을 넘어 굶어죽기에 이른 것이다.

사유재산제 폐지에 따른 재앙은 마오쩌둥 치하의 중국인민들이 겪

19) Frank Vorhies, "Hunger and Farming in Black South Africa," in *Ideas on Liberty*(June 1989), FEE.

었던 일의 재판(再版)이다. 마오쩌둥은 중국인민을 대상으로 인류 역
사상 최대규모의 실험을 펼쳤다.[20] 1958년 시작된 '대약진운동'이 그
것이다. 그는 사유지를 모두 몰수하고 협동농장들을 인민공사로 합쳤
다. 자본가들의 착취도구인 농산물 시장을 폐지하고 수확물은 필요에
따라 공평하게 배급했다. 그렇게 하면 농산물 수확량이 비약적으로 늘
것으로 마오쩌둥은 확신했다. 그러나 그의 기대와는 달리 결과는 참담
했다. 1960년의 곡물생산량을 기준으로 보면 토지 국유화가 시작되기
이전인 1957년보다 20%나 줄었다. 당연히 극심한 기근이 찾아왔고,
수많은 사람들이 굶어죽었다. 1958년부터 1962년까지 5년 동안 3천만
명이 죽지 않아도 될 죽음을 맞이했다. 사유재산제의 포기는 죽음을
뜻하는 것인지도 모른다. 이런 사실을 알고 마오쩌둥 사후 덩샤오핑
〔鄧小平〕은 농지의 실질적 사유재산화를 추진해 간다. 그러나 아프리
카의 나라들은 뒤늦게 마오쩌둥의 유령을 쫓아갔다.

국유화는 왜 사람을 굶겨 죽이나?

리처드 도킨스(Richard Dawkins)가《이기적 유전자》(The Selfish
Gene)[21]라는 책에서 잘 보여 주었듯이 인간은 태어날 때부터 이기적
이다. 물론 이기심과 더불어 이타심도 가지고 태어나지만, 어쨌든 타
고난 이기심이 체제가 바뀐다고 해서 사라지는 것은 아니다. 다만 그
이기심이 발현되는 방법과 상황이 다를 뿐이다. 노력의 결과가 자기
것이 된다면 인간은 열심히 생산한다. 1996년 말을 기준으로 러시아
전체 농지의 약 5%가 사유화되었는데, 여기서 수확되는 작물이 러시

---

20) 위의 책.
21) 홍영남 역,《이기적 유전자》(을유문화사, 2002).

62

아 전체 농산물 생산량의 36%를 차지한다는 것은 소유제도가 달라지면 같은 땅을 가지고도 얼마나 좋은 결과를 만들 수 있는지 잘 보여준다. 그러나 토지가 국유화되고 노력의 결과가 자신의 것이 되지 않을 경우 우리 속의 천부적 이기심은 우리들 각자로 하여금 빈둥거리고 어슬렁거리라고 명령한다. 어차피 결과가 같을 바에는 가급적 편하게 지내면서 에너지를 절약하는 것이 각자에게 이익이기 때문이다. 그래서 토지가 국유화된 나라에서는 국가가 국민들의 일거수일투족을 감시할 수밖에 없지만, 아무리 감시와 감독을 철저히 하더라도 결과는 크게 달라지지 않는다. 마오쩌둥 체제하에서도 공산당은 인민들의 일거수일투족을 감시하면서 일터로 내몰았지만 토지의 생산성은 오르지 않았다. 북한은 전 인민이 농사를 지어먹기에 충분한 땅을 가지고 있지만, 수많은 사람들이 굶어죽어 가는 것은 그 때문이다.

청개구리 정책들

부족한 것일수록 사유재산으로 삼는 것이 좋지만, 오히려 청개구리처럼 반대로 간 일이 많음을 살펴보았다. 그런 어리석음은 과거의 공산주의 국가나 아프리카 나라들만의 것은 아니었다. 정도가 덜 하기는 하지만, 자본주의 국가라고 불리는 많은 서구 선진국들에서도 청개구리 정책은 쉽게 발견된다. 대표적인 것이 주택의 가격이나 임대료에 대한 규제다.

주택이 부족해지면 가격이 오르기 마련이고, 가격이 오르면 정부는 어떤 식으로든 개입해서 값을 잡고싶어 한다. 주택가격이 오를 때 우리나라 정부는 늘 투기억제책을 꺼내들었던 것처럼 서구의 많은 나라들에서는 임대료 규제(rent control)라는 어리석음을 범했다.

임대료나 가격은 자기가 가진 재산의 가치인데, 그것을 제한한다는

것은 실질적으로 재산의 가치를 정부가 가져가는 것이기 때문에 사유
재산을 제한하는 일이다. 임대료 규제는 주택의 생산을 제한하고 부족
현상을 더욱 악화시킨다. 우리는 그 단적인 예를 미국의 샌프란시스코
에서 찾아볼 수 있다.

제 2차 세계대전이 끝나면서 전쟁터에 나갔던 군인들이 돌아온 데다
가 다른 나라로부터의 이민이 늘어서 미국 전역에 주택 부족사태가 발
생했다. 샌프란시스코도 주택부족이 심각한 상태였고, 임대료도 빠르
게 오르기 시작했다. 사정이 이렇게 되자, 캘리포니아주 의회는 임대
료를 올리지 못하도록 법을 만들었다. 그랬더니 상황은 더욱 나빠졌
다. 값을 올리지 못하게 하니까 이미 임대 들어 있는 사람들이 거주면
적을 줄일 생각을 하지 않아 새로운 이주자들이 집을 찾지 못했다. 그
러면서 동시에 새로 임대용 주택을 지으려는 사람의 숫자도 줄어들었
다. 그 결과는 심각한 주택 부족현상이었다.

이와 관련해서 프리드먼(M. Friedman)과 스티글러(G. Stigler) 두
학자는 흥미로운 조사결과를 내놓은 적이 있다. 22) 이들은 임대료 규
제가 시행되던 1946년, 이 지역의 유력 일간지인 《샌프란시스코 크로
니클》(San Francisco Chronicle)에 나온 임대차 관련 광고를 조사했는
데, '세 놓음'(for rent) 광고 1개당 '집 구함'(wanted for rent) 광고는
37. 5개꼴이었다.

이 숫자는 40년 전 그보다 상황이 더욱 어려웠으면서도 임대료 규제
가 전혀 없었던 때와는 상당한 대조를 이룬다. 1906년 샌프란시스코
는 진도 7. 8의 엄청난 지진을 겪는다. 얼마 전 수천 명의 사상자를 낸
파키스탄 지진의 강도가 7. 6이었으니 가히 그 피해규모를 짐작할 만하
다. 지진도 지진이지만, 그 여파로 3일간이나 지속된 화재가 더 큰 문

---

22) M. Friedman and G. Stigler, "Roofs or Ceilings?: The Current Hous-
 ing Problem," *Popular Essays on Current Problems*, Vol. 1, No. 2
 (Foundation for Economic Education, Sep. 1946).

제였다. 당시 이 도시의 전 인구 40만 중 22만 5천 명이 살집을 잃었을 정도로 주택은 심하게 파괴되었다.

그들에게 남은 대안은 절반도 남지 않은 주택에 나누어 사는 것과 신속하게 새 집을 짓는 일이었다. 그런데 그 일은 아주 신속하게 성공적으로 진행되었다. 많은 집이 무너지고 불타버렸는데도 1946년처럼 집을 구하지 못하는 사람들은 그리 많지 않았다. 당시 《샌프란시스코 크로니클》 신문의 임대차 관련 광고를 조사한 결과 '세 놓음' 광고 10개당 '집 구함' 광고는 1개였다. 집을 구하고자 하는 사람은 모두 집을 구할 수 있었다는 것을 간접적으로 보여주는 자료이다.

더욱 흥미로운 것은, 이 모든 일이 임대료 규제가 없는 상태에서 일어났다는 것이다. 아니 규제가 없이 임대료가 시장에서 자유롭게 결정되었기 때문에 가능했던 일이다. 만약 1906년 지진 직후 샌프란시스코에 임대료 규제가 시작되었다면 임대주택은 지어지지 않았을 것이고, 복구는 더디게 진행되었을 것이다. 기존 임대주택의 입주자들이 거주면적을 줄이려 하지 않았을 것이기 때문에 대부분의 집을 잃은 사람들은 주택이 아니라 텐트에서 살아야 하거나, 거주할 곳을 찾아 다른 곳으로 떠나야 했으리라. 임대료가 주택시장에서 자유롭게 결정되었기 때문에 물리적으로 부족해진 집을 평화적인 방법으로 나누어서 거주할 수 있었던 것이다. 또 높아진 임대료 때문에 임대주택을 짓는 일의 수익성이 높아졌고, 그것이 폐허가 된 도시의 신속한 복구를 가능하게 했다.

스탠포드대학의 소웰(Tomas Sowell) 교수가 잘 표현했듯이 가격은 온도계와 같다.[23] 어떤 재화의 가격이 오른다는 것은 그것이 부족해지고 있음을 뜻한다. 따라서 소비를 줄이고 공급은 늘려야 한다. 그런데 자유로운 시장에서는 누가 지시하지 않아도 사람들은 그렇게 한다.

---

23) 서은경 역, 《시티즌 경제학》(물푸레, 2002).

값이 비싸기 때문에 소비자들은 소비를 줄이고, 비싼 것일수록 이익이 많이 남기 때문에 공급자들은 공급을 늘린다.

임대료 규제 같은 강제수단으로 가격을 낮추는 것은 날씨가 덥다고 온도계의 수은주에 차가운 얼음을 갖다 대는 것과 다를 바 없다. 그렇게 해서 수은주의 높이를 낮출 수는 있지만, 그렇다고 해서 날씨가 시원해지는 것은 아니다. 오히려 진짜 온도가 얼마인지 몰라서 삼복더위에 두꺼운 옷을 껴입고 나가게 만들 수도 있다.

우리나라의 정부는 부동산 가격이 뛸 때마다 임대료 규제보다는 투기억제책을 택했고, 예전에는 분양가 규제로 대응했었다. 어떤 것이든 가격을 인위적으로 낮추는 수단이라는 점에서 임대료 규제와 차이가 없다. 공급을 줄이고 소비는 늘려서 주택부족을 더욱 악화시키는 정책이다(투기억제책의 왜곡효과에 대해서는 제4장부터 제8장까지 자세히 다룬다).

이처럼 가격규제를 통한 사유재산권 제한이 부족현상을 더욱 악화시킴에도 불구하고, 실제로는 가격이 오를 때마다 가격규제나 투기억제 같은 수단이 되풀이되어 채택되는 이유는 정치적 필요성에서 찾아야 할 것 같다. 주택이든, 토지든, 휘발유든, 농산물이든 간에 값이 오르면 고통받는 사람들이 많이 생긴다. 값이 오르게 된 근본원인은 공급에 비해 수요가 많기 때문이고, 그것이 해결되려면 공급이 늘거나 수요가 줄어야 한다. 그러나 대중들에게 그런 식의 설명은 별로 매력적이지 않다. 현상에 대한 진단이 그럴 경우 해결책은 공급을 늘리거나 수요를 줄이는 것인데, 공급을 늘리려면 길게는 수 년의 시간이 걸리며, 수요를 줄이려면 자신의 수요까지도 줄여야 한다. 그건 별로 매력적 해결책이 못된다.

그것보다는 누군가 '나쁜 자'를 등장시키는 것이 훨씬 더 호소력도 있고, 해결도 간단하다. 나쁜 자를 색출해서 처벌하면 되기 때문이다. 그렇기 때문에 값이 오르면 늘 투기꾼과 매점매석꾼, 중간상의 농간이

66

라는 말이 등장한다. 하지만 대부분의 경우 그들의 농간 때문에 값이 오르는 것이 아니라 값이 오를 것 같기 때문에 그들이 물건을 사재기 하는 것이다. 그들은 아직 덜 비쌀 때 사두었다가 가장 비쌀 때 팔려 는 것이고, 그렇게 해서 가장 비쌀 때 값을 떨어뜨리는 역할을 한다. 물건이 풍족할 때 사두었다가 비쌀 때 방출하는 일은 정부도 하고 있 으면서 정부가 하면 비축이고 민간이 하면 투기와 매점매석으로 비난 하는 것이다.

사회적 스트레스가 생기면 어떤 식으로든 풀어버리는 것이 좋긴 하 다. 그렇지 않다면 폭동이 일어날 수도 있을 것이다. 하지만 그렇다 하더라도 재산 거래자나 소유자에 대한 공격이나 가격규제 같은 수단 은 사회적 스트레스를 해소하는 방식치고는 너무 파괴적이다. 중세의 체제가 부패하여 더 이상 지탱하기 어려워져서 사회적 스트레스가 극 을 달렸을 때, 당시의 교회와 권력자들은 마녀사냥으로 대중들의 스트 레스를 풀어주었다. 13세기 유럽에서 흑사병으로 수많은 사람들이 죽 어나갈 때도 사회적 스트레스는 극에 달했으며, 사람들은 그 스트레스 를 흑사병에 걸리지 않은 유대인들을 탄압하면서 풀었다. 정작 유대인 이 흑사병에 걸리지 않았던 이유는 다른 유럽인들과는 달리 식사 전에 손을 씻기 때문이었는데도 말이다. 관동대지진이라는 엄청난 사회적 스트레스 상황에서 일본인들은 엉뚱하게도 조선인들에게 화풀이했다. 투기꾼이나 중개업자에 대한 공격도 크게 다를 바가 없는 행동이다. 그들로 인해 값이 오르는 것이 아니다. 그들은 부족하니까 더욱 아껴 쓰고 많이 생산하라는 신호를 보내는 메신저들이다.

값이 올라가면 투기단속이 아니라 어떻게 해야 공급을 늘릴 수 있는 지 살펴보는 것이 현명하다. 그리고 십중팔구 사유재산권과 경제적 자 유를 보장해 줄 때 공급도 왕성해지고, 부족현상도 가장 빨리 해소될 수 있다. 부족할수록 사유재산으로 삼아라. 그리고 부족할수록 시장 에 맡겨라.

제 3 장

공익추구의 비용은 공평하게 부담하자!

　인류가 잘 살기 위해서는 사유재산제도가 반드시 필요하다. 그러나 사유재산권에도 한계는 있기 마련이다. 내 신체는 가장 확실한 나의 사유재산이지만, 그것을 내 마음대로 휘둘러서 타인에게 상처를 입힐 자유까지 허용되지는 않는다. 아무리 내가 소유한 아파트라고 하지만, 밤새도록 고성방가를 해서 이웃들에게 피해를 주어서도 안 된다. 하지만 이웃주민들에게 피해를 줄 수도 있으니까 아무 소리도 내지 말고 쥐 죽은 듯이 지내라고 강요한다면 정당한 사유재산권 행사에 대한 제약이 된다. 그 중간 어디인가에 내 아파트에서 내가 누릴 수 있는 자유의 한계가 존재하고 있다. 그것이 바로 사유재산의 한계이다.

　사유재산권의 한계를 짓는 일은 정부개입의 한계를 긋는 일과 같다. 사유재산권의 한계를 짓는다는 것은 그 한계를 넘어 남의 재산권을 침해한 사람에게 제재를 가한다는 것이고, 제재를 가하는 일은 정부의 일이기 때문이다. 그래서 사유재산의 보호를 위해 정부의 개입이 필요하기는 하지만, 또 다른 한편으로 그 도가 지나치면 정부의 개입 그 자체가 사유재산권의 행사를 방해하게 된다. 그래서 어디까지가 정당한 정부개입이고 어디부터가 부당한 것인지, 그리고 정부개입을 정당한 범위로 제한하기 위해 어떤 일이 필요한지 따져볼 필요가 있다. 그것이 이 장에서 하려고 하는 일이다.

사유재산권에 대한 제한이 필요한 경우는 세 가지로 압축해 볼 수 있다. 첫째, 사유재산권의 행사로 타인이 피해를 입을 때이다. 둘째, 죄수들의 딜레마를 극복하기 위해 사유재산권의 제한이 필요할 때가 있다. 셋째, 공공재를 공급하기 위해 부분적으로 사유재산권의 제한이 필요할 수도 있다. 이들 각각에 대해서 자세히 살펴보자.

타인의 것을 빼앗지 말라

모세가 하나님으로부터 받은 열 개의 계명 가운데 두 개는 사유재산과 관련되어 있다.

> 제8계명: 도둑질하지 말라. [1]
> 제10계명: 네 이웃의 집을 탐내지 말라. 네 이웃의 아내나 그의 남종이나 그의 여종이나 그의 소나 그의 나귀나 무릇 네 이웃의 소유를 탐내지 말라.

이 두 계명을 잘 뜯어보면 사유재산의 보호라는 것이 금지의 형태를 취하고 있음을 알 수 있다. 즉, "~하지 마라"로 되어 있다. 도둑질을 하지 말아야 그 이웃의 사유재산이 보호될 수 있고, 이웃의 집을 탐내지 말아야 그 이웃의 집이 평화로울 수 있다. 따라서 정부가 나의 사유재산을 보호해 주려면 다른 사람이 내 사유재산을 침해하는 것을 막

---

1) 출애굽기 제20장 제15절.

아 주어야 한다. 내가 소유한 집이 내 집이기 위해서는 다른 사람이 내 집을 마음대로 침입하는 것을 막아주어야 한다. 우리들 각자의 사유재산을 타인의 침해로부터 막아주는 역할은 대개 정부의 몫이다. 각자가 자신의 능력만으로 자기의 사유재산을 지켜내야 한다면 그 사회는 사유재산제가 확립되어 있지 않다고 말해도 좋다. 타인의 사유재산을 침해하는 행위는 정당한 자유의 범주에 속하지 않는다. 따라서 정부는 마땅히 사유재산 침해행위를 규제해야 하고 또 할 수 있다.

정부권력의 이 같은 측면을 미국에서는 경찰권(police power)이라고 부른다. 경찰권은 나쁜 행동을 제지하기 위한 것이기 때문에 국가의 경찰권 행사로 자유를 제한받는 사람에게 보상을 주어야 할 이유는 없다. 도둑놈이 경찰에게 도둑질할 자유를 빼앗아 갔다고 보상을 요구한다면 소도 웃을 일이다.

토지도 잘못 쓰면 얼마든지 다른 사람에게 피해를 줄 수 있다. 자기 땅에 공장을 설치해 놓고 공해를 배출해서 이웃주민들에게 피해를 줄 수 있다. 그것은 분명 사유재산의 정당한 행사범위를 벗어난 것이다. 피해를 당한 주민은 오염배출자를 상대로 손해배상을 청구할 수도 있고 또 고발할 수도 있다. 피해자를 대신해서 국가가 오염행위를 규제할 수도 있을 것이다. 그럴 때의 규제는 정당한 경찰력의 행사범위에 속한다.

네 이익을 위해 나의 사유재산권을 침해하지 말라

토지 소유자의 행위가 타인에게 손해를 주지 않음에도 불구하고 규제를 이용해서 타인들이 이익을 얻으려 하는 경우도 얼마든지 있을 수 있다. 예를 들어, 모든 토지에 다 집이 지어지고 공터라고는 하나만 남아 있는 동네를 생각해 보자. 주민들은 그 공터에서 공짜로 운동도 하고, 텃밭도 가꾸면서 지냈다. 그런데 공터의 주인이 거기에 집을 짓겠다고 하자 그동안 공터를 공원처럼 사용하던 동네주민들은 큰 상실감을 느끼기에 이른다. 이때 주민들이 그 땅이 계속 빈터로 남아 있길 원한다면 어떻게 해야 할까? 당연히 돈을 갹출해서 그 땅을 사는 것이 순리이다. 그렇지 않고 조직폭력배를 동원해서 집을 못 짓게 방해한다면 분명 부당한 재산권의 박탈이다. 그런 사정은 동네주민들이 조직폭력배 대신 지방의회나 국회를 동원해서 그 터를 집을 짓지 못하는 공원이나 그린벨트로 지정한다고 해도 달라지지 않는다.

동네주민들이 공터로부터 계속 이익을 보려면 그 땅을 사든지, 또는 충분한 보상을 해주어야 한다. 타인의 이익을 위해서 나의 사유재산권이 침해당할 수는 없다.

그런 원칙은 침해의 당사자가 정부라고 해도 달라져야 할 이유가 없다. 토지 소유자 이외의 사람에게 이익을 주기 위해 토지에 대한 재산권 행사를 규제한다면 정부권력의 남용이라고밖에 볼 수 없다. 누군가에게 이익을 주기 위해 토지가 필요하다면 정부도 그 토지를 시장에서 구입해야 한다. 관용차가 필요하면 정부도 자동차를 시장에서 구입해야 하는 것과 마찬가지다.

정부가 시민들을 위해 도로를 만든다고 해보자. 도로건설 비용은 누가 부담해야 할까. 가장 좋은 방법은 그 도로로 이익을 보는 도로 사용자들이 통행료를 내서 부담하는 것이다. 만약 그것이 어렵다면 차선의 방책은 일반 납세자들이 세금을 내서 부담하는 것이다. 통행료만큼

이익과 부담이 일치하지는 않지만, 대부분의 납세자들이 도로를 이용한다고 보면 납세자는 대체로 도로의 사용자일 수도 있기 때문에 수혜자와 비용부담자가 대체로 일치할 수 있다. 최악의 방법은 본래의 토지 소유자로부터 무상으로 도로용 부지를 수용하는 것이다. 그렇게 된다면 도로건설 비용은 모두 토지 사용자들이 부담하는 것이 된다. 수많은 사람들이 사용할 도로를 만들기 위해 왜 몇 명 안 되는 토지 소유자들이 땅을 공짜로 내놔야 하는가. 그것이 매우 부당하다는 사실은 모든 독자들이 인정할 것이다.

그런 사정은 모든 공공시설이 다 마찬가지다. 공원을 설치하기 위해 땅이 필요하다면, 공원용 토지는 공원을 이용할 사람들이 돈을 내서 사야 한다. 또는 납세자들이 세금을 내서 땅을 사야 한다. 그렇지 않고 남의 사유재산을 느닷없이 공원으로 지정한다면, 아무리 많은 사람들을 위한 일이라고 하더라도 약탈이라는 비난을 면할 수 없다. 토지를 구입하기 위한 비용은 원칙적으로 그 토지를 이용해서 이익을 볼 사람들이 부담하는 것이 옳다.

물론 경우에 따라서는 완전한 매입이 아니라 부분적 규제를 통해서 공공재를 공급하는 것이 좋을 때도 있다. 예를 들어, 완전한 공원이 아니라 개발의 밀도를 낮추어서 보기 좋은 스카이라인을 만드는 것이 필요할 수도 있다. 하지만 이때도 잊지 말아야 할 원칙이 있다. 도로사업을 위해 토지 소유권을 매입하듯이 규제를 위해서도 규제권을 매입한다는 생각을 가져야 한다. 공공의 이익을 위해 토지의 이용을 규제하는 경우에도 토지의 소유자가 손해를 입는 일이 있어서는 안 된다. 그러기 위해서는 규제를 받는 토지의 소유자에게 충분한 보상이 이루어져야 한다.

이때 보상가격은 얼마로 해야 할까. 당연히 규제 때문에 떨어지는 재산의 가격이다. 그린벨트제도를 유지하고자 한다면 그린벨트하에서 형성된 가격과 그린벨트가 풀렸을 때 형성될 가격 간의 차액을 소유자들에게 보상해 주는 것이 옳다. 그리고 그 보상재원은 그린벨트로 이익을 얻는 사람들로부터 세금으로 거두어야 한다. 세금을 내기 싫다면 그린벨트도 포기해야 한다.

누가 수혜자인가 : 이도저도 아닌 규제들

공공재를 공급하기 위해 토지의 매입이나 토지가치 하락분의 보상을 위해 돈이 필요하다면 그 비용은 수혜자가 부담해야 한다고 했다. 그럼 누가 수혜자일까. 몇 가지의 중요한 토지규제를 가지고 한번 따져보자.

그린벨트의 수혜자는 누구인가. 그린벨트는 전국의 중규모 이상 대도시 주변을 도너스 모양으로 둘러싸고 있는 토지들이다. 1972년부터 1974년까지 박정희 대통령 주도로 지정된 후 거의 변화 없이 요지부동으로 남아 있는 토지규제다. 김대중 대통령이 120만 그린벨트 내 주민들의 표를 얻기 위해 그린벨트 해제를 약속하기는 했지만, 현실적으로 해제된 지역은 아주 미미하며, 대량으로 해제된 지역은 그린벨트를 지정하지 않더라도 개발이 이루어지지 않을 곳들이 주류를 이루고 있다.

가장 큰 수혜자들은 이 제도의 존립을 강력히 주장하는 환경주의자들이다. 그린벨트를 통해서 그들은 자신들의 이념과 사상을 표현하고 있기 때문이다. 그들을 제외하고 수혜자가 있다면 그린벨트(내부가 아니라) 주변에 집을 짓고 사는 사람들일 것이다. 그린벨트(그린벨트 중에서도 비닐하우스와 축사가 많은 지역은 오히려 골칫거리이지만, 산으로 이루어진 그린벨트는 충분히 공원역할을 할 수 있다)가 일종의 공원역할을 하기 때문에 그 주변에 집을 짓고 사는 사람들은 산책과 운동을 하기도 좋고, 좋은 경치와 공기를 즐길 수도 있다.

반면 그린벨트는 수많은 사람들에게 피해를 준다. 그린벨트 내에 땅을 가지고 있는 사람들은 대부분 이 제도의 피해자이다. 일부 환경주의자들은 자기 땅이 그린벨트에 속한 것을 좋아할 수도 있지만, 그들을 제외한 대부분의 소유자는 그린벨트가 해제되기를 원한다는 차원에서 피해자들이다. 그들 말고도 대부분의 도시인들이 그린벨트의 피해를 입고 있다. 그린벨트가 있음으로써 택지와 학교용지, 상가용지, 공원용지 등 도시적 용도의 토지를 공급하기가 매우 어려워진다. 그것은 도시 내에서의 높은 지가와 주택가격, 비좁은 주거생활, 도시 내의 혼잡, 도시 내 녹지 부족 같은 현상을 초래한다. 그린벨트가 사라지면 도시 내의 땅값과 집값은 떨어지고, 주거지역에 더 많은 녹지가 들어올 것이다. 공원도 더 많아질 것이다. 문제는 대부분의 도시민들은 자신들이 피해자라는 사실을 깨닫지조차 못하고 있다는 사실이다. 많은 도시민들이 그린벨트가 없어지면 큰일이 날 것처럼 생각한다. 잘 따져보면 그린벨트의 피해인 사람들이 스스로 수혜자라고 착각하는 것이다. 하지만 착각이든 어떻든 간에 스스로 수혜자라고 생각해서 그린벨트제도의 유지를 고집하고 있다면 수혜자로서 비용을 부담해야 한다.

이렇게 본다면 환경주의자들과 그린벨트 인근의 주민들, 그리고 도시 내의 그린벨트제도를 지지하는 사람들로부터 세금을 거둬서 그린벨트 내의 토지 소유자들에게 손해배상을 해주는 것이 옳다. 그리고 그 금액은 그린벨트가 없을 경우에 형성될 땅값과 지금의 땅값 사이의 차액이어야 한다. 그것이 부담스럽다면 규제를 풀어야 한다. 보상도 하지 않으면서 규제를 고집하는 것은 다수의 힘으로 소수 토지 소유자의 재산을 약탈하는 것과 다름이 없다.

지금까지의 설명을 요약하면 다음과 같다.

"타인에 대한 피해를 방지하기 위한 규제는 정당하며, 보상도 필요 없다. 그러나 타인에게 손해가 되지 않는 행위를 규제하는 것은 정당하지 못하다. 그럼에도 불구하고 꼭 규제해야 한다면 피규제자에

74

게 규제 때문에 입게 되는 손해를 보상해 주어야 한다."

네 이웃을 네 몸처럼 생각하라

피해를 막기 위해 하는 규제는 정당하기 때문에 보상이 필요 없지만, 타인의 이익을 강요할 목적으로 이루어지는 규제는 부당하기 때문에, 꼭 해야 한다면 토지 소유자가 손해를 보지 않도록 충분히 보상해 주어야 한다는 내용을 설명했다. 그런데 조금만 더 깊이 들어가면 판단하기가 매우 어려운 일이 떠오른다. 어디까지가 피해이고 어디까지가 이익인지 가려내기가 쉽지 않다는 것이다.

하수구에 염산용액을 그대로 버린다면 그건 분명 타인에게 피해를 주는 일이다. 집에서 라면을 먹고 남은 국물을 그대로 하천에 내버린다면 그것 역시 타인에게 피해를 주는 일이다. 여러분은 혹시 먹다 남은 라면국물의 BOD(생물학적 산소 요구량: *Biological Oxygen Demand*) 농도가 25만ppm이라는 것을 아는가. 커피는 18만 8천ppm, 우유는 1만ppm, 폐식용유는 백만ppm이다. 여러분들이 먹고 버리는 이런 음식물 찌꺼기로 우리의 하천은 엄청나게 오염되고 있다. 따라서 정부가 나서서 음식물 찌꺼기 버리는 행위를 규제한다고 해도 여러분은 별로 항변할 말을 찾기 어려울 것이다. 부당하게 재산권을 침해당했으니 보상해달라고 요구할 명분도 없다. 다행히도 서울시나 하수종말처리장이 갖추어져 있는 다른 도시지역에서는 하수를 정화해서 내보낸다. 하수종말처리장에서 나오는 방류수의 BOD는 대개 10~20ppm이라고 한다.[2] 방류수 수질기준이 10ppm이라고 해도 우리가 먹는 물이나 씻

---

2) 민간에게는 지키라고 그렇게 야단들을 하면서도, 정작 정부 스스로는 방류수 수질기준을 잘 지키지 않는다. 여기에 대해서는 열린우리당 장복심 의원의 보도자료 참조. "전국 하수종말처리장 수질관리 '엉망'"(2005. 9. 12)

는 물에 비해서 여전히 오염된 상태다. 정부의 수질기준을 맞춘다고 해서 오염된 물이 오염이 아닌 것으로 둔갑하는 것은 아니다.

그런데 이번에는 공장이든 음식점이든 또는 당신의 집이든 간에 하수를 1ppm 이하의 농도로 만들어서 내보내라고 규제한다면 어떤가? 그 정도면 설악산의 계곡수와 같은 물이다. 그러면 아마도 여러분은 집에서 설거지도, 빨래도 못할 것이고, 화장실을 이용할 수도 없을 것이다. 정부는 공권력이 있기 때문에 마음만 먹으면 그렇게 할 수 있다. 하지만 그렇게 하는 것이 정당한가? 집집마다 내보내는 하수를 모두 설악산 계곡물처럼 만들어서 내보내라고 요구하는 것이 과연 좋은 일인가. 길게 따져볼 것도 없이 그건 말이 안 된다는 것은 모두가 상식적으로 알고 있다.

문제를 다시 한번 되짚어 보자. 백만ppm으로 방류하는 것을 규제하는 일은 정당한 경찰권의 행사범위에 속한다. 그래서 규제하는 것은 당연하다. 반면 1ppm 이하로 방류하라는 것은 경찰권의 정당한 행사범위를 벗어난다. 그런 규제는 해서는 안 되며, 꼭 해야 한다면 그에 상응하는 보상이 있어야 한다. 그렇다면 그 경계는 어떻게 정해야 할까?

이 문제와 관련해서 엘릭슨[3]과 피셸(W. Fischel)[4] 두 교수는 흥미로운 제안을 하고 있다. 그 기준은 사회통념에 맞는 행위(*normal behavior*)이다. 사회통념에서 벗어난 행동을 제지하기 위한 규제는 경찰력의 정당한 행사범위에 속하기 때문에 보상이 필요 없다. 그러나 사회통념 내의 행동을 하는 사람에게 강제로 그 행동을 계속하게 하거나 또는 더

(http://www.cbs21.or.kr).

3) R. Ellickson, "Alternatives to Zoning: Covenants, Nuisance Rules, and Fines as Land Use Controls," *University of Chicago Law Review* 40 (April 1973), pp. 681~781.

4) W. Fischel, *Regulatory Takings: Law, Economics, and Politics* (Harvard University Press, 1995).

좋은 행동을 하라고 강요해서는 안 된다는 내용이다. 정부가 정 그런 일을 강요하고 싶다면 강요를 당하는 데에 대한 보상이 따라야 한다. 여전히 막연한 기준이기는 하지만, 그래도 개념적으로는 꽤 유용한 잣대이기 때문에 저자도 자주 사용하고 있다. 그리고 법원에서도 얼마든지 유용한 기준이 될 수 있다. 지금도 법원에서는 '수인한도'(受忍限度)라든가 '사회통념' 같은 애매한 개념이 판결의 중요한 잣대로 사용되고 있다. 애매하다고 해서 존재하지 않는 것은 아니다. 보상여부를 결정함에서도 그 기준은 유용하게 사용될 수 있다.

그런데 사회통념상의 행동을 경찰력 행사의 기준으로 삼으려면 전제조건이 필요하다. 그 행동이 통용되는 사회가 자주 만나는 사람들(또는 서로 상호작용이 왕성한 인간관계)로 구성되어 있어야 한다는 사실이다. 자주 만나는 사람들끼리라면 내가 타인에게 해로운 행동을 했을 경우에 언젠가는 그 보복이 돌아올 것이기 때문에 함부로 해로운 행동을 할 수 없다. 또 상대에게 이로운 행동이라면 상응하는 보답을 받게 된다. 따라서 오랫동안 서로 보고 살아야 하는 사람들 사이에서는 형성되는 행동방식이나 행동규범은 그 사회의 구성원들 대다수에게 이로운 것일 가능성이 높다. 예를 들어, 사회의 암적 존재인 조직폭력배 사회 내에서도 조직원들 사이에 통용되는 행동은 조직원들 모두의 장기적 이익에 기여하는 행동들일 가능성이 높다. 따라서 구성원들 사이에서는 그들 사이에 통용되는 통념상의 행동을 기준으로 경찰력 행사여부를 판단하면 된다.

그러나 통상적 행동이라고 할지라도 자주 대할 일이 없거나 또는 전혀 볼 일이 없는 사람들 사이에서 형성되는 행동은 좋은 행동이 아닐 때도 많다. 사람들은 운전대만 잡으면 평상시보다 거칠어진다. 앞으로도 오래 볼 사람들에 대해서 하는 일상적 행동은 서로에게 이로운 행동이지만, 운전할 때는 길에서 마주치는 상대방이 모두 스쳐 가는 사람들이기 때문에 솟구치는 감정을 억제하지 않고 거친 행동을 하는 것이다. 조직폭력배 사회에서도 조직원들끼리는 상당히 도덕적 행동들이 통용되지만, 조직원이 아닌 다른 사람들은 약탈과 전투의 대상으로 대하는 것도 그런 이유 때문이다. 결국 이 문제는 자기의 행동으로 영향을 받는 상대방이 피드백을 해주는지의 여부에 달려 있다. 피드백이 없는 상대방에 대해서는 거친 행동이 통상의 행동이 되고, 피드백이 빠르고 정확한 상대방에 대해서일수록 도덕적이고 효율적인 행동이 통상의 행동으로 자리잡게 되는 것이다. 따라서 자주 대하지 않는 사람들 또는 피드백이 없거나 부족한 사람들 사이에서 형성된 행동은 그것이 비록 통상의 행동이라고 할지라도, 그것을 기준으로 경찰권 행사의 정당성 여부를 판단할 수는 없다. 강도와 폭력은 조직폭력배의 통상적 행동범위 내에 속하지만, 강도와 폭력을 규제하기 위해 조직폭력배에게 보상해 줄 이유가 없는 것은 그런 이유 때문이다.

그처럼 통상의 행동이 신뢰할 기준이 되지 못할 경우, 무엇을 기준으로 해서 경찰력 행사의 범위를 판단할 수 있을까? 저자의 답은 이렇다. 상대방이 자신의 분신이거나 또는 자신의 가족일 때도 그런 행동을 했겠는가를 따져 보라. 그런 범위 내의 행동이라면 규제의 대상으로 삼아서는 안 되지만, 그것을 넘어서는 행동이라면 보상 없이 규제하더라도 경찰력의 정당한 행사범위에 속한다.

이런 기준을 환경이나 토지규제에 적용한다면 다음과 같은 식이 될 것이다. 공장을 운영하는 사람이 개천에 염산용액과 폐유 등 오염물질을 내보내는 경우라면, 그 개천이 자기 소유일 때도 그렇게 행동했을까를 상상해 보라. 보통사람의 입장에서 보았을 때, 자기 소유의 개천이라면 그렇게 했을 리 없을 것이라고 판단되면, 그 행동을 규제하는 것은 정당한 규제권의 행사범위에 속한다. 그러나 설령 그 개천이 자신의 소유가 되더라도 여전히 거기다가 염산용액과 폐유를 버려야 할 만한 상황이라면, 그런 행동은 효율적 행동이기 때문에 규제의 대상이 되어서는 안 된다는 것이다. 이럴 때에 굳이 규제를 해야겠다면 그것

78

으로 인한 손해를 보상하는 것이 옳다.

이 같은 기준은 '황금률'을 뜻하기도 한다. 마태복음 7 : 12에서 예수는 "무엇이든지 남에게 대접을 받고자 하는 대로 너희도 남을 대접하라"라고 하여 황금률을 가르치고 있다. 예수보다 550년이나 앞서서 공자는 "기소불욕 물시어인"(己所不欲 勿施於人)을 가르쳤다. "네 스스로 하고 싶지 않은 일이라면 남에게도 시키지 말라"는 말이다. 군주들을 찾아다니며 "남의 나라가 당신네 나라에 일으키지 말았으면 하는 전쟁을 왜 당신네 나라는 남의 나라에 일으키느냐"고 꾸짖기도 했다. 이처럼 타인을 네 자신처럼 대하라는 것이 황금률이다.

황금률은 황금이 변하지 않듯이 변하지 않는 진리이다. 황금률이 지켜질수록 세상은 살기 좋은 곳이 될 것이다. 그러나 황금률은 지켜내기가 쉽지 않다. 자기 식구들에게는 비교적 황금률이 잘 지켜지지만, 관계가 멀어질수록 황금률로부터도 점점 더 멀어져 간다. 그럴수록 세상은 더욱 살기 어려워진다. 전혀 모르는 사람에게도 자기 식구들을 대하는 것처럼 아껴주는 사회가 좋은 사회다. 따라서 제도도 그렇게 만들자는 것이다.

보상은 규제자와 피규제자의 행동을 바꾼다

지금까지의 보상에 대한 논의는 직관적 도덕률에 기초한 것이다. 하지만 조금 더 분석적인 설명을 곁들일 수도 있다. 저자가 주장하는 원칙이 사람들에게 어떤 영향을 주게 될지 따져보는 일이다.

보상 없이 규제하게 되면 규제의 대상이 되는 행위는 줄어들기 마련이다. 그리고 타인에게 피해를 주는 행위는 줄어들수록 좋다. 따라서 타인에게 피해를 주는 행위는 보상 없이 규제하는 것이 좋다. 반면 타인에게 이익이 되는 행위를 못하게 규제한다면 평소에 그런 행위를 하

지 않게 될 것이다. 장기적 관점에서 보았을 때 그건 사회 전체에 손
해다. 따라서 타인에게 이로운 행위가 많이 생겨나기를 원한다면 그런
유인책을 사용해야 한다. 가장 좋은 유인책은 그 행위를 하는 사람과
자발적 계약을 체결하는 것이다. 그보다는 못하지만 그 행위를 중단하
지 못하게 규제하되, 손해가 나지는 않도록 보상하는 것은 최소한의
유인책이 된다.

보상은 시민들의 정치적 행동에도 영향을 준다. 지금까지 우리나라
의 사례들을 보면 토지규제에 대해서 보상해 주지 않는 것이 원칙이었
지만, 시위나 저항하는 사람들에게는 예외적으로 보상해 주었다.[5] 우
는 아이 떡 하나 더 주는 식이다. 항의한다고 보상해 주고 가만히 있
으면 '나 몰라라' 하는 식의 국가를 진정한 법치국가라고 부를 수는 없
을 것이다.

우리의 원칙이 시민들의 행동에 어떤 영향을 주는지 살펴보았다. 그
러나 규제와 보상은 규제당하는 사람들뿐만 아니라 규제하는 공무원들
이나 입법자들, 그리고 남의 재산을 규제하라고 요구하는 여론의 향배
에도 영향을 준다.

사람들은 대개 다른 사람의 일에 간섭하고 잔소리하는 것을 좋아한
다. 그래서 특별히 대가를 치르지 않는다면 간섭하고 싶어한다. 타인
에게 피해를 주는 토지이용행위에 대한 규제는 그래서 자연스럽게 이
루어지게 된다. 별다른 제약이 없다면 타인에게 피해를 주지 않는 행
위에 대해서도 규제할 가능성이 높다. 또는 많은 사람들에게 이익을
주기 위해 일부의 토지 소유자의 권리를 규제할 가능성이 높다. 보상

---

5) 여기에 대한 상세한 논의는 서강대학교 김경환 교수와 저자의 공동논문을
   참조할 것. Chung-Ho Kim and Kyung-Hwan Kim, "Compensation for
   Regulatory Takings in the Virtual Absence of Constitutional Provision:
   The Case of Korea," *Journal of Housing Economics* 11(2002), pp. 108~
   124.

은 그런 행동을 어렵게 만든다. 보상하려면 돈이 필요하고, 그 돈을 마련하려면 국민들로부터 세금을 거둬야 할 텐데, 세금은 거두는 것도 내는 것도 그리 달가운 일이 아니다. 여론의 주체인 일반국민의 입장에서도 비슷한 일이 발생한다. 다른 사람의 재산을 규제해서 자신이 이익을 누리려면 그에 앞서 보상에 필요한 돈을 부담해야 하기 때문에 함부로 남의 재산권을 규제하자는 말을 하지 못하게 된다.

따지고 보면 보상은 규제자가 규제하기 위해 부담하는 가격이다. 따라서 보상의무가 확실히 지켜진다면 국가는 보상가격보다 더 가치 있는 규제만 골라서 할 것이기 때문에 시민의 귀중한 재산이 낭비되지 않고 귀히 쓰이게 될 것이다. 보상은 단순히 규제당하는 사람의 억울함을 해소하는 수단을 넘어서 귀중한 토지자원이 귀히 쓰일 수 있도록 유도하는 장치인 셈이다.

보상은 돈으로만 하는 것은 아니다

미국 캘리포니아를 여행하는 사람들은 태평양 해안을 끼고 가는 1번 도로를 타기 마련이다. 그 여정에 들르게 되는 작고 아름다운 도시, 솔뱅(city of Solvang)이 있다. 덴마크 사람들이 정착한 곳이라서 그런지 풍차도 있고 빨간 색의 음식점들도 정겹다. 이 도시의 토지 소유자들은 토지이용조례(zoning ordinance)에 의해서 집의 색깔과 모양까지 규제받는다. 심각한 사유재산권의 침해가 아닐 수 없다. 그러나 그렇게 하는 덕분에 동네 전체의 모습이 아주 예쁘게 유지될 수 있었고, 수많은 관광객을 유치할 수도 있었다. 결과적으로 땅값도 높아진다. 이런 상황이라면 공익을 위해서 사유재산권이 제한받지만, 그 이익이 높은 땅값으로 각각의 토지 소유자 자신에게 귀속된다. 경제학자들은 이런 현상을 '묵시적 보상'(implicit compensation)이라고 한다. 묵시적 보상도 보상이며, 충분한 묵시적 보상이 있다면 규제는 정당화될 수 있다.

알박기를 막기 위한 사유재산권의 제한

지금까지 규제의 정당성 여부를 타인에게 피해를 주는 행동인지의 여부를 가지고 논의했다. 그런데 사람들의 행동 중에는 단순하게 그런 기준으로만 파악될 수 없는 것들이 있다. 알박기가 대표적이다. 먼저 어떤 것이 알박기인지 구체적 사건들을 통해서 알아보자.

D건설사는 서울 도봉구 쌍문동지역에서 재건축사업을 추진중이었다. 2004년 1월 사업승인을 받기 위해 도봉구청에 신청서류를 접수했다가 기막힌 이유로 퇴짜를 맞았다. 매입대상 부지 1만 3,732평 중 0.9평을 매입하지 못했다는 것이 이유였다.

D건설사가 고작 0.9평밖에 안 되는 '점' 같은 부지를 매입하지 못했던 이유는 그 땅의 소유주인 박모 씨가 터무니없는 가격을 요구하며 매각을 거부했기 때문이었다. 문제의 박모 씨는 이재에 밝은 사람임이 분명하다. 그는 3년 전 재개발 정보를 입수하고 문제의 땅 0.9평을 단돈 2백만 원에 매입했다. 전체 사업부지의 땅을 '완전히' 매수하지 못하면 사업승인을 받을 수 없다는 것을 알고 있는 박씨는 D사에 "땅값 3억 5천만 원과 철거사업권을 주지 않으면 땅을 팔지 못하겠다"며 요지부동으로 버티기 시작했다. 이미 다른 부지를 모두 매입한 D사의 입장에서는 시간이 돈이다. 투입된 자본에 대한 이자가 계속 발생하기 때문이다. 결국 사업승인에 쫓기던 D건설사는 울며 겨자 먹기로 박씨에게 3억 5천만 원을 주고 땅을 매입한 뒤에야 겨우 사업승인을 받아냈다. 박씨가 '알박기' 수법으로 챙긴 이익은 총 3억 4천 8백만 원. 상대의 약점을 이용해서 2백만 원을 주고 산 땅을 174배나 뻥튀기해 팔

아버린 것이다. 그러나 이런 행위는 형법상 부당이득죄에 해당한다. 박씨는 결국 검찰에 구속되었다. [6]

이처럼 알박기란 자기의 땅이 없으면 그동안 투자했던 모든 것이 물거품이 될 수 있다는 약점을 이용해서 막대한 돈을 뜯어내는 행위를 말한다.

이 사건 말고도 알박기는 비일비재하게 일어난다. 2005년 11월 1일 부동산업자 김모 씨는 법원에서 징역 1년에 집행유예 2년을 선고받았다. [7] 죄목은 복합쇼핑몰에 포함될 토지 0.2평을 7억 8천만 원에 팔아 부당이득을 취했다는 것이다. 사업자는 전체 천 2백 평의 부지 중 6천분의 1에 불과한 신문지 한 장 크기만한 땅을 확보하기 위해 7억 8천만 원을 지불해야 했던 것이다. 0.1평당 3억 9천만 원인 셈이다. 이 사건 역시 하나의 땅이라도 빠지면 사업 전체가 백지화된다는 약점을 이용해서 벌어졌다.

시장주의자들 가운데는 알박기를 과연 불법행위로 취급해야 할까라는 의문을 제기하는 사람들이 많을 것이다. 시장경제의 핵심은 가격이 자유롭게 형성되도록 놔두는 것이다. 아담 스미스가 《국부론》에서 이야기했던 '보이지 않는 손'은 시장에서 자유롭게 형성되는 가격을 뜻한다. 시장경제를 한다고 하면서도 왜 땅 주인이 자기 땅의 가격을 마음대로 부르는 것을 범죄로 다루는가. 토지거래허가제나 분양가 규제 같은 것으로 가격을 통제하지 말라고 하면서 왜 사업자에게 높은 값으로 땅을 파는 것만 범죄로 다루는가. 거기에는 그럴 만한 이유가 있다.

---

6) http://www.ikorean.ca
7) 연합뉴스, 2005년 11월 3일.

알박기가 나쁜 이유 : 죄수의 딜레마

알박기가 나쁜 것은 일부 토지 소유자의 전략적 행동(알박기) 가능성으로 사업자와 토지 소유자들 모두에게 이익이 되는 사업이 무산될 수 있기 때문이다.

위의 두 사례 모두에서 손바닥만한 땅을 제공하는 대가로 수억 원을 받을 수 있었던 것은 그 땅이 없으면 그동안 투자한 사업 전체가 수포로 돌아가기 때문이다. 그래서 마지막까지 땅을 팔지 않는 토지 소유자는 사업자로부터 지금까지 투자한 전체 금액을 다 내놓으라고 요구할 수도 있다. 이처럼 마지막까지 버티는 토지 소유자는 독점적 이익을 가장 많이 누릴 수 있다. 따라서 만약 알박기 행위를 처벌하거나 규제하지 않는다면 해당 사업부지에 포함될 모든 토지의 소유자는 마지막까지 토지를 팔지 않으려고 할 것이고, 그것은 결국 아무도 토지를 팔지 않게 됨을 뜻한다. 결국 사업시행자는 사업을 할 수 없는 지경에 이른다. 설령 우여곡절을 겪으면서 대부분의 토지를 매입하는 데 성공했다고 하더라도 결국은 마지막의 몇 평을 가진 토지 소유자의 알박기에 직면하게 되고, 그에게 터무니없는 값을 지불해야 할 것이다. 사태가 결국은 이런 지경에 이를 것이라는 것을 예측하는 사업자라면 누구도 그런 사업에 나서려고 하지 않을 것이다. 그건 토지 소유자와 사업시행자 모두에게 손해가 된다. 장기적 관점에서 본다면 그건 누구에게도 이로운 일이 아니다.

경제학자들은 각자에게는 이로운 행동이 전체에 해로운 결과를 초래하는 현상을 '죄수의 딜레마'라고 불렀다. 죄수들의 딜레마(prisoner's dilemma)란 이런 이야기다. 두 명의 죄수와 검사가 있다. 두 죄수는 공범이다. 두 명이 모두 입을 다물면 증거부족으로 범인들을 석방할 수밖에 없다. 검사는 자백을 이끌어 내기 위해 교묘한 게임을 제안한다. "만약 둘 중의 어느 한 쪽만 자백하고 다른 쪽은 입을 다물고 있으면 자백한 쪽은 무혐의로 석방하며, 보상금도 백만 원을 준다. 그러나 입을 다물고 있던 용의자는 10년형을 구형한다. 둘 다 자백한다면 모두에게 5년형을 구형하겠다."규칙이 이렇다면 결과는 둘 다 자백하게 되고, 5년형을 구형받게 된다. 각자의 입장에서 보면 이건 매우 합리적인 행동이다. 상대방이 자백하지 않을 경우 나는 자백하는 것이 이익이다. 석방되는 것에 그치지 않고 백만 원의 돈이 추가로 생기기 때문이다. 상대방이 자백한다면 나도 자백하는 것이 이익이다. 상대방만 자백하고 나는 입 다물고 있으면 10년이지만 나도 같이 자백하면 5년이기 때문이다. 따라서 상대방이 어떤 행동을 하던 내 입장에서는 자백하는 것이 이익이다. 그리고 그런 사정은 상대방도 마찬가지다. 따라서 두 사람 모두 자백하게 된다. 만약 둘이 서로 잘 협력했다면 둘 다 무혐의로 석방될 수도 있었을 텐데, 게임의 구조가 묘하게 되어 있기 때문에 두 사람 모두에게 손해가 초래된 것이다. 이처럼 각자의 입장에서는 최대한 이로운 행동이 전체적으로는 모두에게 해로운 결과로 이어지는 현상을 통틀어서 죄수들의 딜레마라고 부른다.

죄수들의 딜레마 현상은 우리 주변에서 어렵지 않게 관찰할 수 있다. 비오는 날 신호등이 고장난 교차로는 대표적이다. 한 사람, 한 사람 먼저 온 순서대로 교차로를 통과한다면 교차로가 엉킬 일이 없을 텐데, 늘 서로 먼저 가려고 하기 때문에 교차로가 엉켜서 결국 모두 다 꼼짝 못하는 지경에 이르기 일쑤다. 그런데도 교차로에 나와 있는 개별 운전자의 입장에서 보면 조금이라도 차 머리를 내미는 것이 이익이다. 그러다 보면 누구도 가지 못하는 결과가 초래되고 만다. 비오는 날 신호등이 고장난 교차로의 상황은 죄수의 딜레마와 구조가 같다.

이럴 때 경찰이 나와서 교통정리를 해주면 문제는 해결된다. 운전자의 입장에서 볼 때 경찰관의 수신호에 따르는 것은 자신의 자유에 대한 규제로 비쳐질 수 있지만, 전체 운전자의 이익을 위해서, 그리고 자기 자신의 이익을 위해서도 자신의 자유를 일부 포기하고 경찰의 수

신호에 따르는 것이 옳다. 토지시장에서 토지 소유자가 알박기를 할 수 있는 자유를 제한하는 것도 같은 차원의 대응이다.

실제로도 알박기를 막기 위한 장치들이 여러 가지 있다. 가장 직접적인 방법은 사업부지 내의 토지를 수용하고 그 대신 제3자가 정한 가격을 지불하는 것이다. 도로나 항만 등 정부가 기반시설을 설치할 때, 그리고 토지공사나 주택공사가 택지를 조성할 때에 주로 사용하는 방법이다. 민간사업에 대해서도 비슷한 권리를 준다. 달동네를 살기 좋은 곳으로 만드는 재개발사업의 경우 토지 소유자의 80%가 동의하면 사업부지 내 나머지 토지들에 대해서도 매수청구권을 행사할 수 있게 해놓고 있다. 수용권을 행사할 수 없는 민간사업의 경우 위에서 소개한 사건들에서 볼 수 있듯이 알박기 행동을 처벌해 주는 것도 알박기를 줄이기 위한 장치 가운데 하나이다.

알박기 규제와 가격규제는 다르다

"백 원짜리 아파트 지어서 삼백 원 받아 처먹는 놈들은 무죄네 … 정당하게 사서 세금 다 내고 팔아먹는 데는 할 말 없음. 진짜 도둑놈은 아파트 지어서 몇 배 장사하는 놈들이 진짜 도둑놈이지. 잔챙이는 잡아넣고 통 큰 도둑놈과 한통속 … 그 놈이 그 놈이지 … 어디서 또 압력 받았겠지. 힘센 놈한테는 슬슬 기는 검사 나부랭이."

인터넷 포털사이트 www. paran. com에 실린 알박기 관련기사에 대해서 산마루라는 필명의 누리꾼이 올려놓은 댓글이다. 아마도 많은 사람들이 이와 비슷한 생각을 가지고 있을 것이다. 즉, 아파트 분양가를 높게 부르는 것이나 알박기 하는 것이나 땅을 비싸게 판다는 점에서 다른 점이 없다는 것이다. 그러나 아파트 분양가나 일반적 토지가격과 알박기시의 가격은 전혀 다른 가격이다.

가장 중요한 것은 독점 여부이다. 아파트 분양자는 품질과 가격 면에서 다른 주택업자나 기존 주택과 치열하게 경쟁해야 한다. 다른 분양자나 기존 주택보다 품질은 낮지 않으면서 값만 높이 부른다면 어떤 소비자도 그 아파트를 분양받으려고 하지 않을 것이다. 일반적으로 토지를 팔려고 하는 사람들도 마찬가지다. 소비자가 자기 땅 말고 다른 대안이 있는 상황이라면 모두 다 경쟁에 노출되어 있는 것이다. 그리고 경쟁이 있는 한 땅값은 그것의 진정한 가치에 접근하기 마련이다. 그래서 경쟁이 존재하는 일반적 시장에서 토지나 주택가격을 규제해야 할 이유가 없다. 가격규제는 공급을 억제해서 오히려 해로운 결과를 초래할 뿐이다.

그러나 알박기가 일어날 때는 사정이 다르다. 알박기가 일어나는 땅의 가격은 그것의 진정한 가치를 반영하지 않는다. 즉, 땅의 가격이 매입자에게 어떤 이익을 줄 수 있는지에 의해서 결정되는 것이 아니라, 그 땅을 팔지 않으면 상대에게 얼마의 손해를 줄 수 있는지에 기초해서 결정된다. 목에 칼을 들이대고 계약서에 서명하지 않으면 찌르겠다고 위협하는 것이나 구조적으로는 같은 상황이다. 그렇기 때문에 알박기는 억제하는 것이 정당하다.

이 장의 논지를 정리하면 이렇다. 토지 소유자의 사유재산권 행사는 타인에게 피해를 입히지 않는 범위 내에서 정당하다. 그러나 다른 사람에게 피해를 주는 행위는 규제되어야 한다. 타인에게 이익을 주기 위해 사유재산권을 침해해서는 안 된다. 많은 사람에게 이익을 주기 위한 시설들을 공공재라 부르는데, 공공재를 공급하기 위해 토지가 필요하다면 그것으로부터 이익을 보는 사람이 돈을 내서 토지를 구입해야 한다. 규제를 통해서 공공재를 공급해야 한다면 규제로 떨어지는 재산가치를 수혜자들의 부담으로 보상해 주어야 한다. 알박기 규제는 장기적으로 토지 소유자 자신들의 이익을 위한 것이기 때문에 보상하

지 않아도 정당하다. 그러나 알박기 규제와 단순한 가격규제는 구별되
어야 한다.

제 4 장
토지공개념과 사유재산권

무엇이 토지공개념인가

대한민국 국민은 독창성이 뛰어나다. 우리의 글인 한글이 그렇고, 우리의 대중가요와 영화와 IT기술들이 그렇다. 토지공개념이라는 단어에서도 우리의 그런 면이 엿보인다. 굳이 영어로 표현하자면 'public concept of land'인데 구글(Google) 검색엔진에서도 대한민국 말고는 그런 단어를 사용하는 나라는 찾을 수 없다. 단지 그리 바람직하지 않은 독창성인 것이 안타깝다.

토지공개념, 토지를 공적 개념으로 파악한다는 것은 분명한데, 구체적 내용으로 들어가면 말하는 사람마다 의미가 다르다. 이 말의 첫번째 의미는 토지가 공공재이기 때문에 국가가 소유하고 관리해야 한다는 식의 사고에서 발견할 수 있다. 2005년 7월 29일 저자가 토론자로 참석했던 민주노동당의 "토지·주택 공개념 실현을 위한 부동산정책 토론회"의 발표자였던 심상정 의원은 이 단어를 바로 그런 식으로 사용하고 있었다.

"왜 토지·주택 공개념인가? 공중에 떠서 살지 않는 한, 하늘을 지붕 삼아 살지 않는 한, 땅과 집은 물과 공기처럼 인간에게 없어서는 안 되는 필수 불가결한 공공재이기 때문이며 …."[1]

국회의원이 직접 토론회의 발표자로 나섰다는 점에서 신선해 보이는 모임이었지만, 토지를 공공재로 보는 그의 견해는 그리 신선하지도, 논리적이지도 않았다. 토지를 공공재라고 생각하는 국회의원은 홍준표 의원, 권오을 의원 등 민노동과 정치적 입장 차가 상당히 큰 한나라당에서도 찾아볼 수 있다. 결론부터 말하자면 토지는 공공재가 아니다. 왜 그런지에 대해서는 곧 설명하겠다.

토지나 주택이 공공재라는 생각은 토지와 주택의 국가소유를 확대해야 한다는 주장으로 자연스럽게 연장된다. 정부소유의 임대주택을 늘리고 공영개발을 확대하며, 주택환매제를 시행하는 등의 정책들은 모두 토지와 주택이 공공재라는 생각에 바탕을 두고 있다.

토지공개념이라는 용어의 두 번째 용법은 토지의 개발권을 소유권에서 분리하겠다는 개념이다. 토지 소유자에게 소유권만 인정한 채 개발권은 국가가 소유하는 제도를 일컫는 것이다. 이런 제도하에서는 토지 소유자가 자기 토지를 가지고 자유(?)롭게 할 수 있는 일은 지금 사용하는 그대로 사용하는 것뿐이다. 그 토지의 용도를 바꾸거나 개발하는 일체의 행위는 토지공개념이라는 이름으로 국가의 것이 된다.

그런데 토지공개념이 그런 것이라면 우리나라는 이미 몇십 년 전부터 토지공개념이 철저히 적용되었다. 개발제한구역이나 농지, 임야의 전용제한, 도시계획에 의한 용도지역제, 아파트의 재건축에 대한 허

---

1) 심상정, "부동산세제의 개혁방향," 토지·주택 공개념 실현을 위한 민주노동당 부동산정책 토론회(민주노동당, 2005. 7. 29), p. 2.

가제 같은 것들이 모두 개발권을 소유권으로부터 분리해서 실질적으로 국가가 상당부분을 가져가는 제도다. 게다가 최근에 들어서는 국토계획법을 신설하면서 제2종 지구단위계획, 개발행위 허가제 같은 것을 만들어 토지의 개발권을 거의 국가가 다 가져갔다. 즉, 소유권과 개발권의 분리를 토지공개념이라고 부른다면 우리나라는 이미 토지공개념이 확립되어 있는 나라다. 건축허가, 개발허가, 재건축허가, 농지전용허가 같은 것들이 모두 그런 목적으로 만들어져 있다.

토지공개념의 세 번째 의미는 토지에서 나오는 이익을 정부가 환수해야 한다고 주장할 때 드러난다. 토지로부터 생기는 이익은 사회가 만든 것이기 때문에 사회가 거두어 가는 것이 옳다는 생각이다. 1990년대 초에 토지초과이득세와 개발부담금제를 토지공개념 3법이라는 이름으로 입법화한 것은 토지공개념의 이 같은 측면을 반영한다. 하지만 그런 제도들이 아니더라도 우리나라에는 양도소득세라는 형태로 이미 예전부터 개발이익을 환수했다. 1가구 1주택이나 자경농지 등에 대한 비과세 감면 등을 폐지하고 실거래 과세를 원칙으로 한다면 다른 추가적 제도 없이도 개발이익을 환수할 수 있다.

마지막으로 네 번째의 의미는 1990년대 초에 도입되었던 토지초과이득세, 택지소유상한제, 개발부담금의 세 제도를 말한다. 토지초과이득세는 유휴지에서의 평균 이상 소득을 환수하는 장치였으며, 개발부담금은 토지개발의 결과 이익이 생겼을 때 그것의 일부를 거두어 가는 장치였다. 택지소유상한제는 6대 도시에서 일정 면적 이상의 택지와 유휴지를 소유한 사람에게 벌금성격의 택지초과소유부담금을 부과하는 제도였다. 앞의 세 가지 용법이 토지공개념을 넓게 정의하는 것과는 대조적으로, 토지초과이득세나 택지소유상한제 등만을 지칭할 때는 토지공개념이라는 용어의 뜻이 매우 좁아진다. 이들 세 가지의 제도를 통해서 달성하려는 불로소득의 환수나 소유제한 같은 효과는 다른 여러 가지의 수단들을 통해서도 얻을 수 있기 때문이다.

92

이처럼 토지공개념이라는 단어가 여러 가지의 의미로 사용되고 있기는 하지만, 이 단어를 지지하는 사람들의 가슴 깊은 곳에는 공통의 것이 놓여 있음이 분명하다. 바로 토지를 사유재산으로 인정하기 싫다는 것, 그리고 국유토지나 공유주택을 늘리고 싶다는 것이다. 그럼에도 불구하고 토지의 국유화나 주택의 공유화를 정면으로 들고 나오지 못하는 것은 아마도 정치적 타협의 소산일 것이다. 토지의 사유재산성을 정면으로 부인할 경우, 토지 소유자들로부터의 저항도 클 것이고, 헌법재판이 걸릴 수도 있고, 게다가 자본주의를 부정하는 사회주의자라는 비난까지 듣게 될 수도 있을 테니,[2] 적당한 선에서 애매한 이름을 붙여 타협해 놓은 것이 '토지공개념'이라는 이상한 단어 아닐까?

토지는 공공재가 아니다

토지를 공공재라고 보는 사람이 많다는 사실에 비해, 왜 공공재인지에 대한 설명은 매우 궁색하거나 설득력이 없을 때가 대부분이다. 애당초 공공재가 아닌 것을 공공재로 주장하기 때문에 그 주장을 논리적으로 정당화하기 힘든 것은 어쩌면 당연한 일일 것이다.

공공재가 무엇인지부터 생각해 보자. 공공재란 정부가 세금으로 생산비를 대지 않으면 공급이 이루어지지 않는 재화나 서비스를 말한다. 그런 의미에서 국방은 대표적 공공재다. 민간이 국방회사를 만들어서 국토를 방위할 수는 없다. 소비자인 국민들로부터 요금을 받을 수 없기 때문이다. 국방서비스를 생산하는 비용은 세금으로 충당할 수밖에 없고 그래서 공공재다. 이처럼 민간 공급자가 소비자로부터 요금이나

---

2) 황경식, "소유권은 절대권인가–사유재산권과 분배적 정의," 〈철학연구회 2005년 추계발표회 자료집〉(철학연구회, 2005년 11월 12일), p. 1.

가격을 받을 수 없는 서비스나 재화를 공공재라고 부른다. 이런 재화나 서비스는 민간이 공급할 수 없기 때문에 정부가 세금을 거두어서 공급할 수밖에 없다.

한편 시장에서 민간이 공급할 수 있기는 하지만, 가격을 0으로 하는 것이 좋은 재화나 서비스들이 있다. 한 명이 쓰든 백 명이 쓰든 여전히 다른 사람이 쓸 것이 똑같이 남아 있는 재화나 서비스가 그렇다. 이런 성질을 비경합성(non-rivalry)이라고 부르는데, 국방 같은 서비스는 그런 특성도 가지고 있다. 국방의 혜택은 내가 누린다고 해서 다른 사람의 몫이 줄어들지 않는다. 또 한 명이 누리든 4천만이 누리든 각자가 누리는 국방의 혜택은 같다. 그렇기 때문에 많은 사람들이 누릴수록 나라 전체로는 이익이다. 그러려면 누구나 무료로 이용할 수 있게 해주어야 하는데, 그러자면 민간이 공급하는 것은 불가능해진다. 결국 세금으로 그것을 생산할 수밖에 없고, 그걸 할 수 있는 주체는 정부밖에 없다. 이처럼 민간은 돈을 받을 수 없어서 공급할 수 없고, 또 일단 공급되고 나면 모든 사람에게 공짜로 사용할 수 있도록 개방하는 것이 좋은 재화나 서비스를 공공재라고 부른다.

이런 관점에 비춰 볼 때, 주택과 토지는 공공재일 수가 없다. 주택은 돈을 내는 사람에게만 공급할 수 있기 때문에 민간에 의해서 왕성하게 공급될 수 있다. 또 누구 하나가 사용하면 다른 사람은 그것을 사용할 수 없다. 주택을 누군가에게 공짜로 주거나 임대하면 다른 누군가는 그 기회를 박탈당해야 한다. 주택은 국방이나 치안서비스와는 완전히 다르다. 주택은 사적 재화이지 공공재가 아니다.

토지 역시 공공재가 아니다. 어떤 재화나 서비스를 공공재로 해야 하는 첫 번째의 이유는 민간에 맡길 경우 공급이 이루어지지 않기 때문이다. 그런데 토지는 태초부터 존재하는 것이어서 원초적 형태의 토지는 생산 때문에 공공재가 될 이유가 없다. 독자들 중에는 본래부터 존재해 온 토지를 굳이 골치 아프게 사적 재화로 삼아야 할 이유도 없지 않느냐고 반문하는 사람도 있을 것이다. 그 답은 토지는 사유재산이어야 한다는 것이다. 토지가 중요한 것은 인간이 그것을 필요로 하기 때문이다. 따라서 우리에게 중요한 것은 원초적 상태의 토지가 아니라 인간이 살 수 있도록 다듬어진 토지들이다. 택지, 학교용지, 농지, 공원과 같은 것들이다. 그것들의 대부분은 인간의 노력이 가미되어 만들어지며, 그렇게 만들어진 대부분의 땅들은 공공재의 속성을 가지고 있지 않다.

토지는 사용료를 내지 않거나 또는 가격을 지불하지 않은 사람은 주인이 동의하지 않는 한, 그것을 사용하지 못하게 막을 수 있다. 그래서 가공된 토지는 민간에 의해 시장에서 공급될 수 있다. 그러면 비경합성은 어떤가? 국방과 마찬가지로 한 사람이 토지를 사용하고 있음에도 불구하고 다른 사람이 동시에 그것을 사용할 수 있는지의 문제다. 그 답은 분명 "아니다" 이다. 즉, 토지의 이용은 경합적 소비행위이다. 누군가가 토지를 사용하고 있으면 다른 사람은 그 토지를 사용할 수 없다. 토지는 공공재라면 갖추어야 할 비배제성도 비경합성도 가지고 있지 않은 것이다. 그렇기 때문에 토지는 공공재가 아니다. 인간의 노력에 의해서 다듬어진 토지는 더욱 그렇다.

다만 한 가지, 대규모의 택지를 공급하는 과정에는 국가가 개입할 필요가 있다. 우리나라는 세계에서 유례를 찾아보기 힘들 정도로 평등하게 농지를 소유하고 있다(우리나라의 농지소유가 매우 평등하다는 사실은 제 5장에서 자세히 설명된다). 그러다 보니 소유의 단위가 매우 잘게 쪼개져 있고, 대규모의 택지개발을 할라치면 수천 명의 농지 소유자로부터 땅을 사모아야 한다. 인접한 수많은 조각 땅들의 수천 수만 개의 필지를 사 모으다 보면 필연적으로 알박기 현상이 나타나기 마련이다. 따라서 자발적 거래에 의존해야 하는 민간개발업자들은 그 일을 해내지 못한다. 결국 그 일은 수용권을 가진 토지공사나 지방정부 등의 공공기관이 맡을 수밖에 없다. 하지만 그건 토지가 공공재이기 때문이 아니라, 공공기관만이 강제적으로 수용권을 행사할 수 있기 때문이다. 따라서 정부가 그 일을 마친 다음에는 최대한 빠른 시간 안에 그렇게 조성된 새로운 땅들을 민간에 매각해서 사유재산으로 되돌려야 한다.

그럼에도 불구하고 많은 사람들이 주택이나 토지가 공공재라고 주장하는데, 그때 동원하는 근거들은 대개 다음과 같은 것들이다. ① 토지와 주택은 필수품이다. 이것이 없으면 사람들은 살기 어렵다. 그래서 토지나 주택은 공공재이다. ② 토지로부터의 이익은 불로소득이며, 토지의 가치는 사회가 만들었기 때문에 사회가 환수해야 한다. 따라서 토지는 공공재이다. ③ 토지는 인간이 만든 것이 아니다. 또 토지의 부존량은 유한하다. 그렇기 때문에 토지는 국가가 관리해야 하며, 그래서 토지는 공공재이다. 하지만 이런 이유들이 토지와 주택을 공공재로 만들어 주지 못한다는 사실에 대해서 살펴보기로 한다.

필수품일수록 사유재산이어야 한다

필수품이라고 해서 공공재가 되는 것은 아니다. 인간에게 먹는 물은 생명과도 같다. 물 없이는 며칠도 생명을 유지하기 어렵지만, 그렇다고 해서 물이 공공재가 되는 것은 아니다. 먹는 물은 시장에서 잘 공급되기 때문이다. 진로 석수, 농심의 제주 삼다수, 풀무원 샘물 등 대부분의 샘물들이 경쟁시장에서 기업들에 의해 공급되고 있다. 물은 필수품이지만 공공재가 아닌 것이다.

먹는 물에 대해 공개념을 적용한다고 해보자. 아마도 시장을 묶어두고 정부가 물의 공급을 독점하게 될 것이고, 그 결과 물의 공급은 줄어들어 물 부족 현상이 생길 것이다. 원가가 높아져 값도 오를 것이다. 값이 오른다고 물 투기에 대한 통제가 시작될 것이다. 정부가 물

값을 싸게 책정할 수 있겠지만, 그건 물에 대한 초과수요를 초래해서 물 부족 현상을 더욱 심각하게 만들 것이다. 경우에 따라 물의 생산 원가가 높음에도 불구하고 소비자 가격을 낮게 책정할 수도 있겠지만, 결국 그러기 위해 부담하는 돈은 누군가가 세금으로 부담하게 되어 있다. 이런 것을 고려해 본다면 물이 필수품임에도 불구하고 효율성 높은 민간이 물의 공급을 맡는 것이 더 효율적이고 국민 전체에게 이득이다. 아니 필수품이기 때문에 무능하고 비효율적인 정부에 맡겨 놓을 수 없는 것이다.

토지·주택도 마찬가지다. 정부가 수용권을 발동해서, 필지합병 과정만 해결해 준다면 소비자들이 원하는 토지와 주택은 민간에 의해 잘 공급될 수 있다. 공영개발을 확대해서 주택을 짓는 일에까지 정부가 손을 뻗친다면 민간기업의 설 땅은 사라질 것이고, 그 결과 주택의 공급은 줄고, 질은 떨어질 것이다. 가격도 그렇다. 정부가 강제로 분양가를 낮출 수는 있겠지만, 공급이 줄어서 전반적인 주택의 시장가격은 오히려 더 높아진다.

정부는 시장이 못하는 일만 해주면 된다. 정부의 역할은 시장의 약점을 보완해 주는 것이기 때문이다. 부동산 문제에서 시장의 약점은 토지 소유자들에 의한 알박기를 극복하기 어렵다는 사실이다. 농지가 잘게 쪼개져 있기 때문에 수용권이 없는 민간은 대규모의 택지개발을 할 수가 없다. 따라서 정부가 할 일은 그 공백을 메워주는 것이다. 그 나머지의 일, 즉 소비자의 마음에 흡족하게 주택을 짓는 일은 민간이 정부보다 더 잘한다. 필수품일수록 그것의 공급은 시장에 맡기는 것이 올바른 선택이다. 정부공급은 필수품의 부족사태를 초래할 가능성이 크기 때문이다.

인간의 창조물이 아니어서?

토지가 공공재여야 한다고 주장하는 사람들은 토지가 인간의 창조물이 아님을 또 다른 이유로 내세우기도 한다.[3] 부존량이 유한하고 공급이 제한되어 있기 때문에 국가가 관리해야 한다는 주장도 비슷한 맥락에 서 있다.[4] 이런 생각은 법조인들 사이에도 넓게 퍼져 있는데, 토지문제와 관련해서 우리 법조인들이 자주 참조하는 독일 연방헌법재판소의 판결을 한번 살펴보자.[5]

"토지는 늘릴 수 없는 것이기 때문에 그 이용을 자유로운 힘에 맡겨서는 안 되며, 개인의 자의에 맡기는 것도 적당하지 않다. 올바른 법과 새로운 질서사회는 토지에 관하여 다른 재산권에서보다 더욱 강하게 전체의 이익을 관철할 것을 요구하고 있다. 토지는 경제적으로나 사회적으로 다른 재산과 동렬에 두어질 성질의 것이 아니다

---

3) 김윤상 역, 《진보와 빈곤》(비봉출판사, 1996).

4) 토지는 신이 내린 선물이기 때문에 사적 처분에 맡기는 것이 부적절하다는 논의는 보통법 국가인 미국에서도 이루어지고 있다. 그들은 이것을 '공공신탁의 원리'(Public Trust Doctrine)라고 부른다. 그러나 저자가 법률 데이터베이스인 LEXIS를 통해 검색해 본 바로는 이 원칙이 해안의 간석지나 환경문제 등에 대해서만 적용되고 있었을 뿐 우리나라처럼 모든 토지의 공적 관리나 소유를 주장하는 근거는 아니었다. 간석지나 환경에 대한 권리는 거래비용이 높아 사적 소유권이 정의되기 어렵고, 따라서 공적 관리의 필요성이 상대적으로 높다. 공공신탁의 원리에 대해서는, S. Jawetz, "The Public Trust Totem in Public Land Law: Ineffective-And Undesirable-Judicial Intervention," *Ecology Law Quarterly*, Vol. 10 (1982), pp. 397~ ; J. Sax, "The Public Trust Doctrine in Natural Resource Law: Effective Judicial Intervention," *Michigan Law Review*, Vol. 68 (Jan. 1970), pp. 471~ 등 참조.

5) 권오승, "토지 소유권의 법적 성질과 그 제한," 한국법학교수회 편, 《법과 토지》(삼영사, 1982), pp. 38~57, at p. 48.

(1967. 1. 12. Bver FG, Bd. 21, S. 73, u. a. SS. 82~83) ."

토지의 사유재산성을 극단적으로 부인하는 헨리 조지의 주장에도 토지가 인간이 만든 것이 아니라는 이유가 놓여 있다(헨리 조지에 대해서는 제9장에서 상세히 다룬다). 토지가 자연의 창조물이며, 공급량이 유한하다는 사실로부터 토지의 공공성이 도출될 수 있을까?

먼저 사실관계부터 따져보자. 토지의 공급은 과연 고정되어 있는가? 지구의 땅덩어리 전체, 또는 우리 국토면적 전체를 놓고 본다면 토지의 창조자가 인간이 아니고 공급이 유한하며, 공급량이 고정된 것이 사실이다. 그러나 인간이 필요로 하는 유용한 상태로 존재하는 토지를 놓고 본다면 인간의 노력에 따라 공급량은 상당히 달라진다.

이 세상에는 토지 말고도 인간이 만들지 않은, 그리고 부존량이 유한한 자원들이 얼마든지 있다. 석탄도, 석회석도, 석유도 그 자체로는 인간의 창조물이 아니며 부존량도 유한하다. 그러나 자연상태 그대로의 부존량은 그리 중요하지 않다. 중요한 것은 그 자원들이 인간에게 유용한 형태로 존재하는지의 여부이다.6) 인간이 쓸 수 있을 때에 비로소 자원은 자원으로서의 가치를 가진다. 석유매장량의 수치는 이런 사실을 극명하게 드러내 준다. 지구상에 얼마나 많은 석유가 매장되어 있는지 알 수 없지만, 그 양이 유한할 것임은 분명하다. 그럼에도 불구하고 석유매장량은 매년 늘어나고 있다.7) 석유가격이 높아질수록

---

6) 유경춘 교수는, "토지는 그 자체로서는 가치를 가지는 것이 아니고 인간에게 이용됨으로써 비로소 가치를 가지는 것"임을 스스로 인정함으로써 자기모순에 빠지고 있다. 유경춘, "재산권의 보호객체 및 행정법상의 계획대상으로서의 토지재산권,"《강원대 사회과학연구》17(1983), pp. 3~21, at p. 23.

7) 현재의 소비추세가 계속된다면 석유가 고갈될 것이라는 학자들의 경고에도 불구하고 석유매장량이 계속 늘어왔다는 사실에 대해서는, J. Simon, *The Ultimate Resource 2*(2nd ed.)(Princeton: Princeton University Press,

또 탐사기술이 발전할수록 유정탐사활동이 늘어 매장량 또한 계속 늘어나는 것이다.

그렇기 때문에 우리가 관심을 가져야 할 것은 단순한 자원의 부존량 그 자체가 아니라 그것을 어떻게 발견하고 시추하는가의 문제이다. 인간이 노력을 투입해서 쓸모 없는 자원을 쓸모 있는 형태로 변환시킨다면 실질적 의미에서의 자원은 얼마든지 늘어날 수 있다. 그런 뜻에서 자원은 인간이 만드는 것이며, 그 부존량 또한 고정되어 있지 않다. 중요한 것은 인간의 노력이며, 노력의 결과물을 자신이 가져갈 수 있을 때(사유화될 때) 유용한 자원을 찾고 가공하기 위한 노력은 극대화될 수 있다.

토지도 마찬가지이다. 인구나 소득증가로 도시 토지에 대한 수요가 커지면, 토지가격이 올라가고 주변지역의 농지나 임야들이 주택지나 학교용지, 상가용지 등 도시적 용도로 전용되기 마련인데, 그것이 바로 토지의 공급과정이다. 도로나 상하수도, 전기공급시설의 설치 같은 것들도 토지를 만들어낸다. 과거에는 쓸모 없던 땅에 도로가 개설되거나 전철이 들어가면 사람들이 살 만한 땅이 된다. 즉, 투자를 통해 인간은 쓸모 있는 토지를 만들어낸다.

우리는 토지를 땅덩어리 전체가 아니라 필지단위로 사용한다. 그렇기 때문에 비록 전체로서의 토지는 공급이 제한되어 있을지 모르지만, 인간이 필요로 하는 토지의 공급은 가격에 상당히 민감하게 반응할 수 있다. 앞서 살펴보았듯이 토지의 공공적 성격이라는 미명하에 만들어진 수많은 규제들이 토지의 자연스런 공급과정을 방해함으로써 도시 토지의 희소성은 커지고 가격은 더욱 높아진다. [8] 최소한 도시 토지의

1996), pp. 163~181 참조.

8) 토지이용규제의 정도와 주택공급의 탄력성 간의 관계에 대해서는 저자의 다음 책을 참조할 것. 김정호, 《한국의 토지이용규제》(한국경제연구원, 1995), pp. 157~159. 여기서는 세계은행의 자료를 이용해 한국, 말레이

관점에서 본다면 토지는 인간이 만드는 것이며, 공급이 고정되어 있지도 않다.

설령 토지의 공급이 고정되었음을 인정하더라도 그것이 사유재산권의 제한 이유가 될 수는 없다. 아니, 공급의 제약은 오히려 시장의 필요성을 더욱 높인다.[9] 유한한 자원은 수요가 커질수록 더욱 절약해서 써야 한다. 토지를 절약한다는 것은 같은 공간을 만들어내더라도 토지를 많이 쓰는 방식에서 자본을 많이 쓰는 방식으로 전환하는 것을 뜻한다. 단순히 말하면 고층화를 말한다. 시장은 자동적으로 토지를 절약해 준다. 값이 비싼 토지일수록 고층화된다는 것에 대해서 긴 설명이 필요하지는 않을 것이다. 시장이 사라지면(또는 개발이익이 완전히 환수된다면) 가격은 사라지고, 절약의 인센티브도 없어진다.

인간이 만들지 않았다던가 공급이 제한되어 있다는 등의 특성은 토지를 공공재로 취급해야 할 이유가 되지 못한다. 인간에게 유용한 것을 만들어내려면 소비자들이 무엇을 원하는지, 그리고 가장 저렴한 비용으로 그것을 만드는 방법이 무엇인지 발견해내야 한다. 이런 일을 가장 잘하는 것은 시장이다. 즉, 개인들에게 자유를 주고 노력한 결과를 각자가 가져가게 할 때, 토지이용의 효율성은 극대화될 수 있다. 시장의 유용성은 그 대상이 인간의 창조물이든 아니든, 또 부존량이 유한하든 아니든 관계없이 유효하다. 아니, 유한할수록 시장의 필요성은 더욱 절실해진다.

시아, 태국, 미국 등 4개국 주택공급의 가격탄력성을 비교하고 있는데, 토지이용규제가 약한 태국과 미국의 공급탄력성이 강한 토지이용규제를 가지고 있는 말레이시아와 한국보다 66~220배 더 큰 것으로 나타났다.
9) 부존량이 무한하다면 아무리 낭비를 하더라도 상관없기 때문에 굳이 시장이 필요하지 않으며 또 시장이 생기지도 않는다. R. Ellickson, "Property in Land," *Yale Law Journal*, Vol. 102(April 1993), p. 1367.

불로소득이라고 환수해야 하는 것은 아니다

토지의 가치는 소유자가 아니라 사회 전체가 만들어낸 소득, 즉 불로소득이기 때문에 공공이 환수해야 한다는 뜻에서 토지를 공공재라고 부르는 사람도 많다. 물론 사회가 없으면 토지의 가치도 없다는 말은 맞지만, 그것과 불로소득이 어떤 관계인지는 조심스럽게 따져봐야 한다. 땅값이 높아진 것은 사회구성원들이 그 땅에 대해서 더 높은 값을 지불할 생각을 가졌기 때문이다. 하지만 그것 때문에 토지가치를 환수해야 하는 것은 아니다.

삼성전자 공장주변에 땅을 가지고 있던 사람은 공장이 확장되는 바람에 땅을 팔아 큰돈을 벌었을 것이다. 그럼 삼성전자는 자기 때문에 돈을 벌었으니 땅 주인에게 땅 판 돈을 다시 토해 내라고 요구할 수 있나. 이 요구가 난센스라면 토지가치 상승분을 사회가 환수하자는 주장 역시 난센스다. 국가나 자치단체의 재정자금을 충당하기 위해 토지로부터의 이익에 세금을 부과할 수는 있지만, 단순히 땅으로부터 이익이 발생했다는 이유만으로 세금을 매기는 것은 정당하지 않다.

게다가 국가가 토지에서 발생하는 이익을 환수할 필요가 있다고 해서 토지를 공공재라고 불러야 할 이유는 없다. 우리들 각자가 소유하는 노동력이 공공재가 아님은 누구나 인정한다. 그럼에도 불구하고 국가는 우리가 열심히 일해서 벌어들이는 소득(노동으로부터의 이익)에 대해서 세금을 부과하고 있다. 마찬가지로 국가가 토지로부터 발생하는 이득에 대해서 세금을 부과할 수 있지만, 그렇다고 해서 토지가 공공재가 되는 것은 아니며, 또 공공재일 이유도 없다.

결국 토지와 주택은 공공재가 아니다. 토지와 주택은 시장에 맡겨둘 때 가장 원활하게 공급된다. 다만 부분적으로 시장이 잘 작동하지 않는 부분에 대해서 정부가 도시계획 같은 것으로 개입할 필요가 있기도 하지만, 그렇다는 사실이 토지와 주택을 공공재로 만드는 것은 아니다.

사라진 세 가지의 법들에 대해서

지금까지 토지공개념이라는 단어의 몇 가지 의미에 대해서 살펴보았지만, 뭐니뭐니해도 이 토지공개념이라는 단어가 가장 자주 사용되는 것은 1990년대 초반에 입법된 세 가지의 제도, 즉 토지초과이득세, 택지소유상한제, 개발부담금을 가리킬 때이다. 특히 부동산 분야의 전문가일수록 토지공개념이라는 단어로부터 이 세 가지의 제도를 떠올리는 사람이 많다.

그런데 이 제도들은 더 이상 현실 속에 존재하지 않는다. 택지소유상한제는 1999년 위헌판결을 받아서 폐지되었고, 토지초과이득세는 부분적으로 헌법불합치 판결을 받아서 해당 부분에 대한 수정법률을 제정했으나 1998년 정부가 스스로 폐기해버렸다. 개발부담금의 근거법률인 개발이익환수에 관한 법률은 아직도 존재하고 있기는 하지만 더 이상 적용은 하지 않고 있는 상태다.

현실에 더 이상 존재하지 않는 제도임에도 불구하고 저자가 이 세 제도를 새로 꺼내서 논의하는 것은 언제든지 되살아날 수 있는 제도이기 때문이다. 헌법재판소로부터 헌법불합치 판결과 위헌판결을 받기는 했지만, 그것들은 토지초과이득세와 택지소유상한제의 본질이 아니라 지엽적, 기술적 문제들에 대한 판결이었다. 국회가 헌법재판소의 지적사항들을 수정해서 재입법을 한다면 토지공개념제도들은 언제든지 되살아날 수 있다.

예컨대 토지초과이득세의 본질은 유휴토지에 대해서 차별적으로 무거운 세금을 물린다는 것이다. 그러나 토지초과이득세의 경우 헌법재판소는 유휴지 중과세라는 핵심적 요소가 아니라 과세표준의 산정방식이나 세율이 단일세율이라는 등 지엽적 문제들이 헌법을 위반한 것이라고 판결했다.

택지소유상한제도의 본질은 택지의 소유를 제한한다는 사실인데,

헌법재판소는 택지의 소유를 제한하는 것은 헌법정신에 맞다고 판시했다. 다만 소유의 상한이 지나치게 작으며, 실수요자와 가수요자를 구분하지 않았고, 상한을 초과한 토지에 물리는 벌금성격의 부담금이 지나치게 높다는 것을 문제삼아 위헌판결을 냈다.

즉, 토지초과이득세이든 택지소유상한제이든 제도의 취지와 본질에 대해 헌법재판소는 실질적으로 합헌결정을 낸 것이다. 따라서 헌법재판소가 지적한 지엽적, 기술적 문제들을 수정해서 법률을 개정한다면 합헌이 된다.

실제로 국회는 헌법재판소의 지적사항을 수정보완해서 개정된 토지초과이득세법을 통과시켰고, 거기에 대해서까지 제기된 헌법소원 사건에서 헌법재판소는 합헌결정을 내렸다. 그럼에도 불구하고 토지초과이득세가 폐지된 것은 국회가 헌법재판소의 새로운 판결이 나기 전에 미리 법을 폐기시켰기 때문이다. 토지초과이득세는 합헌인 상태에서 국회와 정부가 스스로 폐기한 것이다. 따라서 지금이라도 누군가가 폐기되었던 법을 다시 제안해서 통과시킨다면 토지초과이득세는 다시 소생할 수 있다.

택지소유상한제도 역시 마찬가지다. 상한면적을 2백 평에서 3백 평 정도로 높이고, 실수요자를 구제하는 조항을 추가하며, 부담금의 비율을 대폭 낮춘다면 얼마든지 합헌결정을 얻어낼 수 있을 것이다. 개발부담금 역시 법의 집행자인 정부가 스스로 부과를 중지했기 때문에 얼마든지 다시 부과할 수 있다.

이처럼 토지공개념 3법은 완전히 사라진 것이 아니다. 국민의 다수가 이 제도들의 취지 자체를 인정하는 한, 잠시 활동을 멈춘 휴화산처럼 언제든지 다시 폭발할 힘을 가지고 있다.

토지초과이득세 : 토지비축을 막는 법

토지초과이득세는 건축물이 지어져 있지 않은 '유휴토지'로부터 '초과이윤'의 50%를 세금으로 징수하는 제도였다. 따라서 토지초과이득세의 본질은 유휴토지를 차별적으로 중과세하는 데에 있다. 혹자는 이 제도가 미실현이익에 대한 과세이기 때문에 문제라고 하지만, 토지초과이득세 납부액을 양도세로부터 100% 세액공제만 해준다면 미실현이익 과세라는 것이 큰 문제가 되지는 않는다. 토지초과이득세의 핵심은 유휴지에 대한 차별적 중과세이다.

결론부터 말하자면 토지초과이득세는 생기지 말았어야 할 제도다. 유휴토지란 민간에 의한 정당한 토지비축 행위인데, 그것을 죄악시하고 있기 때문이다. 정부는 토지를 비축해야 하고, 민간의 토지비축은 투기라고 매도하는 것은 분명 잘못된 일이다.

유휴토지에 토지초과이득세를 부과한 것은 노는 땅을 가급적 빨리 개발함으로써(早期開發) 토지의 효율적 이용을 촉진하겠다는 취지에서였다. 그렇게 해서 토지와 건물의 공급이 촉진되기를 기대했을 것이다. 당장 눈앞의 일만 보면 그게 맞는 말이다. 유휴지를 가진 사람은 토지초과이득세가 무서워 개발을 서두를 수밖에 없다. 그러나 유휴지가 일찍 개발된다고 해서 효율적 이용이 되는 것이 아니며, 또 장기적 관점에서 보면 공급이 증가하는 것도 아니다.

한편으로는 개발이 촉진된다면서 또 다른 한편으로는 공급이 줄어든다는 것은 무슨 말일까. 그것을 이해하려면 당장 눈앞에서 벌어지는 현상뿐만 아니라 긴 시간을 두고 나타나는 장기적 부작용까지 따져보아야 한다.

유휴토지를 보유하는 동기는 대개 기다렸다가 고밀도로 이용하기 위한 목적이다. 자기 땅에 고층빌딩을 짓고 싶은데, 지금 당장 지으면 미분양이 될 것 같은 경우가 많다. 그럴 때에 대개의 토지 소유자들은 당장 건물을 짓기보다는 고층을 지을 수 있는 여건이 무르익을 때까지 기다리기 마련이며, 사회 전체의 관점에서도 그것이 합리적이다. 기다리는 기간 동안 땅은 유휴지 상태로 남아 있겠지만, 분양도 안될 것을 지어서 놀리느니 빈 땅인 채로 놔두는 것이 더 효율적이다.

이런 상황에서 유휴지에 대해 세금을 무겁게 매기면 울며 겨자 먹기 식으로 개발을 앞당기겠지만, 본래 염두에 두고 있던 것보다 밀도를 낮추어서 저층을 지을 수밖에 없다. 예를 들어, 5년 기다렸다가 10층 짜리를 지으려고 했던 사람더러 지금 당장 지으라고 하면 3층짜리를 짓고 말 것이다. 이 숫자는 단기적으로 공급이 늘지만 장기적으로는 공급이 줄게 된다는 사실을 쉽게 이해할 수 있게 해준다.

토지초과이득세가 없었다면 앞으로 5년 동안 이 땅에는 건물이 전혀 존재하지 않다가 5년 후부터 10층짜리가 시장에 나온다. 토지초과이득세가 있는 상황에서는 지금 당장 3층짜리가 생겨서 앞으로도 계속 존속하게 된다. 그러면 토지초과이득세는 처음 5년 동안 건물의 공급을 3층으로 늘려 놓는다. 그러나 5년 후부터는 10층짜리일 것이 3층으로 줄어든 셈이 된다. 따라서 토지초과이득세에 의해 처음 5년 동안은 3개층만큼 공급이 늘지만, 그 이후부터는 7개층의 공급이 줄게 되는 것이다.

토지초과이득세 지지자들은 이 세금이 자기가 직접 건물을 짓기보다는 값이 오르면 팔아치우려는 '투기적' 소유자들을 대상으로 한다고 반론한다. 그럴 수도 있을 것이다. 그러나 비록 '투기적'이라고 하더라도 토지초과이득세가 미치는 효과는 비슷하다. 유휴토지의 가격은 건축시기가 가까워질수록 급격히 상승한다. 현재 유휴토지를 보유하는 사람은 그러한 때가 오기를 기다리는 사람이다. 유휴토지 중과세는 토지 소유자 자신들로 하여금 조기개발·저밀도개발을 하게 하거나 또는 토지를 조기개발·저밀도개발하려는 사람에게 매각하도록 유도한다. 이처럼 유휴지 보유의 동기가 자기가 나중에 직접 개발하기 위한 것이든 아니면 값이 오르면 팔기 위함이든 간에, 토지초과이득세는 토지의 조기개발을 강요하고 그 결과 저밀도개발이 초래된다.

이건 이론적 가능성만을 말하는 것이 아니다. 실제로 토지초과이득세가 도입된 이후 수많은 토지들에 가건물들이 들어섰다. 또 고층건물이 들어설 만한 토지에 저층으로 볼링장이나 장어집, 갈비집 등의 음식점이 들어섰다. 대부분 토지초과이득세를 피하기 위한 조세회피 행위였던 것으로 판단할 수 있다. 이런 것들을 효율적 토지이용이라고 말할 수는 없다.

정리하자면 토지초과이득세와 같은 유휴지 중과세는 장기적으로 토지의 낭비를 가져온다. 토지초과이득세로 개발시기가 앞당겨지기 때문에 단기적으로는 토지와 건물의 공급이 늘어나는 것 같아 보일 수 있지만, 토지의 개발밀도가 낮아지기 때문에 시간이 흐르면서 건물공급은 오히려 축소된다. 그 결과 건물의 임대료가 오를 것은 당연하다. 저밀도개발을 통한 토지의 비효율적 이용, 그것이 토지초과이득세가 안고 있는 근본적 문제다.

토지초과이득세에 대한 헌법재판소의 판결은 이 같은 본질적 문제는 놔둔 채 지엽적 문제만 다루었다. 다음은 1994년 7월 29일 헌법재판소가 토지초과이득세에 대해서 내린 헌법불합치 판결의 요지이다.

- 지가산정에 관련된 문제: 지가산정방식이 불합리하고, 과표의 산정방식을 행정부에 포괄 위임한 것은 조세법률주의에 어긋난다.
- 지가등락에 관한 문제: 토지보유기간중 지가하락시 보완규정이 미미하다.
- 세율: 단일비례세율이어서 실질적 평등이 저해된다.
- 유휴토지의 범위: 무주택자 소유 택지는 택지소유상한법과 토지초과이득세법의 기준이 서로 다르다.
- 임대토지: 임대용 토지에 대한 과세범위가 행정부에 포괄적으로 위임되어 있다.

- 양도소득세와의 중복과세문제: 토지초과이득세 납부액이 양도소득 세에서 충분히 공제되지 않기 때문에 중복과세이다.
- 기타: 유휴토지 판정기준 완화, 과세유예기간 확대, 지가안정시 토지초과이득세의 한정적 운영.

불행히도 이런 이유들은 유휴지에 대한 차별적 과세라는 본질을 떠 난 지엽적인 것들이었다. 이 법을 만들었던 정부도 그렇다는 사실을 알았기에 헌법재판소의 지적에 일일이 대응해서 법을 수정했고(〈표 4-1〉 참조), 수정된 법은 합헌판결을 받았다.

흥미로운 것은 토지초과이득세에 대한 합헌판결이 국회가 토지초과 이득세법을 스스로 폐기한 후에 내려졌다는 사실이다. 즉, 헌법재판 소는 이미 폐기된 법률에 대해서 합헌판결을 내리는 웃지 못할 희극이 벌어진 것이다. 국회가 스스로 이 법을 폐기한 것은 납세자들의 항의

〈표 4-1〉 정부의 토지초과이득세법 보완내용

구분	헌법재판소 지적사항	보완사항
지가산정에 관련 한 문제(제 11조)	공시지가산정 부적정, 포괄위임	표준지를 30만 필지에서 60만 필지로 확대, 법률에 지가산정 근거를 규정
지가등락에 따른 문제(제 11조)	토지보유기간중 지가하 락시 보완규정 미비	지가하락 반영장치 마련
세율(제 12조)	세율이 50% 단일비례세 여서 실질적 평등저해	누진세율체계 도입
유휴토지의 범위 (제 8조)	무주택자 소유택지는 택 지소유상한법과 토지초 과이득세법의 기준이 상이	규정일치, 무주택자 보유택지 는 제외 검토
임대토지 (제 8조)	임대용 토지에 대한 과세범위 포괄위임	과세기준 및 범위를 법률에 규정

와 조세저항을 견디기 어려웠기 때문이다. 어쨌든 폐기되던 당시의 토지초과이득세법은 합헌이기 때문에 언제든지 그것을 다시 살려낸다면 유효한 법률이 될 것이다. 그러나 합헌이라고 해서 좋은 법은 아니다. 유휴지 보유는 민간의 토지비축 행위이며, 그것을 규제하는 것은 부당한 일이다. 토지초과이득세는 태어나지 말았어야 하며, 그렇기 때문에 다시 살아나서도 안 된다.

택지소유상한제 : 택지를 줄이는 법

택지소유상한제란 한 가구가 전국 6대도시 내에 소유하는 '택지'의 총량이 2백 평을 초과하지 못하도록 한 제도였다. 그것을 초과해서 보유한 택지는 초과금액에 대하여 매년 6~11%의 초과소유부담금을 부과하게 되어 있었다. 한편 법인은 원칙적으로 '택지'를 한 평이라도 소유할 수 없었고, 소유한 경우는 모든 소유택지의 금액에 대하여 동일한 율의 초과소유부담금이 부과된다. 세상을 떠들썩하게 했던 이 제도는 1998년 4월 위헌판결을 받고 폐기되었다.

위헌판결의 주된 논지는 상한선인 2백 평이 지나치게 작다는 것, 초과소유부담금 부과율인 6~11%가 지나치게 높아서 원본잠식의 우려가 있다는 것, 그리고 실수요자용 택지와 투기용으로 소유한 택지를 구분하지 않고 있다는 것 등이다. 정작 이 법의 핵심인 택지의 소유를 제한한다는 발상 자체에 대해서는 헌법정신에 합치한다고 보았다. 따라서 만약 상한선을 조금 높이고, 부담금의 율을 조금 낮추며, 실수요와 투기용을 구분해서 재입법한다면 합헌이 될 수 있었을 것이다. 참여정부의 부동산 정책에 막강한 영향력을 행사하는 참여연대와 경실련이 택지소유상한제의 본질이 합헌이라는 취지의 말을 자주하는 것으로 보아 이 제도가 다시 소생할 가능성을 배제할 수 없다.

토지초과이득세와 마찬가지로 택지소유상한제는 그 발상부터 잘못
된 법이다. 택지소유상한에 관한 법률은 "국민이 택지를 고르게 소유
하도록 유도하고, 택지의 공급을 촉진함으로써 국민의 주거생활 안정
을 도모"하는 데에 목적을 두고 있다고 천명하고 있지만, 선한 의도가
늘 선한 결과를 가져다주지는 않는다. 지옥에 이르는 길은 늘 선의로
포장되어 있다지 않은가. 시장을 통해서 나타나는 이 법의 실제 효과
는 오히려 택지의 공급을 줄이고 난개발을 부추긴다는 사실이다. 의도
하지 않은 결과인 것이다. 이 제도가 다시 도입되는 것을 막기 위해서
는 택지소유상한제의 본질인 택지소유제한 자체가 잘못되었음을 이해
해야 한다.

먼저 무얼 보고 '택지'라고 하는지부터 살펴보자. 택지소유상한제에
서는 도시계획구역 내에 소재하는 토지 중 주택이 건축되어 있는 토지
(부속토지 포함), 지목이 대(垈)[10]이면서 건물이 지어져 있지 않은 토
지, 주거용으로 집단개발한 택지 등을 택지로 정의하고 있다. 쉽게 말
해서 주택지로 이용되고 있거나, 또는 앞으로 이용될 가능성이 있는
토지는 모두 택지로 간주되어 소유제한을 당했다.

이 제도의 설계자들이나 헌법재판관들은 택지소유상한제로 주택이
지어지는 토지의 면적이 줄어든다는 생각을 미처 못했던 것 같다. 택
지의 총량이 고정되어 있다면 1인당 택지소유 면적에 대한 제한은(비
록 단순면적 규제에 따른 형평성의 문제는 존재하겠지만) 택지에 대한 수
요를 축소시키고 세입자의 자가점유를 촉진함으로써 임대료의 안정까
지도 기할 수가 있을 것이다. 이런 이유 때문에 택지소유상한제를 바
람직한 제도라고 판단했을 것이다.

그러나 택지소유에 대한 제한은 택지의 총량을 줄인다. 주택지의 면

10) 지목이 '대'(垈)인 토지란 건축물의 부지와 이에 접속된 부속시설물의 부지
　　및 정원, 그리고 도시계획사업, 기타 법령에 의한 택지조성사업으로 공사
　　가 완료된 건축예정지 등을 일컫는다.

적이 택지에 대한 수요의 강약에 따라 변하기 때문이다. 주택지의 축소는 국민들의 주거생활 악화를 초래하게 된다. 본래의 의도와는 정반대의 결과인 것이다. 택지소유상한 때문에 택지가 줄어든다는 것은 무슨 말일까.

그것을 이해하려면 주택건축이 가능한 토지의 총량이 어떻게 결정되는지부터 이해할 필요가 있다. 국토계획법은 전 국토를 도시지역, 관리지역, 농림지역, 자연환경보전지역으로 나누고 있는데, 이 중에서 도시지역과 관리지역에서 주택건축이 가능하다. 한편 도시지역은 주거지역, 상업지역 등의 용도지역이 지정되는데, 이 중에서 주택건축이 가능한 지역은 전용주거지역, 일반주거지역, 준주거지역, 근린상업지역, 중심상업지역, 일반상업지역, 일반공업지역, 준공업지역이다. 즉, 보전녹지지역 및 전용공업지역(여기에서도 공장용 기숙사는 가능하다)을 제외한 모든 용도지역 내에서 주택건축이 가능하다.

그러나 주택을 지을 수 있는 토지면적이 이들 용도지역의 면적에 의하여 자동적으로 결정되는 것은 아니다. 주택건축이 허용되는 용도지역이라고 하여 주택의 건축만이 허용되는 것은 아니기 때문이다. 정도의 차이가 있기는 하나 도시 내의 모든 용도지역에서 주택 이외 건축물(근린생활시설, 업무용 건물, 공장 등)의 건축이 허용된다.

한편 용도지역상으로는 주택을 지을 수 있더라도 지목이 맞지 않으면 주택을 지을 수 없다. 주택건축이 가능한 지목은 택지소유상한제가 규제의 대상으로 삼고 있는 지목이 '대'인 토지이다. 만약 지목이 '대'인 토지가 주택 이외의 용도로는 사용될 수 없고, 또 그것의 총량이 택지소유상한제의 영향을 받지 않는다면 택지소유상한제가 택지의 총량을 줄이는 일은 없을 것이다. 그러나 현실은 그 두 가지 전제조건을 모두 충족시키지 않는다.

지목이 '대'인 토지는 주택의 건축뿐만 아니라 다른 용도의 건축물에도 쓰인다. 학교 건물, 종교용 건물, 공장용 건물을 제외한 모든 용도의 건물들(주택, 음식점, 업무용 건물 등)이 지목이 '대'인 토지 위에 건축된다. 따라서 택지를 소유하는 것이 불리해질수록 지목이 '대'인 토지 중 주택지로 사용되는 땅의 비중은 줄어들고, 음식점, 편의점 등 비주거용 건물의 부지로 사용되는 토지는 늘어날 것이다.

또 한 가지 생각해야 할 점은 지목이 '대'가 아닐지라도 토지형질변경 허가를 얻으면 주택의 건축이 가능하다는 사실이다. 그 땅의 지목은 '대'로 바뀐다. 택지소유상한제가 택지에 대한 보유수요를 축소시킨다면 지목이 '대'가 아닌 토지를 '대'로 형질변경하려는 수요도 축소될 것이고, 그것이 지목이 '대'인 토지의 공급을 축소시킬 수 있다. 즉, 지목이 '대'인 토지의 총량도 택지소유상한제에 의해 축소될 수 있다.

이처럼 광범위한 용도지역 내의 토지들이 택지가 될 수도 있고, 택지가 아닌 상가용지나 업무용지, 공장용지가 될 수도 있다. 궁극적으로 어떤 땅이 어떤 용도에 사용될지는 어떤 용도의 토지에 대한 보유수요가 강한가에 달려 있다. 택지소유상한제가 문제인 것은 그것으로 인해 택지에 대한 보유수요가 줄고, 그 결과 택지로 사용되는 면적도 줄어든다는 사실이다. 가뜩이나 부족한 택지를 더욱 줄이는 정책을 좋은 정책이라고 볼 수 없다.

택지소유상한제는 토지초과이득세와 마찬가지로 조기개발·저밀도개발을 촉진하는 문제도 안고 있었다. 나대지는 대부분 택지소유상한제의 대상이었기 때문에 초과소유부담금을 피하려면 그 땅에 무엇인가를 지어야 한다(주택이 아니라 상가나 오피스 등 주택 이외의 건물을 지어야 한다). 그것은 조기개발을 뜻하며, 조기개발은 저밀도개발을 통해서 장기적으로 건물의 공급을 줄인다. 이 부분에 대해서는 토지초과이득세에서 설명했으므로 이 정도에서 설명을 마치겠다.

택지소유상한제는 '가진 자'들의 택지에 대한 보유수요를 축소시킴으로써 '못 가진 자'들의 주거생활을 향상시키려는 좋은 목적으로 출발했다. 이러한 목적이 달성되려면 이 제도로 택지가 늘어나거나 또는 최소한 줄지 말아야 하는데, 실제의 결과는 그 반대다. 택지소유상한제는 택지로 사용되는 토지를 줄인다. 그래서 택지의 부족은 더욱 심화되고 국민들의 주거생활은 더욱 악화된다.

물론 택지소유상한제가 토지의 매매가격을 하락시키는 것은 사실이다. 그러나 택지가 줄어들기 때문에 전세가격이나 월세 등 임대료는 오히려 올라간다. 8·31대책을 통해서 주택에 대한 보유수요를 억제하자 전세가가 올라간 것도 같은 원리 때문이었다.

택지의 매매가격 하락만이 토지정책의 궁극적 목표일 수는 없다. 토지정책의 최종목표는 국민주거생활의 향상이어야 할 텐데, 택지공급의 축소를 통하여 임대료의 상승 및 주거면적을 축소시키고, 국민주거수준을 악화시키는 택지소유상한제를 바람직한 정책이라고 볼 수는 없다. 주택 2백만 호 건설사업 이후 우리가 직접 경험했듯이 주택의 매매가격과 임대료를 동시에 낮추려면 신도시 건설 등을 통해서 택지의 공급을 늘려야 한다. 택지에 대한 보유수요를 줄이면 당장 택지의 매매가격은 떨어지겠지만, 그 반작용으로 택지의 공급량이 줄어 임대료가 오르게 되며, 장기적으로는 택지가격마저 더 오르게 된다. 따라서 택지에 대한 소유제한은 불필요한 사유재산권에 대한 제한이다. 만약 헌법재판관들이 토지시장의 이런 구조를 이해했더라면 2백 평이 지나치게 작다는 등의 지엽적 문제가 아니라 택지소유에 상한을 두겠다는 발상 자체에 대해서 위헌판결을 내렸어야 했다.

개발부담금보다는 소득세가 옳다

개발부담금제도란 토지개발 후의 수입에서 제반 개발비용을 공제하고 남은 금액의 25%를 부담금으로 환수하는 제도이다. 개발허가를 받아서 토지의 용도를 바꾸면 땅값이 높아지기 때문에 그것의 일정 부분을 환수하겠다는 것이다. 이 제도는 1990년 토지초과이득세, 택지소유상한제와 더불어 토지공개념 제도의 하나로 도입되었다. 그러다가 경기부양을 목적으로 2002년 1월에 수도권이 아닌 지역에 대해서 부과를 중지했고, 수도권에서는 2004년 1월부터 중지되어 있는 상태다.

개발부담금에 대한 논의는 지가상승으로부터의 이득을 환수하는 것이 좋은지의 여부에서부터 시작할 필요가 있다. 앞서도 살펴보았듯이 토지의 소유자가 아무것도 하지 않았는데, 그냥 토지에 대한 수요가 커져서 값이 올랐다면 국가가 그것을 환수해야 할 특별한 이유가 없다. 물론 정부의 재정자금을 조달하기 위해 지가차익 소득에 대해서 세금을 부과할 필요가 있을 수 있지만, 그런 세금이라면 지가차익에 대해서 뿐만 아니라 노동소득과 주식으로부터의 소득, 환율변동에 의한 소득 등 모든 소득을 대상으로 하는 것이 옳다. 토지가격 상승에 대해서만 특별한 세금을 부과해야 할 이유가 없다는 말이다. 그런 의미에서 본다면 부동산으로부터의 소득에 대해 양도소득세라는 별도의 세금을 부과하는 것은 그리 바람직한 현상이 아니다. 부동산 매각소득도 단순한 소득의 일종으로 파악해서 소득세를 매기면 그만인 것이다.

그러나 개발행위의 결과 발생하는 지가차익에 대해서는 약간의 다른 사항들에 대한 고려가 필요하다. 여기서 우리가 관심을 가져야 할 것은 토지의 개발면적과 개발이익이 얼마나 밀접한 관계를 가지고 있는가 이다. 만약 예상되는 개발이익이 클수록 정부의 허가를 받아내기 위한 민간의 노력이 증가하고, 그 결과 허가를 받는 개발면적도 늘어난다면 개발과정에서 발생하는 이익을 환수해야 할 정당성은 줄어든

다. 새로운 개발사업으로부터의 개발이익이 크다는 것은 그만큼 도시
용지의 부족이 심함을 뜻한다. 개발부담금이 많이 부과될수록 개발총
량은 줄어들게 되고, 도시용 토지의 부족현상은 오래 지속될 것이다.
도시용지의 부족이 조속히 해소되기를 원할수록 개발부담금의 정당성
도 줄어든다.

그러나 정부가 내주는 개발허가 면적이 민간의 노력과 무관하게 결
정된다면 이야기는 달라진다. 이런 상태에서 허가를 받아내기 위한 민
간의 노력은 사회 전체로 보면 자원의 낭비이다. 노력을 하든 안 하든
허가를 내주는 면적은 정해져 있는 한, 허가를 받아내기 위해 자원과
노력을 투입하는 것은 낭비임이 분명하다. 그럼에도 불구하고 민간개
발업자들은 허가를 받기 위해 노력하겠지만, 그건 다른 사람이 받을
것을 자기에게로 끌어오는 것에 불과하다. 허가를 받아내기 위한 민간
의 노력은 도시용지의 부족을 해소하는 데에 도움이 되지 않는다. 상
황이 이렇다면 개발과정으로부터 발생하는 이익을 환수함으로써 사회
전체의 효율성을 높일 수 있다. 로비 등의 비공식적 루트를 통해서 낭
비되는 자원을 줄이는 방법이기 때문이다.

따라서 우리는 개발업자들이 노력하면 개발허가량을 얼마나 늘릴
수 있는가, 또는 예상되는 개발이익이 클수록 그런 개발사업에 대한
허가를 받을 가능성이 높아지는지 따져보아야 한다. 불행히도 저자는
거기에 대한 답을 알지 못한다. 앞으로 깊이 있는 연구가 필요한 분야
이다. 다만 한 가지 확실히 말할 수 있는 것은 개발허가를 얻기가 더
욱더 힘들어지고 있다는 사실이다. 국토계획법이 제정되어 "계획 없이
는 개발 없다"는 원칙과 제2종지구단위계획제도가 새로 제정되면서
점점 더 개발허가를 받아내기가 어려워지고 있다. 이런 사실이 과연
허가를 얻기 위한 노력이 개발허가량에 미치는 효과가 작다는 것을 의
미하는 것일까? 저자가 가진 현재의 지식으로는 판단하기 어렵다.

어쨌든 이미 개발된 토지로부터의 가격상승분보다는 개발과정에서

발생하는 지가상승분(개발이익)을 환수해야 할 필요성이 더 크다. 하지만 그렇다는 사실이 개발부담금제도를 자동으로 정당화시켜 주는 것은 아니다. 우리나라는 양도소득세라는 별도의 자기차익 환수장치를 가지고 있기 때문이다. 개발과정에서의 지가차익을 환수하는 것이 옳다고 하더라도, 개발부담금이 정당한지의 여부는 양도소득세와의 관계를 따져서 판단해야 한다.

양도소득세는 부동산의 구입가격과 매각가격 간의 차이에 대해서 부과된다. 개발과정에서의 지가차익도 구입가격과 매각가격 간의 차액에 포함되기 마련이다. 따라서 개발부담금이 없더라도 양도소득세를 철저히 부과한다면 개발행위로부터 발생하는 차익까지 포함해서 환수되는 셈이다. 개발행위로 인한 이익을 중간에 환수해가고 나서 또 매각할 때 양도소득세를 부과한다면 2중과세를 하는 셈이다. 따라서 양도소득세가 제대로 부과된다면 개발부담금은 폐지하는 것이 마땅하다. 법인의 경우 개발사업의 결과 발생한 소득에 대해 25%의 법인세를 부담해야 하고, 특별부가세의 대상이 되면 추가로 10%의 특별부가세를 더 부담해야 한다. 따라서 개발부담금이 없더라도 이미 개발사업으로부터 발생하는 소득은 환수되는 것이며, 그렇기 때문에 법인에 대해서도 개발부담금을 추가로 부과할 이유는 없다.

물론 양도세나 법인세에 비과세 감면이 많아서 환수장치를 빠져나가는 사업들이 있을 수 있다. 하지만 그 문제를 해결한다고 새로운 세금을 만들기보다는 기존의 양도세를 정상화해서 해결하는 것이 더 합리적이다. 양도세를 정상화하려는 노력은 하지 않고 양도세와 개발부담금을 같이 시행한다면 다수의 개발사업들이 개발이익을 2중으로 환수당하는 불이익을 겪게 된다.

기반시설부담금은 개발이익 환수장치가 아니다

참여정부 들어서 기반시설부담금이라는 제도가 새로운 개발이익 환수장치로서 거론되고 있다. 기반시설이란 도로나 학교, 상하수도같이 주민들이 공동으로 사용하는 시설들을 말한다. 새로운 토지개발사업들은 해당 지역과 그 인근에 기반시설에 대한 수요를 만들어낸다. 새로운 인구가 유입되면 도로와 학교와 상하수도가 필요해지는 것은 당연하다. 게다가 대부분의 개발사업은 기존 동네의 기반시설에 혼잡을 초래해서 기존 주민들에게도 피해를 준다. 그렇기 때문에 새로 유입되는 주민들이 자신들이 필요로 하는 기반시설을 스스로 설치하거나 또는 그 비용을 부담하고 들어가는 것은 자기 책임의 원리에 잘 들어맞는다. 그 비용을 개발업자들이 부담하더라도 결국은 분양가나 제품가격에 얹혀지기 때문에 입주민이나 최종 소비자에게 부과하는 것과 같은 효과를 발생시킨다.

그런 관점에서 기반시설부담금은 개발부담금보다 훨씬 탄탄한 이론적 기초 위에 서 있다. 하지만 기반시설부담금과 개발부담금은 목적이 서로 다른 제도이다. 어떤 사업은 개발이익이 큰 반면 기반시설에 대한 수요는 매우 작을 수 있고, 어떤 사업은 개발이익은 매우 작으면서도 기반시설 수요는 매우 클 수 있다. 따라서 기반시설부담금은 사업의 물리적 형태와 수용인구, 그리고 주변의 기존 도시들과의 관계에 따라서 부과될 일이지, 개발이익의 크기에 따라서 부과되어서는 안 된다. 개발이익이 하나도 없더라도 유발되는 기반시설 수요가 크다면 기반시설부담금은 커야 하며, 개발이익이 크더라도 기반시설 수요가 작다면 기반시설부담금은 작게 부과되어야 한다. 개발이익의 일정 비율을 부과하는 식의 기반시설부담금이라면 더 이상 기반시설부담금은 아니다. 기반시설부담금은 개발이익 환수장치가 아닌 것이다.

기반시설부담금에 대해서 두 가지 더 언급해둘 것이 있다. 첫째, 기반시설부담금을 도입하려면 비슷한 성격의 부담금들부터 먼저 정리해야 한다. 지금도 소비자들은 비슷한 성격의 부담금들을 많이 부담하고 있다. 최근 논란의 대상이 되는 광역교통개선비. 정부가 판교, 동탄 등지의 신도시를 개발하면서 해당 신도시들과 주변 도시를 연결하는 간선도로 및 철도 등을 위한 투자자금을 광역교통개선비라는 이름으로 엄청난 금액을 사업자에게 부담시키고 있다. 판교 신도시의 경우 부지매입비(3조 1,490억), 부지조성비(3조 4,325억), 간접비(1조 3,873억)를 합쳐서 총 사업비는 7조 9,688억 원인데, 그 중에서 광역교통개선비가 1조 5,913억 원이다. 조성비의 46.3%, 보상비를 포함한 전체 사업비의 20%를 차지하는 막대한 비용이다. 이 비용은 결국 소비자들이 부담한다. 판교 신도시의 32평을 기준으로 할 경우 당첨자는 4,760만 원을 추가부담하게 된다.[11] 기반시설부담금은 이미 부과되고 있다.

광역교통개선비 말고도 비슷한 명목의 부담금들이 많이 있다. 택지개발사업에 대해서만 따져보더라도 광역교통시설부담금, 상하수도시설 원인자부담금, 교통유발부담금 등 아홉 가지나 된다. 이들 부담금들은 모두 기반시설부담금의 일종이다. '기반시설부담금'을 도입하면서 기존의 부담금들은 폐지하는 것이 좋겠다.

둘째, 부담금 부과의 주체는 지방정부여야 한다. 그래야만 부담금의 수입이 기반시설수요가 발생하는 지역에 재투자될 수 있다. 중앙정부가 거두어 갈 경우 부담금 수입이 엉뚱한 다른 지역으로 재투자되기 십상이다. 그렇게 되면 많은 개발사업에서 허가의 주체인 지방정부가 자기 지역에서의 기반시설 혼잡을 염려해서 허가를 내주지 않는 일도 자주 일어나게 된다. 기반시설부담금의 부과방식과 금액, 그리고 부과대상 등은 지방정부가 스스로 결정하게 해야 한다.

---

11) "분양가 14%는 낮출 수 있다"(《한국경제신문》, 2005년 12월 13일), 제1면 및 제3면.

공공주택의 확대는 사회주의로 가는 길이다

우리나라에서는 공공임대주택의 공급을 늘리는 일도 토지공개념이나 주택공개념 차원에서 논의될 때가 많다. 우리나라의 공공임대주택은 1989년 4만 3천 호의 영구임대주택이 건설된 것을 시작으로 계속 증가했다. 2004년 현재 영구임대주택은 19만 채, 공공임대주택은 80만 채, 국민임대주택은 28만 채이다. 지금까지 공공주택은 주로 영세민의 주거문제 해결을 위한 수단으로 지어진 것이었기 때문에, 대부분 소형주택들로 구성되었다. 이제 개혁론자들은 정부가 중대형 임대주택도 공공주택으로 가야 한다고 주장한다. 심지어는 판교 신도시 같은 고소득층 주거에 적합한 지역에까지 토지공사나 주택공사가 중대형 임대주택을 지어 저렴하게 임대해 주어야 한다고 주장하기에 이르렀다. 주택은 사유재산이 되어서는 안 된다는 생각이 이 같은 주장들에 힘을 실어 주고 있는 것 같다.

공공주택의 확대를 주장하는 사람들은 흔히 다른 선진국들도 공공주택을 많이 가지고 있다는 사실에서 정당성을 찾기도 한다. OECD 국가들이 우리보다 많은 공공주택을 보유하고 있다는 말은 맞다. 10년 이상 장기거주가 가능한 공공임대주택을 기준으로 할 경우 한국의 공공임대주택 재고는 33만 호로서 2004년 말 주택총량의 2.5%를 차지한다. 반면 영국은 20%, 프랑스는 18%, 스웨덴 23%, 벨기에 8% 등12) 으로 우리보다 높다. 하지만 우리가 눈여겨보아야 할 것은 그 숫자 자체가 아니라 이 나라들에서의 공공주택들이 어떤 역사적 맥락에 속해 있는가 이다.

결론부터 말하자면, 유럽 여러 나라들이 아직도 많이 가지고 있는 공공주택들은 19세기 말부터 전 세계적으로 불어닥쳤던 사회주의 열

---

12) P. Balchin(ed.), *Housing Policy in Europe*(London Routledge, 2002).

풍의 잔재이다. 러시아에서 볼셰비키혁명이 성공한 것을 기폭제로 해서 수많은 나라들에서 사회주의자들의 세력이 커져갔다. 자본주의 시장경제의 요람이었던 영국에서도 1930년대에《요람에서 무덤까지》를 주장하는 베버리지 보고서가 출간되어 광범위한 지지를 받기에 이른다. 급기야 1945년 처칠을 누르고 노동당의 애틀리 수상이 집권하자 주요 대기업들을 몰수에 가까운 방법으로 국유화해 간다. 석탄, 석유, 항공, 통신 등 대부분의 대규모 산업들이 국유화의 길을 걸었다. 정치체제는 민주주의를 유지했지만, 경제체제는 거의 완전한 사회주의로 들어선 것이다.[13] 1970년대 말 대처 수상이 뒤집어 놓기 전까지 그런 추세는 계속된다. 주택도 그렇게 국유화된 것 가운데 하나이다.

　미국 역시 마찬가지다. 19세기 말부터 좌파세력의 영향력이 커지기 시작했고, 대공황을 계기로 그들의 영향력은 폭발적으로 커져 간다. 미국판 사회주의라고 할 수 있는 '뉴딜정책'은 그런 추세의 결정판이었다. 자유와 사유재산의 천국이던 미국도 그 이후 규제와 세금의 나라도 변질되어 간다. 1937년의 미합중국 주택법 제정[14]과 더불어 시작된 공공주택 건설 역시 확대되어 간다. 1980년대 초반 레이건이 집권해서 뒤집어 놓기 전까지 그런 추세는 깊어져만 갔다.

　이런 현상은 국가재정의 규모에도 그대로 투영되었다. 19세기 말부터 사회주의 세력의 영향력이 커졌고, 그 결과 공공부문은 끝을 모르고 커져 간 것이다. 세금도 폭발적으로 늘어난다. 미국의 경우 1929년 전까지 연방정부와 모든 지방정부의 예산총액이 국민소득에서 차지하는 비중은 12%를 넘어본 적이 없다.[15] 그러던 것이 1929년 이후 계속 증가해서 오늘날에는 40%를 맴돌고 있다. 영국 역시 대영제국의

13) 주명건 역,《시장 대 국가》(세종서적, 1999).
14) R. Ellickson with V. Been, *Land Use Controls: Cases and Materials* (2nd ed.) (Aspen Law and Business, 2000), p. 1050.
15) 민병균 외 역,《선택할 자유》(자유기업원, 2003), p. 126.

영광이 최고조에 달했던 1897년 당시 그 비율은 10%였지만, 제 2차 세계대전 종전과 함께 노동당 정부가 집권한 이래 세금은 계속 늘어나서 급기야 소득세의 최고세율이 90%를 넘어설 정도가 된다. 그에 비례해서 예산규모도 커진다.

이런 추세에 제동이 걸리기 시작한 것은 영국과 미국에서 대처와 레이건의 등장, 소련과 동구권의 붕괴, 중국의 자본주의화 등의 현상과 더불어서 이다. 그 이후 작은 정부와 규제완화, 민영화의 바람이 불어온다. 영국, 독일, 프랑스, 미국에서 철강과 자동차와 항공업 등이 모두 민영화되어 갔다. 공공주택도 그 중의 하나이다. 공공주택이 너무 비용이 많이 드는 것에 비해 품질은 형편없다는 것을 경험을 통해서 배웠기 때문이다. 대처의 집권 이후 영국에서는 공공주택의 4분의 1이 민영화되었고, 남아 있는 공공주택들도 민간에게 그 관리를 넘기는 등 실질적 민영화의 길을 걷고 있다. 아직도 남아 있는 공공주택들은 과거의 잔재라고 보면 된다. 몇 나라의 예만 들었지만 그건 대부분 서구 나라들이 겪어 온 과정이다.

역사란 참 역설적이다. 남들은 모두 그렇게 사회주의, 전체주의로의 길을 갈 때, 한국을 비롯한 아시아의 네 마리 용은 자본주의의 길을 걸었고, 그래서 가난의 시궁창에서 하늘로 승천하는 기적을 이루어낼 수 있었다. 그런데 이제 우리는 그 반대의 길을 걸으려고 한다. 남들은 과거를 후회하며 어떻게든 벗어나려고 하는 길을 우리는 뒤늦게 들어서고 있는 것이다.

개혁론자들은 공공주택이 많아야 저소득층이 도움을 받는다고 말한다. 물론 저소득층을 돕는 일은 필요하다. 하지만 저소득층을 돕기 위해 정부가 주택을 소유하고 있어야 할 이유는 없다. 저소득층을 돕는 가장 좋은 방법은 그들에게 현금을 지급해 주는 것이다. 공공임대주택 한 채를 유지하는 데에 월 50만 원의 정부부담이 필요하다고 해보자. 지원받을 저소득층에게 현금 50만 원과 공공임대주택에의 입주권리가운데 어느 것을 원하는지 한번 물어 보라. 백이면 백 모두 현금을 택할 것이다. 그건 추석선물을 주고받을 때, 받는 사람들이 물건보다는 같은 액수의 현금을 선호하는 것과 마찬가지다. 만약 지원받는 사람이 주택을 필요로 한다면 그 돈으로 주택을 임대하려 할 것이고, 시장에서는 그 수요를 충족시키기 위한 주택들이 나오기 마련이다. 현금지원이라는 방법을 놔둔 채, 저소득층들에게 공공임대주택에 입주하라고 하는 것은 예산을 낭비하는 일이다. 정부가 정말로 저소득층의 복지를 걱정한다면 공공임대주택이 아니라 현금지원방식으로 옮겨가야 한다. 도움을 필요로 하는 사람들이 원하는 것은 현금지원이기 때문이다.

설령 주택으로 지원하는 일의 필요성을 인정하더라도 정부가 공공주택을 소유할 이유는 없다. 영세민들에게 쌀과 연탄을 도와주기 위해 정부가 공무원을 동원해서 쌀농사를 짓고 연탄공장을 운영하는 일이 비효율적이듯이 정부가 주택을 만드는 일도 비효율적이다. 정 현물로 도와주고 싶다면 연탄이든 쌀이든 주택이든 민간이 생산한 것을 사다가 지원해 주면 된다. 그보다 더 좋은 방법은 정부가 직접 사는 것이 아니라 도움을 필요로 하는 사람들에게 쿠폰을 지급해 주는 것이다. 상품권을 받은 사람들처럼 쿠폰을 받은 사람들도 자기가 원하는 곳에 가서 가장 싼값으로 좋은 품질의 것을 골라 살 수 있다. 주택도 마찬가지다. 지원받을 사람이 자신이 원하는 집을 골라서 살고, 임대료 영수증을 정부에 제출하면 그 중의 일정액을 지급해 주면 된다. 수요가 늘어난 만큼 정부가 직접 짓지 않더라도 저소득층용의 주거가 생겨날 것이다.

정부의 임대주택 공급확대는 단순히 지원받는 영세민들의 실질적 지원효과를 줄이는 것을 넘어서 우리 사회의 도덕과 기강을 해이하게 만든다. 공공임대주택이 늘수록 민간임대주택은 줄게 되고, 또 공공임대주택에 대해서는 늘 초과수요가 발생해서 암시장이 생겨나기 때문이다. 여기에 대해서 차근차근 따져보자.

공공주택이 많아질수록 민간임대가 줄어드는 것은 새로운 택지의 공급량이 거의 고정되어 있기 때문이다. 이미 설명했듯이 농지 소유규 모의 영세성과 심한 농지규제로 우리나라에서 신규 택지공급은 거의 전적으로 공영개발에 의존할 수밖에 없다. 그런데 공영개발에 의한 택 지 공급량은 주택종합계획이라는 것에 의해서 앞으로 10년간 거의 고 정되어 있다. 그러니 공공주택 공급에 사용되는 면적을 늘리면 당연히 민간주택에 사용될 면적은 줄기 마련이다. 게다가 1가구 다주택 소유 억제까지 겹쳐서 이래저래 민간임대는 줄어들 운명이다. 지금과 같은 정책기조가 철저히 유지된다면 결국 민간임대는 사라지고 공공임대주 택만이 남게 될 것이다.

공공임대주택은 여러 가지 사회적 폐해를 낳게 되어 있다. 가장 큰 문제는 범법자를 양산해 낸다는 것이다. 공공임대주택은 시장임대료 보다 낮은 값에 임대되기 마련이다. 그렇지 않다면 공공임대가 있을 이유가 없다. 문제는 낮은 임대료가 초과수요를 만들어낸다는 사실이 다. 공공임대주택의 숫자보다 거기에 들어가고 싶어하는 사람들의 숫 자가 늘 많기 마련이다. 또 공공임대주택에서 산다는 것이 상당한 특 혜이기 때문에 일단 들어간 사람은 나오려고 하지 않는다. 들어간 사 람은 나오지 않고 들어가려는 사람은 줄을 서 있으니, 당연히 공공임 대주택에 들어가려면 상당한 시간을 기다릴 수밖에 없다. 당장 들어가 살 셋집을 얻으려 해도 집이 없어서 들어갈 수 없게 된다. 여기서 불 법행위의 여지가 생겨난다. 입주자 중에는 자기가 받는 혜택을 현금화 하고 싶어하는 사람이 있기 마련이고, 또 밖에는 그 집에 들어가고 싶 어하는 사람들이 줄을 서 있다. 그러니 둘 사이에 불법전대 거래가 이 루어지는 것은 자연스럽다. 물론 정부가 단속에 나서지만, 어떻게 입 주자들의 집을 일일이 뒤지겠는가. 지금도 기존 영구임대주택이나 국 민임대주택의 20~30%는 불법전대되는 것으로 알려져 있다. 이것은 우리나라만의 일이 아니라 영국이나 유럽의 다른 나라들에서도 경험했던 일이다. 시장을 눌러 놓으면 시장이 사라지는 것이 아니라, 몰래 숨어서 거래하는 것이다.

불법전대의 만연은 단순한 주택정책의 차원을 넘어서는 문제다. 국민들이 법법을 당연히 여기게 된다면 그건 법치주의의 근간을 흔드는 현상 아닌가. 또 그것을 막기 위해 정부가 국민들의 생활을 일일이 감시하기 시작한다면 그건 자유사회의 붕괴를 뜻하는 것이기도 하다.

이런 일들과 관련해서 클린턴 행정부에서 노동부장관을 지냈던 라이히 교수의 제안은 흥미롭다.16) 정부로부터 받는 복지혜택을 수혜자의 온전한 사유재산으로 인정하라는 것이다. 그의 표현에 의하면 그것은 '새로운 사유재산'(the new property)이 되어야 한다는 것이다. 우리식으로 따지자면 어떤 영세민이 영구임대주택의 입주권을 받았을 경우, 그 권리를 당사자가 마음대로 사고 팔 수 있게 해주는 방식이다. 그렇게 함으로써 정부는 같은 돈을 들이지만, 수혜자가 실질적으로 받는 이득은 들인 돈보다 훨씬 더 커질 수 있다. 우리나라의 정책담당자들도 꼭 한번 생각해 보길 바란다.

국유지를 매각하라

대한민국 정부는 전 국토의 30%를 소유하고 있다. 물론 그 중에는 도로용지, 군사용지처럼 민간이 사용할 수 없는 것들이 많지만, 그런 것들을 빼더라도 국유지는 5억 평이나 된다. 서울시 가용지의 다섯 배쯤 되는 셈이다.

저자는 정부가 이 땅들을 최대한 민간에 매각하라고 권하고 싶다.

---

16) Charles A. Reich, "The New Property," 73 *Yale Law Journal* 733(May 1964), p. 262.

사실 정부는 땅을 너무 낭비하는 경향이 있다. 어느 동네를 가든 관청들은 땅을 매우 넓게 사용한다. 민간인들에게는 땅이 매우 부족해도 그들에게는 땅이 남아돌기 때문이다. 땅을 그렇게 낭비할 바에는 시민들에게 공원으로 개방하던가, 아니면 민간과 동일하게 고밀도로 사용하고, 남는 땅은 민간에게 매각하는 것이 옳다.

정부가 국유지를 관리한다고 하지만, 실상은 거의 관리되지 않는 땅들이 많은 것이 사실이다. 국유지를 관리해야 하는 공무원의 입장에서 보면 관리를 잘하나 못하나 월급은 같은데, 무엇 때문에 애써서 아끼고 관리하고 싶겠는가. 그런 사정은 국유지가 어떻게 이용되는지 당국자들조차 제대로 파악하고 있지 않다는 사실을 통해서 극명하게 드러난다. 대부분의 국유지에 대해 실제로 관리책임을 맡고 있는 것은 지자체의 지방공무원들이다. 그런데 그들은 자기 관할의 국유지들이 어디에 쓰이고 있는지도 다 파악하지 못해서 이제야 실태조사를 벌인다고 야단법석이다. 그런 일을 막기 위해 중앙정부가 지자체에 여러 가지 유인책을 제공하고 있지만 백약이 무효이다. 이제 그 땅들이 제대로 사용되기를 원한다면 민간에 매각하는 것이 옳다.

국유재산을 매각한다고 하면 여러 가지 반대가 터져 나올 것이다. 가장 먼저 반대할 사람들은 시민단체들과 기존 국유지의 이용자들이다. 시민단체들의 반대는 대부분 그들의 시장혐오증에서 비롯된다. 하지만, 토지를 정부가 아니라 민간이 소유하고 관리할 때 더 효율적이라는 사실을 인정한다면 국유지를 매각하지 말라고 압력을 가하는 것은 토지를 계속 비효율적으로 사용하라거나 또는 매각수입만큼 세금을 더 거두라고 요구하는 것과 크게 다를 것이 없다. 또 다른 반대자는 이미 국유지를 임차해서 사용하는 사람들일 것이다. 그들은 대개 아주 좋은 조건에 국유지를 임차해서 쓰고 있다. 임대료는 공시지가의 1%이며, 임대기간은 20년이지만 재계약이 가능하다. 시장에서는 보기 힘든 좋은 조건이다. 실상 이들은 정부로부터 특혜를 받는 것이다.

따라서 이들이 국유지 매각에 반대할 것은 거의 확실하다. 미국에서
도 1982년 레이건 대통령이 국유지 매각을 시도했을 때, 기존 사용자
들이 반대가 극심했었다.[17] 하지만 그들이야말로 특혜를 받는 사람들
이기 때문에 반대에도 불구하고 매각하는 것이 옳다. 토지는 사유재산
이어야 한다.

---

17) Robert Nelson, *Public Lands and Private Rights* (Rowman and Little-
field, 1995), p. 345.

제 5 장

소유케 하라 ! 그리하면 생기리니

토지소유집중이라는 미신

불이 꺼진 어둔 병실, 한 환자가 산소호흡기에 의지에 누워있다. 삐-
삐- 심장박동이 점점 잦아든다. 의사들이 이를 밖에서 지켜보고 있다.

"무슨 병인가?"
"이 병은 타인에게 피해를 끼치는 아주 무서운 병입니다."
"바로 부동산 투기병입니다."
"치료방법은?"
"집에 대한 생각을 바꿔야 합니다. 집은 소유하는 것이 아니라 함께
나눈 것이라는 인식이 필요합니다."[1]

---

1) 이 이야기는 www. new-right. com의 게시판에 이유미라는 분이 2005년 8
월 19일 "아주 위험한 광고를 봤다"는 제목으로 올린 글에서 인용했다.

참여정부의 부동산 정책을 홍보하기 위한 TV 공익광고의 내용이다. 우리나라 국민들이 오죽 부동산 소유를 죄악시하면 그런 광고가 먹혀 들겠는가. 그러다 보니 이게 자본주의 시장경제 국가인가 싶을 정도로 토지와 주택의 소유에 대한 제한이 많다. 위헌판결을 받기는 했지만, 얼마 전까지 택지소유상한제라는 것이 있어서 택지는 2백 평 이상을 소유하기 못하게 되었다. 그것 말고도 농지소유제한, 1가구 다주택 소유제한 등 소유를 제한하는 제도들이 많다. 이런 일들의 뒤에는 가진 자들이 토지나 주택을 지나치게 많이 가졌다는 생각이 깔려 있다. 상위 1%가 전체 토지의 몇 %를 소유했다는 식의 통계는 그런 의심들을 확신으로 만들어 준다. 그러나 그건 무의미한 숫자들이다. 우선 이 문제부터 다시 생각해 보자.

상위 1%가 전체 토지의 51.5%를 소유했다고 해서 국민들을 또 다시 분노하게 만들었던 행정자치부의 발표를 다시 한번 살펴보자. 이 발표에 의하면 민유지는 우리나라 전 국토의 57%로 되어 있다. 나머지 43%는 국유지나 공유지라는 말이다. 우리나라는 생각보다 국가나 지방자치단체가 땅을 많이 소유하고 있는 나라다. 어쨌든 이 발표의 주된 관심은 국민들에게 국공유지를 제외한 민유지의 소유집중도를 보겠다는 것이다. 4천 8백만 인구 중에서 자기 명의로 땅을 소유하고 있는 사람의 숫자는 28.7%인 1,397만 명이다. 나머지 3천 4백만 명이 넘는 사람은 자기 명의의 땅을 소유하고 있지 않다. 무엇보다도 우리의 관심을 사로잡았던 것은 상위 1%가 전체의 몇 %를 소유하고 있다는 숫자이다. 이건 토지 소유자를 소유면적의 크기나 소유가액을 기준으로 한 줄로 세워 놓은 후, 앞에서부터 1%가 합계면적 또는 가액의 몇 %를 차지하는가를 따진 숫자이다. 면적을 기준으로 할 때, 가장 넓은 땅을 소유하고 있는 상위 1%, 즉 48만 7천 명이 전체 민유지 면적의 51.5%를 소유한 것으로 되어 있다. 상위 5%는 82.7%를 소유하는 것으로 나타났다. 반면 가액을 기준으로 할 경우 상위 1%가 전체 민유지 가액의 37.8%, 그리고 상위 5%는 67.9%를 소유한 것으로 나타났다. 한편 상위 백 명은 전체 사유지의 0.7%(서울시 면적의 0.6배)를 보유하고 있으며, 이들의 평균 소유면적은 115만 평으로 여의도 면적(254만 평)의 절반수준에 이르고 있는 것으로 발표되었다. 이들이 소유한 토지의 1인당 평균가액은 510억 원으로 드러났다. 앞뒤에 대한 설명 없이 이 숫자만 보여준다면 누구라도 분노를 느낄 만하다.

토지소유집중도를 둘러싼 소동은 이번이 처음이 아니다. 1989년 정부가 토지공개념을 입법화할 때에도 비슷한 통계가 국민의 분노에 불을 붙였었는데, 이번 일도 그때의 재판이다. 그런데 이 통계는 강력한 흥분제 성분을 포함하고 있는 것 같다. 상위 5%가 소유하는 토지의 전체 민유지에 대한 비율은 1989년 65.2%에서 2004년 58.6%로 줄었다. 상위 10%의 보유 토지는 76.9%에서 72.5%로 줄었다. 이처럼 소유집중도가 1989년 당시와 비교해 보면 상당히 완화되었는데도, 대중들은 여전히 그 숫자의 마력에 취해 분노를 폭발시키곤 한다.

어쩌면 대중들은 과거의 농지개혁 때와 똑같은 혁명적 조치를 원하는지 모른다. 하지만 우리나라는 토지의 소유가 매우 평등한 국가일 수밖에 없다. 조선 후기 이후 우리 농촌은 소농경제를 근간으로 유지되었다는 사실, 해방 직후 농지개혁을 아주 성공적으로 이루어냈다는 사실, 그리고 우리나라 주택시장에는 주택을 수백 수천 채씩 소유하면서 임대업을 하는 사람이나 기업이 없다는 사실이 우리의 토지소유를 평등하게 만들 수밖에 없다. 최소한 다른 대부분의 나라들에 비해서는 그렇다.

그럼에도 불구하고 토지소유가 매우 불공평하게 집중된 것으로 보이는 것은 토지나 주택이 실질적으로는 가족공동의 재산임에도 불구하고 법률적 소유자만이 소유한 것으로 간주해서 통계를 냈다는 사실, 그리고 토지의 용도에 따라 소유의 단위에 매우 큰 차이가 있음에도 불구하고 단순히 면적이나 가액을 기준으로 소유집중도를 계산하고 있다는 사실 때문이다.

가족 공동재산으로서의 토지 또는 주택

우리 사회의 기본 구성단위는 가족이다. 비록 우리 사회가 사유재산제를 기반으로 해서 서 있기는 하지만, 가족구성원들 사이에서는 대부분의 재산이 공동재산이다. 재산의 법률상 명의가 비록 가장인 남편(또는 아버지)의 명의로 되어 있기는 하지만 실질적으로는 가족 모두가 공동으로 사용한다. 토지도, 자동차도, 주택도, 예금도 모두 그런 성격을 가지고 있다. 공유재산임을 감안해서 통계를 구한다고 하더라도 상위 몇 %가 전체의 몇 %를 차지하고 있다는 사실로부터는 어떠한 의미 있는 시사점도 도출할 수 없지만, 그 숫자나마 제대로 계산하려면 주택이나 토지가 가족의 공동재산이라는 사실이 감안되어야 한다. 그렇지 않다면 마치 남편과 아내와 아이 둘의 4인가족이 사는 집을 남편명의로 등기했다고 해서 그 주택과 부속토지의 소유가 아버지 1인에게로 집중되어 있다고 비난하는 것이나 마찬가지다.

그런데 몇 채의 집이 필요하고 그것을 몇 명이 사용하는지는 집집마다 사정이 다를 터이니 정확한 통계를 잡기는 매우 어렵다. 그나마 가구단위로 통계를 잡을 경우 의미의 왜곡을 줄여볼 수 있다. 〈표 5-1〉에 제시되어 있듯이 《조선일보》(2005년 7월 19일자)가 가구단위로 개략 계산한 결과는 그렇게 해서 나온 것이다. 정부의 발표는 상위 1%가 전체 토지의 51.5%를 소유하고 있다고 했지만, 가구단위로 바꾸면 상위 2.8%가 51.5%를 소유한 것이 된다. 또 상위 5%가 전체 토지의 82.7%를 소유했다는 통계도 상위 14%가 소유한 것으로 바뀐다. 가구단위의 계산은 소유의 집중도를 낮추는 것이다.

《조선일보》의 추정치가 행정자치부의 자료보다는 의미 있지만, 그
것 역시 완전하지는 않다. 이 추정치는 실제적으로 가장만이 토지를
소유하고 있다고 가정하고 있기 때문이다. 한 가정 내에서 가장 말고
도 부인이나 자식이 토지나 주택을 소유하고 있는 일도 얼마든지 있을
수 있음을 감안한다면 실제의 토지소유집중도는 《조선일보》의 추정치
보다는 높을 것임을 쉽게 상상해 볼 수 있다. 《조선일보》의 이 보도에
대해서 행정자치부는 해명기사를 냈는데, 아직 가구단위의 통계를 낼
만한 준비가 안 되어 있었는지 땅 1평이라도 소유한 사람의 비율은 가
구를 기준으로 할 경우 28.7%가 아니라 57.1%라고 발표했다. 《조선
일보》가 주장하는 수치 79.1%보다는 훨씬 작다. 아마도 저자의 추측
대로 한 가정 내에서 남편 말고도 부인이나 자식명의로 소유권이 등기
된 경우나 또는 성인이라도 부모와 같은 세대를 이루면서 각각 소유권
을 등기하는 경우도 많기 때문일 것이다.

〈표 5-1〉 정부가 공개한 토지보유현황 통계의 문제점

쟁점	정부의 주장	일반적 해석
땅 1평 이상 소유자	전체의 28.7%	79.1%
토지 51.5% 소유	상위 1%	상위 2.8%
토지 82.7% 소유	상위 5%	상위 14%
16년 전과 비교	상위 5% 토지소유집중 심화(65.2%→82.7%)	비슷 (65.2%→65% 안팎)

참고: 행정자치부는 토지 소유자를 전체 인구로 나눠 계산한 반면, 전문가들은 토
지를 대부분 가구주가 소유하고 있기 때문에 가구수로 나눠야 토지집중이 과
장되게 나타나는 오류를 막을 수 있다고 밝히고 있음. 지난 1989년 정부의
'토지공개념연구위원회'도 가구수로 나눈 통계를 이용했음(자료: 행정자치
부·국토연구원).
자료: 《조선일보》, 2005년 7월 19일.

그러나 우리나라의 자가보유율이 63%임을 감안할 때 행정자치부가 발표한 57.1%라는 새로운 수치가 과연 얼마나 신빙성이 있는 것인지 의심이 간다. 자가를 보유한 가구는 어떤 식으로든 땅을 보유하는 셈이고, 따라서 땅을 한 평이라도 보유하는 가구의 비율은 최소한 전체 가구의 63%는 돼야 한다. 주택은 소유하고 있지 않으면서 토지는 소유하고 있는 가구도 제법 있을 것임을 감안한다면 토지를 한 평이라도 소유한 가구의 비율은 63%를 훨씬 넘어갈 것이다. 그런데도 행정자치부의 숫자는 57.1%이니 그것의 신빙성에 대해서 의심이 가는 것은 당연하다.

더욱 문제인 것은 그 소유집중도라는 것이 가지는 의미이다. 과연 소유집중은 무엇을 의미하는 것일까? 토지의 용도별로 소유의 면적단위에 엄청난 차이가 있음을 고려할 때 토지소유 현황이 가구별로 집계된다고 해도 그 숫자로부터 의미 있는 결론을 도출할 수 없다. 그 이유를 좀더 구체적으로 살펴보자.

상위 1%는 임야와 농지 소유자다

대지, 공장용지, 농지, 임야 등 토지의 종류는 매우 다양하며, 그 종류별로 소유의 특성도 다르다. 소유의 집중도를 따질 때도 그런 특성의 차이가 반영되어야 한다. 예를 들어, 산 같은 것은 본질적으로 소유의 단위도 클 수밖에 없고, 따라서 소유하는 사람의 숫자도 매우 적은 것이 자연스럽다. 따라서 임야를 다른 종류의 토지들과 같은 잣대로 소유의 편중도를 따지는 것은 의미가 없다. 아니 의미가 없는 것이 아니라 오히려 토지소유가 지나치게 편중되었다는 오해를 불러일으키게 된다.

1989년 토지공개념연구위원회의 조사에 의하면 당시 5만 평 이상을

소유한 사람은 42,880명이고, 이들이 소유한 민유지의 합계는 17,097
km²였다. 민유지 전체 면적 73,139km² 중 23.4%에 해당한다.[2] 그런데
소유자의 숫자인 42,880명은 당시 우리나라의 인구 4천 8백만 중
0.09%를 차지했다. 전 인구의 1%도 아닌 0.09%가 전체 토지의
23.4%를 차지하고 있다니, 그 숫자만 따로 놓고 보면 사람들을 경악
시킬 만하다.

　임야만 따로 떼어 개략적 계산을 해봐도 그런 결과가 나온다. 일반
적으로 9천 평이라면 아주 큰 땅이다. 그 이상을 가진 사람은 모두 토
지 소유량을 기준으로 최상위를 차지할 것이다. 2004년 임업통계를
보면 전체 사유림 136억 평 중 77%는 9천 평 이상의 단위로 소유되고
있다. 9천 평 이상의 임야를 소유한 사람들의 숫자가 33만 명 정도이
니 4천 8백만의 0.7%다. 0.7%가 백억 평 이상을 소유하는 것이다.

〈표 5-2〉 1989년 5만 평 이상 민유지 소유상황

(단위: km²)

지목	민유지 전국	5만 평 이상 소유 합계	점유비율(%)
합계	73,139	17,097	23.35
전	8,994	459	2.50
답	15,450	567	3.67
목장용지	241	105	43.57
임야	42,942	15,246	35.50
대	3,165	399	12.60
공장용지	26	3	11.54
기타	2,321	264	11.37

2) 〈토지공개념연구위원회 연구보고서〉(토지공개념연구위원회, 1989), p.38.

<표 5-3> 사유림 소유규모별 분포

소유규모(ha)	산주 수(명)	면적(ha)	필지 수
2003년 합계	1,926,255	4,547,845	3,907,170
1 미만	1,183,492	332,499	1,719,109
1~2	266,369	384,266	515,065
2~3	140,039	344,071	308,648
3~4	86,544	299,595	207,454
4~5	55,858	249,749	148,992
5~10	116,061	804,229	378,015
10~20	50,500	690,694	241,181
20~30	12,949	312,579	86,548
30~40	5,383	184,933	49,804
40~50	2,708	120,490	27,978
50~100	4,231	286,755	70,263
100~200	1,487	201,721	57,701
200~300	303	72,806	15,510
300~500	175	65,730	14,570
500~1000	98	64,265	25,587
1,000 이상	58	133,463	40,745

자료: 임업통계.

대단한 소유집중 아닌가.

그러나 산이라고 하는 것의 특성을 제대로 이해하는 사람이라면 그 숫자를 보고 놀랄 이유가 없다. 산은 본래 덩치가 커서 몇만 평, 몇십만 평 단위로 소유되는 것이 자연스럽다. 개발이 되지 않은 상태에서는 파는 사람도, 사는 사람도 산을 쪼개서 관리하고 싶어하지 않기 때문이다. 1989년 당시 5만 평 이상 소유자들의 소유 토지 종류별 구성을 보면 그런 사실을 아주 잘 알 수 있다. 그들이 소유한 17,097㎢ 중 89.1%인 15,246㎢는 임야였다.

산림전문가들은 그것도 부족하다고 주장한다. 우리나라의 임야가 너무 영세한 면적단위로 소유되고 있어서 임업이 제대로 이루어질 수 없으니 그 규모를 늘려야 한다는 것이다. 그러려면 누군가는 임야를 더 사모아야 하고, 그렇게 되면 소유집중도는 더 커질 것이다. 이 문제에 대해서 쓴 농촌경제연구원의 글을 인용해 보자.

"첫째, 생산규모가 너무 작다. 임업은 규모의 경제가 요구되는 대표적 산업이다. 그러나 우리의 산림은 … 땔감 채취나 묘지로 이용하기에 알맞은 규모다. 비교적 규모가 큰 30ha 이상의 산림 소유주의 비중은 전체 산림 소유주의 0.8% 내외에 불과하다. 전업의 경우, 임업 가구당 연간소득 2천 8백만 원(1996년 농가소득 기준)을 얻기 위해서는 매년 40ha(소나무의 경우)의 산림을 벌채해야 한다. 벌기령이 50년이라면 총 2천ha의 산림이 필요하다. 소득의 30~50%를 임업에서 올리려는 부업가구는 6백~천ha의 산림이 필요하다. 10%의 겸업 소득을 올리기 위해서도 2백ha의 산림이 필요하다. 그러나 2천ha 규모로는 기계이용의 효율이 낮아 생산비 증가요인이 생긴다. 3천~4천 5백ha의 임지규모가 될 때 기계이용의 효율을 높일 수 있다."3)

---

3) 이광원 외, 《지방자치시대의 임정발전 방향》(한국농촌경제연구원, 1997).

한 소유자당 3천~4천 5백ha, 즉 9백만 평 내지 1,350만 평 정도는 돼야 임업을 제대로 영위할 수 있다는 것이다. 어림잡아 그 규모를 천만 평이라고 해보자. 사유림의 총면적이 123억 평이니까 임업이 제대로 되려면 그 전체 땅을 1,230명이 소유하면 된다는 것이다. 그렇게 되면 전 인구의 4만분의 1, 즉 0.0025%가 민유지 총면적 220억 평의 55%를 소유하게 되는 것이다.

그런데 그게 무슨 문제인가? 새로운 소유자들이 기존의 소유자로부터 제값을 내고 임야를 인수하는 한 문제될 것이 없다. 사회적으로 문제될 것이 있다면 그것 때문에 값이 오르는 문제일 텐데, 이것도 그리 큰 문제일 것 같아 보이지는 않는다. 임업에서는 독점력을 행사할 소지가 없기 때문이다. 지금도 목재업계는 외국의 목재와 치열한 경쟁을 벌이고 있기 때문이다. 임야의 또 다른 용도는 도시용지의 공급원으로서의 역할인데, 그 과정에서 독점의 우려가 있을 수는 있다. 이 문제에 대해서는 뒤에서 다시 설명하지만, 결론은 그럴 가능성이 그리 높지 않다는 것이다. 개발토지를 필요로 하는 사람들이 여러 임야들 중에서 선택할 수 있는 한 독점은 염려할 일이 아니다. 오히려 토지가 대단위로 거래되기 때문에 개발자가 하나의 소유자로부터 대단위의 필지를 확보할 수 있어 알박기 가능성이 줄어든다. 그 결과 수용의 필요성을 줄이고 공영개발의 필요성 역시 줄여줄 수 있는 이점이 있다. 어쨌든 지금의 상태에서 임야의 소유가 집중되어 있다고 비난할 만한 이유는 없다.

면적을 기준으로 토지소유집중도를 계산할 경우 임야의 소유자가 최상위에 위치해 있을 것임은 자명해 보인다. 도시 토지나 농지를 몇십 몇백만 평씩 소유하고 있을 사람은 거의 없을 것이기 때문이다. 그런데 임야가 몇십만 평 또는 몇백만 평 단위로 소유되는 것이 자연스럽다면 그들을 포함해서 토지의 소유집중도를 따진다는 것이 무슨 의미를 가지겠는가. 상위 1%가 전체의 몇 %를 가지고 있다는 것은 우

리나라에 임야를 소유하는 사람들이 존재하고 있다는 정도의 뜻밖에는
없다.

임야만큼은 아니지만 농지도 1인당 소유면적이 크고, 그래서 이른
바 토지소유집중도라는 것을 높이는 원인이 된다. 농지와 관련해서 두
가지의 사실을 말해두고 싶다. 첫째, 우리나라의 농지소유는 세계의
어떤 나라와 비교해서도 평등하다. 둘째는 그럼에도 불구하고 농지 소
유규모는 도시 토지의 소유규모보다 크기 때문에 전체 토지를 놓고 집
중도를 따진다면 수치를 높이게 된다.

믿기 힘들어하는 사람이 많겠지만, 한국의 농지소유는 매우 평등하
다. 그렇다는 사실은 객관적 통계로 입증된다. 세계은행의 데이닌저
(Deininger) 박사는 세계 60개국의 농지소유 불평등도를 측정하기 위
해 이른바 토지 지니계수(Land Gini Coefficient)를 수집했다. 4) 지니계
수는 모든 사람이 토지를 똑같이 소유하는 상태를 0으로 놓고 실제로
거기에서 벗어나 있는 정도에 따라 0에서 1까지의 숫자를 부여한 것이
다. 지니계수가 0이면 모든 사람이 동등하게 농지를 소유한 것이고, 1
이면 전체의 토지를 한 사람이 모두 소유하고 있음을 뜻한다. 따라서
지니계수가 작을수록 평등한 것으로 해석할 수 있다. 때로는 0과 1 대
신 0과 100을 사용하기도 하는데, 데이닌저의 자료가 그렇다.

데이닌저의 자료를 보면 우리가 기대하지 못했던 사실을 발견하게
된다. 대한민국의 농지소유 분포가 조사대상인 60개 나라 중에서 가장
평등하다는 사실이다. 대한민국의 토지 지니계수가 33.85인데 미국은
72.6, 일본은 43.2, 프랑스 54.4, 스웨덴 45.6 등이다(〈표 5-4〉 참조).

우리나라의 농지소유가 매우 평등한 데에는 그럴 만한 이유가 있다.
대한민국이 세계에서 가장 성공적으로 농지개혁을 한 나라이기 때문이
다. 제 2차 세계대전 이후 농지개혁에 성공한 나라는 한국을 비롯해서

---

4) Klaus Deininger and P. Olinto, *Asset Distribution, Inequality and
   Growth*(World Bank, 1999).

〈표 5-4〉 국가별 농지 지니계수

국가명	농지 지니계수	국가명	농지 지니계수
대한민국	33. 85	스리랑카	65. 73
노르웨이	39. 14	요르단	67. 65
방글라데시	41. 87	영국	67. 73
코트디부아르	42. 29	오스트리아	68. 81
태국	42. 55	포르투갈	71. 81
덴마크	43. 02	이라크	72. 61
일본	43. 20	미국	73. 10
미얀마	44. 03	이탈리아	74. 30
그리스	45. 43	케냐	74. 95
스웨덴	45. 64	뉴질랜드	76. 41
말리	47. 76	온두라스	76. 50
세네갈	49. 27	볼리비아	76. 77
핀란드	49. 42	탄자니아	78. 99
스위스	50. 01	이스라엘	80. 05
네덜란드	50. 46	마다가스카르	80. 40
프랑스	54. 40	파나마	80. 40
우간다	54. 88	코스타리카	80. 63
이집트	54. 90	우루과이	81. 30
캐나다	55. 15	엘살바도르	82. 11
독일	55. 39	콜롬비아	82. 93
인도네시아	55. 47	에콰도르	83. 99
파키스탄	55. 59	브라질	84. 10
필리핀	56. 00	스페인	84. 46
터키	59. 45	오스트레일리아	85. 31
멕시코	60. 66	과테말라	85. 34
인도	61. 42	아르헨티나	85. 62
이란	62. 30	파라과이	85. 69
말레이시아	64. 01	베네수엘라	91. 70
튀니지	64. 56	페루	92. 30

일본, 대만, 중국, 베트남의 다섯 국가인데, 한국은 그 중에서도 가장
성공적인 나라로 꼽힌다. 5) 자료의 신빙성에 의심이 가기는 하지만,
농지개혁이 끝난 직후인 1951~1960년의 기간중 대한민국의 지니계수
는 0. 19까지 떨어진다. 6) 그 당시 대만이 0. 45, 중국이 0. 21이었다는
것을 고려해 보면 한국은 농지개혁으로 엄청난 토지소유의 평등을 이
루어낸 것이다.

게다가 조선시대의 농지소유 실태도 평등에 중요한 기여를 했을 가
능성이 높다. 우리나라의 농촌경제는 조선 후기부터 이미 소농경제를
이루고 있었다. 우리의 일반적 인식과 달리 조선시대의 농지소유는 다
른 나라들에 비해서 이미 평등한 상태를 유지하고 있었던 것이다. 최
소한 플랜테이션과 같은 대규모의 농업형태와 비교해 보면 그렇다. 어
쩌면 천석꾼이나 만석꾼이 사람들의 입방아에 오르내렸다는 사실7) 자
체가 이미 그들의 희소성을 증거하고 있는 것인지 모른다.

그런데 농지의 소유가 평등하다고 해서 우리나라 전체의 토지소유
집중도가 낮아지는 것은 아니다. 토지의 종류와 상관없이 상위 몇 %
가 전 국토의 몇 %를 소유하고 있다는 식으로 생각하는 한, 농지의
평등한 소유는 토지소유집중도를 낮추는 데 전혀 기여하지 못한다. 임
야보다 작기는 하지만, 농지의 소유면적 단위가 도시인의 토지소유면
적 단위와 비교도 안될 정도로 크기 때문이다.

우리나라 농민의 평균 농지 소유규모는 1. 1ha, 즉 3천 3백 평이다.

---

5) K. Griffin, A. Kahn and A. Ikowicz, "Poverty and the Distribution of Land," *Journal of Agricultural Change*, Vol. 2, No. 3(2002), pp. 279~330.

6) *Rural Poverty Report 2001-The Challenge of Ending Rural Poverty*(IFAD, 2001), pp. 117~119(http://www/ifad. org에서 다운로드 가능함).

7) 한국의 땅 부자들에 대해서는, 김정호, "땅 부자의 흥망," 김형국 편, 《땅과 한국인의 삶》(나남출판, 1999), pp. 279~298 참조.

반면 1985년 현재 전국의 주택당 평균 대지면적은 63.7평. 이를 시부 (市部)에만 한정하면 그나마도 46.6평으로 줄어든다.[8] 20년 전의 수 치이기는 하지만 농지소유 단위와의 차이를 보여주는 데는 충분하다. 사정이 이렇기 때문에 전국의 토지를 한 줄로 세워 놓고 소유집중도를 계산할 경우 농지 소유자인 농민들은 대부분 도시민들보다 상위에 위 치할 것이다. 예를 들어, 2004년 현재 3천 평(1ha) 이상을 소유한 농 민들의 숫자를 따져보면 45만 2천 명이다. 이들의 비율은 4천 8백만 중의 0.93%에 해당한다. 그리고 대부분의 도시민들이 3천 평 미만을 소유하고 있다고 가정해 보자. 상위 1%의 토지소유 면적을 따지게 된 다면 당연히 임야의 소유자들과 더불어 이들 농민들이 소유한 토지가 대부분을 차지하게 될 것이다. 결과적으로 우리가 상위 1%가 전체의 얼마를 차지한다고 말할 때에 그 대부분은 임야와 농지의 소유자, 즉 농민과 임업농가들을 두고 하는 말일 가능성이 높다.

게다가 참여정부의 농정로드맵 10개년 계획을 보면 앞으로 우리나 라의 토지소유집중도가 더 높아질 조짐이 강하게 비친다. 이 계획에 의하면 앞으로 농촌에 119조 원이 투자될 예정인데, 주로 전업농을 대 상으로 하게 되어 있다. 전업농이란 경지면적 6ha 이상인 농가를 말한 다. 6ha는 1만 8천 평으로서 우리나라의 실정에서 매우 큰 면적이다. 통계상으로는 현재 6ha 이상의 농지를 소유한 농가가 몇이나 되는지 확인할 수가 없으나(2000년을 기준으로) 5ha 이상 소유농가는 23,646 가구인 것으로 나타났다.[9] 그러니 6ha 이상 소유농가는 그보다 상당 히 작은 수일 것이다. 그 숫자를 7만 가구로 늘린다는 것은 그들의 숫 자를 지금보다 3배 이상으로 늘린다는 것이고, 그것은 농업 내부에서 의 토지소유집중을 뜻한다. 그 결과 전 국토의 소유집중도를 높여 놓

---

8) 토지공개념연구위원회, 앞의 보고서, p.87.

9) 농업 총조사 자료, 농림부 농림자료실 웹사이트 참조(http://www.maf. go.kr).

기도 할 것이다.

그러나 그렇게 하는 것이 농가의 생산성을 높이는 데 도움이 되고, 또 경지규모를 확장하는 농가가 다른 농민들과의 자발적 거래를 통해서 농지를 확보하는 한 소유집중도가 높아지는 것이 왜 문제인가. 그것은 그냥 숫자에 불과할 뿐이다. 이제 아무 의미도 가지지 않는 소유집중도라는 개념 또는 숫자를 용도폐기하자. 토지의 소유상태에 대해서 오해만 불러일으키는 숫자다. 그래도 꼭 소유집중도를 따지고 싶다면 토지의 용도별로 집중도를 따지는 것이 그나마 통계의 환상에서 벗어나는 데 도움이 될 것이다.

이번 행정자치부의 소유집중도에서 제외되어 있기는 하지만 법인소유의 토지도 오해를 불러일으킬 가능성이 높다. 법인은 대개 수많은 사람들의 투자가 모여서 이루어지며, 자본의 규모가 큰 만큼 토지 소유량도 많다. 따라서 법인소유의 토지가 많을수록 토지소유집중도는 높게 나타날 것이다. 그러나 법인소유의 토지는 실질적으로 거기에 투자한 주주들의 공동소유인 셈이기 때문에 법인의 토지소유가 많다고 주장하는 것은 주택의 소유가 가장에게만 집중되고 아내와 자식들은 주택을 소유하지 못하고 있다고 비난하는 것이나 다름없다.

이런 사정들을 고려하지 않은 채, 단순히 상위 몇 %가 전체의 몇 %를 소유하고 있다는 식으로 말하는 것은 우리나라의 토지소유 실태에 대한 불필요한 오해를 야기한다. 우리가 토지소유집중 문제를 따지는 것은 늘 주택가격이 오를 때였다. 소유집중은 주택가격을 높이는 범죄행위의 용의자로 지목되는 것이다. 그러나 주택가격과 임야 및 농지소유의 집중은 거의 아무런 관계가 없다고 해도 과언이 아닐 것이다. 그리고 도시 토지의 소유를 아무리 평등하게 만들더라도 상위 1%가 소유하는 토지의 면적과 비율은 줄어들지 않는다. 상위 1%는 대부분 임야와 농지의 소유자들로 구성되어 있기 때문이다.

도시의 주택가격을 높이는 것은 임야와 농지의 소유집중이 아니라 그 임야와 농지를 도시용지로 전환하지 못하게 막고 있는 정부의 토지이용규제이다. 그나마 주택가격과 조금이라도 연관성이 있는 통계를 찾는다면 택지소유의 집중도 같은 것이다. 불행히도 이 수치는 없다. 이와 관련하여 저자가 구할 수 있는 유일한 통계는 지목별 소유집중도인데, 이것을 기준으로 보면 소유집중도는 현격히 떨어진다.

지적법에 의한 지목은 23개로 나뉘어 있는데, 그 중에 택지라는 지목은 없다. 그와 가장 가까운 것은 '대'이다. 지목이 '대'인 토지는 택지로서 뿐만 아니라 오피스빌딩, 상가 등 도시 내에서 건물을 짓는 데 사용된다. 1989년 당시 서울시의 경우 지목별로 상위 5%가 소유한 면적의 비율을 보면 대지가 27.4%이다. 밭(田) 82.7%, 논(畓) 90.4%, 공장용지 91.5%, 잡종지 87.8%, 임야 45.2% 등 다른 지목에 비해서 대지의 소유집중도가 현격히 낮음을 알 수 있다.

주택이라는 관점에서 본다면 상위 5%가 소유한 대지 27.4%라는 것도 깎아서 받아들일 필요가 있다. 가구당 인원수를 4인으로 볼 경우 상위 5%의 소유자는 상위 20%가 될 것이기 때문에 결국 이 숫자는 상위 20%가 대지의 27.4%를 소유하고 있음을 뜻한다. 택지의 소유는 거의 평등한 상태인 것이다. 게다가 지목이 '대'인 땅은 택지뿐만 아니라 오피스빌딩, 상가용 건물의 부지 등 여러 가지 용도로 사용되며, 그런 비주거용 땅들은 분명 택지보다는 훨씬 큰 덩어리로 소유되고 있을 것임이 분명함을 감안하면 평등도는 더욱 높아진다. 지목이 '대'인 땅 중에서도 오피스빌딩이나 상가건물, 시장건물 등 큰 면적을 단위로 해서 소유되는 땅은 대지의 소유집중도를 높였을 것이기 때문이다. 따라서 지목이 '대'인 땅 중에서 주거용 택지만 따로 떼어서 소유집중도를 계산한다면 대지 전체를 기준으로 한 27.4%보다 훨씬 작은 수치가 나올 것이 분명하다.

택지가 농지나 임야보다 소유집중도가 낮다는 사실은 개발이 진행될수록, 농지와 임야가 택지로 바뀌어 갈수록 토지의 소유집중도가 낮아질 것임을 시사해 준다. 이건 우리의 경험을 통해서도 쉽게 이해할 수 있다. 신도시나 택지개발지구로 개발되기 이전에는 기껏해야 수백 명이 소유하고 있던 농지와 임야가 개발 이후에는 수만 명의 보금자리로 변하는 것이 개발사업의 본질이다. 그 과정에서 토지소유집중도가 낮아질 것임에 의문의 여지가 없다.

토지소유집중은 독점이 아니다

지금까지 기존의 토지소유집중도라는 수치가 우리의 현실에 대한 이해를 왜곡시키고 있음에 대해서 살펴보았다. 그런데 이제 토지소유집중과 관련하여 보다 근원적인 문제로 들어가야 할 것 같다. 토지가 소수의 손에 집중되려면 그 소수가 다른 사람들로부터 토지를 넘겨받아야 한다. 그때 토지를 넘겨받기 위해 폭력이나 강압이나 사기가 동원되었다면 그 결과인 토지소유집중은 분명 잘못된 것이고 고쳐져야 한다. 그러나 토지거래가 파는 사람과 사는 사람 사이의 자발적 거래에 의해서 이루어졌다면, 그 결과 누군가가 많은 토지를 가지게 되었다 하더라도 그것이 특별히 사회의 다른 사람들에게 해를 끼치지 않는 한 문제시할 이유는 없다.

현행법도 폭력이나 사기는 처벌의 대상으로 삼고 있으며, 그렇게 해서 소유권이 이전된 토지는 다시 원래의 소유자에게 반환하게 되어 있다. 민법에 의해 강압에 가까운 방법으로 취득한 재산에 대해서도 거래를 취소할 수 있게 되어 있다. 한편 유구한 시간에 걸쳐 폭력이나 부당한 압력 같은 방법으로 토지겸병이 이루어졌다면 그건 법적으로 해결할 수 없기 때문에 정치적 해결을 보는 것이 옳다. 토지개혁을 통해서 구체제의 봉건적 잔재를 해소하는 일이다. 그런데 앞서도 살펴보았듯이 우리나라는 세계에서 유래를 찾아보기 힘들 정도로 훌륭하게 농지소유의 평등한 재분배를 이루어냈다. 이는 우리나라의 토지 소유자들에게서 취득과정의 부정을 문제시할 이유가 없음을 뜻한다.

따라서 이제 자발적 시장거래를 통해서 일어나는 토지소유집중을 문제시하려면 토지 소유자들이 다른 방식으로 사회에 해를 끼치고 있음이 증명되어야 한다. 토지 소유자가 이 사회에 해를 끼칠 수 있는 경로는 두 가지가 있다. 하나는 독점적 행위의 가능성이고, 또 다른 하나는 취득과정에서 가격거품을 발생시켰을 가능성이다. 거품에 대해서는 거래규제를 다루는 장(제6장)에서 다시 다루기로 하고, 여기서는 독점에 대해서만 생각해 보기로 한다.

세상 모든 토지를 한 사람이 소유하면 그건 확실히 문제다. A라는 사람이 선택의 여지없이 갑이라는 토지에 살아야 한다면 그 땅의 주인인 갑은 A로부터 모든 것을 앗아갈 수 있다. A의 입장에서 그 땅을 떠난다는 것은 죽음을 의미하기 때문이다. A가 살 만한 땅을 갑과 을이 나누어 소유하고 있더라도 갑과 을이 서로 짜고 값을 올린다면 갑이 혼자 소유하고 있을 때와 비슷한 일이 일어나게 된다.

그러나 만약 갑과 을이 서로 경쟁적으로 A를 고객으로 모시려고 한다면 얘기는 전혀 달라진다. 소유자의 숫자가 몇이든 토지 소유자끼리 서로 치열하게 경쟁하는 한 사용자인 A는 좋은 서비스와 낮은 가격을 누릴 수 있다. 우리나라의 토지소유 실태는 어느 쪽인가?

여기서 독점이라는 말의 의미를 새겨 보아야 한다. 상위 1%가 51%의 토지를 소유하고 있기 때문에 독점이고, SK텔레콤이 이동통신 시장의 몇 %를 점유하고 있기 때문에 독점이라고 한다. 예전엔 막내가 부모의 사랑을 독차지한다고 했는데, 그때도 아마 독점을 말할 때와 비슷한 심리상태일 것이다. 이럴 때의 독점이라는 말은 어떤 사람이 많이 소유하는 것을 말한다. 독점이라는 말을 그런 용도로 사용하는 것이야 자유이지만, 최소한 그 상태를 규제해야 하는가에 대한 판단기준으로서의 용법은 아니다.

어떤 시장이 독점이어서 규제가 필요하다고 말하려면, 독점이라는 말이 단순히 많이 가졌다는 것 이상의 내용을 가지고 있어야 한다. 그 것이 바로 경쟁이 없는 상태를 뜻하는 독점이다. 몇 명의 소유자가 아무리 많이 가지고 있더라도 그들간의 경쟁이 치열하다면 독점이 아니다. 반면 아무리 조금 가졌다 하더라도 경쟁이 없다면 독점이라고 부를 수 있다. 다시 말해서 독점은 작게 가진 것의 반대말이 아니라 경쟁의 반대말이다.

그럼 경쟁이란 무엇인가. 그건 유한한 무엇인가를 서로 차지하기 위해서 다투는 것이다. 그런데 시장경제에서의 경쟁이란 소비자의 선택을 놓고 벌이는 다툼이 대부분이다. 소비자가 언제라도 다른 공급자의 것을 선택할 수 있다면 공급자들간에는 치열한 경쟁이 나타나게 된다. 또 새로운 공급자가 등장할 가능성이 높을수록 경쟁은 치열해진다. 어떤 재화나 서비스를 사용해야 하는 사람이 선택의 여지없이 반드시 그것만을 사용해야 할 때에 비로소 독점이라는 말은 의미를 가진다.

이렇게 본다면 서울에서 부산까지의 KTX(고속전철)는 철도공사만이 소유·운영하고 있지만 독점은 아니다. KTX의 운임이 비싸거나 손님에게 불쾌하게 대하거나 어떤 식으로든 마음에 들지 않으면 언제라도 비행기를 선택할 수도 있고, 고속버스를 선택할 수도 있다. 이것저것 다 마음에 안 들면 자기 차를 직접 운전해서 부산에 갈 수도 있다. 그래서 일반적 인식과는 달리 KTX는 독점이 아니다. 항공기와 고속버스와 자가운전행위와 치열하게 경쟁하고 있다.

마찬가지로 우리나라에 핸드폰 생산업체가 4개밖에 없지만, 그 생산시설이 독점되어 있다고 말할 수 없다. 소비자들에게는 삼성 핸드폰을 선택할 자유도, LG 것들을 선택할 자유도 있다. 그도 저도 싫다면 외국제품인 모토롤라의 것을 선택할 수도 있다. 즉, 핸드폰 시장은 국내의 4개사뿐만 아니라 외국기업들까지 얽혀서 치열하게 경쟁을 벌이고 있다. 그렇기 때문에 핸드폰 시장을 독점 또는 과점시장이라고 불러야 할 이유가 없다.

그런 의미에서 본다면 대부분 한국의 토지는 독점되어 있지 않다. 토지시장에는 수천 수만의 토지 소유자들이 있고, 땅을 사고 싶은 사람은 수많은 소유자들로부터 골라서 살 수 있다. 인천이 마음에 안 들면 인근의 부천 땅을 살 수 있고, 인천 중에서도 만수동 1번지가 마음에 안 들면 인근의 다른 번지 땅을 사면된다. 그런 상황에서 토지 소유자가 시장가격보다 높은 가격으로 임차인이나 구매자를 착취하기는 매우 힘들다.

오늘날의 상황을 조선시대와 비교해 보면 독점의 의미가 더욱 분명해진다. 가장 큰 차이는 사람들의 이동성이다. 조선시대에는 사람들의 이동성이 매우 낮았다. 일차적으로는 교통수단이 형편없었기 때문이었지만, 정권차원에서도 호패법 같은 것을 통해서 사람들의 이동을 막았기 때문이기도 했다. 마치 북한정권하에서 여행을 위해 통행증을 필요로 했던 것과 마찬가지다. 따라서 일반백성들의 입장에서 본다면 자기가 살 동네를 선택할 수 있는 여지가 거의 없었다. 그건 동네 안에서도 마찬가지였다. 소작인의 입장에서 봤을 때 자기 주인을 바꾸는 일도 매우 어려웠을 것이다. 죽으나 사나 기존 주인의 땅을 부쳐먹고 살아야 했을 것이다. 그런 상태에서는 대지주가 땅을 독점했다고 말할 수 있다. 즉, 지주가 토지의 이용자인 소작인에게 아무리 많은 가격을 요구하더라도 소작인은 그것을 감수할 수밖에 없다. 그럴 때의 가격은 독점가격이고, 그런 식으로 행동하는 것을 독점행동이라고 부른다. 박경리의 소설 《토지》에 나오는 최 참판댁처럼 한 사람의 지주가 그 인근의 땅을 모두 소유하는 상황이라면 토지의 독점력은 더욱 커질 것이다.

그런 상황에서는 시간이 흐르면서 토지의 소유집중이 더욱 심해지는 경향이 나타나기도 쉽다. 흉년이 들어서 먹을 것이 없을 때, 보험자 역할을 해줄 수 있는 사람은 대지주들뿐이었고 곤경에 처한 백성들은 그들 대지주들로부터 식량을 빌릴 수밖에 없었다. 그런데 그들은 대개 독점적 위치에 있었기 때문에 높은 이자를 요구했고, 결과적으로 그것을 갚지 못해서 땅을 뺏기는 일이 일어나기 쉬웠다.[10] 지주의 입장에서는 헐값으로 땅을 겸병할 수 있었고, 그 결과 토지의 소유집중은 더욱 심화되고, 지주의 독점력은 더욱 강화될 수 있다.

그렇기 때문에 "흉년에 땅을 사지 않는다"는 경주 최부잣집의 철학은 정말 훌륭한 것이었다.[11] 흉년이 들어 가난한 백성들은 당장 굶어 죽지 않기 위해 땅을 헐값으로 내놓곤 했다. 심지어는 '흰죽 논'이라는 것이 나올 정도였다. 흰죽 한 그릇 얻어먹는 대가로 논을 팔아버리기도 하기에 나온 말이다. 최부잣집은 그렇게 헐값으로 나온 논밭을 사들이기보다는 그들에게 곡식을 빌려주었고, 그렇게 주변사람들의 원한 살 일을 하지 않는 것이 12대나 이어져 온 경주 최부잣집의 장수비결이었다고 한다.

그러나 오늘날 우리의 상황은 그때와 전혀 다르다. 가장 큰 차이점은 사람들의 이동성이다. 얼마든지 지금 내가 딛고 있는 땅을 떠나 다른 땅에서 살기를 선택할 수 있다. 부산에서 살기 싫으면 마산으로 가면 되고, 서울에서 살기 싫으면 분당으로 가면 된다. 상계동이 싫으면 방학동으로 갈 수 있다. 1동 101호가 싫다면 2동 302를 살 수 있다. 따라서 땅의 주인은 땅을 사는 사람에게 독점력을 행사할 수 없다. 그 땅이나 집의 진정한 가치에 비해서 높은 값을 받는다면 구매자가 사지 않을 것이기 때문이다. 그건 파는 사람의 입장에서도 마찬가지다. 구매자가 그 땅의 가치보다 더 싼값에 팔라고 요구한다면 팔아야 할 이유가 없다. 기다렸다가 다른 사람에게 팔면 그만이기 때문이다. 그렇

---

10) 이것을 영어로는 'Distress Sale'이라고 부른다. 이것이 일어나는 원인으로는 보험시장의 미발달 등이 있다. 이에 관해서는, K. Deininger, 앞의 책 참조.

11) http://www.silvernet.ne.kr

기 때문에 가격은 결국 땅의 생산성으로 수렴된다. '대부분'의 경우 우리나라의 토지시장은 독점시장이 아니며, 소유가 집중되더라도 그것을 독점과 연결시키는 것도 무리이다.

저자가 '대부분'이라는 말을 쓴 것은 토지의 소유집중이 아니라 토지이용의 패턴이 일시적으로 독점을 만들어내는 일이 종종 있기 때문이다. 대표적 현상은 알박기이다. 기흥 삼성전자 공장의 주변에 땅을 소유하는 사람을 생각해 보자. 그가 갖고 있는 땅은 몇 평 안될지 모르지만, 그는 삼성전자에 대해서 거의 완전한 독점력을 가지고 있다. 삼성전자가 공장을 확장하려 할 때, 그 땅을 구매하는 것 이외에 다른 대안이 없기 때문이다. 따라서 그 토지 소유자는 다른 사람에 대해서보다(즉, 시장가격보다) 삼성전자에 높은 값을 요구할 가능성이 높다. 또 재개발 아파트 주변을 둘러싼 소방도로 자리의 땅을 가지고 있는 사람도 그런 힘을 가지고 있다. 소방도로용이기 때문에 다른 것으로 대체할 수 없고, 그래서 엄청난 값을 요구할 수 있다.

이 같은 알박기 행태가 바로 독점행동이며, 이런 일은 토지소유집중과는 무관하게 토지시장에서 종종 일어나곤 한다. 이런 문제들을 해결하기 위해 정부는 수용권을 행사하지만, 민간은 그러지 못하기 때문에 해당 토지의 생산성을 넘는 엄청난 값을 주고 땅을 매입해야 하거나 또는 다른 사람의 명의를 이용한 위장매입 같은 수단을 동원하곤 한다. 물론 지나친 알박기 행위는 형법상의 부당이득죄에 해당하기 때문에 그런 일을 하는 사람은 쇠고랑을 찰 수도 있으며, 그렇다는 사실이 어느 정도 알박기 행위를 막아주기도 한다. 그럼에도 불구하고 어느 정도가 지나친 부당이득인가에 대한 판단이 어렵기 때문에 토지시장에서의 알박기를 완전히 막아내기에는 역부족이다. 어쨌든 저자가 말하려는 것은 토지의 독점력이란 말은 토지 소유자가 알박기 같은 행위를 할 수 있는 힘을 말하여, 그런 힘을 만들어내는 상황이 바로 독점이다. 그건 우리가 흔히 비난하는 토지소유집중과는 그다지 관계가 없다.

캐나다와 하와이의 사례

캐나다 남동부에 위치한 토론토(Toronto)시. 인디언 말로 만남의
장소를 뜻하는 이 도시의 인구는 350만 명. 캐나다 최대의 국제화된
도시이다. 이곳의 토지소유집중도는 우리로서는 상상하기 어려울 정
도로 대단했다. 상위 25개의 기업이 전체 토지의 53.3%를 소유하고
있었으니 말이다(계산하기에 따라 40.1%가 될 수도 있다). 우리 식으
로 말하자면 상위 25개 땅 부자가 서울시내 토지의 53%를 소유하고
있다는 말인데, 만약 우리에게 그런 상황이 일어났다면 아마도 큰 정
변이 일어나도 여러 번 났을 것이다.

1980년대 중반에 당시 토론토대학 교수이던 마쿠센과 셰프만 교수
(Markusen and Scheffman)[12]는 이 같은 토지소유집중이 토지 소유자
들에게 독점력을 부여하는지에 대해서 궁금하게 생각했다. 토지 소유
자들에게서 독점적 행동이란 토지의 개발을 지연시킴으로써 주택이나
오피스의 값을 인위적으로 올리는 것이다. 그것은 지주들에게는 이익
이지만 소비자들에게는 손해다. 즉, 지주들이 독점력을 행사한다면
소비자들에게 후생의 손실이 발생하게 되는 것이다. 위의 두 교수는
여기에 착안해서 토로토시의 토지시장이 독점적인지의 여부를 연구했
다. 그들이 택한 방법은 이렇다. 먼저 토론토시의 토지를 한 사람의
토지 소유자가 소유할 경우 어떤 행동을 할지에 관해서 가설을 만들
고, 현실의 지주들이 그런 행동을 했는지 비교해 보는 것이었다. 연구
결과 그들은 대토지 소유자들의 시장지배력을 가지고 있거나 또는 행
사했다는 증거는 없다고 결론내렸다. 토지들간의 대체성이 높기 때문
이라는 것이다. 앞서도 설명했듯이 소비자가 여러 토지들 중에서 선택

---

12) J. Markusen and D. Scheffman, *Speculation and Monopoly in Urban
    Development: Analytical Foundations with Evidence for Toronto*(University
    of Toronto Press for Ontario Economic Council, 1978).

할 수 있다면 토지 소유자들은 독점가격을 받을 수가 없다. 단순한 토지소유집중이 독점을 뜻하는 것이 아님을 말해 주는 연구결과이다.

하와이는 토론토보다 토지소유집중이 훨씬 더 심했다. 하와이제도 중 가장 도시화가 많이 된 곳이 오하우(Ohau) 섬인데, 전체 토지 중에서 사유토지는 51%였고, 그 중 95%를(전체 토지에 대한 비율로는 47%) 71명이 소유하고 있었다. 1967년 하와이 주정부는 토지소유집중을 완화하기 위해 토지개혁법(Land Reform Act)을 제정해서 임차인이 자기가 세들어 사는 부동산을 정부가 정한 값에 구입할 수 있게 했다. 지주의 입장에서는 자기 땅을 도로부지로 수용당하듯이 강제로 뺏기는 셈이었다. 물론 여기에 대해서 소송이 붙었고 결국 연방최고법원까지 가서 헌법에 합치된다는 판결을 받았다. 그런데 우리가 눈여겨보아야 하는 것은 그 결과였다. 이 법의 취지는 토지 독과점(oligopoly)으로 가격이 높아져서 그것을 해결하기 위해 법을 만들었다고 했는데, 실제로 이 법이 만들어진 이후 값이 떨어졌다는 증거는 나타나지 않았다. 판결문에서 소수의견을 냈던 판사가 말했듯이 토지소유집중과 독점행동은 다른 것이다. 결국 하와이의 토지개혁법이라는 것은 정당한 이유도 없이 많이 가진 자의 것을 강제로 뺏어서 임차인에게 나눠준 법인 셈이다.

토지는 빼앗기지 않는다

누군가 땅을 사 모을 수 있었던 것은 다른 누군가가 땅을 팔았기 때문이다. 자유시장경제에서 정부나 폭력배 말고는 누구도 합법적 토지소유자에게 땅을 팔라고 강요할 수 없다. 그래서 땅을 사 모으는 사람은 제 값을 내고 구매하는 것이다. 따라서 땅을 사 모으는 일이 문제라면 땅을 파는 행위 역시 문제임이 분명하다.

본래의 토지 소유자는 왜 땅을 팔았을까? 자명한 답은 땅을 파는 것이 자신에게 이익이었기 때문이라는 것이다. 파는 것보다 그대로 가지고 있는 것이 본래의 토지 소유자 자신에게 더 이익이었다면 그 땅을 팔았을 리가 없다. 따라서 땅을 매각한다는 것은 단순히 그 땅을 잃는 것이 아니라 그 대가로 더 값나가는 다른 것을 얻었음을 말한다. 대부분의 경우 그 더 값나가는 것은 돈이다.

토지를 판다는 것은 더 필요한 일을 하기 위해 돈을 확보한다는 것을 뜻한다. 그 더 낳은 것의 내용은 사람마다 다를 것이다. 필요한 것이 무엇인지는 사람마다 다르다. 어떤 사람은 부모의 치료비를 마련하기 위해서 일 수 있고, 어떤 사람은 자식을 공부시키기 위해서 일 수도 있다. 그 돈은 채권이나 주식을 사는 데에 사용될 수도 있고, 사업자금으로 사용할 수도 있으며, 남은 땅에 건물을 짓는 데 사용될 수도 있다. 어쨌든 중요한 것은 토지를 매각해서 토지소유보다 더 필요한 일을 하는 데 사용했으리라는 사실이다.

땅을 소유하지 말라는 것은 기존 토지 소유자에게 땅을 팔지 말라는 것과 같다. 무슨 근거로 땅을 팔지 말라는 것인가. 토지거래허가제 때문에 땅이 팔리지 않아서 농민들이 보는 손해는 무엇으로 정당화될 수 있는가. 땅을 사들이는 사람이 독점자가 되거나 또는 거래행위가 거품을 만들어내는 경우가 아니라면, 그리고 매각규제를 통해서 가격거품을 없앨 수 있다는 증거가 없는 한, 소유규제라는 앞면과 그 뒷면인 토지매각규제는 정당화될 수 없다.

한국인만 유난히 땅에 집착한다고?

한국인은 다른 나라 사람들에 비해 지나치게 토지소유에 집착한다고 생각하는 사람이 많다. 그래서 땅값이 비싸고 소유가 집중된다는 것이다. 몇 사람들의 말을 들어보자.

"한국에서는 토지신화가 엄연히 살아 있는 만큼 사람들의 토지에 대한 사유욕, 애착이 지나친 느낌이 있다."13) 참여정부의 정책기획위원장을 맡아 노무현 대통령의 경제정책 결정에 큰 영향을 미치던 이정우 실장의 말이다.

이런 생각은 문인 중에도 널리 퍼져 있는 듯하다. "서구와는 달리 우리의 땅(토지 혹은 대지)에 대한 집착은 남다른 데가 있다. 박경리의 《토지》가 잘 보여주고 있듯이 우리에게 땅은 곧 우리의 존재기반이며, 우리의 삶이고, 우리의 역사인 것이다."14) 이재복이라는 비평가의 글 속에 담긴 생각이다.

기업가들도 예외는 아닌 것 같다. "우리나라 특성상 공개념 도입을 적극적으로 검토할 필요가 있다고 생각한다. 우리나라는 인구는 많고 땅이 한정돼 있는데, 토지에 대한 집착은 세계 어느 나라보다 심해 부의 편중이 심화되고 있다. 그러나 자본주의를 해치지 않는 범위 안에서 신중하게 접근해야 한다."15)

그러나 이건 우리를 지나치게 비하하는 생각이다. 한국사람만 토지에 집착하는 것이 아니다. 중국인도, 베트남인도, 태국인도, 러시아

---

13) 이정우, "한국의 토지문제: 진단과 처방," 이정우 외, 《헨리 조지: 100년 만에 다시 보다》(경북대학교 출판부, 2002), pp. 194~214.

14) 이재복, "이재인/애정과 통찰 사이," 이재인의 오영수 문학연구에 대한 서평(2003. 2. 7) (http://www.munhakac.co.kr).

15) 《매일경제》, 2005년 7월 19일 돌발질문. 〈돌발질문〉 토지공개념 도입 어떻게 생각하십니까?에 대한 한인수 KAA 전무의 답변.

인도 토지에 집착한다.

"가족에 대한 맹목적 충성 속에 토지에 대한 동물적 집착에 매달리는 중국민중의 지독한 세속성 !"16) 소설 《대지》에서 펄 벅이 그린 중국인의 모습이다.

베트남에서 건설회사를 운영하는 류승진 사장은 베트남 사람들의 토지에 대한 집착은 종교라고 부를 수 있을 정도라고 말한다.17) 기원전부터 유래된 흙을 먹는 풍습은 토지숭배사상을 단적으로 보여 준다. 베트남 사람들은 돈이 생기면 땅부터 사는 부동산 투자 절대사상을 갖고 있다고 한다.

최영혜라는 분은 태국을 다녀와서 만들어 놓은 〈돌맹이의 태국여행〉이라는 인터넷 사이트에서 태국사람들의 토지에 대한 집착을 이렇게 적어 놓았다. "태국인은 농업을 천직으로 … 땅이 생활의 원천인 이들은 … 토지에 대한 애착이 강하고 가족을 중심으로 한 응집력이 강하며, 전통적으로 가족중심의 자급자족을 위한 경제활동을 하고 있어 … 농민들은 보수적이고 배타적이어서 … "18)

토지에 대한 집착이 강하기로는 러시아인도 두 번째 가라면 서러울 것 같다. 이병로는 《에또 러시아》에서 그들의 토지에 대한 집착을 이렇게 썼다. "토지에 대한 집착이 유별난 러시아인들에게 토지 사유화의 부진은 중요한 아이러니 가운데 하나이다."19)

원시인들도 예외가 아니다. 그들은 집단생활을 하기 때문에 농업사

---

16) 최원식, "전경 (前景) 뒤에 숨은 신," 펄 벅 (Pearl S. Buck) 의 《대지》에 대한 서평 (http://kr. blog. yahoo. com, 2005년 8월 14일 접속).

17) 류승진, 《혼자만 알고 싶었던 해외 부동산 투자법》(아라크네, 2004), pp. 285∼286.

18) 〈돌맹이의 태국여행〉 웹사이트 중 태국의 사회와 가치관에서 인용 (http://www. dolthaitravel. co. kr, 2005년 8월 14일 접속).

19) 이병로, 《에또 러시아》(미래 M&B, 1998) 참고 (http://www. kyungsung. ac. kr에서 재인용).

회에서와는 달리 토지에 대한 집착도 개인적이 아니라 집단적이지만 어쨌든 토지에 대한 집착이 강하다는 사실은 분명하다. 얼마 전 호주 TV방송국의 대담프로그램에서 존 하워드 수상은 토지에 대한 영적 집착이 호주 원주민 문화의 근본적 속성이라고 말한 적이 있다.[20]

후진사회일수록 토지에 대한 집착이 강한 것은 토지가 부의 큰 부분을 차지하기 때문이다. 〈바람과 함께 사라지다〉에서 주인공 스칼렛의 타라농장에 대한 집착을 생각해 보라. 〈파 앤드 어웨이〉(*Far and Away*) 라는 영화에도 19세기 중엽 미국인들의 토지에 대한 강한 집착이 잘 담겨져 있다. 농업이 삶의 방식이던 시절에는 미국인들도 토지에 대해 강한 집착을 보였다.

미래의 불확실성으로부터 자신을 지켜 줄 것이라고는 자식과 토지 밖에 없는 상황에서 그것 말고 무엇에 집착하겠는가. 후진국 사람일수록 자식에 집착하는 것이 자연스럽듯이 토지에 집착하는 것 역시 자연스럽다. 소득수준이 높아져서 조금만 저축해도 미래에 대한 대비가 가능하고, 또 주식, 채권, 지적재산권, 공장, 건물 등이 많아져 토지 말고도 부를 저축해 놓을 수단이 많아진다면 토지에 대한 집착은 줄어들 것이다.

이와 관련해서 한·미·일 세 나라 국민들의 평균적 재산구성 상태를 보면 흥미로운 차이를 발견하게 된다.[21] 한국 국민들의 재산에서 부동산이 차지하는 비중은 83% (2001년 말) 이고, 금융자산은 17%이다. 반면 미국의 경우 금융자산이 70%이고 부동산은 30%를 차지한

---

20) Reconciliation is about rights as well as responsibilities. It is about symbols as well as practical achievement. We recognize that communal interest in and spiritual attachment to land is fundamental to Indigenous culture. 호주 ABC방송 대담프로그램에서 수상의 발언내용 중에서 발췌(LOCATION: http://www.abc.net.au, 30/05/2005).
21) 강창희, "저금리시대의 자산운용전략," 미래에셋 투자교육연구소 강의자료 (2005), p. 4.

다(2003년 말). 일본도 이와 비슷해서 금융자산 67%, 부동산 33%로 구성되어 있다. 미국과 일본인들에 비해서 한국인의 토지에 대한 집착이 강하다면 그것은 한국인의 민족성 때문이 아니라 아직 미국이나 일본처럼 금융자산이 많이 형성되어 있지 않기 때문일 가능성이 높다. 한국인의 토지에 대한 집착이 유별나다는 것은 다각화된 재벌구조가 한국기업만의 특징이라고 하는 것만큼이나 현실에서 동떨어진 생각일지 모른다.

한국인의 재산에서 부동산이 차지하는 비중이 미국과 일본에 비해 아직 높기는 하지만, 그 비중은 줄고 있음이 분명하다. 다음의 〈표 5-5〉를 통해서 볼 수 있듯이 국민총생산 중에 토지가격 합계의 비율이 시간이 갈수록 작아지고 있다. 이것은 소득을 산출하는 데 토지의 중요성이 점차 작아지고 있음을 말해 준다. 토지는 그대로 있는 반면, 기계와 장비 등 더 많은 자본과 더 좋은 기술, 더 많은 지식 같은 것들이 등장해서 우리 국민들의 생산성을 높여 주고 있는 것이다. 그 중에서도 아마 가장 중요한 것은 우리들 각자의 지식과 노하우로 대표되는 인적 자원일 것이다. 이것은 무한히 늘어날 수 있고, 실제로도 그래왔기 때문에 우리의 소득이 꾸준히 증가하고 있다고 보아야 한다.

이처럼 토지 이외의 다른 수많은 자본이 존재하는 상황에서 토지소유의 집중이라는 것은 큰 의미를 갖지 못한다. 1870년부터 1935년까지 미국농민들이 소유한 농장의 평균 규모는 155에이커. 그러던 것이 1987년에는 세 배로 증가하여 462에이커가 되었다. 그러다 보니 엄청난 농지의 소유집중이 일어났다. 미국인 중 9%가 농장을 소유했는데, 이제는 1%도 안 되는 숫자가 농지 전체를 소유하고 있다. 하지만 그게 무슨 문제인가. 그것 때문에 미국경제가 해를 입는 것도 아니고, 미국의 민주주의가 과거보다 불안정해진 것도 아니다. 무한정한 비실물재산과 자본이 토지를 대신하고 있기 때문이다.[22] 우리나라도 지적재산권이나 근로윤리 같은 비실물재산의 비중은 빠른 속도로 늘고 있

〈표 5-5〉 GDP 대비 지가총액 비율의 추이

연도	1989	1990	1991	1992	1993	1994	1995	1996
비율	8.65	8.65	8.06	6.98	5.73	4.82	4.13	3.71
연도	1997	1998	1999	2000	2001	2002	2003	-
비율	3.40	2.98	2.80	2.58	2.13	2.11	2.07	-

자료: 노영훈, 〈토지세 강화정책의 경제적 효과: 종합토지세를 중심으로〉(한국조
세연구원, 2004), p.57.

고 경제발전과 더불어 계속 늘어날 것이다. 단지 우리가 그 새로운 현
실을 깨닫지 못하고 있을 뿐이다.

소유제한의 역설

지금까지 토지소유에 대한 집착이 토지 이외의 재산이 얼마나 풍부
한지의 정도와 관련이 있음을 설명했다. 그 집착은 소유하지 않고도
이용할 수 있는지의 정도와도 상당한 관련을 가질 것임을 쉽게 미루어
짐작할 수 있다. 즉, 토지나 주택을 소유하지 않은 사람이 토지나 주
택을 쓰기 어려울수록 토지나 주택을 소유하려는 욕구는 강해질 것이
다. 반면 소유하지 않고도 쉽게 사용할 토지나 거주할 주택을 구할 수
있다면 소유에 대한 집착은 덜할 것이다.

그러면 소유하지 않고도 토지나 주택을 사용할 수 있는 상황이란 무
엇일까. 그것은 토지에 주인이 없거나 또는 임대토지나 임대건물이 많

---

22) 김현구 역, 《부의 탄생》(시아출판사, 2005), p. 137.

은 경우를 말한다. 토지에 주인이 없는 상황은 존재하기 어려울 테니 논외로 하자. 따라서 소유하지 않고도 토지나 주택을 사용할 수 있는 상황이란 임대토지나 임대건물이 풍부한 상황이다. 그럴 때일수록 소유할 인센티브는 줄어든다. 반면 임대주택이나 임대토지의 공급이 줄어들수록 소유하지 않고는 토지를 사용할 수 없다. 그렇기 때문에 토지나 주택을 소유하려는 욕구는 증가한다.

토지나 주택에 대한 소유제한은 임대토지나 임대주택의 공급을 줄임으로써 소유에 대한 집착을 높인다. 임대가 가능하려면 누군가는 자기가 직접 사용하지 않을 토지나 주택을 소유하고 있어야만 한다. 임대의 본질이 바로 소유자가 쓰지 않고 남에게 빌려주는 것 아닌가. 따라서 임대주택이나 임대토지가 풍부해지려면 누군가가 자기가 사용하지 않을 토지와 주택을 풍부하게 소유하면서 임대해 주어야 한다. 이렇게 본다면 임대자는 자기가 직접 그 토지나 주택을 사용하지 않는 사람, 다시 말해서 가수요자라고 부를 수 있다. 가수요자들에 대해서 토지와 주택의 소유를 엄격하게 제한할수록 사람들은 자기가 직접 사용할 주택과 토지만 소유하게 될 것이고, 그 결과 임대주택과 임대토지는 줄어들 것이다. 주택이나 토지를 소유하지 않은 사람은 주택과 토지를 사용하기가 점점 더 어려워질 것이다. 따라서 소유하기 위해 더욱더 노력하게 된다. 반면 가수요가 허용되면 임대주택이나 토지의 공급이 풍부해지고, 그 결과 소유에 대한 집착도 줄어든다. 정리하면 이렇다. "소유를 제한할수록 사람들의 소유에 대한 집착은 강해진다."

저자의 가설은 현실로 뒷받침된다. 부동산 중에서도 오피스빌딩이나 상가건물 같은 것들에는 소유제한이 없다. 주택에 비해서 소유에 대한 사회적 편견도 작다. 그러다 보니 값이 오를 만하면(가수요까지 겹쳐) 언제든지 건물들이 쉽게 지어져서 공급되고, 그 결과 값도 잘 오르지 않는다. 전국이 떠들썩하게 주택가격이 올라도 오피스빌딩의 임대료는 오히려 떨어지고 있다. 빈 오피스들도 많은 상황이다. 그렇기 때문에 사람들이 오피스나 상가의 소유에 크게 집착하지도 않는다. 가수요를 포함한 소유욕의 인정이 결과적으로 소유욕의 저하로 이어짐을 보여주는 좋은 사례이다.

정부와 여론이 주택정책에서와 같이 '1회사 1건물' 또는 '1인 1상가' 같은 우스꽝스러운 원칙을 만들어서 규제했다고 해보자. 임대사무실이나 임대상가는 찾기 어려웠을 것이고, 사무실이나 상가가 잘 지어지지도 않았을 것이다. 그러면 사람들은 어떻게든 자기의 사무실을 소유하려고 집착했을 것이고, 그 결과 '1인 1사무실' 정책은 더욱 강화되어야 했을 것이다. 천만다행히도 정부와 학자들과 언론과 여론이 사무실이나 상가의 가수요에 대해서 관심을 두지 않는 까닭에 사무실과 상가 시장에는 전체적 공급물량이 풍부하고, 또 소유를 걱정하지 않아도 될 정도로 풍부한 임대사무실과 임대상가가 만들어져 있다.

물리적으로는 오피스빌딩과 주상복합아파트 사이에 별로 다를 것이 없다. 둘 다 토지와 콘크리트와 철근과 기타 건축자재의 결합물이다. 그런데 이 두 종류의 건물 소유를 받아들이는 사람들의 태도는 전혀 다르다. 오피스빌딩은 건물 하나를 통째로 한 사람이 소유하더라도 비난하는 사람이 없다. 호텔건물 역시 마찬가지다. 롯데호텔을 통째로 한 사람이 소유해서 다른 사람에게 방 하나씩 임대해 준다고 해서 누가 1가구 다주택이라고 비난하는 사람은 없다. 그런데 그 자리에 아파트를 짓는다면 전혀 다른 잣대가 등장한다. 똑같은 자리에 똑같은 크기의 건물일지라도 아파트 건물은 전체를 한 사람이 소유한다는 것은 용납되지 않는다. 롯데호텔이 지어져 있는 땅에 아파트를 지었다면 최소한 3백 가구 정도의 아파트는 만들 수 있을 텐데, 그것을 한 사람이 소유한다면 1가구 3백 주택이 될 것이고, 그것은 도둑질보다 더 반사회적인 행위로 매도될 것임이 분명하다.

상황이 이렇다 보니 값은 주택 쪽이 비싼데, 땅에 지어지는 건물은 주택이 아니라 지금도 남아도는 오피스나 오피스텔이라는 모순이 생겨난다. 그걸 깨닫고 나면 정부가 오피스텔을 대하는 태도는 더욱 우스꽝 스럽다.

주택이 부족하다 보니 오피스텔이 주거용으로 바뀌는 일이 벌어졌다. 오피스텔이란 본래 오피스를 주용도로 하되 밤에는 주거용으로도 사용할 수 있게 만든 건축형태다. 그래서 13평, 25평 등 비교적 작은 단위로 구획되어 있고, 취사시설과 샤워시설이 갖추어져 있다. 이런 시설에도 불구하고 신을 신고 들어가야 하기 때문에 본격적 주거용으로는 여전히 불편함이 있었다. 이런 불편을 줄여 준 것이 온돌식 오피스텔이다. 신발을 벗고 들어갈 수 있으니까 아파트보다는 못하지만, 그래도 독신자들이 주거용으로 사용하기에 부족함이 없는 주거시설이 되었다. 1가구 다주택으로 간주되지 않았기 때문에 퇴직자들 중에서 여러 가구를 가지고 임대업을 하는 사람들이 많이 나왔다.

그런데 이게 다시 문제가 되었다. 굳이 따지자면 온돌식 오피스텔은 주택으로 분류될 수 있다. 그런데 오피스텔은 1가구 다주택에 포함시킬 수 없다 보니 규제당국이 진퇴양난에 빠진 것이다. 온돌식은 주택이고 온돌식이 아닌 것은 오피스라고 할 수도 있겠지만, 구분의 기준이 너무 궁색하다. 그래서 택한 결론이 오피스텔은 온돌로 짓지 말라는 것이다. 오피스텔이 도시의 독신자들이나 돈 없는 신혼부부들에게 아주 편한 임대주택이었음을 생각한다면 정말 어처구니없는 결론이다. 앞으로 오피스텔은 잘 지어지지 않을 것이고 지어진다고 해도 불편하기 짝이 없는, 겨울에는 바닥이 차가운 곳이 될 것이다. 그 결과는 무엇일까. 사람들은 오피스텔의 소유에 덜 집착하게 될까? 아니면 더 이상 지어지지 않을 온돌식 오피스텔의 값이 더 오르고 그것의 소유에 대해서 더 집착할까? 여러분들 스스로 판단해 보시라.

소유제한과 가격과 개발패턴

소유를 제한하면 당장은 매매가격이 떨어진다. 수요와 공급의 법칙에 비추어 보면 당연한 결과이다. 공급이 고정되어 있으면 수요가 작을수록 가격은 떨어진다. 단기적으로 주택이나 토지의 공급은 소유제한에도 불구하고 변하지 않는다. 따라서 소유제한으로 토지나 주택에 대한 수요가 줄면 가격은 낮아질 수밖에 없다. 그건 가까운 장래에 집을 구입하려는 사람들에게는 반가운 소식이다. 그럼에도 불구하고 소유제한에 대해 찬성할 수 없는 것은 장기적으로는 해로운 효과가 초래되고, 그것이 단기적 효과를 압도하기 때문이다. 소유제한에 의한 장기적 부작용이란 저밀도개발을 뜻한다. 소유제한이 저밀도개발을 초래한다는 말이 생소하겠지만, 부동산 시장의 밑바닥을 흐르고 있는 기운을 감지한다면 이해가 불가능한 것도 아니다.

우리가 관심을 두어야 할 사실은 소유제한이 소유자의 구성을 바꾸어 놓는다는 것이다. 현재의 소유자는 모든 사람들 중에서 그 땅을 소유하기 위해 가장 높은 값을 낼 의사가 있는 사람임이 분명하다. 자기보다 그 땅에 대해 더 높은 값을 쳐줄 사람이 있다면 땅은 그 사람에게 팔렸을 것이기 때문이다. 그러면 어떤 것이 구매자로 하여금 땅에 대해서 높은 값을 내게 만드는가. 크게 보면 두 가지다. 첫째, 자본비용이 낮은 사람일수록 높은 값을 내려고 한다. 쉽게 말하자면 돈을 쉽게 동원할 수 있는 사람일수록 더 높은 값을 내려고 한다는 것이다. 둘째, 그 땅의 미래를 낙관적으로 보는 사람일수록 높은 값을 내려고 한다. 그 땅에서 장사를 하면 돈벌이가 잘될 것이라고 생각하는 사람이 비관적인 사람보다 당연히 더 높은 값을 부르지 않겠는가. 따라서 지금 땅을 소유하는 사람들은 가장 자본비용이 낮고, 그 땅의 미래에 대해서 가장 낙관적인 사람들일 것이라고 추론할 수 있다.

소유에 대한 제한은 자본비용이 낮은 사람에게서 높은 사람으로, 그리고 미래를 낙관적으로 보는 사람에서 비관적인 사람으로 교체해 간다. 자본비용이 높은 사람일수록, 그리고 그 땅의 미래를 비관적으로 보는 사람일수록 땅을 구입하기 위해 내려는 금액이 작아지기 때문에 소유제한은 땅값을 낮추게 되는 것이다. 그와 같은 소유자의 구성변화는 땅값을 낮추는 데 그치지 않고 땅의 이용에 대해서도 영향을 준다. 가수요의 대표적 사례로 손꼽히는 빈 땅 소유자를 예로 들어서 생각해 보자.

빈 땅을 소유하는 것은 영원히 그 땅을 놀리려는 것이 아니라 그 땅을 가지고 무엇인가를 하기 위함이다. 어떤 사람들은 땅을 소유한 채, 땅값이 오르기만 기다리는 것 같아도 그 땅을 영원히 놀리기 위함이 아니라 땅을 제대로 쓸 수 있게 될 때까지 기다리는 것일 가능성이 높다. 또는 그 땅을 잘 쓸 사람이 나와서 해당 토지를 비싼 값에 사갈 때까지 기다리는 것이라고 볼 수도 있겠다. 어쨌든 빈 땅 또는 유휴지는 아직 쓰이지 않고 있는 땅, 다시 말해서 미래를 위해 비축된 땅이지 세간의 비난처럼 '노는' 땅은 아니다. 정말로 영원히 사용하지 않을 땅이라면 값도 없을 것이다.

그런데 자본비용이 낮고 미래를 낙관적으로 보는 사람일수록 개발시기는 늦추고 일단 개발이 되면 고밀도로 개발할 능력과 의사를 갖는다. 반면 자본비용이 높고 미래를 비관적으로 보는 사람들은 일찍 개발하는 대신 개발밀도는 상대적으로 낮아진다. 소유제한은 토지의 소유자가 전자에서 후자로 옮겨가게 만든다. 즉, 소유제한이 강할수록 토지의 소유자 중에서 자본비용이 높고 미래를 비관적으로 보는 사람들의 비중이 늘게 된다. 그 결과 토지는 조기개발되는 반면 개발밀도는 떨어지게 된다.

요즈음 서울시내의 마포로 일대에 높은 건물들이 들어서고 있는데, 5년이나 10년 전에 지어야 했다면 지금과 같은 고층건물일 수는 없었을 것이다. 자본비용이 높은 사람은 그 사실 자체로도 고층을 올리기가 어려워진다. 소유에 대한 제한은 조기개발, 저밀도개발을 초래하는 것이다. 조기개발이 이루어지기 때문에 처음에는 건물의 공급도 늘어나는 것 같다. 그러나 저밀도개발 때문에 시간이 지나면서 건물의 총공급은 오히려 상대적으로 줄어들게 되며, 값은 올라가게 된다.

가격이 생산잠재력과 밀접히 연관되는 현상을 우리는 최근의 고유가 현상에서도 찾아볼 수 있다. 최근의 유가폭등에는 여러 가지 이유가 있겠지만, 수요 측 원인으로는 중국과 인도의 석유수요 폭증이 있다. 이 두 나라의 경제가 커지면서 각국의 국내 소비용과 생산용 석유수요가 모두 늘고 있는 것이 유가폭등의 중요한 원인으로 작용하고 있다. 그렇다면 유가를 내리기 위해 중국과 인도의 석유수요를 줄이면 어떻게 될까?

소비용 수요는 논외로 하고 생산용 수요에만 초점을 맞춰보자. 중국의 생산용 석유수요가 느는 것은 석유를 이용한 생산이 늘기 때문인데, 그 수요를 줄이라고 한다면 그만큼 다른 생산품들의 생산이 줄게 된다. 석유가격은 떨어질지 모르지만, 그동안 중국이 저렴한 가격에 공급해온 다른 제품들의 공급은 줄고 그것들의 국제가격은 오를 것이다. 그건 중국인과 인도인들, 나아가 세계인들에게도 전혀 도움이 되지 않는다.

토지이용에 대해서도 비슷한 논리가 적용될 수 있다. 토지의 소유를 제한하면, 토지의 개발을 앞당기고 당장 매매가격을 떨어뜨리는 효과가 있지만 개발밀도를 낮추어서 결국 장기적으로는 건물의 가격과 임대료를 올리는 부작용이 발생한다.

다시 말하지만, 가격은 온도계의 수은주와 같다. 날이 더워지면 온도계의 수은주가 올라가듯이, 값이 비싸지는 것은 수요에 비해서 공급이 부족하다는 신호이다. 그 과정에서 투기도 등장하고 가수요도 끼어든다. 하지만 투기나 가수요 단속으로는 문제를 해결할 수 없다. 그건 마치 온도계에 차가운 얼음을 갖다 댄다고 더운 날씨가 시원해지지 않는 것과 마찬가지다. 오히려 온도계를 보는 사람들의 판단만 흐려놓을 뿐이다. 소유제한을 통해서도 일시적으로 가격은 낮출 수 있지만, 주택이나 토지가 부족하다는 현실을 바꿀 수는 없다. 오히려 공급을 줄여서 부족을 더욱 증폭시킬 뿐이다.

소유케 하라 그리하면 공급되리니!

민주노동당의 진보정치연구소가 한국인의 주택소유를 1가구 1주택으로 제한하자는 제안을 들고 나왔다. 민주노동당은 사유재산제에 대해 상당히 회의를 가진 정당이기에 그러려니 할 수 있다. 그런데 시장경제를 지향하는 것으로 알려진 한나라당에서도 비슷한 제안이 나왔다. 한나라당의 홍준표 의원이 1인당 소유를 1주택으로 제한해야 한다고 제안했다. 부부합산과세가 위헌이기 때문에 1가구 1주택 대신 1인 (성인 기준) 1주택제를 해야 한다는 것에 차이가 있을 뿐 주택소유를 죄악시한다는 점에서 차이가 없다.

소유제한을 주장하는 사람들의 생각은 이러할 것이다. 두 채 가진 사람은 다른 한 사람의 집 가질 기회를 박탈한 것이며, 세 채 가진 사람은 다른 두 명이 집을 소유할 기회를 박탈한 것이다. 나라의 정책에 큰 영향을 미치는 분들이 이런 식의 발상을 하는 것은 정말 불행이다. 그건 자본주의의 본질, 주택생산과정의 본질을 부인하는 일이다.

하지만 이렇게 한번 생각해 보면 어떨까? 여러분이 땀 흘려 직접 집을 백 채 지은 후 그 결과물을 스스로 소유한다면 잘못된 일인가? 그렇게 생각하는 사람은 없을 것이다. 여러분 자신이 소유할 목적으로 집을 지은 것을 누구도 나무랄 근거는 가지고 있지 않다. 그건 다른 누구에게 피해를 주는 행위도 아니다. 오히려 여러분의 건축행위로 공급이 늘어 전체의 집값이 낮아질 것이고, 또 내 집에 세들어 살게 될 사람은 이익을 보게 될 것이다.

이번에는 여러분이 직접 집을 짓지 않고 건축업자에게 백 채를 지어 달라고 주문한 후, 그렇게 해서 완성된 집 백 채를 소유하면 어떤가? 그 답은 여러분이 직접 집을 지었을 때와 다를 것이 없다. 여러분이 주문하지 않았다면 그 집은 지어지지 않았을 것이기 때문에 직접 지은 집을 소유하는 것이 잘못이 아니듯이 주문한 집을 소유하는 것도 잘못이 아니다. 마지막으로 새로 짓는 주택을 백 채 분양받거나 또는 기존 주택을 백 채 사는 것은 어떤가? 조금만 길게 보면 이것 역시 직접 집을 짓는 것 또는 주문하는 것과 마찬가지다. 크게 보면 건축업자들은 여러분이 백 채 소유할 것이라는 사실을 예측하고 거기에 맞추어서 지을 것이기 때문이다. 여러분이 주택을 소유하고자 하는 만큼 건축업자들은 거기에 맞추어서 주택을 짓는 것이다. 그것이 바로 수요-공급의 법칙이 아닌가.

국가로부터 염가로 주택을 배급받지 않는 한, 누구나 집은 시장에서 제 값을 내고 구입한다. 그 값에는 주택건축업자의 생산비와 이윤 등 모든 것이 들어 있다. 그래서 누군가 집을 산다는 것은 그것을 생산한 사람에게 다시 생산할 수 있는 여력을 마련해 주는 것이기도 하다. 그래서 다시 또 주택은 생산된다. 시간이 좀 걸리기는 하지만 누구든 주택을 구입할 돈과 의사만 있다면 거기에 맞는 주택을 공급하기 마련이다. 따라서 누군가 집을 소유한다는 것은 결국 그가 집을 주문생산한 것과 같은 것이다. 소유한 주택의 숫자가 두 채이든 백 채이든 다를 것이 없다.

결국 이런 말이 성립한다. 소유를 제한할수록 공급은 줄어든다. 소유에 대한 제한을 풀수록 더 많은 주택이 지어지고 공급된다. 더 많은 임대주택이 공급되기도 한다. 소유케 하라. 그리하면 공급되리니!

물론 그런 과정이 원활히 진행되려면 택지가 원활히 공급된다는 전제가 필요하다. 건축자재는 얼마든지 있기 때문이다. 택지공급이 원활하지 않으면 주택의 공급도 어려워진다. 그런데 택지의 원활한 공급을 막고 있는 것이 누구인가? 지나친 규제로 농지와 임야가 택지로 바뀌는 것을 막는 것도 정부이고, 재건축 억제를 통해서 기존 저밀도 주택들이 고밀도로 이용되는 것을 막는 것도 정부이다. 정부는 투기꾼의 주택소유, 즉 가수요를 탓하기 전에, 택지가 공급되는 길목에서 비켜서라.

사유재산제로 숲을 일구자: 정약전 선생으로부터 배우는 지혜

사적 소유를 허용해야 생산이 촉진된다는 원리는 우리의 조상에게서도 배울 수 있다. 얼마 전에 세화고등학교의 젊은 생물선생인 이태원 씨가 《현산어보를 찾아서》라는 책을 출간해서 화제가 된 적이 있다. 이 책은 정약용 선생의 형님이신 정약전 선생이 1801년 신유박해 당시 흑산도로 유배를 가서 저술한 일종의 생물도감인데, 당시의 흑산도지역 생태계에 대한 지식도 흥미롭지만, 2백 년 전에 그토록 치밀한 기록이 이루어졌다는 사실도 경이롭다. 이 책이 더욱 저자의 흥미를 자극했던 것은 제 4권에 "송정사의"(松政私議)라는 별도의 논문이 실려 있기 때문이었다. "소나무 행정에 관한 사적 견해"라는 뜻을 가진 논문이다. 이제 대한민국은 독일, 뉴질랜드, 영국과 더불어 세계 4대 조림 성공국으로 꼽히지만, 1971년 산림녹화사업이 시작되기 이전까지만 해도 한반도의 산들은 지독하게 헐벗은 산이었다. 초등학교 음악교과서에 실려 있던 〈메아리〉라는 동요의 가사가 그런 사정을 잘 말해주고 있다.

〈메아리〉

산에 산에 산에는 산에 사는 메아리

언제나 찾아가서 외쳐 부르면

반가이 대답하는 산에 사는 메아리

벌거벗은 우리 산엔 살 수 없어 갔다오

산에 산에 산에다 나무를 심자

산에 산에 산에다 옷을 입히자

메아리가 살게 시리 나무를 심자

한반도의 산에 나무가 없어지기 시작한 것은 조선 중기 때부터인데, 정약전의 "송정사의"는 그 이유 중 하나를 사유재산제가 무시되는 당시의 현실에서 찾고 있다. 당시에도 '송금법'(松禁法)이라는 것이 있어서 모든 산에서 소나무를 베는 것을 금하고 있었다. 그건 자기 소유의 산에서도 마찬가지였다. 그렇기 때문에 사람들이 산에 나무를 심지 않고 보호도 하지 않는다는 것이 정약전 선생의 진단이다.

"… 산을 소유한 백성이 소나무 … 를 길러 가옥, 배, 수레, 관재의 재목으로 베어 쓰고자 하면 탐관오리가 법조문을 빙자하여 … 감옥에 가두고 고문하는 등 죽을죄를 다스리듯 하며, 심지어 유배를 보내기까지 한다. 그러므로 백성들은 (소나무를: 저자 주) 없애버린 후에야 비로소 마음을 놓으며, 어쩌다 싹이라도 하나 돋을라치면 마치 독사를 죽이듯 밟아 짓이긴다. 백성들이 산에 나무가 자라지 않기를 바랄 까닭은 없다. 다만 나무가 없어져야 자신이 편안해지기에 나무를 없애려 하는 것이다. 그리하여 결국 개인소유의 산에는 소나무가 한 그루도 자라지 않게 되었다. … 소나무가 없어지면 아무 일도 일어나지 않으리라 생각하여 몰래 파내거나 베어버리는 등 소나무를 제거하기 위해 온갖 수단을 동원한다. 심지어 온 동네 사람들이 도끼를 들고 나와 몇 리에 걸쳐 있는 산을 하룻밤 사이에 민둥산으로 만들어버리고는 뇌물을 후하게 주어 이를 무마하는 일이 벌어지기도 한다. 그리하여 작고 작은 공산에서조차 소나무 한 그루 찾아볼 수 없는 상태가 되어버렸다."[23)

그래서 그는 산과 나무에 대한 사유재산권을 확립해 주는 것이 산을 숲으로 만드는 길이라고 역설한다.

"백성들이 소나무를 미워하는 것은 나무 자체를 미워하는 것이 아니라 그와 관련된 법을 미워하는 것이다. 법이 두렵지 않다면 산 사람에게는 훌륭한 재목이, 죽은 사람에게는 편안히 몸을 누일 관곽이 되어 주는 소나무를 무슨 까닭으로 미워하여 기르지 않겠는가? 사람들마다 제각각 소나무를 기를 수 있다면 준엄한 법과 무거운 형벌을 무릅쓰고 굳이 나라의 소나무를 도둑질할 이유가 없지 않겠는가? 개인소유의 산으로 묵혀두어 황폐해진 곳은 스스로 나무를 길러서 사용하게 하고, 쓸모가 없어 버려진 봉산에도 나무를 길러서 마음대로 사용할 수 있도록 허락한다. … 소나무를 심어 기둥이나 들보로 사용할 수 있을 만큼 기른 사람에게는 품계를 올려주어 포상한다. 산허리 이상에서 화전을 금하는 법을 엄하게 시행하고, 한 마을에서 1~2년 동안 주인 없는 산에 소나무를 길러 울창하게 가꾸어 놓으면 그 나무의 크기에 따라 1~2년 동안 세금을 면제해 준다. 무릇 이 새로운 법령은 본관(本官)에 맡기고 수영에서 간섭하지 못하도록 해야 한다."[24)

예나 지금이나 자기 것이라야 아끼고 만들어내는 본성은 달라진 것이 없나보다.

---

23) 이태원,《현산어보를 찾아서 (4)》(청어람미디어, 2004), pp. 476~478.
24) 위의 책, pp. 480~481.

소유제한과 공급정책의 딜레마

집값을 낮추기 위해 주택공급 정책을 펴려는 사람들은 늘 어려운 선택에 직면한다. 공급확대의 일차적 목표는 가격을 떨어뜨리기 위함인데, 공급확대를 통해서 가격하락 효과가 나타나려면 긴 시간이 지나야하기 때문이다. 반면 공급확대에 성공하려면 수많은 난관을 극복해야한다. 먼저 택지를 공급해야 하고, 그러려면 토지수용과 철거 등의 어려운 과정이 있다. 그 과정에서 투기도 일어나고 건축자재 파동이 나타날 수도 있다. 그런데 가격이 떨어지는 현상은 입주가 본격화되면서시작된다. 문제는 사업에 착수해서 입주가 이루어질 때까지 족히 3년은 걸린다는 사실이다. 분당, 일산 등 수도권 5개 신도시 건설의 여파로 강남 집값이 떨어지기 시작한 것도 사업에 착수한 1989년이 아니라분당 시범단지의 입주가 시작된 1991년부터였다. 그렇기 때문에 정치인이든 공무원이든 공급을 늘리는 일은 하고 싶어하지 않는다. 자기재임 기간중에는 골치 아픈 일만 겪어야 하고, 정작 좋은 효과는 그다음 사람들이 누리기 때문이다. 주택 2백만 호 건설계획과 수도권 5개 신도시계획을 시작한 사람은 노태우 대통령이었지만, 정작 그 혜택을 넘치도록 누린 사람은 그 다음 번 김영삼 대통령이었다. 노태우 대통령의 대대적 공급확대 정책 덕분에 1991년부터 1997년까지 대한민국의 주택가격은 거의 오르지 않았다.

반면 정책결정자들에게 투기억제정책은 아주 매력적인 선택이다. 효과가 당장 나타날 뿐만 아니라 이른바 '가진' 자들을 두드리는 정책이기 때문에 '가지지 않은' 다수의 사람들로부터 박수를 받을 수도 있다. 그러나 공급확대 없이 투기억제를 하는 것은 진통제를 맞는 일과같다. 단기적으로 매매가격을 낮출 수는 있겠지만 근본적인 주택부족현상은 더욱 악화되어 간다.

입주 때가 되어야 비로소 가격하락 효과가 나타나는 현상은 주택에 대한 소유제한과도 상당한 관련을 가진다. 주식시장과 비교해 보면 그 차이가 분명히 드러난다. 주식가격은 현재뿐만이 아니라 미래의 수요공급 상황을 신속하게 반영한다. 예를 들어, 삼성전자가 차세대 반도체 메모리칩을 개발해서 대량생산시설의 건설에 착수했다고 해보자. 설령 거기서 만들어진 칩이 시장에 공급되기 위해 앞으로 2년의 시간이 필요하다고 하더라도 삼성전자의 주가에는 지금부터 그 효과가 반영된다.

이건 주택과는 상당한 차이이다. 주택공급에서 입주라는 현상은 반도체로 따지면 새로운 시설에서 생산된 반도체 칩을 시장에 출하하는 것에 해당한다. 그런데 삼성전자의 주식가격은 신제품이 출하되기 몇 년 전에 이미 출하의 효과를 반영하고 있다. 이런 식으로 따지자면 주택가격도 입주 때가 아니라 대량의 주택공급 확대계획이 확정되는 시점에 미리 떨어지기 시작해야 한다. 그런데 주식시장에서와는 달리 주택시장에서는 그런 일이 일어나지 않는다. 가격이 떨어지려면 입주 때까지 기다려야 하는 것이다. 주택의 소유제한이 이런 차이와 어떤 관계를 가질까?

주식시장에서는 한 사람이 아무리 많은 주식을 소유하더라도 잘못이 아니다. 그렇기 때문에 앞으로 벌어질 일에 비추어 볼 때 현재의 주식가격이 저평가되어 있다고 생각하는 사람은 누구나 자기가 원하는 만큼 주식을 사 모을 수 있다. 그 결과 그 정보가 좋은 정보라면 가격은 오르게 되고 나쁜 정보면 가격은 떨어지게 된다. 그런 식으로 해서 주식가격은 미래의 정보를 현재의 가치에 신속하게 반영한다. 반면 주택시장에서는 그런 일이 거의 불가능하다. 어떤 부동산 전문가가 아무리 미래의 주택가격이 오를 것으로 예상하더라도 주식처럼 주택을 사 모을 수는 없다. 만약 누군가가 그런 '짓'을 시도한다면 십중팔구 악한으로 매도될 것이다. 그렇기 때문에 앞으로 2년 후에 주택값이 오를 것이라고 확신하는 사람이 있더라도 자기가 취할 수 있는 행동이란 집

한두 채를 사는 것이 고작이다. 그런데 그건 그 반대의 경우도 마찬가지다. 앞으로 값이 떨어질 것 같다고 생각하는 사람이 있더라도 자기집 한 채를 미리 팔아버리는 것 이외에 시장에 영향을 줄 방법은 없다. 주식시장에서라면 그렇게 생각하는 사람은 수만 주 또는 수백만 주의 주식을 내다 팔 것이고, 그 결과 미래의 상황은 현재가격에 이미 반영되기 시작했을 것이다. 반면 주택시장에서는 입주가 시작되어 구체적으로 기존 주택들이 비기 시작해서야 비로소 값이 떨어지기 시작하는 것이다. 이처럼 소유제한은 주택가격이 미래의 상황을 반영하기 어렵게 만들며, 그것이 정책결정자로 하여금 공급확대책을 꺼리게 만든다. 어쩌면 소유제한은 자신이 걸리라고 스스로 쳐 놓은 올무일지 모른다.

한국인의 인종차별

"강원도 내 토지들이 … 외지인들에 의해 무차별 점령당하고 있다. … '2005년 상반기 토지거래 현황'에 따르면 이 기간 동안 도내에서 거래된 토지면적은 총 2억 4,476만 5천㎡로 이 중 서울 등 외지인들이 사들인 토지는 전체의 64%인 1억 5,619만 8천㎡에 달하고 있다. … 이들 지역은 지난 5월 27일 토지거래허가구역으로 지정되면서 외지인 토지거래가 원칙적으로 차단됐음에도 불구하고 기획부동산업체들이 허가를 받지 않아도 되는 규모로 토지를 분할해 외지인들에게 매매하는 것으로 드러났다. … 지역 부동산업계 관계자는 '외지인의 토지거래 비중이 높은 것도 일종의 지역자본 역외유출로 생각할 수 있다'며 '…이익환수제 도입 등 대책마련이 시급하다'고 했다."[25]

---

25) 《강원일보》 허남윤 기자의 기사를 《국민일보》가 실은 것(《국민일보》, 2005년 7월 26일).

우리의 외지인 토지소유에 대한 시각을 단적으로 보여 주는 기사다. 외지인들의 토지소유를 점령이라고 표현한다. 또 자본의 역외유출이라고도 한다. 그러나 그들이 제 값을 주고 산 것이라는 사실을 생각해 보라. 외지인들의 토지소유는 점령도 아니고 자본의 역외유출도 아니다. 땅을 파는 사람, 즉 현지인의 입장에서 생각해 보라. 땅을 가지고 있는 것보다는 돈을 가지는 것이 낫기 때문에 땅을 판 것임이 분명하다.

외지인의 토지소유를 금지하는 것은 거기에 살던 사람을 그 지역에 묶어두겠다는 것이나 다를 것이 없다. 땅을 팔 수 없다면 그냥 그 자리에 붙어살아야 하지 않겠는가. 그리고 그건 땅 팔 자유를 잃은 현지인들에게 손해다. 누구를 위해서 외지인의 토지소유를 제한하나? 땅은 소유자의 것이지 나라의 것이나 동네 이웃의 것이 아니다.

같은 한국사람인 외지인의 토지소유를 바라보는 시각도 그 지경인데, 외국인에 대해서는 말할 필요도 없다. 얼마 전까지만 해도 제법 사는 나라치고 차이나타운이 없는 나라는 한국뿐임을 여러 군데서 들어 알고 있을 것이다. 우리나라에는 해방 이후 차이나타운이 실질적으로 없어졌다가 이제 인천 자유공원 근처에 겨우 생겨나기 시작했다.

그동안 차이나타운이 없었던 것은 우리가 화교를 지독하게 차별했기 때문이다. 1960~1970년대만 해도 우리나라의 화교 숫자는 10만 명을 웃돌았다고 한다. 그러던 것이 오늘날 2만 명가량으로 줄었다.[26] 한국인의 지독한 차별 때문이었다. 한국사람들은 중국인들이 길거리에 자기네 나라말하고 다니는 꼴을 가만히 두고 보지 않았다. '짱깨'니 '때놈'이니 하면서 놀리고 못살게 굴었다. 저자가 초등학교에 들어가기 전 외할머니댁이 서울의 인현동에 있었는데, 그 집의 행랑채에 화교가족이 세들어 살고 있었다. 거기엔 전족을 해서 걸음걸이가 뒤뚱거리던 할머니가 계셨는데, 우리 식구들하고는 말도 안 섞고 지냈

---

26) 《시사저널》, 2005년 7월 15일(http://zine.media.daum.net, 2005년 8월 17일 접속).

172

던 기억이 어렴풋하다. 지금 생각해 보면 아마도 한국인을 대하는 것이 두려워서 그랬을 거라는 생각이 든다.

화교에 대한 한국인들의 혐오는 탄압으로 나타났다. 한국정부는 해방 직후부터 화교를 차별했다. 이승만 시절에는 중국음식점에 높은 세율을 매기고, 음식값을 통제했다. 박정희 정권에서는 사정이 더 어려워졌다. 1960년 '외국인 토지소유 금지법'이 제정됐고, 1970년 시행된 '외국인 토지취득 및 관리에 관한 법'에 따라 화교들에게는 1가구·1주택·1점포 소유만이 허용됐다. 그나마 집은 2백 평 이하, 점포는 50평이하로 제한되었고, 남에게 임대조차 할 수 없었다.27) 이런 정책과 한국인들의 차별로 화교들은 한국을 등졌다.

그러면 왜 화교를 비롯한 외국인의 토지소유를 금지했었을까. 그건 그들이 우리의 땅과 상권을 장악할 것이라는 생각 때문이었다. 이것만큼 잘못된 생각은 없다.

외국인이 토지를 소유한다고 해서 그 토지가 외국 것이 되는 것이 아니다. 잘 생각해 보면 토지를 파는 것도 수출이다. 수출이란 물건이나 서비스를 주고 대신 돈을 받아오는 일이다. 그 수출의 대상으로는 자동차도 있고 핸드폰도 있지만, 요즈음은 가수도 수출하고 과학자도 수출하고 기업도 수출한다. 외국인이 한국 가수의 노래를 돈 내고 들으면 가수를 수출하는 것이고, 외국인이 한국 과학자의 자문을 받고 자문료를 지급하면 과학자 수출이며, 외국인이 주식을 사면 기업수출이다. 무엇인가 값나가는 것을 주고 돈을 받아오면 그게 수출이다. 그러니 땅도 얼마든지 수출할 수 있는 것이다.

그렇다고 해서 대한민국의 땅이 줄어드나? 그게 아니다. 한국인이 미국에서 가서 미국 땅을 산다고 해서 그 땅이 대한민국의 땅이 되는 것이 아니지 않는가. 대한민국의 주권은 우리 영토 내의 모든 토지에

27) 《한겨레 21》, 2001년 4월 10일(제354호)(http://h21.hani.co.kr, 2005년 8월 17일 접속).

미친다. 그리고 그 주권은 대한민국 국민에게 있다. 토지를 소유한 외국인이 한국인이 되는 것도 아니다. 투표권도 없다. 무엇을 우려하는가. 그들이 그 토지를 가지고 우리에게 해를 끼칠 일이 없다.

그리고 땅을 팔면 돈이 들어온다. 그 돈을 가지면 우리도 얼마든지 외국의 땅을 살 수 있다. 또 정 맘에 안 들면 외국인 소유의 땅을 되사면 된다. 외국인에게 땅을 팔면 이익이지 우리가 손해를 입을 일은 없다.

어떤 사람들은 그 땅에서 나오는 수익이 외국으로 빠져나갈 것을 우려한다. 하지만 그건 염려할 일이 아니다. 빠져나간 수익은 재투자의 형태로 대개 다시 들어오지만, 설령 한번 나가서 들어오지 않는다고 해도 손해가 아닌 것이, 처음에 지급한 구입금액에 그 모든 것의 가치가 포함되어 있기 때문이다. 외국인에게 과실을 송금하지 말라는 것은 토지를 소유하지 말라는 것과 같다. 한국인 중에서 카자흐스탄에 투자하고 싶어하는 사람들이 제법 있지만, 과실을 송금할 수 없기 때문에 그곳에 뼈를 묻을 생각을 하지 않는 한 토지를 구입하는 것이 매우 조심스럽다는 말을 어느 TV 프로그램에서 본 적이 있다. 카자흐스탄으로부터 한국으로 송금할 수 없다면 어떤 한국인도 거기의 땅을 사지 않을 것이고, 땅의 소유권이 불안한 상태에서는 투자도 하기 어렵다. 이런 사정은 한국에 투자하는 외국인의 입장에서도 마찬가지다. 입장을 바꿔 놓고 생각해 보자.

제 6 장

자유거래, 제 주인을 찾아준다

한국에서는 모든 개발계획이 토지거래허가제로부터 시작된다. 행정복합도시의 건설도 구체적 개발계획이 나오기도 전에 주변지역을 토지거래허가지역으로 지정하는 일부터 시작했다. 저자는 우리나라가 최소한 토지문제와 관련해서는 거의 사회주의 국가라고 생각하는데, 정부가 토지의 거래를 제한하는 것을 거의 아무렇지도 않게 생각하고, 헌법재판소조차 토지거래 제한을 당연한 것으로 판결하고 있기 때문이다. 그러다 보니 국민들도 거래를 제한하고 제한받는 것을 당연히 여기게 되었다. 시장경제의 핵심은 사유재산제도이고, 사유재산을 자유롭게 거래할 수 있어야 제대로 된 사유재산제도라고 할 수 있다. 우리나라에서는 자유로운 거래의 권리를 공무원들이 함부로 침해해도 어디가서 하소연할 데가 없다. 그것을 사회주의라고 부르지 않는다면 무엇이겠나.

잠비아 같은 나라

토지공개념제도의 재도입을 고려하고 있던 건교부가 여러 가지의 반대여론에 부딪히자, 설득용 자료로서 외국에 우리나라의 토지공개념제도와 같은 것이 있는지 조사했는데, 그러한 자료는 거의 찾지 못했다. 그러자 건교부는 최소한 토지공개념제도에서는 한국이 가장 앞섰다고 은근히 자랑섞인 보도를 내보냈다.[1] 그런데 그것은 건교부가 충분히 조사해 보지 않고 내린 섣부른 결론이다. 잠비아는 분명 토지공개념에서 우리보다 훨씬 앞서 있다.

잠비아! 아프리카 남부에 위치해 있으며 인구는 천만 명, 국토의 면적은 남한의 7.5배인 75만㎢이다. 아프리카 오지의 이 나라가 나의 관심을 끈 것은 토지거래허가제 때문이다. 한국을 제외하고는 토지거래를 위해 국가의 허가를 받아야 하는 나라를 찾기 어려웠는데, 잠비아는 허가제를 운영하고 있었다.

이 나라에서는 토지를 사고팔려면 일일이 대통령의 허가를 받아야 한다. 물론 실무적으로는 토지위원장에게 그 권한이 위임되어 있지만, 1975년 제정된 토지법은 모든 토지의 거래에서 대통령에게 허가를 받도록 정해놓았다. 토지를 구입하려면 구입목적을 밝혀야 하며, 정부가 원하는 목적이 아니면 허락되지 않는다. 또 나중에라도 허가목적에서 벗어날 경우는 거래가 취소된다고 한다.[2] 잠비아는 이 같은 토지거래허가제를 토지 국유제를 실질적으로 유지하는 수단으로 사용하고

---

1) "부동산 공개념은 한국이 선진국,"(《한국경제신문》, 2003년 11월 5일).
2) C. Banda, "Institutional, Administrative, and Management Aspects of Land Tenure in Zambia," in J. W. Arntzen, L. D. Ngcongco, and S. D. Turner(eds.), *Land Policy and Agriculture in Eastern and Southern Africa*(The United Nations University, 1986)(http://www.unu.edu에서 인용, 2005년 8월 22일 접속).

있다. 아프리카의 다른 나라들도 이와 비슷한 제도들을 가지고 있는데, 그건 실질적으로 토지를 국유로 하는 나라들이 많기 때문이다.

우리나라는 토지를 사유재산으로 규정하고도 잠비아처럼 토지거래허가제를 하고 있다. 토지거래허가제로 묶여 있는 땅의 면적은 63억 3천만 평, 전 국토의 20.9%이다. 허가지역 안에서는 기준면적 이상의 땅을 매각하려면 허가를 받아야 한다. 그 기준은 임야 303평 · 농지 151.5평 · 도시주거지 36.3평이다. 물론 토지거래허가제가 잡고자 하는 것은 구매자이지만 구매와 매각은 동전의 양면이기 때문에 결국 파는 것과 사는 것을 모두 규제하는 제도다.

이런 지역에서 토지를 사고 팔려면 사려는 사람이 실수요자임을 밝혀야 한다. 실수요자가 누구인지 궁금해서 찾아봤더니 그 기준은 토지마다 지방마다 약간씩 달랐다. 충남 계룡시를 예로 들어보자. 계룡시 전역은 2003년 2월 17일부터 2008년 2월 16일까지 5년간 토지거래허가구역으로 지정돼 있다. 여기서 농지를 매입하려면 농민이거나 계룡시에서 가구원 전원이 6개월 이상 거주한 기록을 가지고 있는 사람이어야 한다. 그럼 누가 농민일까? 자기 집 뒤뜰에 상추를 가꾸는 사람도 농사를 짓는 것은 사실이니까 농민일까? 여기에 대해서 계룡시는 1회 이상의 수확기를 포함해서 6개월 이상 농사를 지어온 사람을 농민으로 보고 있다.[3] 주말농장이나 체험영농 같은 것을 목적으로는 농지를 취득할 수가 없게 되어 있다.

주택을 사려면 그 동네에 거주하는 무주택자가 제일 유리하고, 유주택자라면 기존 주택을 처분하거나 또는 새 주택을 왜 구입해야 하는지 객관적으로 밝히게 되어 있다. 자기 거주용이 아닌 경우 등 실수요자가 아니면 허가받을 수가 없다.

토지거래를 허가받아서 취득했다고 하더라도 다시 팔기도 어렵게

---

3) 연합뉴스, 2005년 1월 31일.

178

되어 있다. 임야는 3년, 농지는 2년, 개발용지는 4년 이내에 팔 수 없다는 내용의 규제가 또 만들어졌기 때문이다.

토지거래허가제는 원시적 제도

토지거래허가제는 매우 원시적인 제도이다. 역사의 발전단계를 거슬러 올라갈수록 토지거래에 대한 제한이 많았다. 원시농경사회에서의 토지거래는 부족원들 사이에서만 가능했다. 즉, 외지인에게는 토지를 팔 수 없게 되어 있었다. 외지인들이 지역의 방어를 어렵게 할수 있기 때문이었다. 유럽의 봉건사회에서 농노는 땅을 소유할 수도 없었지만 자기가 가지고 있는 경작권을 다른 사람에게 넘기려면 영주의 허락을 받아야 했다. 땅과 신분상의 권리의무 관계가 같이 결합되어 있었기 때문이다.

우리 조상님들의 '조업'(祖業)이라는 것도 그런 성격의 거래제한이다. 이것은 조상으로부터 전래된 재산을 통틀어 일컫는 말이다. 부모가 자녀에게 재산을 상속 또는 증여할 때 문기(文記) 중에 '물급손외부득여타'(勿給孫外 不得與他)라는 말을 써넣는 관습이 있었다. 자손이외의 자에게 증여하지 말라거나, 주지도 팔지도 말라는 뜻이다. 이것 말고도 '자손전지 진장경식'(子孫傳持 鎭長耕食)이라고 쓰인 경우도많았는데, 자손 대대로 전하여 오래도록 경식(경작의 뜻)하라는 뜻이다.[4] 자기 혈족 이외의 자에게는 땅을 팔지 말라는 유언인 것이다.

그러나 그런 식의 제도는 산업화, 핵가족화되고 이동성이 증가하는 사회와 마찰을 빚게 되었다. 차츰 거래에 대한 제한은 사라져 갔다. 보통법 국가이던 영국의 법원은 자기 후손들에게 거래를 금지하는 유

---

4) 박병호, 《전통적 법체계와 법의식》(서울대학교 출판부, 1983), p. 101.

언을 무력화(*rule against perpetuity*) 시키면서까지 거래를 촉진하려고
했다. 조선시대에도 성군이신 세종 때부터 토지의 자유로운 거래가 허
용되었다.

오늘날 제대로 된 나라치고 국민들의 토지거래에 정부가 시시콜콜
개입하는 나라는 찾아보기 어렵다. 그런데도 우리는 전국의 중요한 토
지를 모두 허가제로 얽어 놓고 있다. 공무원의 허가를 받지 않으면 농
지도, 택지도, 공장용지도, 임야도 그 어떤 것도 살 수 없고 팔 수 없
다. 또 그 동네 사람만이 토지를 살 수 있다. 이걸 사회주의로의 행진
으로 봐야 하나 아니면 원시로의 회귀라고 봐야 하나. 어느 쪽이건 자
유와 개방의 21세기와는 너무도 어울리지 않는 제도이다.

귀한 것이 귀하게 쓰이려면 자유거래가 필요하다

토지와 주택은 귀중한 자원이고 귀중하기 때문에 아껴서 써야 한다.
그러기 위해서는 토지를 가장 효율적으로 사용할 사람, 또는 누가 효
율적으로 사용할지 판단할 수 있는 사람이 소유해야 한다. 행정수도가
들어오게 되어 더 이상 농지로서의 가치가 없어졌는데도, 농민만이 그
지역의 토지를 소유하고 사용하게 한다면 그 토지가 제대로 사용될 리
없다. 사무실이나 상가, 주택 같은 용도로 사용되어야 마땅할 땅이 농
지인 채로 남아 있는 것만큼 땅을 낭비하는 것은 없다.

자유거래는 귀한 땅이 귀하게 쓰이도록 만든다. 자유거래를 허용하
면 가장 높은 값을 제시하는 사람에게 토지의 소유권이 넘어가게 될
텐데, 가장 높은 값을 낼 사람이란 대개 그 토지를 가장 효율적으로
이용할 수 있는 사람이기 때문이다.

다음과 같은 가상적 상황을 상상해 보라. 갑과 을 두 사람이 모두
부인과 두 자식과 함께 4인가족을 이루고 살고 있었다. 갑과 을이 살

던 땅의 넓이는 각각 백 평이었다. 갑은 딸만 둘이고 을은 아들만 둘을 두고 있었다. 나이가 들면서 갑과 을의 자식들은 모두 결혼하게 되었는데, 그때부터 상황이 달라지게 되었다. 갑의 자식은 모두 딸이었기 때문에 모두 출가했다. 을의 아들들은 결혼해서 부모와 함께 살겠다고 한다. 그러다 보니 갑의 식구는 둘이 되어버렸고, 을의 식구는 여섯으로 불어났다. 땅을 생각해 보면 불균형이 드러난다. 식구가 줄어든 갑에게 백 평은 지나치게 넓은 면적이 된 반면 식구가 늘어난 을에게 백 평의 땅은 너무 비좁아진 것이다. 이럴 때에 거래의 필요성이 등장한다. 아주 단순하게 말해서 갑이 을에게 50평을 팔아서 갑은 50평을 쓰고 을은 150평을 쓰는 것이 좋을 것이다. 그러자면 갑과 을 간에 거래가 이루어져야 한다. 어떤 이유에서건 거래가 이루어지지 않는다면 갑이 가진 50평은 낭비되고, 을의 식구들은 백 평에서 비좁게 살아가야 한다. 거래를 할 수 없다면 갑의 50평이 지구상에서 사라진 것과 비슷한 효과가 초래되는 것이다. 자유로운 거래는 토지가 그것을 가장 효율적으로 사용할 사람에게로 이전되도록 촉진한다.

아무리 좋고 많은 땅이 있어도, 사용할 수 없다면 없는 것이나 다름없다. 마찬가지의 논리로, 제대로 쓸 줄 모르는 사람이 토지를 가지고 있다면 토지의 실질적 부존량은 훨씬 줄어든다. 자유거래는 그것을 가장 잘 쓸 수 있는 사람에게 넘어가게 함으로써 토지의 실질적 부존량을 늘린다. 이런 일은 현실에서 늘 발생하며, 그렇기 때문에 땅을 사고파는 거래도 항상 일어나게 된다.

코우스의 정리

자유거래를 통해 효율적 이용자에게 땅이 넘어가게 되는 것은 효율적 이용능력과 의사를 가진 사람일수록 그 땅을 취득하기 위해 지불하는 금액이 높아지기 때문이다. 예를 들어, 같은 땅이라고 하더라도 그 땅을 농지로 사용하는 것이 좋다고 생각하는 사람보다 고층빌딩을 짓기로 작정한 사람이 그 땅을 취득하기 위해 더 높은 값을 지불할 것이다. 이처럼 자유거래는 토지나 주택의 소유권이 가장 효율적인 이용자에게로 옮겨가게 만든다.

학자들은 아주 당연한 얘기를 어렵게 하는 사람들이다. 코우스(Ronald Coase)라는 경제학자도 당연한 얘기를 어렵게 해서 노벨경제학상을 받았다. 거래에 장애가 없는 시장경제에서는 어떤 자원이든 최종적으로는 그것을 가장 효율적으로 사용할 사람에게 넘어가게 된다는 내용이다. 이것을 '코우스의 정리'라고 부르는데, "그까이 꺼" 누가 모를까 싶어도 어쨌든 코우스는 그 얘기를 해서 큰 상까지 받았다. 이걸 이해하는 여러분도 노벨상을 받을 자격이 있는 셈이다. 하하!

코우스의 정리로부터 따라 나오는 작은 결론들이 두 가지 있다. 첫째, 거래의 걸림돌이 많을수록 효율적 이용은 달성하기가 어려워진다. 둘째, 그렇기 때문에 무엇이든 효율적으로 이용되길 원한다면 거래의 걸림돌을 최대한 제거하라.

현실적으로 부동산의 거래에는 걸림돌이 많다. 중개수수료, 취득세와 등록세, 땅의 장래와 관련된 불확실한 정보 등 여러 가지가 토지와 주택의 거래를 어렵게 만든다. 그런데 우리나라에는 그런 것들보다 더 큰 걸림돌이 있으니 정부가 나서서 일부러 걸림돌을 만든다는 것이다. 토지거래허가제, 전매제한 같은 것들이 그것이다. 자유로운 거래에 대한 장애요소가 많아질수록 토지시장과 토지이용의 효율성은 떨어지고, 토지의 실질적 부존량도 줄어든다.

팔 수 있어야 타인을 배려한다

누구나 집을 팔 때쯤 되면 유난히 집에 대해서 신경을 쓴다. 나 혼자 사용한 것이라면 아무렇게나 하고 살 텐데, 남에게 팔려면 그렇게 할 수 없는 것이다. 좋은 값을 받기 위한 당연한 행동이다. 또 건축잡지나 인테리어 잡지에 나오는 환상적인 집들은 투입된 비용에 비해서 생각보다 값이 덜 나가는 경향이 있다. 집을 설계해서 지은 사람의 취향에는 딱 맞을지 모르지만, 다른 사람들에게는 그렇지 않을 수 있기 때문이다. 그래서 자기의 취향만을 생각해서 집을 짓는 사람은 나중에 팔기도 어렵고, 값도 제대로 못 받는 어려움을 각오해야 한다.

저자는 화려한 색깔을 좋아해서 자동차를 살 때도 화려한 색깔의 차를 사고 싶지만, 그런 자동차는 필경 나중에 안 팔릴 것이기 때문에 다른 사람들도 좋아하는 색깔의 차를 사고 만다. 이것이 바로 거래의 자유가 가지고 있는 힘이다. 늘 다른 사람들이 필요로 하는 것을 염두에 두고 살게 만드는 것이다. 나의 집은 내 사유재산이긴 하지만 내 집의 가치는 나뿐만 아니라 다른 사람들도 평가한다. 그래서 좋은 값을 받기 위해서라도 나중에 살 사람을 염두에 두고 집을 만들고 사용하기 마련이다. 거래가 제약을 받는다면 사람들은 다 제 취향대로만 만들고 사용할 것이다. 그렇게 만들어진 집이라도 언젠가는 다른 사람이 사용할 텐데, 그때 그 집은 매우 불편한 주택과 토지가 되어 있을 것이다.

토지거래허가제의 목적과 부작용들

토지거래허가제를 하는 가장 큰 목적은 땅값이 오르지 못하게 막는 것이다. 그렇기 때문에 정부가 발표하는 개발예정지 주변은 거의 예외 없이 토지거래허가지역으로 묶인다. 행정수도 주변지역인 연기군 일대나 기업도시 소문이 돌고 있는 지역들이 모두 그렇게 해서 토지거래 허가구역으로 묶였다.

허가제를 시행하면 땅값이 '진정'된다. 허가를 받으려면 공무원 앞에 나서야 하니까 어딘가 켕기는 데가 있는 사람들은 거래를 피하기 마련이다. 우리나라처럼 토지를 소유한다는 것이 범죄처럼 여겨지는 상황에서는 자신의 토지거래가 불특정 다수에게 공개될 수 있다는 사실 자체가 거래를 꺼리게 만든다. 요즈음은 자금조달계획서까지 제출해야하니까 이재에 밝아서 세금 좀 떼어먹었던 사람들은 거래를 회피하는 것이 당연하다. 땅 한번 사려면 자기의 재산내역을 모두 공개하는 꼴이 되기 때문이다.

또 '투기'를 막을 수도 있을 것이다. 일반적으로 우리는 사용할 구체적 생각도 없이 땅을 소유하고 있는 것, 그걸 땅투기라고 부르는 것 같다. 그런데 땅을 사서 바로 이용하지 않을 사람은 거래허가를 받을 수 없다. 사둔 뒤 2년 또는 3년 후에 땅을 사용하겠다는 계획은 계획으로 인정받지 못한다. 쓰지 않고 소유하고 있는 사람을 투기꾼이라고 한다면, 토지거래허가제는 투기꾼이 땅 사는 것을 봉쇄하는 것이다.

이처럼 토지거래허가제는 땅의 가격을 낮추고, 투기꾼의 거래를 차단하면서 토지시장을 없애는 역할을 한다.[5] 이런 것들은 정부가 의도

---

[5] 정광호·김원수는 천안 아산지역에 대한 실증분석을 통해서 토지거래허가제가 오히려 거래면적을 넓혀놓았다고 주장한다. 정광호·김원수, "토지거래허가제의 정책효과에 관한 연구: 천안 아산지역을 중심으로,"《한국행정학보》제 39권 제 1호(2005. 3), pp. 287~308. 그러나 토지거래허가제는

하는 효과이고, 짧은 시간 안에 눈에 보이는 효과를 거두어야 하는 관료나 정치인들에게 토지거래허가제는 매력적 정책임이 틀림없다.

그러나 정책의 효과 중에는 그처럼 당장 눈에 띄는 것도 있지만, 잘 보이지 않으면서도 시간을 두고 긴 시간에 걸쳐서 나타나는 것들이 있다. 이제 그런 것들에 대해서 생각해 보자.

농민에게 땅 팔 자유를!

"수도권지역 토지거래허가구역의 토지는 대부분 개발제한구역으로서 이중적 제약을 하고 있는데, 금번 조치로 농지매매를 완전히 금지하는 결과를 초래하고 있습니다. 솔직히 농촌에서 농사지은 수입으로 자녀들 학자금, 결혼자금, 주택자금 등을 마련하기는 불가능합니다. 집안의 큰일을 치르고자 하면 농지를 팔아야 자금이 조달되는데, 농지매매 금지조치를 하면 농민은 어떻게 하라는 말씀이니까?… 농수산물 개방도 막지 못하고 농지의 매매도 금지시키고 농민의 사유재산권은 침해되어도 되는 것인지? 언제 농지매매를 금지하였느냐고요? 농지를 취득하고자 농지 소재지에 6개월 이상 거주할 도시민이 있을까요? 농지에 대한 투기를 차단한다는 명분은 현실적으로 맞지 않습니다. 시중에 그 많은 부동자금이 갈 곳이 없어서 투기인지 투자인지는 모르나 농지라도 투자해두려는 투자자에 의하여 농어촌에 자금회전이 되는 줄은 왜 모르십니까?"6)

거래가 늘기 시작하는 시점에서 도입되기 때문에 토지거래허가제 이후에도 거래량이 증가한다고 해서 토지거래허가제의 효과가 없다던가 또는 역효과가 있다고 말하기는 어렵다. 토지거래허가제가 없었다면 더 거래가 빈번했을 가능성이 높다. 따라서 토지거래허가제의 효과를 정확히 판별하려면 토지거래허가제의 실시여부만을 제외한 동일한 조건을 가진 두 지역을 비교의 대상으로 삼아야 할 것이다.

6) http://enews. moct. go. kr

이 글은 건설교통부의 토지거래허가제의 강화조치에 대해서 전영진이라는 분이 2005월 2월 18일 건설교통부 인터넷 게시판에 올린 내용이다. 토지거래허가제가 농민들에게 주는 피해를 이보다 더 실감나게 표현할 수 없을 것 같다.

농지는 농민이 가진 가장 큰 재산이다. 거래허가제를 하면 외지인의 농지취득은 거의 불가능해지고, 그 결과 농민이 농지를 팔 기회도 사라진다. 사는 사람이야 안 사면 그만이지만, 급박하게 돈이 필요한 농민들로서는 여간 딱한 일이 아니다. 결국 토지거래허가제란 농민이 가진 재산가치의 상당부분을 박탈하는 정책인 셈이다.

시장의 죽음

토지거래허가제는 시장의 죽음을 가져온다. 시장의 가장 큰 역할은 관련된 모든 사람들에게 그 상품에 관한 정보를 전달하는 일이다. 예를 들어, 최근의 유가폭등 현상을 생각해 보자. 전문가들의 분석에 의하면 최근의 유가상승은 중국의 석유수요 증가, 중동산유국의 정정 불안, 세계 여러 나라들의 정유공장 고장 같은 이유들 때문이라고 한다. 그런데 대부분의 소비자들은 그런 정보를 알지도 못하고, 또 알 필요도 없다. 그냥 가격만 보고 비싸면 소비를 줄이고, 값이 내려가면 소비량을 늘리면 되기 때문이다. 그렇게 하다 보면 수요와 공급이 맞아들어간다. 가격 속에 우리가 직접 알지는 못하지만, 누군가는 알고 있는 정보들이 담겨 있다. 그래서 가격은 그것의 가치를 정확히, 그리고 신속히 반영할수록 좋다. 그래야 거기에 맞춰서 수요와 공급이 반응할 수 있기 때문이다.

땅값도 예외가 아니다. 땅의 시장가격도 그 땅의 가치를 정확히 반영할수록 좋다. 음식점을 할 수 있는 땅이라면 거기에 걸맞은 값이 형성되어야 하고, 농사짓는 것이 최적인 땅은 또 거기에 걸맞은 가격이어야 한다. 그래야 사람들은 땅의 가격을 믿고 자신의 행동을 결정할 수 있다.

가격의 정보전달 기능은 거래가 빈번할수록 더욱 좋아진다. 그럴 때에 부동산 거래분야의 전문가도 나오게 된다. 거래가 빈번한 증권시장에서 애널리스트가 나올 수 있는 것은 그런 배경이 있다. 토지시장은 증권시장에 비해서 본래 거래가 뜸한 성질을 갖고 있다. 토지들간의 이질성이 크기 때문이다. 토지거래허가제는 가뜩이나 뜸한 토지시장에서의 거래를 더욱 뜸하게 만든다. 그 결과 땅과 관련된 정보의 상당부분이 가격에 반영되지 못하고 사라지게 된다. 땅의 진정한 가치가 얼마인지 알기도 더욱 어려워지고, 그것의 진정한 용도가 무엇인지도 알기 어렵게 된다.

거래가 뜸해지면 사기가 일어나기도 쉽다. 정보의 유통이 상당히 빠른 주식시장에서도 주가조작이 일어나곤 하는데, 하물며 땅의 진정한 가치가 얼마인지 알 수 없는 상황이라면 그런 일은 더욱 쉽게 일어날 수 있다. 현실적으로 토지사기가 시골 땅에서 주로 일어나는 것도 수도권의 땅은 거래가 빈번해서 관련자들이 좋은 정보를 가질 수 있기 때문이다.[7] 기획부동산이라고 부르는 텔레마케터들이 주로 지방 땅을 대상으로 삼는 것도 거래도 없고 확립된 시가도 없는 지방의 땅이어야 속여먹을 수 있기 때문이다.[8] 이처럼 거래가 빈번해야 그 땅의 가치가 무엇인지 드러난다. 토지거래허가제는 거래의 빈도를 줄여서 부동산 사기의 가능성을 더욱 높인다.

토지거래허가제가 가격에 영향을 주어서 이용에도 영향을 줄 수 있다고 운을 띄웠다. 토지거래허가제의 토지이용에 대한 구체적 영향은

7) 조성근, 《한국형 땅 부자들》(《한국경제신문》, 2004), pp. 90~91.
8) 위의 책, pp. 155~156.

어떤 것일까. 그건 조기·저밀도개발, 그리고 분할개발이다. 좀더 구체적으로 살펴보자.

조기개발·저밀도개발

토지거래허가제는 조기개발을 촉진한다. 토지거래허가제하에서는 땅을 빨리 개발할 사람일수록 토지를 취득하기가 쉽기 때문이다. 왜 그럴까. 행정수도 인근에 갑 소유의 백 평짜리 땅이 하나 있다고 생각해 보자. A, B, C 세 사람이 이 땅을 쓰는 데에 관심을 가지고 있다. 세 사람은 마음에 두고 있는 개발시기가 서로 다르다. A는 2006년 1월, B는 2007년 1월, C는 2008년 6월에 개발하는 것이 가장 좋다고 생각하고 있다. 토지거래에 대한 규제가 없다면 토지의 주인인 갑은 아무나 가장 높은 값을 낼 사람에게 땅을 팔 것이다. 그러나 토지거래허가제하에서는 B, C와의 거래는 허가받을 수 없다. 그들은 땅을 사두었다가 나중에 개발하려는 것이고, 그런 사람은 실수요자라고 인정될 수 없기 때문이다. 따라서 땅을 일찍 개발할 사람에게 땅이 팔릴 가능성이 높아지고, 땅이 일찍 개발될 가능성도 높아진다.

그런데 땅이 일찍 개발되면(한자어로 조기개발되면) 개발의 밀도는 떨어지기 마련이다. 나중에 지어진 건물일수록 층수가 높다는 사실에는 긴 설명이 필요하지 않을 것이다. 그로 인해서 당장은 건물의 공급이 풍부한 듯하지만, 시간이 지나면서 물량이 상대적으로 줄어드는 문제가 생긴다.

소규모개발

토지거래허가제는 소규모개발을 부추기는 효과도 있다. 일정 면적 이상의 것만 허가의 대상으로 삼기 때문이다. 지금의 법률에 의하면 농지는 3백 평, 도시의 땅은 용도지역에 따라 55~2백 평이 넘는 것만 허가받게 되어 있다. 그런데 제도의 이 같은 속성은 거래하려는 사람에게 땅을 쪼개서 거래하도록 유도한다. 물론 정부도 그걸 알고 있기 때문에 허가지역 지정이 있고 난 후에 분할하면 각각의 필지를 모두 허가의 대상으로 삼고 있다. 그러나 두 번째 거래부터는 허가를 받지 않아도 된다. 그래서 여전히 토지를 분할하려는 유혹을 받게 된다. 'www.land8948.net'을 운영하는 강희만 사장의 말을 빌려보자.

> "경기도 양주군 … 이씨는 밭 2천 9백 평을 가지고 있다. … 도로변에 길게 직사각형으로 붙은 땅으로 평지에 있는 예쁜 땅이지만, 토지거래허가제에 묶여 있는 땅이어서 좀처럼 매수자가 나타나지 않는다. … 이씨는 이 땅을 290평씩 분할하기로 했다. 이 필지를 모두 팔았다."[9]

또 허가지역으로 지정될 기미가 보이면 미리 분할하는 경우도 많을 것이다. 그렇게 해서 땅이 쪼개지면 자연스럽게 개발도 소규모 단위로 이루어질 수밖에 없다.

작은 단위의 개발은 여러 가지 문제를 불러일으킨다. 고층을 짓기도 어려워지고, 주차장이나 녹지를 확보하는 일도 불편해진다. 그것은 토지주인의 불편에만 그치지 않고 개발된 후, 그 땅에 세워진 음식점과 편의점과 거리를 이용할 소비자들 전체의 불편이기도 하다.

---

9) 강희만, 《부동산 고수들의 숨은 기술 비밀과외》(부동산 net, 2004), pp. 241~242.

선분양과 분양권 전매, 소비자에게 이익이다

분양권이란 아파트를 미리 분양받은 사람이 앞으로 지어질 아파트에 입주할 수 있는 권리이다. 분양권의 전매가 아파트 가격상승을 부추긴다는 생각 때문에 분양권의 전매가 금지되었다. 그러나 결론부터 말하자면 분양권 전매는 아파트의 공급을 줄어들게 하고, 장기적으로는 값을 더욱 올리는 역할을 한다.

우리나라에 분양권이라는 것이 생긴 이유는 아파트가 선분양방식으로 지어지기 때문이다. 선분양이란 아파트가 다 지어지기도 전에 분양하는 것인데, 그렇기 때문에 분양받은 시점부터 입주 또는 등기시점까지 분양권이라는 특이한 재산이 생겨난다. 분양권은 선분양방식의 부산물인 것이다.

왜 선분양방식일까. 건설업자들의 입장에서 선분양이란 소비자들과 위험을 분담하는 일이고, 또 소비자들로부터 아파트의 건설자금을 조달받는 일이기도 하다. 건설업자가 안고 있는 가장 큰 고민 가운데 하나는 미분양이다. 집을 지었는데 분양이 되지 않으면 갈 길은 부도뿐이다. 분양이 안될 줄 미리 알 수 있다면 안 지으면 되는데, 불행히도 얼마나 분양이 될지는 분양을 해봐야 알 수 있는 경우가 태반이다. 그런데 다 짓고 나서 분양을 시작하면 미분양이 났을 때 엄청난 자본비용을 감수해야 한다. 선분양제도는 그런 위험을 상당히 줄여준다. 처음의 분양에서 다 팔리지 않더라도 미분양분을 해결할 수 있는 충분한 시간을 가질 수 있기 때문이다. 선분양제도는 건설업자의 미분양 위험을 소비자가 나누어 가지는 제도이다. 또 자금공급 차원에서도 선분양 시에 소비자들이 납부하는 계약금과 중도금 같은 것들은 공급자에게 중요한 자금공급원이 되며, 은행에서 빌리는 액수를 줄일 수 있다.

하지만 선분양이 공급업자에게만 좋은 제도는 아니다. 아무리 건설업자들이 선분양을 하고 싶다 해도 소비자들이 선분양 아파트를 구매하지 않는다면 선분양은 존재할 수 없다. 시장에는 선분양이 아닌 주택, 즉 후분양 주택이 얼마든지 있기 때문이다. 부동산중개업소에 나와 있는 모든 기존 주택들은 이미 지어져 있는 주택이라는 의미에서 후분양 주택이다. 그 많은 후분양 주택이 있음에도 불구하고 소비자가 선분양되는 주택을 구입하는 것은 가격이 그만큼 싸기 때문일 것이다. 선분양시 부담하게 되는 위험과 자본비용을 보상하고도 남을 만큼 가격이 싸기 때문에 선분양 주택을 선택한다. 결국 선분양 방식이란 소비자가 위험의 상당부분을 부담하고 건설자금의 일부를 부담하는 대가로 싼값에 아파트를 공급받는 제도이다. 얼마든지 돈만 내면 기존 주택을 구입할 수 있는 상황에서 선분양 주택의 존재는 공급업자뿐만 아니라 소비자에게 이익이 된다.

분양권 전매의 금지는 분양권의 유동성을 낮추어서 소비자들이 느끼는 선분양의 이점을 떨어뜨린다. 그만큼 선분양은 어려워지고 새로운 주택들은 후분양 위주로 공급될 것이다. 이건 소비자들 자신에게 손해다. 선분양제를 통해서 새 주택을 싸게 공급받을 선택권이 사라져버리기 때문이다. 주택을 어떤 방식으로 공급하든 그건 짓는 사람과 사는 사람의 자발적 거래에 맡겨져야 한다.

공영개발주택의 전매제한

판교 신도시가 논란의 대상이 되자 정부는 결국 '최악의 선택'을 하고 말았다. 본래 판교는 강남의 집값을 잡기 위한 목적으로 계획되었다. 그러자니 중대형 평형 위주의 고급주택지여야 했다. 그런데 지금까지 정부의 행보대로 계속 간다면 판교는 다른 택지개발지구와 비슷한, 그저 그런 서민주택지로 끝나고 말 것이다. 강남 주택의 희소성을 떨어뜨려서 강남의 집값을 잡겠다는 계획도 물 건너가게 되었다.

상황을 더욱 나쁘게 만드는 것은 전매제한이다. 공영개발주택을 분양받은 사람은 특별한 사유가 없으면 팔 수가 없으며, 팔려고 하면 정기예금 금리만 받고 그 주택을 분양했던 토지공사나 주택공사 등에 되팔아야 한다. 이 제도는 실질적으로 주택이 10년 동안 정부소유이게 만든다. 그렇게 규제되는 주택에 대해서 소비자들이 느끼는 가치는 마음대로 사고팔 수 있는 집에 비해서 훨씬 낮다. 어떻게 하더라도 파는 값이 정해져 있기 때문에 그 집을 아끼려는 이유도 줄어든다. 어쩌면 영구임대주택단지처럼 지저분하고 슬럼화된 주거지역으로 변할 가능성이 높다. 그러니 고소득층이 공영개발주택에 가서 살려고 하지 않는 것이다.

한편 공영개발과 전매제한은 주택부문에서 정부의 비중을 급속하게 높여 놓을 것이다. 앞서도 설명했지만 한국은 농지의 소유가 너무 평등하게 분산되어 있어서 택지개발에 정부가 주도적 역할을 할 수밖에 없다. 그래서 대부분의 신규개발 택지는 공영개발로 공급된다. 그런데 그 택지들에 집을 짓는 것도 토지를 개발한 토지공사나 주택공사가 독차지한다면 결국 우리나라의 대부분 신규주택은 모두 공공이 개발한다는 것이고, 게다가 10년간 전매를 제한하면 실질적으로 정부소유의 주택이 된다는 말이다.

유럽의 여러 나라들을 보면 선진국들도 정부소유의 주택이 많지 않느냐고 반문하는 사람들이 있을 것 같다. 그건 맞는 말이다. 하지만 추세를 보아야 한다. 선진국들의 공공주택이 우리보다 많은 것이 사실이지만, 그들은 공공주택을 줄이는 과정에 있다. 선진국에서 공공주택이 많은 것은 제 2차 세계대전 이후 유럽의 여러 나라를 사회주의 바람이 휩쓸고 갔기 때문이다. 많은 지식인들이 독재는 나쁘지만 사회주의는 좋은 것이라고 생각했다. 사무엘슨 같은 뛰어난 경제학자도 스웨덴의 복지국가 모델이 모든 나라가 마땅히 추구해야 할 방향이라고 힘주어 말할 정도였다. 그렇게 해서 늘어난 공기업과 국유주택과 세금은 수많은 폐해들을 낳았고, 그것들이 쌓여 감당할 수 없는 지경에서 영국의 대처 수상이 집권한다. 그 이후로 민영화와 시장경제가 대세를 이룬다. 철도도 전기도 항공도 모두 민영화되었고, 또 그런 과정은 지금도 계속되고 있다. 주택 역시 마찬가지다. 국가나 지방자치단체가 소유하던 임대주택들을 입주자에게 분양해서 민영화시키는 것이 대세를 이루고 있다. 정부가 사정이 어려운 사람들의 주거생활을 보조하더라도 그 방식은 집을 직접 지어서 공급하거나 임대하는 것이 아니라 주거비를 보조하는 방식으로 변해가고 있다.[10] 주택을 공급하는 것은 민간의 일이라는 것을 배웠기 때문일 것이다. 공영개발과 전매제한을 택한 우리나라는 과거 유럽의 나라들이 걸었던 어리석은 길을 다 늦게 뒤쫓고 있는 셈이다.

캐나디언 로키와 국유지 임대와 공영개발

캐나디언 로키. 멋진 산과 호수사진을 담고 있는 달력에는 의례, 이곳의 사진이 실려 있다.

수천만 년 동안 바다가 솟아올라 이루어진 산맥이라는데, 3천 미터를 넘는 봉우리들이 흔하다. 한국에서 가져간 과자봉지가 터질 듯이 빵빵해지는 것으로 이곳의 해발고도가 무척 높음을 실감할 수 있다. 한여름에도 머리에 눈을 이고 있는 고산준령들, 멀리서 보면 마치 초원인 듯이 펼쳐져 있는 키 큰 침엽수의 숲들, 그리고 숲이 끝나서 해가 잘 드는 곳이면 아름답게 피어난 키 작은 들꽃들. 아름답다는 말이 하나도 아깝지 않은 곳이다.

---

10) European Central Bank, *Structural Factors in EU Housing Market* (2003).

그 경치를 보기 위해 캐나다인은 물론이고 미국과 영국, 호주, 뉴질랜드 등 세계 각지에서 수백만 명의 구경꾼들이 몰려든다. 먹고 잘 곳이 필요함은 물론이다. 수려한 관광지 곳곳에 군데군데 롯지(lodge)들이 있기는 하지만, 대개의 숙소와 식당은 밴프(Banff)와 재스퍼(Jasper)라는 두 도시에 몰려있다.

이 지역으로부터도 우리는 토지의 소유권에 대해서 배울 것이 있다. 이 지역의 모든 토지는 국유 또는 주(province) 소유로 되어 있다. 관광객들을 위한 숙소나 현지인들을 위한 주거용지로 사용되는 땅들은 모두 국가나 주로부터 임대해서 사용한다. 대개 침실 4~5개의 주거지가 전형적인데, 임대료는 연간 150~400 캐나다 달러 정도다. 한국 돈으로 치면 12만 원에서 35만 원 정도 사이이다.

이곳이 저자의 흥미를 끌었던 것은 우리나라의 개혁론자들이 제시하는 토지개혁정책을 모두 갖추고 있기 때문이다. 토지는 모두 국가가 소유한 데다가 모두 임대이다. 또 그 사용료도 매우 싸게 받고 있다. 우리의 개혁론자들이 옳다면 이곳에는 당연히 투기도 없어야 하고 시장도 안정되었어야 한다. 그런데 실제로 여러분이 이 지역에 가서 집을 구하려고 하면 공원관리사무소가 아니라 부동산중개업소를 찾아가야 한다. 그리고 놀랍게도 이 집들의 값은 캐나다 달러로 27만 5천~35만 달러 정도이다.[11] 우리로 따지면 프리미엄인 셈이다. 국유지에도 프리미엄이 있는 것이다.

왜 그렇게 되었을까? 토지를 이용할 사람은 국가와 42년간 임대계약을 한다. 새로 사용권을 구매하는 사람은 원래 주인이 사용하고 남은 나머지 기간 동안 국가와 계약하지만 재계약은 거의 100% 보장되기 때문에 실질적으로는 구입하는 것과 다름이 없다. 그리고 그 권리는 누구에게도 판매가 가능하다. 그래서 실질적으로 프리미엄이 가격

11) http://www.westerninvestor.com

이 되어버렸고, 그리고 그 금액은 토지의 공급과 수요에 의해서 결정된다.

이 지역의 땅값(프리미엄)이 비싼 것은 공급이 엄청나게 부족하기 때문이다. 이 지역에 새로 집이 지어진 것은 지난 1981~82년 사이였을 뿐, 지난 몇 년간은 아파트 몇 채 지은 것이 전부였다.[12] 그러다 보니 사용권의 가격인 프리미엄이 높아질 수밖에 없다. 수요에 비해서 공급이 부족할 경우 가격이 비싸지는 현상은 국유든 사유든 차이가 없는 것이다.

요즈음 시민단체들이 거여동이나 마천동의 신도시 부지에 대해서 제안하는 방식이 바로 그런 것이다. 이 지역의 토지는 본래부터 국유지이니까, 공기업이 공영개발을 해서 토지는 국유로 놔둔 채, 건물 소유권만 분양하자는 내용이다. 토지는 국가가 건물 소유자에게 임대하는 방식이 될 것이다. 거기에 지어지는 아파트의 (토지를 포함한) 가격은 주변지역의 시세보다 약간 낮은 수준이 될 것이다. 주변의 비슷한 아파트와 달리 토지를 소유하지 못한다는 핸디캡이 있기 때문이다. 어쨌든 거기에 지어지는 아파트의 값이 주변 아파트의 시세와 일정한 관계를 유지한다는 것은 토지 임대료가 낮을수록 건물가격은 높아진다는 것, 다시 말해서 토지와 건물을 합친 가치 중 더 많은 부분을 건물을 분양받은 자에게 준다는 것을 뜻한다. 과연 그럴 필요가 있을까?

---

12) http://www. visit-jasper.com

시장가격과 거품

어떤 재화의 가격은 그것의 가치를 반영하는 것이 좋다. 그리고 빨리 반영하는 것이 좋다. 제 가치에서 벗어나 있는 기간이 길수록 잘못 이용될 가능성이 높아진다. 시장에서 형성되는 가격은 대개 그 재화의 가치를 반영한다. 교환가치와 사용가치가 다르다고 말하는 경우가 많은데, 대개는 제대로 이해하지 못하고 하는 말이다. 재건축 아파트의 경우 도저히 거주할 수 없을 정도로 낡았음에도 불구하고 값이 수억 원씩에 팔리는데, 그것을 보고 사용가치와 교환가치가 다르다고 말하는 사람들을 본다. 그러나 재건축 아파트의 가격은 미래의 사용가치를 반영하는 것이다. 당장은 사용가치가 없더라도 앞으로 3~4년 후 재건축이 완료되었을 때 사용가치가 엄청 커질 것이기 때문에 교환가치에 그것이 반영된 것이다. 그처럼 지금부터 발생할 사용가치를 모두 합친 값을 우리는 펀더멘털 (*fundamental*: 근본가치) 이라고 부른다.

그런데 가격이 항상 펀더멘털을 반영하는 것은 아니다. 펀더멘털을 벗어나서 형성되는 시장가격을 거품이라고 부른다. 거품에 관해서는 몇 가지를 따져보아야 한다. 첫째, 과연 우리나라의 토지나 주택시장에 거품이 있는가. 거품이 없다면 거래규제를 해야 할 이유도 없어진다. 거품이 없는 상황에서의 거래규제는 가격이 제 가치를 반영하지 못하게 해서 오히려 해로운 결과를 초래할 수 있다. 둘째, 거품의 존재를 인정한다고 하면 해결책은 무엇인가. 허가제나 중과세가 과연 거품을 해결하는 방법인가, 아니면 다른 어떤 방법이 있는가. 이런 문제들에 대해서 생각해 보자.

부동산 가격은 거품인가

거품이란 가격이 펀더멘털을 벗어나서 지속적으로 상승하는 현상이다. 펀더멘털이란 현재부터 미래까지의 사용가치를 모두 더한 것을 말한다. 시장가격이 펀더멘털과 같을 때 시장은 제 기능을 발휘할 수 있다. 물론 특정 시점에서 가격이 일시적으로 펀더멘털보다 낮을 수도 있고 높을 수도 있지만, 다시 펀더멘털에 수렴된다면 시장은 제대로 작동하는 것이다. 그러나 가격이 펀더멘털에서 지속적으로 벗어나게 되면, 가격의 신호기능이 왜곡되어 잘못된 의사결정이 나올 가능성이 높아진다.

부동산이나 주식의 가격 속에 거품이 포함되어 있는지의 여부에 대한 판단은 매우 어렵다. 거품연구의 권위자인 퍼거슨(Roger Ferguson) 미 연방준비은행 부총재는 지난 2005년 1월 12일 스탠포드대학에서 행한 "자산가격의 등락에 대해서 우리는 무엇을 알고 있나"라는 제목의 연설을 통하여 과거의 주식가격 폭락사건이나 부동산 가격 폭락사건을 두고도 그것이 과연 거품의 붕괴인지, 아니면 펀더멘털의 급속한 하락인지 판단하기가 어렵다고 실토했다. [13] 자산의 펀더멘털을 계산하는 일이 너무 어렵기 때문이다. 펀더멘털이 얼마인지 모른다면 당연히 현실의 가격이 그것에서 벗어나 있는지의 여부도 판단할 수 없다. 지난 사건에 대한 판단도 그처럼 어려운 마당에, 지금 벌어지고 있는 가격상승 현상이 거품인지 아니면 펀더멘털의 상승인지 판단하는 것은 거의 불가능에 가깝다. [14]

---

13) Roger Ferguson, "Recession and Recoveries Associated with Asset-Price Movements: What Do We Know?" *Paper Presented at the Stanford Institute of Economic Policy Research*(January 12, 2005), p. 5.
14) 한국의 주택가격에 거품이 있는지의 여부를 판단하기 어렵다는 구체적 논거들에 대해서는, 손재영, "부동산시장과 정책과제"(2003. 12) 참조.

우리나라의 주택시장에 거품이 있는지 여부도 불투명하다. 급속한 가격상승을 거품으로 볼 수도 있지만, 펀더멘털 자체가 변하는 것일 수도 있기 때문이다. 부동산 가격 거품의 예로 일본의 부동산 가격 폭등과 폭락을 예로 드는 경우가 많다. 일본에서 부동산 가격이 폭등한 후 폭락했던 것은 사실이지만 폭등이 거품이었고 폭락은 거품의 붕괴 현상이었는지는 누구도 모른다. 펀더멘털 자체의 급격한 하락이었을 수도 있기 때문이다. 그처럼 거품인지 펀더멘털인지의 여부는 두부 자르듯이 명확한 답을 내기 어려운 문제다.

저자의 생각으로는 우리나라의 주택가격에는 거품이 있을 가능성이 높지 않다. 거품은 붕괴될 때까지 지속적으로 커지게 되어 있다. 즉, 일단 거품이 생기기 시작하면 가격은 폭락사태를 맞이할 때까지 지속적으로 오르게 되어 있다. 그러나 우리나라의 주택가격은 그런 적이 거의 없다. 높은 상태에서 계속 유지되거나 떨어질 때도 속도가 느린 것이 대부분이다.

가까운 과거에 가격이 급격히 하락한 적이 있긴 하다. 1991년과 1996년 사이의 기간 동안 강남지역을 포함해서 우리나라의 주택가격은 상당 기간 하락했거나 상승이 중단되었다. 그러나 거기에는 분명한 원인이 있었다. 주택 2백만 호 건설로 1991년부터 나타난 급격한 공급 증가 때문이었다. 또 1998년과 1999년의 가격폭락은 IMF 사태로 실물부문에서의 급속한 수요감소 때문이었다. 이런 것은 거품의 붕괴가 아니라 얼마든지 펀더멘털의 하락으로 해석될 수 있다.

2002년 이후에 나타난 부동산 가격상승도 거품으로 보기에는 무리가 많다. 무엇보다도 금리하락이 부동산의 펀더멘털을 높여 놓는다는 사실이다. 금리가 낮아지면 사용가치가 같더라도 그것을 합친 환원가치(*capitalized value*)는 높을 수밖에 없다. 즉, 금리가 낮아지면 내구재의 펀더멘털이 커진다. 아주 단순화하자면 금리가 3분의 1이 되면 토지의 이론적 펀더멘털은 3배로 커지게 된다. 따라서 금리가 떨어지는 데도 땅값과 집값이 오르지 않는 것은 오히려 이상한 일이다. 이렇게 본다면 2002년 이후 부동산 값이 오른 것은 거품보다는 펀더멘털의 변화로 이해해야 할 필요가 더 크다. 금리가 1997년 이전의 3분의 1로 떨어졌기 때문이다.

행정수도 이전지역 주변, 공기업 이전지역 주변의 땅값이 뛰는 것도 펀더멘털의 상승으로 보는 것이 옳다. 농사나 지어먹었을 땅이 음식점, 상가, 오피스 등의 용지로 사용할 수 있게 되었기 때문이다. 미래의 사용가치가 커진 것이고, 그래서 값이 오르는 것은 펀더멘털의 변화이다.

우리나라의 토지가격은 대개 사용가치를 반영하고 있다. 정말 사용가치가 없는 땅은 값도 거의 나가지 않는다. 예를 들어, 《한국경제신문》의 조성근 기자에 의하면 아직 평당 천 원도 하지 않는 땅이 있는데, 알고 보면 대개 경사도가 60% 이상이어서 주택건립이 가능하지 않은 땅이다.[15] 사용가치가 없는 것은 값도 안 나가는 것이다. 이런 이야기도 전한다. 경기도 광주시 그린벨트지역 안에 2만 평에 수십억 가는 땅이 있다. 10평도 채 안 되는 명당 터 때문이다. 어떤 지관은 《도선비기》에 나오는 명당이라고도 한다. 주변지역은 평당 2만 원선인데 이 땅만은 수십억 원을 호가한다.[16] 평당 1억이 넘는 것이다. 여러분의 눈에는 이 값이 거품으로 보일지도 모르지만 그건 거품이 아니라 펀더멘털이다. 사람들이 풍수지리를 중시하기 때문에 명당 터는 높은 사용가치가 있고, 그래서 값도 비싸다. 그렇지 않은 인근의 땅은 평당 2만 원도 안 한다. 자기 생각에 '지나치게' 땅값이 높다고 해서 거품이라고 부를 수는 없다.

---

15) 조성근, 앞의 책, p. 124.
16) 위의 책, p. 124.

거래규제가 거품의 해법인가

설령 거품의 존재를 인정하더라도 규제나 세금이 거품을 없애는 방법은 아니다. 그보다는 거래를 더욱 자유롭고 왕성하게 해서, 주식시장과 같이 발달된 시장을 만드는 것이 거품의 발생가능성을 줄이는 해법이다.

거품의 가능성은 토지시장보다는 주식시장에서 더 주목받았고, 그래서 연구결과도 주식시장과 관련된 것이 더 많다. 가격을 관찰하기 쉽다는 사실도 주식시장에서의 거품연구가 많은 이유일 것이다. 어쨌든 주식시장에 때때로 거품이 발생한다는 연구결과들이 많다. 그런데 그 거품을 없애는 방법이 무엇인지에 대해서는 별다른 논의가 없었다. 저자가 발견할 수 있었던 것은 예일대학의 토빈(J. Tobin) 교수와 쉴러(R. Shiller) 교수, 하버드대학의 서머스(L. Summers) 교수 정도이다. 토빈 교수는 외환시장에서 환투기의 부작용을 막고 거품을 없애기 위해서 거래세를 부과해야 한다고 제안했다. 로렌스 서머스는 같은 제도를 주식시장에도 적용해야 한다고 주장하다가, 그가 나중에 재무부 장관으로 입각하고 난 다음에는 더 이상 그런 주장을 하지 않는다고 한다.[17] 결국 거래세가 거품의 예방책인지에 대해서는 입증된 바가 없다.

이론적 논의는 없었지만 현실에서 작동중인 거품방지제도로는 주식거래중지제도(circuit breaker)가 있다. 가격변동이 일정 폭을 초과하면 아예 시장을 폐쇄해버리는 방식이다. 어쩌면 가장 확실한 거품예방책으로 보일 수도 있다. 그러나 현실에서의 결과는 그리 긍정적이지 않았다. 시장을 다시 열자 값은 그 전과 마찬가지로 뛰곤했던 것이다. 거래중지는 거품을 없앤 것이 아니라 잠시 시장을 죽이는 것에 불과했

---

17) 이강국 역, 《이상과열》(《한국경제신문》, 2003), p. 332.

다. 결국 새로운 정보가 가격에 반영되는 속도만 지연시킨 것이다.

토지거래허가제는 주식시장에서의 거래중지제도와 비슷한 발상이다. 값이 뛸 조짐이 나타나면 시장을 거의 죽여버리기 때문이다. 그러나 주식시장에서의 거래중지제도가 거품에 영향을 주지 못하듯이 토지거래허가제 역시 거품을 예방하거나 없애지 못한다. 단지 가격 자체를 없앨 뿐이다. 허가제가 걷히고 난 후 시장이 다시 열리면 땅값은 다시 제 값을 찾아가기 마련이다. 토지거래허가제는 토지이용을 비효율적으로 만들어서 허가제가 걷히고 나면 값이 더욱 높아져 있을 가능성도 배제할 수 없다. 현실에서 거품이 존재하는지부터 의심스럽지만, 설령 거품이 존재할 수 있음을 받아들이더라도 토지거래허가제로는 거품을 예방할 수도 없고, 이미 만들어진 거품을 없앨 수도 없다.

거품을 예방하기 위해 쉴러 교수가 제안하는 방법은 거래를 더욱 활성화시키라는 것이다. 펀더멘털에 대한 불확실성이 클수록 거품이 발생할 가능성은 높아진다. 그래서 거품을 예방하려면 투자자들이 펀더멘털에 대한 확실한 정보를 가질 수 있도록 거래를 촉진해야 한다. 그렇게 본다면 토지거래허가제를 통한 토지거래의 억제는 가격에 대한 불확실성을 높여서 거품의 발생가능성을 오히려 더 높일 뿐이다.

거래제한, 불법으로의 초대

거래란 사는 사람과 파는 사람이 서로 원하기 때문에 일어난다. 거래의 쌍방이 서로 원한다는 것은 그것을 금지하기가 매우 어려움을 뜻하기도 한다. 법으로는 인정받지 못하는 거래도 마찬가지다. 아무리 법으로 금지하려 해도 기존의 땅 주인과 사려는 사람이 서로 원하므로 기발한 방법들을 동원해서 규제를 피해간다. 토지거래허가제를 피해가기 위한 몇 가지 방법을 살펴보자.

- 증여: 가장 널리 사용되던 방법이다. 실질적으로는 돈을 받고 소
  유권을 넘기면서도 형식만 증여로 한다. 증여는 돈을 받고 사고파
  는 것이 아니기 때문에 허가의 대상이 아니었다. 증여세는 내야하
  며, 세무조사를 받을 가능성이 높다. 증여가 두 번 이상 반복되면
  반드시 세무조사를 받게 된다고 한다. 18)
- 위장전입: 해당 지역에 6개월 이상 거주하면 합법적 거래를 할 수
  있다. 이런 규정을 이용하기 위해 현지인의 집에 주민등록을 옮겨
  놓는 방법을 쓴다.
- 현지인 명의 사용: 현지인의 명의를 빌려서 땅을 매입하는 방식이
  다. 그러나 명의를 빌린다는 것은 위험한 일임에 분명하다. 명의
  를 빌려준 현지인이 입 씻고 자기 거라고 해도 할말이 없기 때문이
  다. 그런 일을 막으려고 그 땅에다가 근저당을 설정하거나 처분금
  지가처분신청을 해놓거나 가압류 등을 걸어놓기도 하지만, 분쟁이
  생겨 법원에 갔을 때 반드시 이긴다는 보장이 없다. 19)
- 경매: 돈을 빌렸다가 못 갚으면 담보물로 잡힌 땅이 경매에 붙여
  진다. 이런 관계를 이용해서 허가지역 내에서 땅을 사고팔 수 있
  다. 즉, A가 B의 땅을 사려한다면 A가 B에게 돈을 빌려준 것으로
  하고, B의 땅에 근저당권을 설정한다. 기간이 지나서 돈을 못 갚
  은 것으로 한 후, A가 B의 땅을 법원에 경매신청한다. B는 경매
  에서 싼값으로 낙찰받으면 된다. 제3자가 경매에 참가해서 낙찰받
  을 수도 있는데, 그럴 경우는 B가 채권을 변제한 것으로 해서 경
  매를 취소시키고, 다시 경매신청을 낸다. 20)

농지취득자격증명제도도 편법 또는 불법으로 빠져나가는 경우가 많
다. 농지를 취득하려면 실제로 농사를 짓는 농민이어야 하지만, 실제
로는 농사를 짓지 않은 사람들에 대해서도 중개업소가 대신 나서서 농

---

18) 조성근, 앞의 책, p. 69.
19) 위의 책, p. 69.
20) 박용석, 《땅도 사고 돈도 버는 부동산투자》(시대의 창, 2004), p. 135.

지취득자격증명서를 받아주곤 한다. 21)

공영개발 아파트를 늘리면서 10년간 전매를 제한하는 제도 역시 국민들의 불법을 조장할 것이다. 대한민국은 매우 역동적인 나라다. 소득도 빨리 늘고 삶의 조건도 빨리 변한다. 그래서 이사도 자주 다닌다. 얼마 전의 통계로는 3년에 한 번꼴로 이사를 한다고 한다. 그런 사람들을 10년 동안 한 집에서 살라고 하면 누가 그 규칙을 지킬 수 있겠는가. 규칙이 무엇이든 사람들은 어떤 식으로든 움직이려 할 것이다. 그리고 자기 집을 정기예금 금리만 받고 넘기려는 사람은 없을 테니 불법거래가 창궐하게 될 것이다. 전매제한되는 주택의 숫자가 늘어날수록 더 많은 국민들이 범법의 유혹으로 빠져들 것이다.

지금도 제도권 임대아파트의 상당수가 불법전대되어 있음은 공공연한 비밀이다. 그것을 확인하기 위해 공무원이 입주자의 아파트를 뒤지곤 한다. 무슨 큰 범죄를 저지른 것도 아닌데, 수색을 당한다는 것은 슬프고 화나는 일이다. 당초의 약속을 깨고 불법전대를 한 것이 문제이긴 하지만, 지키지도 못할 약속을 하게 만든 제도에 더 큰 책임이 있다.

10년간이나 전매를 제한하는 것도 그런 일이다. 법을 어겨야만 편하게 살 수 있으니 전매제한은 범법행위를 일상화시키는 셈이다.

법을 어기는 사람의 숫자가 많아진다는 것은 주택정책의 영역을 넘어서 그 자체로도 매우 심각한 문제다. 국가의 법과 제도가 국민들의 생활패턴에서 벗어나면 선량한 시민의식은 사라지게 되고, 국가의 존립기반 자체도 흔들리게 된다. 국민이 선량하길 원한다면 바꿀 수 없는 본성은 아무리 보기 흉하더라도 그대로 인정해야 한다.

---

21) 조성근, 앞의 책, p. 276.

제 7 장

국토는 넓은데 살 곳은 좁다!

'다차'가 있어 행복한 러시아 사람들

〈다차〉
풀들이 고요히 춤춘다.
속삭이는 바람의 멜로디에 몸을 맡긴 채
백조처럼 우아하게.

마리나 스테파노바라는 12살짜리 러시아 소녀가 쓴 동시이다. 산속이나 공원이 아니라 자기 부모 소유의 모스크바 근교의 '다차' (dacha)에서 지내면서 적은 것이다.[1] 다차란 러시아 대도시의 근교에 있는 별장을 말한다. 통계에 의하면 러시아 인구의 3분의 1이 별장인 다차를 소유하고 있다고 한다. 다차는 본래 소련 공산정권 시절 공산당 간부들만이 가지고 있던 사치품이었다. 다차가 많은 사람들에게 보

---

1) http://www. friends-partners. org

급되는 계기는 스탈린 시절 기근 해소책으로 주민들에게 작은 농지를 무상으로 배분하면서부터이다. 농작물 생산량이 줄어서 도시민들에게 식량을 배급할 수 없는 처지가 되자 정부당국은 식량 대신 도시근교의 땅을 나눠주고 알아서 농사를 지어먹으라고 했던 것이다. 이처럼 대다수 다차는 텃밭으로 출발했다. 그러던 것이 시간이 지나면서 텃밭이자 주말농장이자 별장이 되어버린 것이다.

다차는 도시근교에 있다. 서울로 따지면 양평 정도의 거리라고나 할까. 그래서 자동차가 없는 대부분의 러시아인들은 기차를 타고 주말마다 다차로 향한다. 금요일 저녁부터 모스크바 시내에는 사람을 찾기 어려운 것은 사람들이 다차로 주말 보내기를 떠나기 때문이란다.

별장이라고는 하지만 대부분의 다차에 지어진 건물(주택)은 허름하기 짝이 없다. 2004년 러시아의 1인당 국민소득이 2천 백 달러 조금 넘으니까 그들이 낡은 집에 사는 것은 충분히 이해할 만하다. 하지만 그들은 다차가 있어서 행복하다. 보통 다차의 면적은 150~200평 정도의 크기인데, 러시아 사람들은 여기다가 채소도 가꾸고, 화단도 가꾸고 친지들을 초대해서 바비큐 파티를 열곤 한다. 주변의 산으로 하이킹도 간다. 그들은 이 행복한 다차생활 덕분에 외환위기의 혹독함도 쉽게 이겨낼 수 있었다고 한다.

무공해 채소를 좋아하고 야외에서 고기 구어 먹는 것을 좋아하는 우리나라 사람들에게 그런 다차가 있다면 얼마나 좋을까. 러시아인들처럼 인구의 3분의 1이 그런 다차를 가질 수 있다면 우리 국민의 생활은 정말 풍요로울 것이다. 그렇게만 된다면 사람들은 영동고속도로가 막혀서 짜증나는 설악산 대신 도시근교의 다차로 나들이를 갈 것이고, 주말마다 골프장을 가던 사람들도 가족들과 다차생활을 즐기게 될 것이다. 러시아 사람도 그렇게 하는 데 소득수준이 그들의 일곱 배나 되는 우리가 못할 리 없다. 땅만 쓸 수 있게 해주면 된다.

그럴 만한 땅이 어디 있느냐고 반문하는 사람도 있겠지만, 우리나라에는 땅이 정말 많다. 우리가 집과 학교와 상가와 공장과 철도와 도로 용지로 사용하는 면적은 전 국토의 6%에 불과하다. 나머지 94%는 농지와 임야와 하천 등인데, 그 중에서 상당부분은 규제가 풀리기만 한다면 언제든지 다른 용도로 유용하게 사용할 수 있는 땅들이다.

그 중에서도 가장 유망한 땅은 그린벨트다. 그린벨트란 도시를 도넛 모양으로 둘러싸고 쳐져 있는 개발이 제한된 땅이다. 전 국토의 5.4%인 16억 평이 그린벨트로 묶여 있다. 모든 녹지가 그린벨트는 아니다. 그린벨트는 도시와 바로 접한 녹지들이다. 도시 밖의 녹지들은 대부분 그린벨트가 아니다. 서울 같으면 북한산, 도봉산, 불암산, 대모산, 우면산, 관악산, 청계산 등이 그린벨트를 형성한다. 도시 내의 녹지 중에도 그린벨트가 아닌 것이 많은데, 그런 녹지들은 시설녹지나 공원, 녹지지역 등으로 지정되어 있다. 서울의 남산, 동작동 국립묘지, 서울 숲 공원 같은 것은 그린벨트가 아니라 공원이다. 서울의 송파구 장지동 일대, 김포공항의 내곡동 일대는 녹지지역이다. [2]

그 그린벨트들 가운데 보존가치가 없는 땅을 이용하면 얼마든지 도시인구의 3분의 1이 다차의 행복을 누릴 수 있다. 그린벨트의 토지 중에서 임야는 62%이다. 나머지 38%는 농경지이거나 대지, 공공용지, 잡종지 같은 것들이다. 농경지는 대부분 비닐하우스나 축사 같은 것으로 이용되기 때문에 특별한 보존가치를 가지지 않는다. 이 38%를 가지면 도시인구의 상당수가 다차를 가질 수 있다.

수도권만을 가지고 아주 간단한 산수를 해보자. 수도권의 그린벨트는 4.7억 평이다. 그 중에서 최소한 2억 평은 평지인데, 이 땅들은 대부분 비닐하우스나 축사 같은 용도로 이용되고 있기 때문에 '그린'이라는 이미지와는 사뭇 다른 모습을 하고 있다. 그린벨트라기보다는 오히려 비닐벨트나 가건물벨트라고 부르는 것이 나을 지경이다. 그런데 러

---

2) "개발제한구역제도 이렇게 개선합시다"(건설교통부, 연도미상), p.5.

시아처럼 수도권 인구의 3분의 1이 다차를 가진다면 어느 정도의 면적이면 될까? 수도권 가구수가 대략 5백만이니까 그것의 3분의 1은 170만 가구다. 170만 가구가 백 평씩의 땅을 소유한다면 1억 7천만 평이면 된다. 수도권 비닐벨트만으로도 모두 감당하고 남을 정도다. 이는 농민과 도시민 모두에게 이로운 거래이기 때문에 법적으로 허용만 된다면 비닐벨트의 대부분이 러시아의 다차와 같은 주말농장 겸 별장으로 바뀔 것이다. 그 안에서 사람들은 큰 행복을 누리며 살 수 있을 것이다.

문제는 법이 그것을 막고 있다는 것이다. 그린벨트법과 농지법, 산림법 같은 것이 땅을 신주단지처럼 모시도록 강요하고 있다. 농민으로 위장하지 않고는 농지를 소유할 수 없고, 주말농장을 가질 수도 없다. 땅은 존재하기는 하되 없는 것이나 별반 다를 것이 없는 지경이 되어 버린 것이다. 이는 도시민뿐만 아니라 농민도 못 살게 만드는 정책들이다.

그나마 2004년 1월, 땅을 팔지 못하는 농민들의 딱한 처지를 생각해서 도시민의 농가주택 소유를 유도하는 정책을 하나 만들었다. 2백평 이하의 농어촌 주택을 매입해서 3년 이상 보유하면 설령 2주택이더라도 도시 주택을 팔 때 양도세를 물지 않게 한 정책이었다. 도시민들이 농어촌 주택을 주말에 별장식으로 이용할 수 있도록 하기 위해 농림부가 제안한 제도라고 한다. 그러나 부동산 값 잡기에 올인하는 재경부는 이 제도를 폐지하겠다고 밝혔다.[3] 투기를 부추긴다는 이유에서다. 도시사람이 농촌주택을 사서 별장으로 사용하는 것이 투기다? 글쎄 … 도시사람이 농촌주택을 사기 시작하면 농촌주택의 값은 오를 것이다. 그런데 그것 때문에 누가 손해를 볼까? 도시민, 농민 누구에게도 손해가 없다. 도시민의 농촌주택 구입을 막는 재경부 관리는 그

---

3) "부동산에 밀리는 농촌 정책"(연합뉴스, 2005년 8월 29일).

걸 한번 생각해 봤는지 모르겠다.

카멜레온으로서의 토지

농지는 농지이기 이전에 땅이다. 그건 농사에 쓰일 수도 있고, 숲이 될 수도 있으며, 택지나 학교용지, 상가용지, 공장용지도 될 수 있다. 지금 농지라고 해서 항상 농지여야만 할 이유가 없는 것이다. 도시용지에 대한 수요가 많다면 농지도 얼마든지 도시용지로 바뀔 수 있고 또 바뀌는 것이 옳다. 주말농장에 대한 수요가 크면 주말농장으로, 또 주택에 대한 수요가 크면 주택지로 바뀌는 것이 좋다.

토지의 여러 가지 용도 가운데 어느 것의 수요가 가장 큰지 또는 어느 것이 가장 부족한지에 대해서 생각해 보자. 먼저 농지로서의 수요이다. 불행히도 우리나라에서 농산물 생산기반으로서의 농지에 대한 수요는 거의 끝났다고 보아야 한다. 농산물 시장개방은 국내가격보다 절반 또는 5분의 1 가격의 외국 농산물을 들어오게 만들 것이고, 그렇게 되면 관광농업이 아닌 현재와 같은 방식의 농사를 지어서 생계를 유지하기는 어려워질 것이다. 그렇기 때문에 땅을 농지로만 사용하라고 묶어 놓는 것은 현명하지 못하다. 쌀이 남아서 보관비를 걱정해야 하고, 휴경지가 늘어나서 골칫거리인 상태까지 오지 않았는가. 농지는 남아돌아 간다.

농지는 그렇다 치고, 도시적 용도 중에서는 어느 것이 특히 부족할까? 가장 부족한 것은 주택용 토지이고, 그것도 고급주택용 토지이다. 그렇다는 사실은 값이나 분양률을 보면 안다. 아파트를 분양할 때 소비자들이 장사진을 치는 곳은 대형 고급주택들이다. 부족하다는 증거다. 같은 땅이라도 그곳에 대형평수 위주의 주상복합아파트를 지으면 분양받기 원하는 사람들이 구름처럼 몰려든다. 그러나 그 땅에 오피스빌딩을 지으면 임대도 분양도 하기 어려운 것이 현실이다. 18평짜리의 소형주택들도 분양이 잘 안된다. 공장 역시 매물이 많고 비어 있는 공장터들도 많다. 이런 현상은 도시용지 중에서 주택용지, 그것도 대형주택의 용지가 부족함을 말해준다.

대형 고급주택의 공급이 부족한 것은 정부의 정책이 빚어낸 결과이다. 그동안 정부는 새로 짓는 주택단지에 대해서 70% 이상을 25.7평 이하로, 그리고 35% 이상을 18평 이상으로 지으라고 강요했다. 30% 이하는 대형주택으로 지을 수 있기는 했지만, 중소형 주택들과 섞여 있기 때문에 면적만 넓었지 고급주택으로서의 역할을 제대로 해내지 못했다. 결국 분당, 일산 신도시 공급 이후 우리나라에서는 상류층을 위한 대규모의 주택지가 공급된 적이 없었던 것이다. 그러다 보니 강남과 그와 유사한 분당, 목동 등지의 아파트 값은 매우 비싸졌다. 그렇지만 공급이 많이 이루어진 서민주택의 가격은 오르지도 않고 낮은 상태로 유지되고 있다. 상계동, 의정부 같이 서민들이 주로 사는 동네의 집값을 생각해 보면 잘 알 수 있다.

정부의 왜곡된 정책으로 공급구조에 왜곡이 생긴 것은 공장도 마찬가지다. 그동안 공장건축을 위한 규제완화 작업은 주로 중소기업만을 대상으로 이루어져 왔고, 대기업의 입지에 대한 규제완화 작업에는 인색했다. 특혜시비를 염려했기 때문이다. 그러다 보니 수도권지역 같은 경우 중소기업의 공장들은 남아도는데, 대기업은 기존 공장을 확장하기조차 어렵다.

다른 모든 것들과 마찬가지로 토지와 주택도 사람들이 필요로 하는 것을 공급해야 한다. 과거에는 많이 필요로 했지만, 더 이상 필요로 하지 않는 것은 공급을 줄여가야 한다. 이제 줄여야 할 것은 농지이다. 늘여야 할 것은 택지와 학교용지, 상가용지, 러시아 사람들이 즐기는 것과 같은 주말농장 또는 별장, 공원 같은 것들이다.

무엇을 얼마나 늘리고 얼마나 줄일지 어떻게 결정할 수 있을까. 답은 간단하다. 땅 주인의 판단에 맡겨 두라. 주택에 대한 수요가 커지면 주택가격이 높아질 것이고, 농지 주인은 돈을 벌기 위해서 농지를 주택지로 바꿀 것이다. 또는 주택건축업자에게 팔아버릴 것이다. 사람들이 이마트나 홈플러스, 까르푸와 같은 대형 할인점을 많이 이용하게 되면 할인점 용지로 변하는 농지도 생길 것이다. 그것이 토지의 용도를 사람들이 원하는 방향으로 바꾸어 가는 가장 좋은 방식이다. 다만 한 가지, 농지나 임야의 공익적 가치에 대한 고려가 필요할 수도 있는데, 그것은 농지와 임야에 대한 지원을 통해서 해결할 일이다. 농지와 임야의 공익적 가치에 대해서는 바로 뒤에서 구체적으로 다루겠다.

농지와 임야의 공익적 가치

원칙적으로 토지의 용도는 토지의 소유자가 결정하는 것이 옳지만, 그 원칙에는 약간의 보완이 필요하다. 농지나 임야에는 시장가격에 반영되지 않는 공익적 가치가 있기 때문이다.

가치 중에는 돈을 받고 사고파는 것이 있고 그렇지 않은 것이 있다. 거래가 이루어지는 가치를 사익적(私益的) 가치라고 부른다면, 사람들이 필요로 하지만 시장에서 거래되지 않는 가치들은 공익적(公益的) 가치라고 부를 수 있다. 공익적 가치는 사람들이 공짜로 즐기는 가치 정도로 이해하면 된다.

예를 들어, 농지는 사익적 가치와 공익적 가치를 같이 만들어낸다. 사익적 가치 중 가장 중요한 것은 식량이다. 논은 쌀을, 밭은 채소를 생산해서 우리 국민들의 식단을 풍요롭게 해준다. 식량이 공익적 가치가 아니라 사익적 가치인 것은 식량을 농민이 돈을 받고 팔기 때문이다. 돈으로 거래되는 가치는 농지가격에 반영되며, 농민이 자기 땅의 용도를 결정할 때 반드시 계산 속에 넣게 된다. 즉, 농지를 다른 용도로 바꾸었을 때의 소득이 그 땅에 농사를 지어 벌 수 있는 것보다 작다면 아무리 자유를 준다고 하더라도 그 땅은 농지로 남아 있을 것이다. 따라서 규제를 풀어주면 농지가 줄어서 식량생산이 줄어들까봐 염려할 이유가 없다. 정말 식량이 부족해진다면 식량 값이 오를 것이고, 그러면 토지들이 다시 농지로 바뀔 것이다.

반면 농지는 공익적 가치, 즉 우리들이 공짜로 즐기는 가치도 만들어낸다. 논에 심어져 있는 벼들로 여름에는 초록의 물결에 우리의 눈이 시원해지고, 가을에는 황금빛 이삭들의 일렁임에 마음의 충만함을 얻을 수 있다. 그것을 만드는 데에 아무런 기여도 하지 않은 우리가 그 경치를 보고 즐긴다. 그처럼 가치 있는 것이지만 농민이 우리에게 돈을 요구하지는 않기 때문에 우리는 그런 가치들을 공익적 가치라고 부른다.

농민에게 토지의 용도를 결정할 자유를 주면 사익적 가치만이 고려된다. 즉, 농지를 다른 용도로 바꾸면 식량을 팔아서 생길 수 있는 수입도 사라진다는 것을 계산에 넣게 된다. 그러나 공익적 가치는 그렇지 않다. 농민들이 환경운동가가 아닌 한, 농지를 택지로 바꾸어서 초록색 벼의 물결이 이 사회에서 사라져버리겠지만, 그것은 그 농민의 관심사항이 아니다. 반면 저자를 포함한 많은 도시민들이 초록색 벼의 물결이 사라지는 것을 아쉬워할 것이다. 다시 말해서 사회 전체의 관점에서 보았을 때 지나치게 많은 농지들이 도시용지로 전환될 가능성이 생기는 것이다. 따라서 농민이 공익적 가치도 계산에 넣도록 유도하는 것이 사회적으로 바람직하다.

이런 사정은 임야도 마찬가지다. 임야에서 발생하는 사익적 가치는 목재나 버섯처럼 내다 팔 수 있는 것들이다. 그러나 임야는 그보다 훨씬 더 큰 공익적 가치를 이 사회에 제공한다. 좋은 경치와 산소와 홍수 조절기능 같은 것들이 그것이다. 임야의 소유자도 자기 토지의 용도를 결정할 때 그 같은 공익적 가치는 계산에 넣지 않게 된다. 그래서 농지와 마찬가지로 지나치게 많은 숲이 도시용지로 모습을 바꿀 수 있다.

공익적 가치를 논하면서 꼭 말해두고 싶은 것이 있다. 농지가 우리에게 이익만을 주는 것이 아니라는 사실이다. 농지는 공해를 통해서 이 사회에 많은 손해를 끼치기도 한다. 논밭에다가 농약과 비료를 뿌려대면 그게 다 어디로 가겠는가. 일부는 지표에 남아서 빗물과 함께 강으로 쓸려 들어가고, 일부는 땅 속으로 스며들어 지하수로 들어가며, 또 일부는 날아가서 대기오염의 원인이 되기도 할 것이다. 한국농업의 중요한 일부분인 축산업 또한 공해가 막심하다. 그 악취와 폐수와 보기 흉한 축사의 모습 등 그런 모든 것들이 토지가 농지나 축산용지로 사용될 때 사회가 입는 손해다. 하지만 농업으로 인한 환경오염에 대해 더 자세히 따지는 것은 마치 농민들을 공격하는 것으로 간주될 수도 있기 때문에, 세상 사람들이 모두 그것에 대해 눈을 감고 있듯이 저자도 눈을 감겠다. "임금님은 벌거숭이~"

공익적 가치의 보존은 규제 대신 지원으로 해야 한다

그러면 농지나 임야의 공익적 가치를 보존하기 위해 어떻게 해야 하나? 지금까지 우리가 택한 방식은 규제였다. 농지와 임야를 다른 용도로 바꾸지 못하도록 나라가 총칼을 들고 지킨 것이다. 그러나 이것은 사리에 맞지 않는다. 마치 선한 마음으로 자원봉사를 시작한 사람을 잡아 놓고 앞으로도 계속 자원봉사만 하라고 강요하는 것과 다를 바 없다.

농지나 임야를 도시적 용도로 전환하는 것은 이 사회에 해악을 끼치는 것이 아니라 지금까지 사회에 공짜로 제공한 이익을 거두어들이는 행동이다. 그만두려는 자원봉사자를 꼭 잡아두고 싶다면 충분한 대가를 지급해야 하듯이 농지나 임야의 전용을 막고 싶다면 공익적 가치에 상응하는 대가를 지급하는 것이 옳다.

농지와 임야의 공익적 가치는 얼마일까. 산림청은 2000년을 기준으로 할 때 우리나라 산림의 공익적 가치는 연간 50조 원(49조 9,510억 원)이라고 발표했다. 휴양자원으로서의 기능, 수원함양기능, 국토보존기능, 탄소고정기능 등 시장에서 거래되지 않는 기능의 가치가 모두 포함된 숫자다. 산림의 가치를 최대한 인정받고 싶어하는 부처가 발표한 것인 만큼 이 숫자를 사용하더라도 산림의 가치가 과소평가되는 일은 없을 것이다. 우리나라 임야의 총면적이 2백억 평이니까 임야의 공익적 가치는 연간 평당 2천5백 원이 된다. 농지는 임야만큼 공익적 가치를 가지지는 않지만 다른 자료가 없기 때문에 농지도 임야와 같은 정도의 공익적 가치를 가진다고 가정하기로 한다. 그러면 이제 해야 할 일은 농지와 임야에 대해서 매년 평당 2천5백 원씩의 보조금을 지급하는 것이다.

그런데 농지에 대해서는 이미 많은 지원이 이루어지고 있다. 정부는 2004년부터 2013년까지 10년 동안 농업에 대한 지원금으로 119조 원을 책정하고 있다. 연평균 12조 원이고 농지의 면적이 60억 평이니까 농지 1평당 연간 2천 원이 된다. 공익적 가치 2천5백 원 중에서 2천 원은 이미 제도적으로 보조되고 있다. 따라서 추가적으로 5백 원만 더 보조해 주면 된다. 물론 그 자금은 농업에 대한 지원이지만, 농지를 가져야 농업을 할 수 있으니, 결국 농업에 대한 지원은 농지 소유자에 대한 지원이기도 하다.

한편 임야에 대해서도 여러 가지 지원이 이루어지고 있기는 하지만,[4] 연간 발생하는 공익적 가치 50조 원에는 훨씬 못 미친다. 그렇

---

4) 1970년부터 육림사업비의 60%가 지원되었고 지금도 상당한 임업자금 지원이 있다. "임업진흥지역의 경영실태 및 임야소유권 분석-가정단지를 중심으로," 《임업경제》 창간호(1993), pp. 1~15, at p. 7. 한편 2004년 산림예산은 총계 규모로 9,808억 8천 8백만 원인데, 명목은 여러 가지이지만

다고 해서 정부 예산규모의 4분의 1에 해당하는 50조 원씩을 임야 소유자에 대한 보조금으로 지원하는 것은 현실적으로 어려울 것이다. 그런데 사실 따지고 보면 정부가 보조금을 지급해야 할 대상은 도시근교의 임야만으로도 충분하다. 도시에서 멀리 떨어진 임야는 어차피 개발 가능성이 낮기 때문이다. 따라서 도시근교의 임야에 대해서만 선별적으로 평당 2천 5백 원씩 지급한다면 공익적 가치에 대한 고려는 충분하다고 생각해 볼 수 있다. 예산도 그렇게 많이 들지 않을 것이다.

결론은 이렇다. 농지나 임야의 용도는 소유자인 농민이 결정하도록 토지에 대한 규제를 없애라. 그리고 농지전용부담금이나 산림전용부담금 같은 것들도 없애라. 그 대신 도시근교의 임야에 대해서는 매년 평당 2천 5백 원씩 보조금을 지불하라. 농지에 대해서는 평당 5백 원씩의 보조금을 지급하라. 그것이 결론이다.

그렇다고 해서 완전한 자유방임을 주장하는 것은 아니다. 전용된 토지가 도시계획의 대상이어야 한다는 데에는 의문의 여지가 없다. 난개발을 막기 위해서 전용되는 농지와 임야에 대해서 여러 가지 조건들을 붙일 수 있다. 공영개발을 할 수도 있다(도시계획과 공영개발에 대해서는 뒤에서 다시 논의하겠다). 그러나 계획적 개발이 농지나 임야의 전용 그 자체를 막는 수단이 되어서는 안 된다. 많은 농지들이 농지로 사용될 때보다 도시적 용지로 사용할 때 대다수의 소비자들에게 더 큰 이익을 주기 때문이다. 전용에 대한 억제는 임야에 대한 보조금으로 충분하다.

대부분이 임업자금 지원에 쓰인다. 《2004년도 산림과 임업동향에 관한 연차보고서》(산림청, 2004), p. 130. 세제혜택도 여러 가지가 있다. 그러나 이것을 모두 더하더라도 산림의 연간 공익적 가치 50조 원에 비하면 턱없이 부족하다.

농지규제, 식량안보와 관계없다

농지가 줄어드는 것을 반대하는 사람들은 식량안보 논리를 내세운다. 외국의 쌀 공급자들이 담합해서 우리에게 부당한 압력을 가할 수 있다는 것이다. 그러나 그것은 시장의 현실을 모르는 말이다. 대한민국과 일본이 쌀시장을 개방할 경우 중국, 태국, 호주, 베트남, 미국 등 많은 나라에서 공급자들이 등장하게 될 것이다. 그 많은 나라들의 농민들이 한국과 일본을 상대로 해서 담합할 수 있다고 생각하는가? 가능성은 희박하다.

물론 우리가 북한이나 과거의 이라크, 쿠바처럼 글로벌체제의 이단아가 되기를 선택한다면 미국이나 영국이 식량금수조치 같은 것으로 우리를 위협할지도 모른다. 그러나 우리가 그런 나라인가? 우리 스스로 적극적으로 글로벌체제에 편입되는 정책을 유지하는 한 그 나라들이 우리에게 식량의 무기화를 시도할 가능성은 거의 없다. 만약 식량공급국들이 쉽게 담합해서 수입국을 착취할 수 있다면 전혀 농사를 짓지 않는 싱가포르와 홍콩은 어떻게 잘 살아가고 있겠나.

물론 식량공급국이나 식량메이저들이 담합해서 공급을 조절할 가능성이 전혀 없는 것은 아니다. 석유수출국들이 OPEC를 조직해서 원유가격을 올렸던 것은 비슷한 사례이다. 하지만 식량에 대해서 그럴 가능성은 매우 작다. 함몰비용(sunk cost)이라는 특성 때문이다. 즉, 식량은 원유처럼 수시로 생산할 수 있는 제품이 아니기 때문에 이미 생산된 것을 가지고 수급을 조절해야 한다. 따라서 공급조절은 공급자 자신에게도 손해가 될 가능성이 높다.

설령 공급조절을 한다고 해도 결국은 가격의 문제일 뿐이다. 즉, 충분한 가격을 낸다면 식량은 얼마든지 우리가 필요로 하는 만큼 구입할 수 있는 대상이다. 그런데 우리나라의 쌀 가격은 국제가격의 5배이다. 쌀 카르텔이 형성된다고 하더라도 우리나라만을 대상으로 그 정도까지

가격을 높일 수 있을지 의문이다. 설령 그렇게 된다고 하더라도 가격이 그렇게 높아진다면 우리나라에서도 다시 농업이 시작될 것이다.

또 우리의 적국이 식량을 무기화하더라도 일단 전쟁이 터지면 농지는 무용지물이다. 전쟁이 났는데, 누가 농사를 짓고 있겠는가. 아무리 많은 논을 가지고 있더라도 그것과 전쟁수행능력과는 무관하다. 식량안보와 관련해서 중요한 것은 '얼마나 많이 식량을 비축하는가'이지, 얼마나 넓은 농토를 가지고 있는가가 아니다.

석유의 수급문제를 고려한다면 식량안보 논리는 더욱 설득력을 잃는다. 만약 전쟁이 나서 원유비축량이 바닥난다면 우리나라의 모든 화력발전과 모든 군용차량을 비롯한 차량들, 모든 활동이 중단될 수밖에 없다. 중요한 것은 식량의 생산능력이 아니라 비축능력이다. 만약 식량비축량이 원유비축량보다 작다면 식량은 우리의 안보에 심각한 위협을 가할 수 있다. 그러나 식량비축량이 원유비축량보다 크다면 식량은 문제가 되지 않는다. 기름의 부족으로 무기가 움직일 수조차 없는 상황에서 식량이 전쟁에 어떤 의미를 가지겠는가. 따라서 진정으로 안보를 염려한다면 농지에 집착하지 말고 비축식량을 늘리는 일에 치중하는 것이 보다 합리적일 것이다.

어떻게 보면 식량안보라는 개념은 전쟁이 국민들의 운명을 좌우하던 냉전 또는 그 이전시대의 유물이다. 글로벌리제이션(globalization)이 진척되면서 식량이 무기화될 가능성은 점점 더 희박해지고 있다. 설령 식량 무기화에 대응할 필요를 인정할 경우라 해도 그 방법은 식량의 자급생산보다는 국제시장에서의 식량조달능력 제고 또는 식량저장수단 확충으로 방향을 잡는 것이 합리적이다. 식량안보를 위한 농지전용의 억제는 소비자들에게도 손해이고 농민들에게도 손해다.

죽으면 살리라 : 토지공급과 녹지문제

농지나 임야를 도시용지로 전환하고 나면 우리나라의 녹지는 남아나지 않을 것을 우려하는 사람들이 많을 것 같다. 도시용지의 공급을 늘리려면 지금 있는 농지와 임야의 면적은 줄어들 수밖에 없다. 하지만 그 위에 새로 짓는 것들로 우리는 그 전보다 더 풍요로운 삶을 누릴 수 있다.

규제를 완전히 풀었을 때 얼마나 많은 땅이 농지나 임야에서 도시용지로 바뀔지 정확히 예측하기는 매우 어렵다. 어림잡아 지금보다 30억 평 정도의 농지와 임야가 택지, 학교용지, 상가, 공원과 같은 용도로 바뀐다고 해보자. 전 국토 3백억 평 가운데 지금 우리가 도시적 용도로 사용하는 것이 15억 평 정도니까 지금보다 세 배 더 넓은 땅을 사용하게 되는 셈이다.

30억 평의 땅이 도시용지가 된다면 엄청난 규모다. 서울 같은 도시를 20개나 더 만들 수 있고, 6백만 평짜리 분당 신도시 같은 도시를 5백 개는 더 만들 수 있다. 그러나 전체 농지나 임야의 차원에서 본다면 별 것 아니다. 현재 농지와 임야의 면적을 합쳐서 260억 평이니까 그 중의 15% 남짓을 전용하면 되는 것이다. 농지와 임야의 15%를 포기하는 대신, 집을 짓고 학교를 짓고 공원을 만들 수 있는 토지를 넘치도록 얻을 수 있다면 얼마나 좋은 일인가.

더욱 중요한 것은 토지가 풍부하게 공급돼서 땅값이 싸지면 녹지의 성질이 달라질 수 있다는 것이다. 우리는 녹지를 낭비하고 있다. 전 국토의 90%가 넘는 땅이 녹지인데도 국민의 대부분이 생활하는 도시에서는 숲을 찾아보기 힘들다. 녹지는 모두 도시 밖에 있고, 정작 사람들이 살아가는 도시 안에는 콘크리트 숲만 있을 뿐이다. 정말로 땅이 귀한 홍콩에도 도심 한가운데에 울창한 숲으로 이루어진 공원이 있는데, 홍콩보다 몇십 배는 더 땅이 넓은 대한민국의 서울에는 공원다

운 공원이 없다. 많은 유권자들이 도시 내에 숲이 울창한 공원을 갖기
원함에도 불구하고 시장이나 도지사들이 공원을 조성하지 않는 이유는
땅이 비싸기 때문이다. 공원을 조성할 돈으로 도로를 놓거나 구민회관
을 짓는 것이 더 이득이라는 계산들이 있는 것이다. 집에 정원이 있으
면 좋다는 것은 누구나 알고 있지만, 땅이 비싸기 때문에 정원보다는
건축된 공간을 더 늘리려고 하는 것과 마찬가지 이치다. 정원이나 공
원으로 쓰기에는 지금 우리나라의 땅은 값이 너무 비싼 것이다. 토지
의 공급이 대폭 늘어 땅값이 싸지면, 정원을 가꾸는 사람도 늘 것이
고, 도심 내의 공원을 만드는 자치단체들도 늘 것이다. 풍부한 토지의
공급은 멀리서 쳐다만 보는 녹지를 우리가 직접 산책할 수 있고 숨 쉴
수 있으며, 기대어 쉴 수 있는 녹지로 바꾸어 주는 것이다.

그러한 현상은 주택이나 아파트단지에서도 나타날 것이다. 천안의
불당택지개발지구에 지어진 동일 하이빌 아파트단지에는 나무와 연못
이 있고, 실개천이 흐른다. 서울의 길음동 뉴타운 대우 푸르지오 아파
트단지에는 거기에 덧붙여 (인공이기는 하지만) 폭포까지 있다. 그것
에 발을 담그고 아이 어른 할 것 없이 여름을 즐긴다.

여기만이 아니다. 요즈음 TV에 자주 나오는 아파트 광고의 컨셉은
모두 그린(green)과 친환경, 웰빙이다. 자연이 많이 포함된 아파트단
지일수록 소비자들이 좋아하기 때문에 기업들은 아파트단지에 그린을
포함하려고 노력한다. 그래야 분양가도 더 비싸게 받을 수 있기 때문
이다. 땅값이 쌀수록, 그리고 땅의 공급이 풍부할수록 주거단지 내에
더 많은 '그린'들이 들어올 것이다. 토지가 풍부해지면 녹지가 우리 곁
으로 다가온다.

난개발 문제에 대한 해법 : 신도시

그렇다고 해서 저자가 덮어놓고 규제를 풀자고 주장하는 것은 아니다. 계획도 없이 농지와 임야에 대한 규제만 풀어놓으면 난개발의 가능성이 높다. 새 아파트에 사람들은 입주하는데, 도로는 구불구불한 채로 남아 있고, 아이들을 보낼 학교도 없고, 상하수도도 갖추어지지 않은 상태를 난개발이라고 부른다. 그런데 따지고 보면 난개발은 정부의 책임이다. 도로와 학교와 상하수도를 만들 책임은 정부에 있기 때문이다. 정부가 미리 그런 기반시설들을 마련하지 않았기 때문에 난개발이 발생한 것이다. 돈이 없어서 기반시설을 미리 장만해 놓지 못할수 있지만, 최소한 도시가 될 만한 지역에 미리 도시계획을 세워서 도로와 학교가 들어설 자리를 확보해 두었어야 했다. 그것을 하지 않았기 때문에 용인지역과 같은 곳에서 돌이키기 어려울 정도의 난개발이 벌어졌던 것이다.

난개발 문제를 한꺼번에 해결할 수 있는 가장 좋은 방법은 대규모 신도시를 개발하는 것이다. 분당을 생각해 보면 신도시의 장점을 쉽게 알 수 있다. 분당 신도시의 경우 단지 내의 기반시설들은 아파트가 지어지기 이전에 다 갖추어졌다. 대규모의 개발이었기에 기반시설의 부지를 확보하기도 쉬웠다. 단지 밖과의 연결을 필요로 하는 시설들(고속화도로 및 전철 등)도 상당부분 시간에 맞추어 댈 수 있었다. 더 중요한 것은 돈 문제다. 기반시설은 그대로 둔 채 규제만 풀어버리면 나중에 정부(대개는 지방자치단체)가 기반시설을 만들기 위한 비용을 부담해야 한다. 그러나 신도시를 만들면 그럴 필요가 없다. 즉, 신도시의 부지를 분양하면서 분양가격에다가 기반시설 비용을 모두 부담시키는 방법을 택할 수 있다. 분당 신도시뿐만 아니라 일산, 평촌 등 다른 대부분의 신도시들에서 그런 방식으로 기반시설을 문제없이 해결할 수 있었다. 난개발에 대한 가장 손쉽고 확실한 해법은 대규모 신도시를 건설하는 것이다.

신도시에 대한 반대들

   그런데도 신도시를 건설하는 데에 대해서 수많은 반대들이 있었다. 분당, 일산 등 수도권 5개 신도시가 건설되던 당시 오죽했으면 신도시 망국론이라고 불릴 정도로 지독한 반대가 있었다. 신도시가 교통혼잡을 가중시킨다는 사람들, 수도권집중이 심화된다는 사람들, 경기과열의 원인이 된다는 사람들, 자급도시가 아닌 베드타운(bed town)만 만들어질 것이니 안 된다는 사람들. 대부분은 반대를 위한 반대다. 여기서는 교통혼잡 문제에 대해서만 간단히 언급하겠다.
   교통혼잡이 가중된다는 반대는 문제의 한 면만을 본 결과다. 예를 들어, 분당 신도시가 생겨서 분당과 서울을 연결하는 도로가 혼잡해진 것은 사실이다. 하지만 분당주민들은 그곳에 살기 위해 새로 태어난 사람들이 아니다. 이미 다른 곳에서 살던 사람들이 이주해 온 것이다. 따라서 그들이 빠져 나온 지역은 그만큼 교통혼잡이 덜해졌을 것이다. 물론 교통이 늘어나는 문제는 있다. 그들이 기존의 중심도시로 다니려면 과거보다 훨씬 더 긴 거리를 다녀야 하는 것이 사실이다. 하지만 누구도 신도시에 가서 살라고 강요하지 않았다. 비록 신도시가 기존의 거주지역에 비해서 멀더라도 전반적으로 더 낫기 때문에 그리로 간 것이다. 비록 멀더라도 신도시가 존재하는 것과 멀다는 이유로 신도시를 아예 만들지 않는 것 중에서 당신은 어느 쪽을 선택하겠는가. 멀어도 신도시가 존재하는 것이 낫다면 멀다는 사실에 대해 불평할 이유가 없다.
   게다가 신도시의 면적을 넓게 잡으면 교통문제의 상당부분은 신도시 자체가 해결할 수 있다. 대부분의 신도시 주민들은 일보러 서울로 가는 것이 귀찮고 번거로울 것이다. 때문에 그런 수요를 겨냥한 상가나 기타 편의시설이 등장할 것이다. 대규모의 신도시에서는 그런 것이 얼마든지 가능하다. 그 안에 백화점과 상가와 음식점들이 생겨난다. 따라서 신도시의 면적을 넓게 잡으면 베드타운이 되는 문제도 상당부분 해결할 수 있다. 일부러 긴 거리를 출퇴근하고 싶은 사람이 어디 있겠는가. 우리나라의 실정에 비추어 신도시의 건설은 토지(주거/상업용지 및 학교용지)를 공급하는 가장 바람직한 방법이다.

북시티의 위대한 계약 : 자발적 도시계획도 가능하다

신도시는 정부의 힘을 통해서 기반시설과 도시계획과 주택 및 근린시설의 건축을 한꺼번에 해결하는 방법이다. 하지만 거기에는 국가의 강제력이 개입되어 있고, 그렇기 때문에 획일성을 띨 수밖에 없다. 난개발도 피하면서 자발적으로 예쁘고 살기 좋은 동네를 만들 수는 없을까. 파주 북시티(Book City)는 토지 소유자들의 자발적 협력에 의해서 멋진 도시를 만드는 일이 가능함을 보여준다.

통일로를 타고 북쪽으로 가다보면 파주 북시티를 알리는 큰 간판이 나온다. 세계에서 가장 조화롭게 꾸며진 출판도시라고 한다. 2005년 여름 저자가 돌아보았을 때, 건축공사중인 출판사들이 여럿 있어서 어수선하기는 하지만 이미 지어진 건물들은 외국의 멋진 도시 어디에서나 볼 수 있을 법한 모양과 색깔을 띠고 있었다. 이곳이 우리의 흥미를 끄는 것은 출판사들의 독특하면서도 주변과 조화를 이루는 건축물들, 그것이 자아내는 동네의 분위기, 그리고 특히 그것을 가능하게 했던 '위대한 계약' 때문이다.

파주 북시티의 전체 면적은 48만 평으로서 수백 개의 필지 숫자만큼 소유자가 있다.[5] 그런데도 건물을 지을 때는 제멋대로 짓는 것이 아니라 미리 정해진 건축지침에 따라, 그리고 코디네이터를 맡고 있는

건축가들과 상의해서 짓는다. 그 건물모양에 대해서 중앙정부나 지방
자치단체가 관여한 적은 없다. 자기들끼리의 자발적 협약, 즉 '위대한
계약'에 의해서 그렇게 하는 것이다.

이 사업은 1989년 열화당 이기웅 사장이 파주출판문화정보산업단지
사업조합 이사장을 맡으면서 시작되었다. 조합 출범과 동시에 출판사
당 천만 원을 내라고 하자 바로 입금되었고, 그렇게 마련된 36억 원이
이 사업의 주춧돌이 되었다. 6) 우리나라에서는 유례를 찾기 힘들 정도
의 자발적 협력체를 토지 소유자들인 출판사 사장들이 이루어낸 것이
다. 사람들은 그 협약을 '위대한 계약'이라고 부른다.

북시티 사업을 이끌고 있는 이기웅 사장은 자신을 일종의 사회주의
자라고 부른다. 7) 그래서 자신의 이익을 희생하고서라도 공동체를 위
해 헌신하는 것인지 모른다. 그러나 이기웅 사장의 아이디어에 동참하
는 지주들도 과연 그럴까. 아무리 출판사라고 해도 그 본질은 장사이
며, 출판문화단지에 땅을 소유하고 있을 정도의 출판사라면 그 사장이
상당한 장사꾼 기질을 가지고 있어야만 한다. 따라서 이기웅 사장이
어떤 동기로 위대한 계약을 주도하는지와는 무관하게 그것의 결과로
각자에게 이익이 돌아올 수 있는지를 보고 동참을 결정했을 것이다.
그 이익은 십중팔구는 재산가치일 것이다. 지주들의 협력을 통해서 멋
진 동네가 조성된다면 사업을 하기도 편할 것이고, 관광지로서의 가치
도 높아질 것이다. 땅값과 건물의 가격도 높아질 것이다. 그렇다면 그
사업에 동참하는 것이 스스로에게 이익 아닌가. 이런 방식이 가장 바
람직한 도시계획의 전형이 아닐까.

---

5) 파주 북시티의 건설과정에 대해서는, "출판 건축인들 함께 만든 파주 북시
티"(《주간조선》, 2003. 4. 21) 참조.

6) 이기웅 대표와의 인터뷰 내용(《주간조선》, 2003. 4. 21).

7) 이기웅, 《출판도시를 향한 책의 여정》(눈빛, 2001).

오염규제는 대포천처럼

주민들의 자발적 노력에 의해서 좋은 환경이 만들어진 사례는 경상
남도의 대포천이라는 무명의 한 하천에서도 발견된다. 대포천은 김해
시 상동면 강재마을에서 매리까지 8.9㎞를 흐르는 하천이다. 부산시
민을 위한 매리취수장까지의 거리는 5km밖에 떨어져 있지 않다. 이제
대포천의 물은 1급수이다. 바닥을 뒤집으면 재첩이 지천이고 돌을 들
추면 가재가 기어나올 정도다. 그러나 1997년까지만 해도 대포천은
공장폐수와 축산폐수, 4천 3백여 명의 주민이 배출하는 생활하수로 오
염되어 말 그대로 시궁창이었다. 당시 축산농가만 해도 67곳에 돼지 3
만 8천 마리, 소 815마리, 공장이 326곳, 음식점도 76곳에 달했다.
그러던 이 하천이 지금처럼 깨끗하게 바뀐 것은 2002년부터이며 재산
가치를 보존하기 위한 주민들의 눈물겨운 노력이 지금의 깨끗한 하천
을 가져다주었다.

이 하천에 변화의 바람이 불기 시작한 것은 1997년 2월 대포천변 상
동면 일대를 상수도보호구역으로 지정하는 것을 골자로 하는 '낙동강
특별법'이 입법 예고되면서부터였다.[8] 상수도보호구역으로 지정되면
웬만한 개발행위는 모두 금지되기 때문에 주민들이 입는 재산상의 피
해는 이만저만이 아니다. 규제와 더불어 농민들이 가진 유일한 재산인
농지가격이 떨어질 것은 불 보듯 뻔한 일이었다. 규제를 막아보고자
낙동강변 5개 읍·면지역 주민들은 '상수도보호구역지정 반대대책위원
회'를 결성해 2개월여 동안 반대운동을 벌여왔다. 그러나 반대운동은
결국 상수원 오염을 계속하겠다는 말과 다를 것이 없어서, 대다수 시
민들은 냉담한 반응을 보였고 정부 측에서도 마찬가지였다.

---

8) 이하의 내용은 환경부의 2002년 4월 3일 보도자료, "김해 대포천 국내 최
   초로 수질개선·유지에 관한 자발적 협약체결"을 정리한 것임.

대포천 주민들은 생각 끝에 환경부에 거래를 제안한다. 1 년 안에 대포천의 수질을 1급수로 만들어 놓을 테니 상수원보호구역 을 지정하지 말라는 제안이었다. 우여곡절을 거쳐 환경부도 그 제안을 받아들였다.

이 같은 거래가 성사되자 주민들의 필사적 노력이 시작 되었다. 같은 해 4월 반대대책위원회를 '대포천수질개선대책위원회'로 간판을 바꾸고 하천 정화작업에 들어갔다. 주민들은 가구당 월 2천~3천 원의 '수질개선기금'을 갹출해서 3천만 원을 마련했고, 그 돈으로 유급 감시원 2명을 대포천에 배치했다. 또 수계별 하천감시단 3개반 (18명) 을 구성, 축산오물과 공장폐수의 무단방류 감시에 들어갔다. 또 강바닥에 덕지덕지 앉은 더러운 것들을 걸레질하듯 씻어냈다. 주부들은 세제 덜쓰기 운동과 더불어 빨래감도 1~2주에 한 번씩 모아서 손빨래를 했다. 하수가 흘러드는 어귀마다 미나리꽝도 만들었다. 지역 제조업체에 정화구역을 배정해 환경정화운동에 동참을 유도했다. 김해시청에서도 음식물 쓰레기가 하천으로 흘러들지 않도록 각 가정과 식당에 간이침전조(451곳) 를 설치, 주민들의 노력에 힘을 보탰다. 이 같은 노력 끝에 대포천 수질은 1998년 2월 수질검사에서 1급수 판정을 받았다. 대포천 사람들은 11개월여 만에 기적을 만들어낸 것이다.

이런 일이 가능했던 것은 수질이 깨끗해질 경우 상수원보호구역지정에서 빼주겠다는 환경부의 약속과 주민들의 재산상 이익이 걸려 있었기 때문이었다. 주민들은 백방으로 뛰어다니면서 물을 깨끗하게 만들어 놓을 테니 상수원보호구역지정을 유보해 달라고 탄원했고, 환경부가 그걸 받아들였다. 수질을 놓고 정부와 주민들이 거래를 한 것이다. 그래서 이런 제도를 '수질계약제'라고 부른다. 주민들은 자신들의 재산가치가 떨어지는 일을 막기 위해 물을 깨끗하게 만들었다. 9)

---

9) 이민창, "자율규제의 재산권 이론적 함의: 김해 대포천을 중심으로,"《행정논총》제 42권 제 3호(2004), pp. 75~103.

224

만약 보호구역지정이 강행되었더라면 수질은 수질대로 별로 개선되지 못했을 것이고, 주민들의 손해만 막심했을 것이다. 주민들이 마음먹으면 작은 비용으로도 얼마든지 환경을 보호할 수 있음을 보여주는 사례이다. 재산권에 대한 거래가 기적을 만들어낸 것이다. 2002년 4월 3일에는 전국 최초로 정부와 지방자치단체, 그리고 주민대표가 '김해 대포천 수질개선·유지에 관한 자발적 협약'을 체결했다. 10) 협약서는 이 장의 끝 부분에 붙여 두었다.

대포천에서 시작된 수질계약제는 다른 곳으로 확산되어 나갔다. 2005년 2월 2일 용담댐주변의 진안군과 장수군, 무주군 등 3개 군, 14개 읍면지역 주민의 대표로 구성된 지역협의회 대표는 강현욱 전라북도지사와 진안군수, 한국수자원공사가 참석한 가운데 '용담호 수질개선유지관리에 관한 협약'을 체결했다. 용담댐으로 흘러드는 이 지역 하천의 수질을 1급수로 유지하는 한 상수원보호구역 지정을 유예한다는 내용이다. 11) 그 결과가 어떻게 되었는지 확인할 수는 없지만 보령시 미산면 일대 주민 2천 7백여 명도 수질을 깨끗하게 유지할 테니 보령댐 상수원보호구역 지정을 유예해 달라고 환경부를 비롯하여 국회, 감사원, 충남도 등에 건의를 해놓은 상태다. 12)

10) 《김해신문》 2005년 3월 24일 (65호) (http://www.ighn.co.kr).
11) 브레이크 뉴스, 2005년 2월 3일 (http://honam.breaknews.com).
12) 《중앙일보》, 2003년 5월 11일 (http://www.mongolia.simin.org).

북시티와 대포천의 본질 : 토지가치 극대화를 위한 자발적 협조

사람들이 파주 북시티나 대포천 사람들처럼만 서로 협조를 잘 한다면 정부가 강제로 도시계획이나 토지규제를 할 이유가 없다. 토지 소유자들간의 협조가 그리 쉽게 이루어지지 않기 때문에 정부주도의 계획과 규제에 정당성이 생겨난다.

북시티와 대포천 사례의 핵심은 토지 소유자들이 전체의 이익을 위해서 잘 협조했다는 것이다. 북시티에서도 도시 전체가 살기 좋아지고 관광하기에 좋은 동네가 되면 땅값이 오르기 때문에 모든 토지 소유자들이 좋아질 것이다. 다른 지역에서도 토지 소유자들간의 협조를 통해서 전체의 이익을 도모할 수 있었던 경우가 많았겠지만, 토지 소유자들끼리 협조가 잘 안되기 때문에 기회를 살리지 못했을 것이다.

그런 면에서 대포천도 북시티와 마찬가지다. 전체 토지 소유자들이 잘 합심해서 1급수를 만들었기 때문에 규제를 피할 수 있었고, 그 지역의 토지가격이 떨어지는 것을 막아낼 수 있었다. 결국 핵심은 각 지역의 토지가격을 극대화하기 위해 토지 소유자들이 협조했다는 사실이다. 그리고 토지 소유자들끼리의 협조가 잘되는 지역이라면 굳이 정부가 땅을 어떻게 쓰라고 개입할 이유가 없다. 토지 소유자들간의 협조가 원활함에도 불구하고 정부가 개입한다면 사유재산권에 대한 부당한 침해가 된다.

위 두 사례의 본질이 자신들의 이익을 위한 원활한 협조라는 사실을 이해하는 사람이라면, 한 사람이 매우 넓은 지역의 토지 전체를 소유하고 있을 때, 그 땅을 어떻게 쓸 것인지에 대해 정부가 관여할 이유가 없다는 말도 이해할 수 있을 것이다. 토지 소유자가 혼자이기 때문에 협조에 실패할 이유가 없는데다가, 당연히 모든 토지이용행위가 토지가치를 극대화하는 방향으로 이루어질 것이기 때문이다.

대표적 예는 용인의 에버랜드 같은 놀이공원이다. 에버랜드 같은 대규모 놀이공원의 내부는 규모가 작다 뿐이지 도시와 상당히 닮아 있다. 그 안에는 도로와 버스[어떤 곳에는 트램(tram)], 놀이시설, 휴게시설, 음식점, 녹지와 같은 것들이 공존한다. 놀이공원이 잘 운영되려면 고객들이 가장 편안해야 할 것이며, 돈을 벌고 싶어하는 놀이공원 주인은 고객들의 그런 취향을 충분히 반영해야 한다. 그것을 제대로 못하는 공원은 손님을 잃을 것이고, 그 결과 토지의 가치도 낮아질 것이다. 공원 안의 도로와 음식점, 휴게시설 같은 것들도 손님들의 마음을 사로잡기 위해 손님들에게 최대한 편하게 만들어질 것이다. 손님들이 많이 찾는 곳을 만들어야 토지 소유자 자신에게 이익이 된다.

그런 사정은 백화점 소유자에게서도 똑같이 나타난다. 백화점 전체를 하나의 소유자가 소유하고 있다면 건물 내부의 에스컬레이터나 계단, 휴게실, 매장의 구성 같은 것은 소비자에게 가장 편리하도록 배치될 것이고, 그것이 백화점 주인에게도 이익이 된다. 따라서 백화점 내부의 매장배치 같은 것들에 대해서 정부가 개입할 정당성은 매우 작다.

그건 도시에 대해서도 마찬가지다. 전체의 도시를 하나의 의사결정자가 소유하고 있다면 도시의 모양과 구성, 토지이용 방식에 대해서 제3자인 정부가 개입할 이유가 없다. 도시를 사람들이 가장 살기 좋게 만들어야 높은 땅값을 받을 수 있을 것이기 때문에, 가장 살기 좋은 도시를 만들기 위해 최선을 다할 것이다. 정부의 개입은 그 과정을 방해하면 했지, 더 살기 좋은 도시를 만드는 데에 도움이 되지는 않을 것이다.

이 같은 논리는 기업도시에 대해서 시사하는 바가 크다. 일단 도시 내 토지의 소유권을 하나의 기업이나 기업들의 컨소시엄(중요한 것은 분산소유가 아니라 단일 의사결정주체라는 것)이 가질 경우, 도시 전체의 토지이용에 정부가 개입하지 않더라도 주민들이 가장 살기 좋은 방향으로 이루어질 것이다. 그래야만 높은 땅값을 받을 수 있을 것이기 때문이다. 좋은 상품을 만들어야 높은 값을 받을 수 있는 것은 핸드폰이나 자동차나 도시나 다를 바가 없다.

도시계획의 본질은 토지가치의 극대화

일반적으로 사람들이 필요로 하는 것들은 사유재산을 확실히 보장할 때 가장 잘 공급된다. 자동차 공장의 재산권을 보장하면 자동차 공장의 주인은 돈을 벌기 위해 최대한 싸고 좋은 자동차를 만들려고 노력한다. 땅의 재산권을 확실하게 보장해 주면 주택도 잘 공급된다. 단독주택이든 아파트이든 혼자 만들 수 있는 것이라면 사유재산으로 삼아 주면 된다. 그러나 인간이 필요로 하는 것 중에는 그렇게 개별적 노력만으로는 잘 안 만들어지는 것도 있다. 도시 내의 도로 같은 것이 대표적이지만, 그것 말고도 공원, 스카이라인, 동네의 전반적 분위기와 모습 같은 것들은 개별적 행동만으로는 좋은 것이 만들어지지 않는다.

도시의 도로를 예로 들어 생각해 보자. 서울, 이 태조가 도읍을 정한 이후 5백 년이나 지난 도시다. 산업화 이전까지 대부분 서울의 거리는 우마차가 다니던 골목길이었다. 산업화가 되면서 인구와 집은 늘었는데 도로는 꼬불꼬불한 상태로 있다 보니 술 먹으면 자기 집을 찾기도 어려울 정도로까지 되었다. 상하수도, 진화작업 등 여러 가지 면에서 문제투성이의 길이 된 것이었다.[13] 길을 반듯하게 펴고 넓히는 일은 토지 소유자 자신들을 위해서 필요한 일이었다. 잘 협력해서 번듯한 길을 만들어낸다면 도시 전체에도 좋을 뿐만 아니라 그 결과 땅값이 오를 것이기 때문에 토지 소유자 자신들에게도 좋은 일이었다. 그러나 현실적으로 토지 소유자들 사이의 자발적 협력은 이루어지지 않았다. 결국 강압적으로 토지를 수용해서 길을 펴고 넓게 되었다.

---

13) 손정목, 《서울도시계획이야기 1》(한울, 2003), p. 124.

지금까지의 설명처럼 자발적으로는 잘 공급되지 않는 것들을 공급하려면 강제력을 가진 정부의 개입이 어느 정도 필요하다. 도로, 상하수도 등 기반시설의 설치계획을 세우고 경우에 따라 건물모양을 통일할 수도 있을 것이다. 주거지역에 공장이 들어오지 못하도록 막는 것이 좋을 때도 있을 것이다. 그런 것들이 도시계획이다.

하지만 강제력에 의한 도시계획의 원론적 필요성을 인정한다고 해서 아무렇게나 해도 된다는 뜻은 아니다. 강제력은 폭력이며, 폭력은 누가 행사하더라도 항상 위험하다. 그 폭력의 주체가 민주적 정부라고 하더라도 그 폭력의 위험성은 사라지지 않는다. 정부가 가진 도시계획권 역시 폭력의 뒷받침을 받는 것이며, 그래서 그 힘을 함부로 써서는 곤란하다. 도시계획이 자유사회의 원리와 부합하려면 시장의 실패를 보완하는 것이어야지, 시장을 누르고 대체하는 것이어서는 안 된다. 그러면 어떻게 도시계획을 하는 것이 시장을 보완하는 것일까. 결론부터 말하자면 도시 토지의 가격이 극대화되도록 계획하는 것이 시장의 기능을 보완하는 것이다.

이렇게 생각해 보면 이해가 쉬울 것 같다. 서울 시내의 모든 땅을 한 사람이 소유하고 있다고 해보자. 그리고 서울과 떨어져 있기는 하지만 주변에 경쟁하는 도시들이 여러 개 있어서 이 토지 소유자가 독점적 행동을 하면 손님을 다른 도시에 빼앗기게 된다고 해보자. 이런 상황에서는 정부가 이 도시의 토지이용에 대해서 관여할 이유가 없다. 정부의 도시계획이 필요한 이유들을 토지 소유자 스스로 해소할 인센티브가 충분하기 때문이다.

일반적으로 도시계획이나 토지이용규제가 필요한 이유는 두 가지이다. 첫째, 한 필지에서의 토지이용이 인접 필지에 피해를 줄 수 있기 때문이다. 그래서 각자의 토지이용행위에 대해 적절한 규제가 필요하다. 둘째는 공공재가 필요하기 때문이다. 도로나 공원 같은 것이 필요한데, 누구도 자발적으로는 돈을 내려고 하지 않는다. 또 알박기 현상

같은 것 때문에 도로부지를 확보하기도 매우 어렵다. 그래서 도시계획
시설의 지정과 수용, 세금 부과 같은 것이 필요하다. 멋진 스카이라인
을 만드는 것이 토지 소유자들에게도 이로운 경우가 많은데, 그런 경
우조차도 서로 다른 토지 소유자에게 비용을 떠넘기려 하기 때문에 모
두에게 이로운 결과를 만들어낼 수가 없다.

그렇더라도 만약 한 도시 내의 모든 토지를 한 사람이 소유하고 있
다면 그런 것을 염려할 이유가 없다. 백화점의 소유자가 백화점 내부
의 고객들 움직임이 가장 원활하도록 에스컬레이터, 엘리베이터, 계
단, 복도, 휴게실, 화장실, 조명 등의 기반시설을 배치하듯이 도시 내
에도 사람들이 가장 살기 편하도록 가장 효율적인 형태로 도로, 상하
수도, 가로등, 공원, 주택단지 등이 배치될 것이다. 그래야만 손님(시
민)을 끌어들일 수 있을 것이기 때문이다. 스카이라인이 멋있어야 고
객들의 만족을 얻어낼 수 있다면 필요한 토지의 건물 높이를 조정해서
멋진 스카이라인을 만들어낼 것이다. 그것이 토지 소유자 자신에게 이
익이기 때문이다.

이 같은 자발적 토지이용계획 또는 도시계획은 그 도시 전체의 토지
가치의 합계를 극대화하는 행위와 똑같은 것이다. 백화점에 대한 고객
만족도가 높아질수록 백화점의 토지와 건물가격이 높아지듯이, 도시
의 주민을 만족시키는 토지이용계획은 그 도시 내의 토지가격을 극대
화하는 것이기도 하다.

도시계획이나 토지이용규제의 궁극적 목적이 전체 토지가치의 극대
화에 있어야 한다는 것은 주식회사에서 회사의 모든 결정이 주주의 이
익을 극대화하는 것에 두어야 하는 것과 같은 원리이다. 토지 소유자
들간의 협조가 잘 이루어질 경우 그들이 집단적 의사로서 추구할 목표
는 분명 전체 토지가치의 극대화이다. 현실적으로 그 일이 이루어지지
못하는 것은 토지 소유자들간의 자발적 협력이 어렵기 때문이다. 그것
은 일종의 시장의 실패라고 부를 수도 있을 것이다. 도시계획이 필요

230

한 것은 토지 소유자들간의 자발적 협력이 어렵기 때문이며, 따라서 궁극적 목표도 토지 소유자들이 자발적으로 이루어내지 못하는 토지가치의 극대화에 두어야 한다. 이 말을 달리 표현하자면 계획에 따르는 비용에 비해서 편익이 최대한 발생하도록 계획한다는 것[14]을 뜻하기도 한다. 궁극적 목표나 방향을 정하지 못해 우왕좌왕하는 우리나라의 도시계획가들이나 시장·군수·구청장들에게 꼭 들려주고 싶은 말이다.

바람직한 도시계획을 위한 몇 가지 지침들

도시계획이 토지 소유자들간의 자발적 협력이 일어나지 않는 상황, 즉 시장이 작동하지 않는 상황에서 필요하다는 사실은 도시계획의 나아갈 방향에 대해서 여러 가지를 시사해 준다. 그 중의 중요한 몇 가지를 들어본다면 도시계획이 '시장 흉내내기'(*market mimicking*)를 해야 한다는 것, 도시계획으로 무엇을 하든 그것으로 얻는 편익에 비해서 비용이 더 크지는 않은가를 늘 염두에 두어야 한다는 것, 도시계획이라는 이름으로 도시 전체의 모습을 그리는 일은 가급적 피해야 한다는 것, 시민참여에 대해서도 조심스럽게 접근해야 한다는 것 등이다. 이제 이들 각각에 대해서 자세히 생각해 보자.

---

14) A. Bertaud, *The Use and Value of Urban Planning* (2003) (http://alain-bertaud.com).

도시계획은 시장 흉내내기를 해야 한다

도시계획이 시장 흉내내기를 해야 한다는 것은 도시계획의 필요성이 시장의 실패에서 비롯되기 때문이다. 즉, 토지 소유자들간의 자발적 협조(시장)가 이루어지지 않기 때문에 도시계획의 필요성이 제기된다. 그렇다면 도시계획의 내용은 해당 지역 토지 소유자들간의 협력이 제대로 이루어졌을 경우 그 땅들이 어떤 용도로 이용되었겠는가를 추측해서 그 내용을 담아야 한다. 그것은 수요가 있지만 시장이 작동하지 않아서 공급이 이루어지지 않는 것을 정부가 대신해서 공급해 주는 것을 뜻하기도 한다. 그렇게 된다면 토지는 소비자들이 원하는 용도와 밀도로 이용될 것이다.

도시주변의 농지나 임야에 대한 규제를 생각해 보자. 농지와 임야는 도시 토지에 비해서 값이 싸기 때문에 그 땅들을 풀어서 새로운 도시를 만든다면 농민에게도, 도시민들에게도 모두 이익이다. 도시용지가 늘어날수록 공원용지의 비율도 자연스럽게 증가하기 때문에 도시민들이 쉽게 자연을 즐길 수도 있게 된다.

문제는 개별 토지 소유자의 결정에만 맡겨 놓을 경우 난개발이 이루어질 수 있다는 점이다. 도시가 제대로 만들어지려면 반듯한 도로와 공원과 상하수도 시설 같은 것들이 필요한데, 작은 면적을 소유한 토지 소유자들 각각의 결정에만 맡겨 놓아서는 그런 것들을 만들어내는 데에 필요한 재원도 토지도 마련할 수가 없다. 도로와 공원과 상하수도와 학교가 갖추어진 새로운 도시에 대한 소비자들의 수요가 있음에도 불구하고, 토지 소유자들은 그것을 공급하지 않는다. 그런 것을 시장의 실패라고 부르며, 이럴 때에 도시계획을 통한 정부의 개입이 필요하다. 토지 소유자들 사이의 협조가 잘 이루어졌다면 어떤 형태의 택지가 공급되었을 것이고, 거기에 어떤 기반시설들이 들어섰을지 추측한 후, 그 내용을 강제로 시행하는 것이다. 그것이 바로 시장 흉내내기이다. 도시계획이 그런 정도에만 그친다면 사람들은 도시계획이 없을 때에 비해 훨씬 더 좋은 환경에서 살아갈 수 있을 것이다.

그러나 어떤 폭력도 다른 힘에 대해서 복종하고 싶어하지 않듯이, 도시계획이라는 폭력 역시 예외가 아니다. 일단 정부가 도시계획권을 가지게 되면 그 힘은 시장 흉내내기에 사용되는 것이 아니라 그 자체의 목적과 역학관계에 의해서 작동한다. 그 권력은 토지시장의 기능을 보완해서 더욱 온전하게 만들어가기보다는 시장기능을 왜곡하고, 대체하며, 파괴하는 용도로 사용되기 일쑤이다.

가장 대표적인 예가 도시주변의 농지와 임야에 대한 규제이다. 토지시장이 제대로 작동한다면, 그리고 정부가 충실하게 '시장 흉내내기'를 해주었다면 신규주택의 값은 '농지가격＋건축비＋기반시설 설치비' 정도에 머물도록 농지의 전용을 허락했을 것이다. 15) 지금의 물가를 기준으로 본다면 수도권의 경우 그 값은 평당 450만 원을 넘어가지 않을 것이다. 순수한 농지의 값은 평당 백만 원을 넘기 힘들고 건축비와 기반시설설치비는 평당 350만 원 정도면 될 것이기 때문이다. 그러나 현실은 어떤가. 수도권에 새로 짓는 집값이 평당 천만 원을 육박한다. 정부가 시장상황과는 무관하게 농지의 전용을 억제하기 때문이다. 소비자들은 뻔히 평당 몇십만 원도 안 하는 농지를 놔둔 채 그런 비싼 집을 사야만 하는 것이다. 도시계획과 토지규제가 시장 흉내내기에서 벗어나 있기 때문에 사회에 이익을 주기보다는 오히려 해로운 존재로 전락해버린 것이다.

정부의 역할은 토지 소유자들간의 자발적 협력이 어려워 공급되지 않는 도로와 학교와 상하수도의 공급을 원활히 해주는 것이지, 농지가 도시용지로 바뀌는 것을 방해하는 것이 아니다.

---

15) 이렇게 되기 위해서는 도시의 경계가 지금보다 훨씬 더 확장되어야 한다. 그렇게 될 때까지 택지의 공급이 확장되면, 새 주택이 지어지는 지역의 기존 주택 값은 새 주택과 비슷한 수준을 유지할 것이다.

규제의 비용을 생각해야 한다

도시계획의 목적 중에는 도시를 기능적으로 원활히 작동하도록 하는 것도 있지만, 아름답게 만드는 것도 있다. 도시를 아름답게 꾸미는 일, 그건 분명 멋진 일이다. 1999년에 저자가 몇 달을 살았던 미국 동부의 페어팩스(Fairfax)라는 도시는 정말 아름다웠다. 전체가 온통 숲으로 덮여 있는 도시이다. 숲 속에 집들이 군데군데 박혀 있다고나 할까. 봄에는 꽃이 피고, 여름에는 녹음이 우거지며, 가을에는 도시 전체가 내장산 단풍 같은 색깔로 빛난다. 그런 도시에 산다는 것은 정말 멋진 일이다. 그러나 그런 도시를 만드는 데도 비용을 생각해야 한다. 특히 지독한 토지규제 때문에 도시 내의 토지공급이 부족한 우리나라의 도시들에서는 더욱 그 비용을 잘 따져보아야 한다.

서울 같은 도시에서 넓은 마당을 갖는다는 것은 보통 돈이 많이 드는 일이 아니다. 백 평 정도의 마당이나 정원을 가지는 일은 평창동이나 성북동, 한남동의 최고 부자들만이 할 수 있는 일이다. 조금 전에 소개했던 페어팩스에서는 중산층만 되어도 2백 평은 쉽게 소유하고 있는 것과는 지극히 대조적이다. 그만큼 서울은 땅값이 비싸며, 그런 사정은 서울의 땅을 개인의 정원으로 사용할 때뿐만 아니라 공원이나 녹지 같은 것으로 사용할 때도 마찬가지다. 녹지나 공지나 시야의 확보도 중요하지만, 그로부터 초래되는 비용이 과연 편익보다 작은지 늘 따져보아야 한다.

청계천이나 여의도 공원처럼 모든 시민들이 즐기는 사업이라면 충분히 비용을 감당할 만한 가치가 있었을 것이라고 생각한다. 그러나 도시계획이나 토지규제 중에는 비용을 제대로 따지지 않고 만들어진 것들이 많다. 꼭 지적하고 싶은 것이 우리나라 주거지역에서의 용적률 규제이다.

용적률이란 건축연면적을 땅의 면적으로 나눈 값이다. 백 평짜리 땅에 각층의 바닥면적이 40평인 10층짜리 건물은 짓는다고 해보자. 건물 전체의 바닥면적을 합치면 4백 평이기 때문에 용적률은 이 면적을 땅의 면적 백 평으로 나눈 값, 즉 4백%이다.

우리나라 도시의 모든 땅들은 주거지역, 상업지역, 공업지역, 녹지지역 중 어딘가에 속하며, 각 지역별로 서로 다른 용적률이 적용된다. 일반주거지역에서의 용적률은 2백~3백%인데, 이는 상업지역에서의 용적률 9백%~천 3백%보다 현저히 낮은 수준이다. 주거지역에서의 용적률을 낮춘 것은 높은 건물이 들어설수록 주거환경이 나빠진다는 염려 때문이었을 것이다. 그러나 이것은 전형적으로 비용을 고려하지 않은 규제이다.

용적률을 낮추면 그만큼 창출되는 공간이 줄어든다. 즉, 30층 아파트를 지을 수 있는 자리에 용적률 규제 때문에 10층짜리밖에 짓지 못한다면 그 위의 20층은 사라진 셈이다. 사라진 그 공간들에서 발생했을 가치가 용적률 규제의 1차적 비용이다. 용적률 규제의 비용은 거기에서 그치지 않는다. 용적률 규제로 건물의 부족현상이 초래되며, 그 결과 건물의 가격이 오르게 되고, 변두리지역에 짓는 건물의 용적률이 오르게 된다. 즉, 용적률 규제가 없었다면 도심의 토지에는 30층짜리 건물이 지어지고 변두리에는 단층주택이 지어졌을 텐데, 용적률을 규제함으로써 도심의 건물은 10층으로 낮아지고 변두리의 땅은 오히려 밀도가 높아져서 8층, 9층짜리 건물들이 들어서게 되는 것이다. 그 결과 인구가 도시의 전 지역으로 퍼지고, 인구는 같더라도 교통량은 증가하게 된다. 이런 것들이 주거지역에 대한 용적률 규제의 비용들인데, 규제를 만들 때 입법자들이 그런 비용을 계산에 넣었을 것 같지는 않다.

밀도를 낮추면 사람들이 하늘을 보기가 쉬워질 것이라는 생각도 용적률 규제를 만드는 데 상당한 작용을 했을 것 같다. 그러나 최근의 재건축되는 아파트들을 보면 오히려 그 반대현상이 나타난다. 즉, 새로 짓는 아파트들은 고층화와 주차공간의 지하화를 통해서 동간의 간격을 넓히고, 땅에서의 녹지면적을 넓혀간다. 용적률을 규제해서 건물의 높이를 규제하면 동간의 간격은 오히려 좁아지게 되고, 주택단지 내의 녹지면적은 줄게 된다. 용적률이나 기타 여러 가지 건물높이에 대한 규제는 얻는 것보다 잃는 것이 더 많은 규제다.

도시계획시설부지도 시장 흉내내기여야 한다

도시계획시설이란 도로나 공원, 도서관 같은 것을 말한다. 도시계획시설은 도시계획을 세울 때 미리 지도에 자리를 잡아놓게 되는데, 일단 지도에서 도시계획시설로 표시가 되고 나면 그 땅에서는 아무것도 바꿀 수가 없다. 도시계획시설로 지정되었을 당시 그 땅에 1층짜리 주택이 지어져 있었다면 주변 땅들이 모두 고층빌딩 부지로 바뀐다고 해도 도시계획시설이 들어올 때까지 처음의 상태를 그대로 유지하고 있어야 한다. 물론 보상은 없다. 일제 강점기에 도로부지나 공원용지로 지정된 채, 아직도 그대로 묶여 있는 땅들이 많다. 그것 때문에 토지 소유자는 막대한 손해를 보지만, 정부는 본 체 만 체한다. 딱한 사정은 이해하지만, 돈이 없어서 보상해 줄 수 없다는 것이다. 그렇다면 당연히 풀어주어야 하는데, 도시계획시설에서 풀어주지도 않는다. 이런 제도를 국가의 약탈이라는 말로밖에 무어라 표현해야 할까.

도시계획시설제도가 필요한 것은 분명하다. 시민들의 삶에서 도시계획시설은 아주 중요한 기능들을 한다. 가장 중요한 것은 도로나 공원이 어디에 들어올 것인지 시민들이 미리 알 수 있다는 것이다. 도로나 공원과 같은 도시계획시설은 시민들이 자신의 행동을 결정하는 데 매우 중요한 역할을 한다. 자기 땅 앞으로 도로가 지나가는 것을 알고 있을 때와 모르고 있을 때, 그 땅을 어떻게 사용할지에 대한 결정이

236

달라지는 것은 당연하다. 그리고 당연히 미래를 아는 상태에서 토지의 용도를 결정하는 것이 모르고 결정하는 것보다 자신에게도 이롭고 사회 전체로 봐서도 이롭다.

그같이 이로운 기능이 있지만, 이 제도 때문에 치러야 하는 사회적 비용도 막대하다. 첫째는 가뜩이나 모자라는 도시의 토지를 너무 낭비하게 만든다는 것이다. 이미 설명했지만, 어떤 땅이 도시계획시설용 부지로 한번 지정되고 나면 거의 죽은 땅이나 마찬가지가 된다. 지정되고 나서 금방 정부가 수용해서 도로를 놓는다면 잠시 동안 토지가 묶여 있는 일은 불가피한 과정으로 보아 넘길 수 있겠지만, 도시계획시설로 묶인 대부분의 땅은 짧게는 수년 전부터, 그리고 많은 땅들이 심지어는 일제 때부터 묶여 있는 경우가 허다하다. 그 땅들은 도로 같은 공공시설부지로도 사용되지 않고, 소유자의 이익을 위해서도 사용되지 못하는, 결국 누구에게도 이익이 되지 않는 상태로 수십 년간 내팽개쳐져 있었던 셈이다.

정부도 문제를 인정해서 20년 이상 도시계획시설로 묶여 있는 땅들에 대해서는 보상해 준다는 계획을 세워놓고 있지만, 돈이 없어서 제대로 못 해주고 있다. 그렇다면 당연히 풀어주어야 할 텐데, 그런 움직임은 거의 나타나지 않고 있다.

이런 문제를 해결하려면 정부가 도시계획시설을 지정할 때 의무적으로 보상해야 한다. 지금은 사업을 시행할 때에 비로소 토지를 수용하고 보상한다. 토지 소유자는 손해는 지정되는 순간부터 발생함에도 불구하고 수용이 이루어지기 전까지는 어떠한 보상도 이루어지지 않는다. 자기 행동에 대해서 비용을 부담하지 않으면 누구나 무책임하게 행동하기 마련이다. 공무원들도 다르지 않다. 아무렇게나 도시계획시설을 지정하더라도 비용을 부담하지 않기 때문에 조금만 필요하다 싶으면 일단 묶어놓고 본다. 사업을 시행하려면 예산을 투입해서 보상해야 하지만, 지정하는 일은 돈이 들지 않기 때문이다. 시민들의 땅을 도시계획시설로 지정할 때부터 그것으로 초래되는 지가의 하락분을 의무적으로 보상하게 한다면 지정할 때부터 신중하게 접근하게 될 것이고, 진정으로 지정할 가치가 있는지 신중하게 따져보게 될 것이다.

도시계획시설제도로 막대한 사회적 비용이 발생하는 두 번째 원인은 너무 많은 것들이 도시계획시설로 지정되어 있다는 사실이다. 도시계획시설용 부지는 수용으로 확보한다. 그런데 수용이란 강제로 시민의 재산을 뺏는 것이기 때문에 가급적 피해야 할 일이다. 수용권이 남발된다면 원래의 토지 소유자가 정부보다 훨씬 더 그 토지를 유용하게 사용할 수 있는 데도 정부가 강제로 그 땅을 수용하는 경우도 많이 생기게 된다. 그렇기 때문에 수용권의 행사는 알박기가 일어나고 있거나 또는 일어날 것이 명약관화한 경우로 한정시켜야 한다.

이런 관점에서 본다면 기존의 도시계획시설 중에서 많은 것들을 제외시켜야 한다. 특히 공공청사나 문화시설, 도서관, 연구시설, 사회복지시설 등 건물로 이루어진 것들은 그렇다. 지방의 시청사를 짓거나 또는 복지관을 짓는 정도의 일이라면 그냥 적당한 땅을 물색해서 구입하면 그만이다. 물론 그 과정에서 어느 정도의 알박기가 나타날 가능성이 있지만, 그런 어려움은 정부만이 아니라 일반시민들도 당하는 일이다. 낡은 시가지의 저층건물들을 헐고 필지를 합병해서 고층건물을 짓는 과정에도 알박기는 나타날 수 있지만 스스로 극복해 나간다. 그리고 수용권이 정 필요하다면 굳이 도시계획시설제도로 삼아서 몇 년 전부터 땅을 묶을 일이 아니라 사업과정에서 수용권을 행사할 수 있게 해주면 된다. 정부 소유의 건물이라고 해서 민간인 건물보다 토지취득에서 특혜를 누려야 할 이유는 없다. 도시계획시설은 도로나 항만, 공항같이 정말 대규모이면서 대다수 시민들의 생활에 결정적 영향을 주는 시설들로 국한해야 한다.

공무원들이나 전문가들 중에는 도시계획시설로 지정해야 싼값으로 땅을 살 수 있어 공공의 이익에 부합한다고 말하는 사람들이 있다. 그

238

것은 문제의 한 면밖에는 보지 못하는 생각에서 비롯되었다. 정부가 싼 값으로 땅을 사면 그만큼 토지 소유자는 손해를 보게 된다. 토지 소유 자로부터 싼값에 사서 그 이익을 다른 사람들에게 나눠주어야 할 이유 가 있나? 정부가 관용차를 살 때 제 값을 내야 하는 것과 마찬가지로, 땅도 제 값을 내고 사는 것이 마땅하다. 여기서의 제 값이란 해당 토지 가 도시계획시설로 지정되지 않았을 때 형성되었을 땅의 가치이다. 그 값은 경제학의 용어로 표현하자면 그 땅을 도시계획시설로 사용할 때 의 기회비용이기도 하다. 도시계획시설로 사용하는 것이 다른 어떤 용 도로 사용하는 것보다 더 가치 있음이 분명할 때에 비로소 그 땅을 도 시계획시설부지로 써야 한다. 그러려면 정부도 땅에 대해서 제 값을 지 불해야 한다. 그래야만 그 값보다 가치가 높은 도시계획시설만 만들어 질 것이다.

기존 제도의 관점에서 보았을 때 저자의 제안은 파격적인 점이 분명 히 있으며, 그렇기 때문에 가까운 시일 내에 채택될 가능성은 그리 높 지 않다. 하지만 기존 제도의 큰 틀을 유지한 상태에서도 개선할 여지 는 충분히 있다. 가장 쉬운 것은 정부가 현재 상태에서 보상액을 책정 해 놓고, 토지를 수용하기 전까지는 토지 소유자로 하여금 임시로 해 당 토지를 사용할 수 있게 허용하는 것이다. 그리고 정부가 수용할 때 는 임시사용 전에 책정된 보상가로 보상받게 하면 된다. 이건 해당 토 지를 아예 묶어버리는 것보다 정부의 입장에서도 손해 볼 것이 없고, 토지 소유자의 입장에서도 큰 이익이 된다. 소유자가 아니더라도 그 시설을 이용하게 될 다른 사람들에게도 이익이 된다.

예전에는 가건축허가란 제도가 있어서 도시계획시설이 집행되기 전 까지 그 자리에 가설건축물을 지을 수 있도록 허가해 준 적이 있었다. 그 대신 정부가 계획을 집행할 때 그 건물에 대한 보상은 요구하지 않 겠다는 조건이 붙었다. 한동안 광화문 네거리의 유명 장소였던 국제극 장과 감리회관이 법적으로 가건물이었다고 한다. 16) 그렇게 하는 것이 그 땅을 그냥 가치 없이 놀리는 것보다 여러 가지로 이익임에도 불구하고 가건축허가제도가 사라진 것은 십중팔구 특혜시비 때문에 그랬을 것이다. 그러나 조금만 생각해 보면 도시계획시설부지로 지정된 땅을 이용할 수 있게 해주는 것은 특혜일 수 없다. 오히려 보상도 없이 시민의 땅을 묶어 놓는 것이 부당한 재산권의 침해이다.

도시계획은 나무를 가꾸듯이 해야 한다

도시계획에서 가장 조심해야 할 것은 계획가들이 도시 전체의 모습을 그려놓고 도시의 발전방향을 거기에 끼워 맞추려고 하는 일이다. 그건 매우 위험하다. 정원에서 나무를 가꿀 때 나무의 성질이나 성장방향 자체를 바꾸기보다는 부분적으로 가지치기나 다듬기를 하는 것과 마찬가지로 도시의 계획도 그렇게 해야 한다. 계획가나 정치가가 도시의 성장방향 자체를 돌려놓으려고 하거나 또는 성장을 멈추게 해서는 안 된다. 이는 도시계획이 시장이 해결 못하는 일을 대신 해주는 것이어야지, 시장을 대체하고 파괴하는 것이어서는 안 된다는 말과 같은 뜻이다.

특히 대도시에서 전체 도시의 높이를 규제해서 스카이라인을 만들겠다는 등의 발상은 위험하다. 그건 마치 도시민 전체에게 각자 어떤 색깔의 의상을 입고 다니라고 명령하는 것과 크게 다를 것이 없다. 물론 도시민 전체가 잘 조화된 파스텔 톤의 옷을 입고 다닌다면 분명 도시 전체의 외형상 분위기는 우아하고 아름다울 것이다. 하지만 과연 그것이 누구를 위한 것일까? 파스텔 톤의 옷이 아니라 원색의 옷을 입고 싶은 사람은 어떻게 해야 하나? 그런 옷을 살 돈이 없는 사람은 또

---

16) 손정목, 앞의 책, p. 118.

어떻게 할 것인가.

도시 전체의 모습을 통일하거나 각 건물의 모양을 지정하는 일은 북한의 김정일 위원장이 즐기는 매스게임에 비유될 수도 있다. 구경꾼들이 보기는 좋지만, 지시를 따라 춤을 추어야 하는 사람들은 고통스럽다는 의미에서 하는 소리다. 도시계획이 그렇게 되어서는 안 된다.

도시계획에도 경쟁적 시장이 필요하다

도시계획이 시민들을 위한 것이 되게 하려면 시민들에게 선택의 여지를 주는 것이 가장 좋다. 마포구에서는 이런 도시계획을 하고 종로구에서는 저런 도시계획을 한다면 사람들은 각자의 취향에 맞게 계획된 동네를 찾아서 이사를 가고, 토지를 사고 건물을 지을 것이다. 그리고 소비자들의 선택은 공급자들의 경쟁을 유발하기 마련이다. 여기서의 공급자란 시장·군수·구청장, 구의회의원, 관련된 교수들 등 도시계획을 만드는 사람들을 말한다. 도시계획 공급자들이 주민들의 선택을 받기 위해 경쟁하는 사회에서는 사람들의 마음에 드는 도시계획을 짜기 위해 노력하기 마련이다. 경쟁시장에서 소비자 주권이 확립되듯이 도시계획에서도 주민들이 주인의 지위를 누리게 된다. 그러려면 지방이 도시계획에 관한 주된 권한과 책임을 가져야 한다.

근대화 이후 우리나라 도시계획의 권한은 모두 중앙정부에 있었다. 조선조에도 이미 그랬지만, 그 전통은 일제 때에도, 최근까지도 그대로 살아남아서 중앙과 지방이라는 구분은 전혀 의미가 없었고, 모든 것을 중앙이 다 좌지우지하는 분위기 속에서 살았다. 심지어는 민주화의 화신임을 자처했고, 최소한 입으로는 풀뿌리 민주주의를 위해 지방자치를 해야 한다고 목소리를 높이던 시민단체들조차도 지방자치단체의 장이 중앙정부의 힘과 맞서는 것에 대해서는 부정적 입장을 내비치

곤 한다.

그러다 보니 도시계획의 큰 틀은 모두 중앙정부에서 나온 것들이고 지방정부는 그 틀에 손도 댈 수 없는 경우가 많다. 예를 들어, 도시계획의 가장 큰 부분인 용도지역제를 예로 들어보자. 도시계획법의 새로운 모습인 국토계획법은 도시지역의 땅을 주거지역, 상업지역, 공업지역, 녹지지역으로 크게 나누고, 각 지역에서 허용되는 시설과 금지되는 시설을 법으로 명시해 놓고 있다. 그 내용은 모두 지방이 아니라 중앙의 공무원들과 국회의원들이 결정한 것이다. 실제 그것에 의해서 영향받는 사람들은 지방주민들일 텐데도 그렇다. 그렇기 때문에 주민들이나 시장·군수·구청장들이 할 수 있는 일은 중앙정부가 짜준 틀 내에서 어떤 땅을 어떤 용도지역으로 할지 결정하는 것, 그리고 중앙정부가 허용하는 범위 내에서 각 용도지역별 용적률 등을 결정하는 일에 불과하다.

저자의 생각에는 각각의 땅을 어떤 용도지역으로 할 것인지, 그리고 용도지역별로 어떤 규제를 할 것이며, 심지어는 용도지역제를 할 것인지 말 것인지의 여부조차도 지방주민들이 결정하게 하는 것이 바람직하다고 본다. 도시 전체의 모습은 그렇게 각 지방이 자발적으로 해놓은 도시계획의 종합이 되는 것이 좋다. 그러고 나서 도시 전체의 차원에서 조정할 것이 있다면 나무의 잎과 가지를 다듬듯이 부분적으로 조정해 나가면 된다. 도시 전체의 모습부터 그린 후 각 부분을 거기에 맞추라고 하는 것은 수천 년간 뿌리 깊이 이어져 온 벼슬아치 근성의 잔재인지 모른다. 도시계획의 주인은 중앙이 아니라 지방의 주민임을 인정했으면 좋겠다. 그래야 도시계획에도 경쟁이 생겨나고 소비자 주권이 확립될 수 있다.

반복하지만, 작은 단위로 계획이 이루어져야 사람들에게 선택의 여지가 생겨난다. 각 지역의 자유에 맡겨 놓으면 당연히 다양한 모습의 도시계획이 등장하게 될 것이며, 사람들은 자신의 마음에 드는 곳을 선택해서 이사를 갈 수도 있을 것이다. 중앙정부가 도시 전체의 모습을 획일적으로 그려놓고 나면 시민들에게는 선택의 여지가 사라진다. 국민은 존재할지언정, 시민이나 구민이나 군민은 사라지고 마는 것이다.

더욱 중요한 것은 대다수의 보통 시민들은 도시 전체의 모습에 대해서 관심이 없다는 사실이다. 도시 전체의 모습과 사람들의 삶의 질 사이에 관련이 없기 때문이다. 서울시 전체의 모습이 4각형이든 5각형이든 별 모양이든 일반시민들은 관심을 두지 않는다. 도면이나 인공위성 사진으로 보지 않는 한, 도시 전체의 모습은 일반시민들의 눈으로 볼 수도 없다. 보통사람들의 관심은 걷거나 차를 타고 갈 때 자기 앞에 펼쳐지는 광경에만 쏠린다. 따라서 그렇게 시민들의 눈앞에서 펼쳐지는 광경을 아름답게 만드는 것은 의미가 있지만, 도시 전체의 모습을 아름답게 디자인한다는 것은 의미가 없다.[17] 전체의 모습은 부분적으로 디자인된 것들의 합이어야 한다. 그럴 때에 비로소 도시계획은 주민들 한 사람 한 사람을 위한 것이 된다.

그래도 도시계획은 사정이 좀 나은 편이다. 민주화 이후 중앙정부가 가진 권한 중 상당부분이 지방으로 이양되었고, 그 결과 부분적으로나마 지방정부들이 자기 동네의 모습을 스스로 만들 여지가 꽤 늘었기 때문이다. 정말 심각한 부분은 국토계획이다. 국토계획의 핵심은 어떤 땅을 농지로 하고 어떤 땅을 임야로 할 것이며, 도시의 면적은 어느 정도로 할 것인지 등을 결정하는 일이다. 이 문제에 대해서 중앙정부가 가지는 권한은 거의 절대적이다. 특히 농지와 임야에 대해서는 더욱 그렇다. 그렇다 보니 지방 주민들의 입장에서, 그리고 토지 소유자인 농민의 입장에서 보았을 때, 규제를 풀어서 학교를 만들거나 택지를 만드는 것이 좋은 땅인데도 중앙정부는 계속 농지로 남겨 놓으라

---

17) 이에 관해서 미국의 Jane Jacobs가 long view와 foreground view를 구분하는 것도 비슷한 관점이다. J. Jacobs, *The Death and Life of Great American Cities*(Random House, 1961).

고 강요하는 일이 비일비재하다.

물론 특정한 땅을 사용함으로써 다른 지역 주민에게 심각한 악영향
을 준다면 중앙정부가 규제할 수도 있을 것이다. 예를 들어, 새만금방
조제 같은 것은 서해안 전체의 조류 흐름에 영향을 줄 것이고, 그 결
과 전라북도 주민뿐만 아니라 우리나라의 전체 국민이 피해를 입을 수
도 있기 때문에 전라북도에게만 맡기지 않고 중앙정부가 관여할 필요
가 있다. 그러나 대다수의 토지이용 프로젝트들이 다른 지방에 미치는
효과는 미미하며, 그렇기 때문에 중앙정부가 지방의 토지이용에 일일
이 관여할 이유는 없다.

이제 농지와 임야를 어떻게 사용할지는 토지 소유자와 지방주민들
의 결정에 맡겨두어야 한다. 중앙정부가 도시지역이니 관리지역이니
하는 식으로 전 국토의 용도를 지정하는 일은 하지 말아야 한다. 중앙
정부의 입장에서 꼭 필요한 농지나 임야가 있다면 자기 돈을 주고 구
입하던가 아니면 묶어두는 조건으로 충분한 보상을 해주는 것이 옳다.
중앙정부도 자신의 행동에 대해서 비용을 지불해야 하기 때문이다. 도
시계획의 주인은 중앙정부가 아니라 동네 사람들이다.

건축협정제를 되살리자

한동안 건축협정제라는 것을 놓고 기독교계가 떠들썩했던 적이 있
다. 건축협정제가 도입되면 교회를 짓기가 어려워진다는 반대 때문이
었다. 정부여당에서 내놓은 안이었는데, 2005년 9월 정작 본격적 법
안 심의과정에서 슬그머니 폐기되어버렸다. [18] 지방자치다운 지방자치
를 해볼 수 있는 좋은 기회였는데 정말 안타깝다.

---

18) 2005년 3월 23일 정부와 여당은 건축협정제를 도입하기로 합의했고, 같은
    해 5월에 입법 예고된 바 있다.

건축협정제는 동네주민들이 합의해서 자기 나름대로의 '건축법'을 제정할 수 있게 허용하는 제도다. 건축과 관련하여 일종의 자생적 자치정부를 인정한다는 아이디어 자체는 매우 혁명적이고 바람직한 것이지만, 구체적 내용과 관련해서는 고칠 곳이 여러 군데 있었다.

가장 큰 문제는 당시에 입법 예고되었던 한국형 건축협정제가 절름발이였다는 사실이다. 구체적 문제는 이렇다. 건축협정을 통해서 현재 건축법이나 조례로 금지되지 않았거나 허가된 건축행위를 할 경우는 주민들이 서명한 건축협정이 유효하다. 그러나 기존 건축법이나 조례로 금지하는 것을 건축협정으로 허용하는 일은 용납되지 않는다. 즉, 지금까지 논의된 건축협정제는 건축법이 허용하는 것을 추가적으로 금지하는 수단은 되지만, 건축법이 금지하는 것을 허용하는 수단은 되지 못했다.

제도를 이처럼 절름발이로 만들 이유가 있을까. 허용행위가 다른 블록의 사람들에게 심각한 피해를 주지 않는 한, 건축협정이 건축법을 타넘을 수 있어야 한다. 그러기 위해 다음과 같은 방법을 생각해 볼 수 있다.

각 블록단위의 건축협정을 시군도시계획위원회에서 심의해서 큰 문제가 없다면 시장군수가 그것을 구속력 있는 계약으로 인정해 주자. 심의결과 인접블록에 대해서 심각한 피해를 줄 것으로 예상된다면 시장군수가 조정한 후에 승인해 준다. 이렇게 되면 건축법이나 조례는 일종의 '디폴트 법'(default rule)의 역할을 하게 된다. 즉, 이해당사자들간의 건축협정에서 특별한 규정이 없을 경우는 건축조례를 따르게 하고, 건축조례에도 규정이 없으면 건축법을 따르게 하는 방식이다. 그것이 진정한 의미의 상향식 규제다. 그리고 건축과 관련된 자생적 정부를 인정하는 것이기도 하다.

저자의 제안에 대해 낯설어 하는 사람들이 많겠지만, 사실 민법과 계약 간의 관계는 기본적으로 이런 식이다. 즉, 당사자간에 특별한 약정이 있으면 그 약정에 따르되, 약정이 없다면 민법이나 법원이 관여하는 방식이다. 건축협정을 그런 식으로 인식하지 못할 이유가 없다.

물론 건축협정제를 하더라도 걱정거리는 있다. 가장 큰 걱정거리는 사후적 기회주의 문제다. 집을 지으려면 인근지역에의 피해는 불가피하다. 공사과정에 소음과 먼지가 나는 것은 말할 것도 없으려니와 높은 건물을 짓게 되면 조망과 일조 등 인근건물에 피해를 주기 십상이다. 하지만 타인에 대한 피해를 방지한다고 그런 피해들을 완전히 없애려면 건축행위 자체가 불가능해진다. 따라서 어느 정도는 참고 살아야 하는 것이 도시생활의 기본이다. 그러나 사람들은 기회주의적으로 행동하는 경우가 많다. 자기는 건물을 다 지어 놓고 다른 사람이 집을 지으려고 하면 피해를 내세워 일조권, 조망권, 소음, 진동에 대한 대책마련을 요구한다. 주변에 고층건물들이 들어설 때마다 아파트 주민들이 현수막을 내걸고 구청에 항의하는 현상은 대부분 그런 것이다. 이런 기회주의적 행동들은 매우 비효율적 결과를 초래한다. 자기 땅이라면 고밀도로 이용할 것을 남의 땅이라고 못쓰게 하는 일이다. 그런데 모든 토지는 다른 사람들에게는 모두 다 남의 땅이기 때문에 결과적으로 모두 다 저밀도 이용밖에는 하지 못하는 결과가 초래될 수 있다. 건축협정과 관련된 걱정거리는 이 제도가 이런 식의 결과를 초래할 수 있다는 것이다. 이것을 어떻게 막아야 할지 구체적 아이디어는 없지만, 아마도 보상요건을 부여하는 것이 가장 타당한 방식일 것 같다.

한편 저자가 제안하는 식의 건축협정은 새로운 단독주택용 택지를 분양할 경우 매우 유용하게 사용될 수 있을 것이다. 즉, 단독주택지역(전원주택지 포함) 을 조성해서 분양하는 경우 분양자 또는 사업자가 건축협정을 미리 마련하고 거기에 동의하는 사람들만 분양받게 하는 것이다. 따라서 모든 입주자들은 자신들이 동의한 그 건축협정에 따라야 한다. 그렇지 않으면 계약위반으로 손해배상을 하게 하든가, 아니면 협정의 위반자에 대한 배상규정을 둘 수 있을 것이다. 어쨌든 그 건축협정이 분양되는 주거지역의 전반적 분위기에 큰 영향을 줄 수 있을 것이다. 그리고 좋은 규칙을 제공하는 지역일수록 높은 분양가를 받을 수 있을 것이기 때문에 분양업자들은 건축협정의 내용을 좋게 만들려고 할 것이다.

예를 들어, 그 지역에 들어올 사람들이 미국의 주거지역에서와 같이 주택의 색깔이 파스텔 톤으로 통일된 것을 좋아할 것으로 예상된다면 분양업자들은 건축협정으로 주택의 색깔까지 규제하려고 할 것이다. 그런 주거지역에 대한 수요가 있는 한 그런 규칙을 제공해야 높은 가격을 받을 수 있기 때문이다. 이건 시장이 소비자가 원하는 생활규칙, 또는 건축규칙을 공급함을 뜻하기도 한다. 그러기 위해서는 건축협정에 의해서 공급되는 주택지역이나 또는 다른 단지들에 대해서는 건축법이나 기타 기존의 건축과 관련된 법들은 면제해 주어야 한다. 다만 그 단지에서의 행위가 단지의 외부에 해를 끼칠 경우에 한해서만 법으로 규제해 주면 된다.

이런 일을 가능하게 하기 위해서 정부가 특별히 해야 할 일은 없다. 이해당사자들끼리 맺은 협정(또는 약속)을 법률보다 높은 곳에 위치시켜주기만 하면 된다.

우리는 이런 방식의 가능성과 희망을 파주 북시티와 헤이리 예술마을에서 찾아볼 수 있다. 이들은 건축물을 지을 때 건물의 형태와 외장재까지도 사전에 자신들의 동의하에 마련된 건축지침과 건축가와의 상의를 통해서 한다. 이 일은 건축주와 건축가들 간의 자발적인 '위대한 계약'에 의해서 가능했다.[19] 정부가 규제를 풀더라도 스스로의 협상을 통해서 지역사회 전체에 이로운 토지이용이 가능할 수 있다는 것에 대한 희망적 증거가 아닐까. 앞으로 이런 일이 더 많이 일어나도록 건축협정 논의를 되살리고, 궁극적으로 건축법보다 높은 곳에 위치시키는

---

19) 정형탁, "헤이리 문화예술축제·부천 루미나리에를 찾아,"《기전문화예술》(2003년 11, 12월호) (http://www.kcf.or.kr).

것이 좋겠다.

주거-상업지역 구분이 없는 도시 휴스턴[20]

지금까지 토지시장에서 시장의 실패가 나타날 경우 그것을 치유할
수 있는 능력은 정부에게만 있다는 전제하에 논의를 전개했다. 그러나
현실적으로 그 전제는 성립하지 않을 수 있다. 시장은 시장의 실패를
스스로 치유하는 능력도 가질 수 있기 때문이다. 미국 남부의 큰 도시
휴스턴은 대표적 증거이다.

도시계획의 가장 중요한 부분이 용도지역제임은 이미 설명한 바 있
다. 도시 내의 땅을 주거지역, 상업지역 등으로 구분해서 정부가 각각
에 속한 땅의 용도를 규제하는 제도이다. 세계 대부분의 대도시들이
법에 의한 용도지역제를 가지고 있는데, 유독 휴스턴(Houston)에는
그런 것이 없다. 1940년에 세워진 이 도시는 주민투표를 통해서 용도
지역제를 실시하지 않기로 결정했고, 지금까지 땅을 강제로 주거지역,
상업지역 등으로 나누는 용도지역제가 없다.

그런데 우리가 관심을 두어야 할 것은 용도지역제가 없다고 해서 토
지 소유자가 제멋대로 토지를 써도 되는 것은 아니라는 사실이다. 첫
째, 휴스턴의 토지이용은 '토지분할규칙'(*The Rules of Land Subdivi-
sion*)의 규제를 받는다. 이 규칙은 최소 대지규모, 대지경계선으로부
터 떼어야 할 거리(*set back*), 건축선의 지정, 대지규모와 하수관 간의
관계 등을 규정한다. 정부의 규제는 거기까지다.

그 다음의 토지이용은 토지 소유주들간에 맺은 '약관계약'(*restrictive*

---

20) Bernard H. Siegan, *Land Use Without Zoning*(DC Heath and Compa-
   ny, 1972).

covenant)에 따르게 되어 있다. 대개 최초의 약관은 나대지를 개발한 개발업자(*developer*)에 의해서 작성된다. 단지 내의 토지나 건물을 분양받고자 하는 자는 약관이 규정하는 기간 동안, 그 약관이 규정하는 규제사항을 지켜야 한다. 그 업자에 의해서 개발된 단지 내의 모든 필지들이 약관의 적용을 받는다. 약관으로서 규제할 수 있는 내용에는 건물의 크기와 용도, 건축양식 등 토지의 이용에 관한 제반 사항이 포함될 수 있다. 약관이 유효한 기간은 해당 약관이 정하는 바에 따르지만 15년인 경우가 많다. 유효기간이 지나면 약관에 서명한 사람들끼리 주민투표를 통해 해당 약관을 계속 유지할 것인지에 대해 투표한다. 51%가 폐기를 찬성하면 약관은 폐기된 것으로 간주한다. 누군가가 그 약관을 위반하면 단지 내의 다른 사람이 법원에 소송을 제기할 수 있다. 이때 휴스턴 시청이 주민들의 신고를 받아 대신 소송을 담당하는 경우가 많다. 약관의 위반사례가 있었음에도 불구하고 소송이 제기되지 않으면 법원에 의해 약관이 폐기된 것으로 간주된다.

물론 개발업자가 최초에 땅을 분양할 때 어떤 약관계약을 만들지는 전적으로 그의 자유의사에 달려 있다. 약관 없이 분양해도 그만이다. 약관은 순수한 계약이다. 그럼에도 불구하고 대다수의 개발업자들이 분양받는 사람들에게 약관에 동의할 것을 요구하는 것은 그렇게 하는 것을 피분양자들이 원하기 때문이고, 또 그렇게 해야 더 비싼 값에 땅과 주택을 분양할 수 있기 때문이다.

휴스턴의 토지이용을 상세히 연구한 시건(Siegan) 교수[21]는 엄격한 토지이용규제가 없음에도 불구하고 휴스턴의 도시구조가 다른 도시들과 크게 다르지 않을 뿐만 아니라, 경제사회적 환경의 변화에 대해서 토지이용 패턴이 유연하게 적응했다고 한다. 또 주택에 대한 수요가 늘어서 집값이 뛸 때도 택지와 주택이 신속하게 공급되기 때문에 주택

---

21) 위의 책.

과 택지의 가격이 싸다.

더욱 흥미로운 것은 득표결과를 분석한 결과 부자들이 모여 사는 동네일수록 용도지역제를 도입하자는 의견이 강했고, 가난한 사람들이 사는 동네일수록 용도지역제에 반대표를 던졌다는 사실이다. 결국 수적으로 우세한 중·저소득층이 이기긴 했지만, 만약 부자들이 이겼다면 엄격한 토지이용규제를 통해서 가난한 사람들의 형편을 더 어렵게 만들었을 것이다. 용도지역제의 이익은 부자일수록 더 크게 본다는 사실을 잘 보여주는 투표결과이다.

상업지역 같은 주거지역들 : 도시계획의 실패 1

시장은 실패의 가능성을 안고 있지만, 실패를 스스로 치유하는 능력이 나타나기도 한다. 시장의 실패가 명백히 나타날 경우 도시계획이나 토지규제 같은 것이 필요할 수 있지만, 그때도 원칙은 시장 흉내내기여야 한다. 그러나 현실에서의 규제와 계획은 시장의 실패보다 더 참담한 실패를 빚어내는 경우가 많다. 시장의 실패가 아니라 정부의 실패인 것이다. 가장 대표적인 것 가운데 하나가 우리나라의 주거지역제도이다.

도시계획구역 내의 토지에 대해서는 국토계획법(예전에는 도시계획법) 및 건축법에 의하여 용도지역이 지정된다. 상업지역이니, 주거지역이니, 공업지역이니 하여 지정된 것이 바로 그것이다. 상업지역과 주거지역을 구분한 것은 사무실이나 상점 등 상업시설이 주거시설과 인접하여 있을 경우 상업시설이 주거시설에 피해를 주기 때문이다. 원칙적으로 상업시설은 상업지역에, 주거시설은 주거지역에만 위치하도록 한다면 주거활동이 상업활동에 의하여 피해를 받을 염려가 없어질 것이라는 생각에서였다. 그러나 실제의 주거지역은 주거환경이 지극히 열악한 상태에 머물러 있다.

우리나라의 도시에서 주거지역이 차지하는 비중은 녹지지역을 제외하고 실질적으로 사용되는 토지면적의 거의 80%를 차지한다. 만약 주거지역제도가 주거환경을 좋게 만든다면 도시의 전 지역이 주거하기에 편안한 지역이 되었어야 한다. 그러나 현실적으로는 주거지역이 있는지 없는지조차도 알 수 없을 정도로 도시의 주거환경은 열악하다. 무엇보다도 아이들이 주거지의 골목에 나가서 놀 수가 없다. 주거지의 뒷골목들에도 많은 차들이 다니고, 그 근본적 원인은 주거지들에 음식점이나 모텔, 편의점, 술집 등 상업시설이 마음대로 들어설 수 있기 때문이다. 서울의 서초동 법원청사 앞 동네는 거의 대부분이 변호사 사무실이 차지하고 있을 뿐 주택은 찾아볼 수 없다. 그런데도 그 지역의 용도지역은 주거지역으로 되어 있다. 거기 말고도 명색이 주거지역인 동네 중에서 실질적으로 상업지역이 되어버린 곳이 한두 곳이 아니다. 그럴 정도이니 우리나라의 주거지역에서 무슨 주거환경을 기대할 수 있겠는가.

이런 일이 발생한 까닭은 주거지역에 이른바 '근린생활시설'의 입지가 광범위하게 허용되기 때문이다. 주거와 상업기능을 너무 철저히 분리할 경우 조그마한 물건을 사거나, 또는 식구들끼리 간단히 외식을 하려 할 경우도 상업지역으로 가야 하는 불편이 있을 수 있다. 따라서 일상생활에 필수적 시설들이라면 상업시설도 주거지역에 허용할 필요가 발생한다. 근린생활시설이라는 것이 그것이다. 건축법에 의한 근린생활시설이란 대중음식점, 다방, 기원, 슈퍼마켓, 일용품점, 다과점, 소규모의 사무실 등을 일컫는다. 이 중 대중음식점은 그 면적에 상관없이 근린생활시설로 분류된다. 주거지역 내에 대중음식점의 입지를 허용한 것은 그것이 그 동네사람들의 생활편의를 위한 것임이 분명하다. 그러나 현실은 그렇지 않은 경우가 많다. 대중음식점이란 하나하나가 따로 떨어져 있을 경우는 그 시장의 범위가 매우 좁지만, 여러 개가 모여서 하나의 음식점 지역을 이루게 되면 상권의 범위가 매우 넓어진다. 강남지역에 위치한 많은 음식점 골목들이 그 동네사람들만을 위한 것이라고 생각할 사람은 아무도 없을 것이다. 서울시내의 모든 사람들을 고객으로 하는 지역이 되어버린 것이다. 게다가 많은 술집들이 대중음식점의 간판으로 영업하기 때문에 음식점 골목은 술집 골목임을 의미하기도 한다. 이태원을 보라. 대부분의 토지가 술집으로 이용되는 이태원이 일반주거지역이라는 사실을 안다면 놀라는 사람들이 많을 것이다.

주거지역의 광범위한 상업지역화에는 상업지역으로 지정된 면적이 지나치게 좁다는 데에서도 그 이유를 찾아볼 수 있다. 서울의 경우 녹지를 제외한 전체의 토지 중 주거지역으로 지정된 토지의 비율은 85%인데 비하여 상업지역은 6%에 불과하다. 그나마 이 면적도 일반상업지역일 뿐이고 중심상업지역이나 근린상업지역으로 지정된 토지는 전무한 실정이다. 이러한 사정은 나머지 대도시의 경우에도 큰 차이가 없다. 상업시설에 대한 수요는 엄연히 존재하는데, 상업용지의 공급이 이루어지지 않을 경우 사람들은 당연히 상업지역이 아닌 다른 지역, 즉 주거지역에서 그 해결책을 찾으려 할 것이다. 주거지역 내에 형성되는 먹자골목이나 술집골목이 그 대표적 현상이다.

먹자골목, 술집골목 등 집단적 상업시설은 우리의 생활에 반드시 필요한 것이기 때문에 도시 어딘가에는 형성될 수밖에 없다. 문제는 그것의 위치이다. 분명한 것은 그러한 기능과 주거지역은 분명히 분리되어야 한다는 것이고, 그러기 위해서는 그러한 기능이 주거지역에서 차지하는 면적을 제한함과 더불어 상업지역의 지정면적을 확대할 필요가 있다.

상업지역을 늘려야 한다는 제안에 대하여 공무원들은 난색을 표한다. 기존의 주거지역이 상업지역으로 변경되면 용적률, 건폐율 등에서 많은 이점이 주어지기 때문에 당연히 땅값은 상승하게 될 것이고,

252

그에 따른 특혜시비가 일어 그것을 추진한 공무원은 곤란한 지경에 처하게 된다는 것이 그들의 변이다. 여론이 문제이다. 우리의 현실에서 충분히 공감이 가는 이야기이다. 우리의 용도지역제가 안고 있는 이러한 문제를 해결하려면 일차적으로 누가 돈을 조금 더 버는가의 문제보다는 그것을 통하여 얼마나 많은 대중이 간접적 이익을 보게 되는가의 문제로 우리 모두의 관심을 전환하는 것이 필요하다.

일조권 규제 때문에 죽어버린 마당들 : 도시계획의 실패 2

우리나라의 단독주택지역에는 죽은 땅들이 많다. 집의 북쪽에는 대개 뒷집 담과의 사이에 일정한 간격이 떨어져 있는데, 해가 들지 않는데다가 그 폭이 좁기도 해서 완전히 쓸모 없는 땅이 되어버렸다. 폭이 좁다고는 하지만, 길이가 길기 때문에 면적으로는 꽤 큰 땅이다. 예를 들어, 폭이 50센티미터라고 해도 전체의 길이를 10미터라고 하면 그 면적은 5제곱미터, 즉 1.5평 정도가 된다. 그 동네의 평당 토지가격을 천만 원이라고 본다면 천 5백만 원이라는 엄청난 금액이 사장되어 있는 셈이다. 토지의 낭비는 거기서 그치지 않는다. 북쪽의 간격을 그렇게 띄우려다 보니 남쪽의 마당도 거의 구실을 못하게 되어버렸다. 그 부분까지 따진다면 엄청난 땅이 사장되는 것이다. 이런 현상의 궁극적 원인은 어리석은 일조권 규제 때문이다.

우리나라 사람들은 남향을 참 좋아한다. 남향집은 여름에 시원하고 겨울에 따뜻해서이다. 그래서인지 아파트도 남향집은 값이 더 나간다. 마당도 남쪽에 있어야 쓸모가 많다. 해가 드는 남쪽 마당에 장독대를 두면 장이 맛있어진다. 그뿐인가. 빨래도 잘 마르고 나무와 잔디와 화초도 잘 자란다. 그래서 마당은 해가 잘 드는 남쪽에 있어야 한다. 그런데 집집마다 그 마당이 집의 북쪽으로 가버려서 해도 안 들고 완전히 죽은 공간이 되어버린 것이다.

그 원인은 지극히 선한 입법자의 의도로 시작된 일조권 규제 때문이다. 일조권 규제의 발상은 이렇다. 해는 남쪽에 있기 때문에 건물이 지어지면 북쪽에 그림자가 생기고, 북쪽 토지의 거주자는 피해를 입는다. 그 피해를 막으려면 남쪽 토지의 소유자가 북쪽 토지로부터 일정 거리를 떼고 건물을 지어야 한다. 일조권 규제는 실제로 그렇게 만들어졌다. 그러다 보니 집집마다 해가 안 드는 북쪽에 빈 땅이 생겨나고 정작 필요한 남쪽 땅에 있는 마당은 면적이 줄어서 쓸모 없이 되어버린 것이다.

우리나라의 건축법에 일조권 기준이 처음 들어온 것은 1976년부터다.[22] 도입 당시에는 일조의 확보를 위해서 남북 양쪽에 모두 일정 거리를 띄우고 집을 짓게 했었는데, 그러다 보니 집을 지을 수 있는 면적이 지나치게 좁아지는 폐단이 생겼다. 집터가 좁은 곳은 2층을 올리기도 어렵게 되는 문제도 생겨났다. 그러다가 1978년부터 남쪽은 50cm만 띄우고 북쪽으로는 2m 이상 띄워야 하는 이상한 규제가 등장했다. 그 결과 마당은 있으되 화단은 사라지고, 된장을 위한 장독대가 그늘에 묻히게 되었다. 1999년 이후 규제의 내용이 개선되긴 했지만, 20여 년 동안 지속된 이상한 일조권 규제의 여파는 아직도 주택가 곳곳에 흔적이 남아 있다. 시민들을 위한답시고 들여온 규제가 가뜩이나 비싸고 부족한 땅을 낭비하게 만든 것이다. 대표적인 정부 실패의 사례이다.

---

22) 일조권제도의 변천과 그 효과에 대해서는 '윤혁경의 건축법 해설' 웹사이트를 참조했다. 윤혁경은 서울시의 베테랑 건축공무원인데, 이 웹사이트에는 건축법과 관련된 여러 가지 재미있는 이야기들이 많이 실려 있다(http://www. archilaw. org).

국회와 법원 앞의 난쟁이 건물들: 도시계획의 실패 3

여의도는 광장대로를 중심으로 동과 서로 나뉘는데, 동쪽에는 고층 빌딩들이 많다. 한동안 우리나라에서 가장 높은 건물이었던 63빌딩이 동여의도에 있다. 그뿐 아니라 LG 트윈타워, 증권가의 증권회사 사옥들이 대부분 30층 이상이다. 그러나 길을 건너면 건물들이 난쟁이가 된다. KBS, 수출입은행, 중소기업회관 등이 모두 10층인데, 거기에는 그럴 만한 사연이 있다.

여의도는 본래 모래섬이어서 땅콩 밭 외에는 쓸모가 없었다. 그러다가 1970년 박정희 대통령이 여의도에 큰 꿈을 그리기 시작했다. 계획을 맡은 사람은 당대 최고의 건축가였던 김수근과 그 팀이었다. 그들이 만든 여의도의 계획안은 브라질의 새로운 수도인 브라질리아처럼 광장을 중심으로 고층건물들을 짓는 것이었다.

광장의 동쪽, 즉 지금의 증권가가 형성되어 있는 쪽은 지금 우리가 보고 있듯이 그 계획이 잘 맞아 들어갔다. 그러나 서쪽에서는 1975년 국회의사당이 들어서면서 완전히 사정이 달라졌다. 문제의 발단은 국회사무처가 민간인은 국회의사당보다 높은 건물은 짓지 못하게 하라고 서울시에 압력을 가하면서부터였다.[23] 그 당시의 지방정부는 오늘날보다도 훨씬 힘이 없어서 실질적으로 중앙정부의 지방사무소 같은 존재였다. 사정이 그러하다 보니 서울시가 국회의 압력에 굴복하는 것은 자연스러운 일이었다. 그래서 국회의사당 주변의 땅들은 최고고도지구로 지정되었고, 건물들은 모두 난쟁이가 되어버린 것이다. 많은 토지 소유자들의 재산권을 엄청나게 침해하는 일임에도 불구하고 고도를 제한하는 것이 우리의 헌법정신에 맞는 일인지에 대해서 국회에서 논의된 적조차 없었다. 그저 사무처에서 서울시에 압력을 가한 것이 전

---

23) 손정목, 《서울도시계획이야기 2》(한울, 2003), p. 90.

부였다.

그런 사정은 서초동의 법원·검찰청 청사주변도 마찬가지다. 서초동에 법원과 검찰청사계획이 확정되면서 그 앞 4만 평 가까운 사유지가 높이 18m, 층수로는 6층 이하의 건축물만 건축이 가능하도록 최고고도지구로 지정되었다(1980년 서울시 고시 제437호).[24]

국회든 법원이든 권위를 세우는 일은 분명 필요하다. 그러나 주변건물의 높이를 낮추어서 권위가 서는 것은 아닐 것이다. 꼭 그래야 하겠다면 규제를 당하는 주변 토지 소유자들에게 상응하는 보상을 해주었어야 했다. 불행히도 시민들의 생명과 재산을 보호하는 일의 가장 선봉에 서야 할 국회와 사법부가 재산권 침해의 선봉에 서버렸다. 그런 도시계획은 시장을 보완하는 것이 아니라 시장을 파괴하고 지배하는 행위이다. 도시계획과 토지이용규제라는 권력이 시민들의 이익이 아니라 권력자의 이익을 위해 사용되기 십상이라는 증거이기도 하다.

실패한 유토피아, 브라질리아

도시가 만들어지는 경로를 극단적 이념형으로 구분한다면 정부의 개입 없이 자생적으로 형성되는 도시와 거의 모든 것이 정부의 계획에 의해서 만들어지는 도시의 두 가지로 나누어 볼 수 있겠다. 물론 현실 속에 존재하는 도시들은 대부분 그 중간의 어디인가에 위치한다. 즉, 어느 도시이든 정부의 계획 또는 개입과 시민들의 자발적, 자율적 선택이 동시에 작용해서 형성된다. 그러나 정도의 차이는 분명 존재한다. 어떤 도시는 시장의 자발적 힘이 강하게 작용하고, 어떤 도시는 계획가의 인위적 계획이 강하게 작용해서 도시가 형성된다. 계획가의

---

24) 위의 책, p.94.

힘이 가장 강하게 작용했던 도시로는 브라질의 수도 브라질리아, 구소련의 수도 모스크바가 대표적이다.

브라질리아는 브라질에서 사회주의 정부가 집권한 이후, 사회주의 이념에 맞게 새로운 국가를 이룩하려던 계획의 하나로 만들어진 도시이다. 브라질리아가 만들어진 시기는 1956년부터 1960년까지이며, 다른 많은 도시들과는 달리 거의 어떠한 시장(市場)의 '간섭'도 받지 않고 계획가와 공무원들의 결정만으로 지어졌다. 도시계획의 결정판이라고 불릴 만한 도시이다.

이 도시의 계획이 담고 있는 이념은 도시 전체의 형상에서도 그대로 드러난다. 브라질리아를 하늘에서 내려다보면 비행기의 모양을 하고 있으며, 조정실에 해당하는 위치에는 정부의 공공건물들이 있고, 양 날개에는 주거지역이 배치되어 있다. 이 도시를 이끌고 나가는 것은 정부의 공무원들이며, 주민들은 그들의 인도를 받아서 따라가는 존재인 것이다.

겉모습만으로는 브라질리아는 지금의 기준에 비추어 보더라도 쾌적해 보인다. 건물과 건물의 간격은 널찍하며, 건물 입주민들은 넓은 시야를 즐길 수 있다. 고속도로들도 시원하게 뚫려 있다. 위성도시들은 중심도시가 50년 전에 계획되었던 대로의 모습을 그대로 유지할 수 있도록 20km나 떨어져서 조성되었다. 그리고 설계 이후 40년이 넘었는데도 최초 설계자인 루치오 꼬스타(Lucio Costa)의 '작품'이 훼손되지 않도록 본래의 계획에서 벗어난 건물들은 지을 수 없으며, 또 실제로도 짓지 않았다.

그러나 겉모습과는 달리, 브라질리아에서 살아가는 것은 그리 쾌적하지 못하다. 구체적 생활의 동선들이 너무나 이상적인 '미래'사회에 맞추어져 있어서 세속의 사람들이 살기에는 너무 불편하다. 예를 들어, 시장에 한번 가려면 자동차를 타고 30분을 가야 하며, 건너편에 보이는 동네로 옮겨가려 해도 옮겨갈 통로가 마땅치 않다. 당초 계획

에는 보행자를 위한 공간이 없었기 때문이다. 그래서 중앙광장에서조
차 보행자들은 자동차와 뒤섞여 다녀야 한다. 한마디로 사람이 살기에
적합하지 않은 도시라고 할 수 있다.

게다가 정부를 빼고 나면 전혀 자생력이 없는 도시이다. 기존의 수
도였던 리우데자네이루와 수백 킬로나 떨어져 만들어진 데다가, 주변
에 수백 킬로 내에 아무것도 없는 황무지에 지어졌기 때문에 새로운
수도가 들어왔는데도 그것을 따라 들어오는 산업이 없었다고 한다. 그
래서 만들어진 지 50년이 다 되었는데도 여전히 많은 사람들이 주말에
브라질리아와 리우데자네이루를 오가고 있다.

이 도시는 당대 최고의 건축가로 꼽혔으며, 건축가들 사이에서는 아
직도 전설적 존재인 르 꼬르비제(Le Corbusier)의 사상을 그대로 담고
있다. 브라질리아의 설계자인 꼬스타는 공산주의 사상까지 포함해서
그의 충실한 사상적 제자였기 때문이다. 르 꼬르비제에게 건축가 또는
도시계획가는 신 같은 존재여야 했다. 다음의 말이 그의 사상을 단적
으로 보여준다. "도시가 조화로워지려면 도시를 제대로 이해하는, 능
력 있는 계획가가 계획을 세워야 하며, 일단 계획이 완성되고 나면 어
느 누구로부터 어떠한 반대도 허용되어서는 안 된다." 그의 사상을 이
어받은 꼬스타 역시 마찬가지였다.

브라질리아는 꼬스타의 계획대로 차질 없이 완성된다. 그러나 그의
뜻대로 안 되는 것이 있었으니 바로 사람들의 자발적 이주였다. 계획
된 것보다 많은 빈민들이 살 곳을 찾아 이주했다. 브라질 정부는 처음
에는 철저한 철거로 대응했지만 결국은 손을 들 수밖에 없었고, 양성
화하기에 이른다. 다만 다른 도시와 다른 것은 브라질리아에서 멀리
떨어진 곳에 위성도시 형태로 불법주거지를 허용한 것이다. 1960년대
중반에는 벌써 이 인구는 연방정부지역의 계획인구인 30만의 3분의 1
인 10만이 되었고, 1973년에는 15만에 이르렀다. [25] 이들의 대부분은
빈민으로 구성되어 있다.

이 같은 불법주거지의 형성은 당초의 계획에 비추어 보면 매우 역설
적인 현상이다. 당초 계획가의 의도는 계급이 없는 도시를 만드는 것
이었다. 브라질리아로부터 그 일을 해나가면 곧 브라질 전체의 계급이
사라질 것으로 보였다. 그러나 현실적으로 닥쳐온 현상은 부자와 가난
한 자의 철저한 분리와 소외였다. 원래 계획대로 지어진 브라질리아는
부자들의 도시이고, 불법주거지는 철저히 가난한 자들의 도시가 되었
기 때문이다.

브라질리아의 도시계획에는 토지의 가격이나 토지시장, 토지의 가
치에 부합되는 효율적 토지이용 같은 개념은 애초부터 들어설 자리가
없었다. 당시의 계획가에게 그런 것들은 철저히 폐기해야 할 부르주아
적 개념들이었으니 충분히 이해할 만하다. 그러다 보니 그 거대한 도
시의 어느 곳에서도 효율적 토지이용의 흔적은 찾아보기 힘들다. 토지
이용 효율성의 가장 대표적인 척도는 가치가 높은 토지일수록 고밀도
로 이용하는 것이다. 토지시장이 작동하는 곳에서는 너무나 당연한 원
리이다. 그러나 브라질리아에는 그것이 전혀 당연하지 않다. 다음의
〈그림 7-1〉에서 볼 수 있듯이 오히려 그 반대의 현상이 뚜렷하게 드
러난다. 이 그림에서 횡축은 도심으로부터의 거리이고 종축은 밀도를
나타낸다. 도심 또는 직장에 가까운 토지일수록 가치가 높기 때문에
밀도가 높아져야 할 텐데, 브라질리아는 도심에서 거리가 멀어질수록
밀도가 높아지는 것이다. 유토피아의 건설은 토지시장의 원리나 토지
이용의 효율성을 철저히 무시하고 이루어졌고, 결과적으로는 매우 살
기 불편한 도시가 만들어지고 말았다. 유토피아라는 말의 뜻은 '존재
하지 않는 곳'이다. 브라질리아를 보면서 유토피아는 정말 존재하지
않는 곳임을 다시 한번 확인하게 된다.

---

25) Peter Hall, *Cities of Tomorrow* (Blackwell Publishing, 2002), pp. 233~
235.

〈그림 7-1〉 브라질리아의 인구밀도 분포

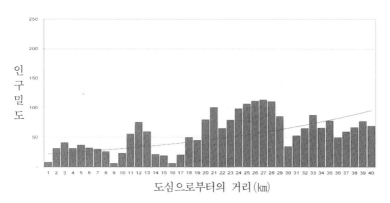

자료: A. Bertaud, "The Cost of Utopia: Brasilia, Johannesburg, and Moscow" (2001), p. 8.

유토피아의 원조, 모스크바

브라질의 사회주의 정권이 브라질리아를 건설했던 시기는 소련의 영향력이 전 세계로 퍼져가던 시기이다. 결국은 그것이 허풍에 불과한 것임을 알게 되었지만, 소련이 경제개발계획을 통해서 엄청난 경제발전을 이룩했다고 모든 사람이 믿던 시대였다. 브라질리아처럼 새로 지어진 도시는 아니지만, 모스크바 역시 시장을 무시하고 계획가나 정치가가 꿈꾸는 대로 건설되는 것은 너무나 당연한 일이었다.

모스크바는 지어진 시기를 기준으로 크게 네 개의 동심원으로 구성된다. 가장 중심부는 볼셰비키혁명이 일어나기 전에 형성된 지역인데, 세계의 다른 도시들과 마찬가지로 중심으로 갈수록 고밀도의 이용이 이루어지는 형태로 되어 있다. 두 번째의 동심원은 10월혁명이 일어나고 스탈린시대에 들어 형성된다. 주로 중공업시설들로 구성된 지역이다. 그러다가 흐루시초프시대에 들어와서 4~5층짜리의 건물들로 구

260

〈그림 7-2〉 모스크바의 인구밀도 분포

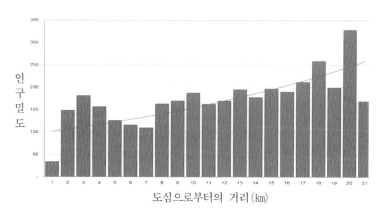

도심으로부터의 거리 (km)

자료: A. Bertaud, 앞의 논문, p. 10.

성된 동심원이 또 하나 추가된다. 마지막 가장 외곽의 동심원은 브레
즈네프시대에 만들어진 것으로서 조립식 공법을 이용한 고층건물들로
이루어져 있다.

모스크바의 건설자들은 토지의 가치나 토지이용의 효율성에 대해서
관심이 없었다. 그러다 보니 이미 개발된 중심지의 토지들이 접근성
등 여러 가지 면에서 유리한 입지조건을 갖추고 있음에도 불구하고,
철거하고 새로 짓는 수고보다는 빈 땅에 새로 짓는 방식을 택하게 되
었다. 기존의 것을 놔두고 새로 짓는 것이 부수고 짓는 것보다 최소한
외형적으로는 더 많은 것을 갖는 것처럼 보였기 때문이기도 했다. 이
처럼 기존의 건물을 그대로 둔 상태에서 새로운 건물들을 추가하다 보
니 모스크바의 밀도는 외곽으로 갈수록 더 높아지는 현상을 보인다.
효율성을 따진다면 그 반대의 현상이 나타나는 것이 자연스럽다. 과정
은 다르지만 토지이용의 효율성이 무시되고 있다는 점에서 모스크바는
브라질리아의 조상 격이다.

시장이 작동하는 도시의 모습들

토지시장이 작동하는 한 비싼 땅, 다시 말해서 사람들이 많이 필요로 하는 땅일수록 건물의 층수도 높아지고, 1인당 차지하는 면적도 좁아지며, 그래서 더 많은 사람들이 살게 된다. 비싼 것일수록 아껴 써야 한다는 지혜는 토지라고 해서 예외일 수가 없다. 토지를 아껴 쓴다 함은 건물을 높이 짓고 1인당 사용면적을 줄이는 것을 뜻한다. 이런 원리가 작동하는 도시에서는 도심으로 가까이 갈수록 건물의 층수가 높아지고, 사람들의 밀도도 증가하는 현상이 공통적으로 관찰되는 것이 마땅하고 자연스럽다.

실제로 대부분의 자유로운 도시들에서 그런 현상이 관찰된다. 다음의 〈그림 7-3〉은 월드뱅크의 프랑스 출신 도시계획 전문가인 알랭 버토(Alain Bertaud) 박사가 쓰고 있는 《계획 없는 질서》(*Order Without Design*)라는 책에서 인용한 것인데(alain-bertaud.com), 뉴욕, 파리, 로스앤젤레스 등 9개 도시의 밀도분포를 보여준다. 이 그래프에서 원점은 도심을 나타내며, 원점에서 오른쪽으로 멀리 갈수록 도심에서 멀어짐을 뜻한다. 이 그래프는 모든 도시에서 원점에서 오른쪽으로 멀어질수록 밀도가 낮아짐을 보여주고 있는데(이하 밀도가 우하향한다고 표현), 이는 도심에서 외곽으로 나갈수록 대체로 밀도가 낮아짐을 나타낸다.

물론 밀도의 우하향 현상이 일률적이지는 않다. 건물은 한번 지으면 부수고 다시 짓는 데 비용이 많이 들기 때문에 도심에 가까운 토지도 경우에 따라서는 상당한 기간 동안 낮은 밀도로 남아 있을 수 있고, 밀도 그래프에서도 그런 현상은 여러 곳에서 나타난다. 그러나 전체적으로 보면 도심에서 멀어질수록 밀도가 낮아지는 현상은 일반적이다. 토지시장이 제대로 작동하는 도시는 밀도의 우하향 현상이 나타나는 것이 자연스럽다. 토지시장이 작동하지 않았던 브라질리아와 모스크

262

〈그림 7-3〉 주요 도시의 인구밀도 분포

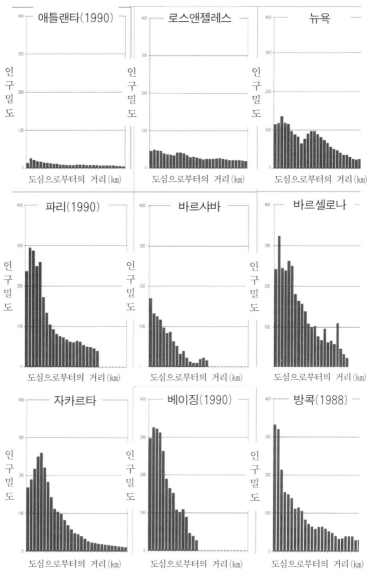

자료: A. Bertaud, *Metropolitan Structures Around the World: What is Common? What is Different? What Relevance to Marikina in the Context of Metro Manila* (May 2003).

바는 그와는 정반대의 현상이 나타났음을 보았다.

서울, 사회주의 쪽을 닮은 도시

그러면 우리나라의 도시, 그 중에서도 수도인 서울의 모습은 어떨까? 시장이 작동하는 도시의 모습일까 아니면 브라질이나 모스크바와 같은 모습일까? 여러분은 아마도 서울은 시장이 아주 잘 작동하는 도시라고 생각할 것이다. 어쩌면 너무나 시장이 왕성하게 작동해서 시장의 힘을 좀 가둬야 한다는 의견이 더 많은 것 같다. 그런데 밖에서 본 서울의 모습은 오히려 브라질리아와 모스크바의 모습에 더 닮아 있다. 〈그림 7-4〉의 그래프가 그것을 말해주고 있다.

서울의 인구밀도 그래프는 전체적으로 평평한 모습이다. 즉, 도심

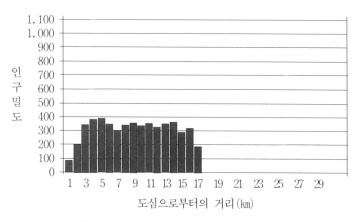

〈그림 7-4〉 서울의 인구밀도 분포(1990)

자료: A. Bertaud, *Measuring Constraints on Land Supply-The Case of Hong Kong* (July 1997), p. 12.

에서의 거리와는 무관하게 대체로 인구밀도가 비슷하다. 이는 효율적 토지이용의 모습이 아니다. 토지가 효율적으로 이용되려면 비싼 땅일수록 고밀도로 이용되어야 한다. 도심에 가까운 토지일수록 땅값이 비싸다는 사실을 감안할 때, 파리나 뉴욕, 바르샤바 등 앞서 살펴보았던 다른 도시들과 마찬가지로 밀도의 그래프가 우하향하고 있어야 한다. 서울의 인구밀도 그래프가 평평한 모습을 보이는 것은 서울의 토지시장이 제대로 작동하지 못하고 있음을 말해준다.

서울이 이렇게 된 것은 토지이용의 밀도에 대한 규제가 강하고 많기 때문이다. 땅을 쓰는 사람에게 우선 가장 성가신 것은 도로사선제한(道路斜線制限)이라는 것이다. 조금 거칠게 말해서 건물의 높이가 전면도로 폭의 1.5배를 넘어서면 안 된다는 내용인데, 길을 가다 보면 자주 눈에 띄는 사선(斜線)형 건물들은 이런 규제를 최대한 비껴가기 위해 만들어진 것이다.

이 규제는 토지이용 밀도가 도로 폭에 의해서 제한당하게 만든다. 아무리 비싼 땅이라고 해도 정부가 앞에 도로를 넓게 놓아주지 않으면 높은 건물을 지을 수 없기 때문이다. 그러다 보니 토지의 가치와 이용 밀도가 자연스러운 관계를 가지기가 어렵다. 이건 정말 어리석은 규제다. 미국 맨해튼(Manhattan)을 가보면 도로 폭과 상관없이 수십 층짜리 건물들이 들어서 있고, 그것 때문에 문제가 되지 않는다. 월스트리트라는 이름도 건물들이 벽처럼 높이 서 있다고 해서 붙여졌다. 도심의 건물이 너무 높아지면 살기가 답답해서 안 된다고 말하는 사람들이 많이 있다. 그러나 그건 도시가 형성되는 과정의 한 면만을 보고 하는 말이다. 도심에서 높은 건물이 지어지면 외곽의 건물들은 높아질 이유가 줄어든다. 반대로 도심을 낮은 건물들로 채워버리면 외곽까지 건물들이 높아지게 된다. 무엇을 보더라도 도로사선제한은 어리석은 규제인데도 일단 만들어진 규제는 없어지지 않고 존속한다. 물론 예전처럼 일률적으로 1.5배를 적용하는 것이 아니라 지방자치단체장들이 그 배율을 조정할 수 있게 되어 있지만, 여전히 어리석은 규제의 잔재는 진하게 남아 있다.

수도권정비계획법에 의한 건물높이 규제도 서울의 도시구조를 왜곡하는 데 큰 몫을 했다. 한때는 10층 이상 건물을 지으려면 수도권정비위원회의 심의를 통과해야 할 때가 있었다. 그것은 짓지 말라는 말과 같았다. 그 뒤로도 구체적 수단은 바뀌었지만 도심에서의 건물높이는 상당 기간 규제되었다. 다행히도 지금은 물리적 규제가 아니라 벌금성격의 과밀부담금을 매기는 방식으로 전환되었다. 과밀부담금 역시 고밀화에 걸림돌이 되는 것은 사실이지만, 그래도 왜곡효과는 물리적 규제에 비해서 훨씬 작은 정도이다.

이런 것들 말고도 용적률 규제, 건폐율 규제 등 수많은 규제들이 서울을 비롯한 우리나라 도시들의 토지이용을 왜곡시켰다. 토지이용에서 어느 정도의 규제와 계획이 필요한 것은 사실이지만, 비싼 땅일수록 고밀도로 사용되어야 한다는 원리가 파괴되어서는 곤란하다. 우리나라의 규제들은 그 원칙에서 많이 벗어나 있다. 서울을 비롯한 우리나라의 도시들이 자유로운 시장의 힘에 의해 자연스럽게 형성되는 도시로 변했으면 좋겠다.

공영개발도 민간개발처럼 하라

경실련이나 참여연대 등 시민단체들은 우리나라의 토지공개념이 확립되지 않아서 문제라고 강변하지만, 사회주의 국가나 저개발국가를 제외한다면 우리나라만큼 토지공개념이 확립되어 있는 나라를 찾기 힘들다. 최소한 토지를 개발하는 과정을 보면 그렇다. 우리나라의 대부분 토지개발은 정부를 끼지 않으면 거의 불가능하게 되어 있다. 신도시와 같은 대규모의 도시를 만드는 일이 정부의 몫임은 말할 것도 없고, 웬만한 규모의 개발이라면 택지를 개발하는 일이든 공장용지를 만드는 일이든 모두 정부가 끼어야만 가능하다. 모든 토지의 개발에 정부가 주체가 되는 것만큼 철저한 공공의 개입이 어디 있겠는가.

우리나라는 그런 면에서 자본주의 국가보다는 과거의 소련을 많이 닮았다. 소련에서의 토지개발은 국가 콤비나트(combinat)가 독점했고 분양받은 사람에게는 전매제한이라는 조건을 부과했다.[26] 한국도 크게 다르지 않다. 국가나 지방자치단체가 토지개발을 독점한 것은 이미 오래 전부터이다. 신도시 개발이든, 택지지구를 만드는 일이든, 공단 개발이든 토지공사나 주택공사, 그리고 경기개발공사와 같은 지방자치단체의 공영개발 공기업을 통하지 않고는 거의 불가능하다. 전매제한도 그렇다. 공업단지(지금은 산업단지)에 대해서는 오래 전부터 전매제한이 이루어졌고, 주택의 경우도 5년 동안 전매가 제한된다. 그 기간을 이제 10년으로 늘리겠다고 한다. 이런 것들을 보면 우리나라는 사회주의에 가까울 정도로 공개념이 철저한 나라다. 그런데도 토지공개념이 부족하다고 하니 결국 토지 국유화까지 가야만 더 이상 토지에 대해서 말이 없어지려는지….

우리나라 정부가 토지개발 과정에 약방에 감초처럼 끼이게 된 데에는 나름대로의 사정이 있기는 하다. 도시용지를 개발하려면 대부분 농지를 사용하게 되어 있다. 그런데 민간기업이 농지를 사 모으기는 매우 어렵다. 알박기 현상 때문이다. 알박기가 왜 일어나는지, 그리고 알박기가 왜 문제인지에 대해서는 이미 앞에서 설명한 바 있다. 그런데 우리나라의 농지소유 상황은 택지개발이나 기타 대규모의 개발과정에서 알박기의 가능성을 매우 높게 만든다. 하나의 개발지구 안에 수백, 수천 명의 농지 소유자가 있기 마련이고, 각각의 농지 소유자들은

---

26) A. Bertaud and Stephen Malpezzi, *The Spatial Distribution of Population in 48 World Cities: Implication for Economies in Transition*(The Center for Urban Land Economic Research, 2003. 12), pp. 11~12.

저마다 독점력을 가지고 있기 때문에 알박기의 가능성이 상존하는 것이다.

그런 면에서 우리나라는 다른 나라들에 비해 사정이 더욱 나쁘다고 말할 수 있다. 이미 앞에서 우리나라의 농지소유가 매우 평등하다는 사실에 대해서 설명한 적이 있다. 알박기의 가능성이 높은 것은 바로 그 평등한 농지소유의 또 다른 측면이다. 농지소유가 평등하다 보니 한 사람이 소유한 농지의 면적은 작기 마련이고, 몇만 평 규모의 소규모 택지지구만 조성하려고 해도 최소한 수백 명으로부터 땅을 사 모아야 한다. 그렇게 여러 사람으로부터 땅을 사 모으다 보면 알박기는 필연적으로 일어나게 된다.

우리나라의 사정이 특별하다는 것은 미국과 비교해 보면 분명히 드러난다. 1987년을 기준으로 했을 때 미국농민들의 평균 농지소유면적은 462에이커이다. 1에이커가 1,224평이니까 한 농가당 평균 57만 평을 소유하는 셈이다. 거기에 비해서 한국농가의 평균 농지소유면적은 3천 3백 평이다. 미국 같으면 30만 평짜리 작은 택지지구 하나 정도는 농민 한 명의 땅을 사는 것만으로도 충분할 것이다. 같은 면적을 한국에서는 최소 백 명으로부터 사 모아야 한다. 게다가 한 농민의 소유농지가 여기저기 흩어져 있을 가능성을 고려할 경우 훨씬 더 많은 사람으로부터 땅을 사 모아야 한다는 계산이 나온다. 이런 상황에서는 토지개발사업에서 알박기는 불가피하게 일어날 수밖에 없다. 정부가 개입해서 수용권을 행사할 수밖에 없는 사정이 거기에서 비롯되는 것이다.

그러나 정부가 개발의 주체가 될 수밖에 없다고 해서 정부 마음대로 해도 좋다는 것은 아니다. 알박기의 가능성 때문에 개발권을 정부가 독점할 수밖에 없다고 하더라도, 개발권의 행사는 개발을 원활하게 하는 방향으로 이루어져야 한다. 정부가 나서서 토지개발을 하는 것은 토지시장에서 민간개발업자가 땅을 사 모으기가 매우 어렵기 때문이다. 정부가 해야 할 일은 시장이 못하는 일을 대신해 주는 것이다. 민간개발업자가 땅을 사 모을 수 없어서 정부가 개발주체로 등장한 것이니까, 정부는 그 땅을 가지고 민간개발업자가 했을 일을 대신해 주는 것이 옳다. 즉, 개발을 원활하게 해주는 것이 개발주체로서 정부에게 맡겨진 일이다.

교차로의 신호등이 고장나서 경찰관이 교통정리를 한다고 해보자. 그때 경찰관의 임무는 무엇인가. 길게 설명할 필요도 없이 신호등이 있을 때와 마찬가지로 차량의 소통을 원활하게 해주는 일이다. 자기 멋대로 누구는 보내주고 누구는 잡아둔다던가, 또는 모든 차를 못 가게 잡아둔다면 분명 자기에게 맡겨진 일을 잘못 수행하는 것이다. 토지의 개발에서도 똑같은 이치가 작동해야 한다. 알박기로 민간개발시장이 작동하지 않기 때문에 정부가 개발주체로 나서게 된 것이고, 그렇기 때문에 정부는 알박기가 없었다면 민간개발업자들이 어디를 개발했을 것이고, 어떻게 개발했겠는가를 추측해서 그렇게 해주면 된다. 도시계획에서와 마찬가지로 토지개발 과정에서도 정부는 시장 흉내내기를 해야 한다.

이것은 개발의 물량과 장소, 개발이익의 분배 등 여러 가지에 대해서 지침을 제공해 준다. 충분한 땅을 확보하고 있는 민간개발업자라면 어디에 어느 정도의 개발을 했을까? 답은 간단하다. 그 땅에 택지 등을 조성해서 벌 수 있는 이익이 농지로 사용하는 것보다 이익이 된다면 당연히 개발했을 것이다. 기본적으로는 정부도 그런 식으로 개발하면 된다.

좀더 구체적으로 따져본다면 이렇다. 개발사업의 원가는 농지 구입비와 기반시설 설치비이다. 조성된 땅을 매각해서 나오는 수익이 농지 구입비와 기반시설 설치비의 합보다 크다면 개발하는 것이 옳다. 단 농지나 임야 같은 것들에는 공익적 가치가 있으니까 개발로 상실되는 공익적 가치의 크기(약 평당 3만 원 정도)를 원가에다가 추가하는 것이 필요할 수도 있다. 그렇게 본다면 조성된 토지의 매각수익이 농지가격

과 기반시설 설치비와 공익적 가치의 세 가지를 합친 금액을 초과하는
지역은 모두 개발하는 것이 옳다. 대략 추측해 본다면 그건 지금 우리
가 도시적 용도로 사용하는 면적의 3배는 될 것 같다. 수도권지역에서
는 서울 같은 도시를 3개 정도 더 만들고, 경남지역에서는 부산, 창
원, 마산을 합친 면적의 도시를 3개 정도 더 만드는 식이 될 것이다.
그렇게 된다면 우리나라 도시들의 주택문제나 학교의 부지난, 공장용
지 문제 등이 모두 해결될 것이다.

개발이익은 농민의 것이다

개발이익의 문제도 시장 흉내내기의 연장선상에서 생각해 볼 필요가
있다. 기존의 토지개발제도에서는 정부가 농민으로부터 공시지가로 토
지를 수용해서 실수요자에게 '적정가격'에 매각하는 방식이 주종을 이
루고 있다. 적정가격은 늘 시장가격보다 낮기 때문에 적정가격으로 분
양하는 것은 피분양자에게 개발이익을 나눠주는 것과 같은 일이다. 그
리고 남는 돈은 정부가 가져다가 다른 지역에 나눠주거나 또는 자기들
이 원하는 대로 쓴다. 이렇게 본다면 지금의 제도는 농지의 주인인 농
민은 제쳐둔 채 개발이익을 정부와 도시의 '실수요자'가 나누어 가지는
제도인 셈이다. 너무나 당연하게 받아들여지고 있는 방식이긴 하지만,
잘 따져보면 정당성에 의심이 가는 대목이 여러 군데 발견된다.

정부가 토지개발의 주체가 되어야 하는 필요성과 정당성은 알박기
의 가능성 때문이었다. 알박기 문제를 해결하기 위해 어쩔 수 없이 토
지의 수용이 필요하며, 수용권을 행사할 수 있는 정부가 개발주체로
등장하게 되는 것이다. 그렇기 때문에 개발주체로서 정부의 역할은 수
용권을 동원해서 알박기 문제를 해결하는 것이다. 그 나머지의 것들은
최대한 시장 흉내내기에 그쳐야 한다.

개발이익과 관련해서 시장 흉내내기란 무엇일까? 결론부터 말하자면 개발과정에서 발생하는 모든 개발이익을 본래 토지의 소유자인 농민들, 즉 농지 소유자들에게 귀속시키는 것이다. 듣기에 따라서는 파격적으로 비쳐질 수 있는 이 제안의 정당성을 이해하기 위해 토지시장이 제대로 작동하는 상황을 가정해 보자. 한 사람의 농민이 수십만 평씩의 땅을 소유하는 상태를 가정해도 좋다. 이런 상황에서는 토지 소유자들의 알박기가 어려워지기 때문에 정부가 개입하지 않더라도 토지시장이 제대로 작동할 수 있다. 이럴 때 개발이익은 대부분 농지 소유자에게 귀속되기 마련이다.

이것은 개발 직전 농지의 가격이 개발이 끝나서 택지 등으로 사용될 때의 가격에 거의 근접하게 된다는 말과도 같다. 우리는 이런 현상을 재건축을 앞둔 아파트에서도 볼 수 있다. 재건축 승인을 받은 아파트의 값은 기존의 낡은 아파트의 값이 아니라 새로 지어질 아파트의 값을 수렴한다. 그리고 재건축에 따른 이익은 모두 본래 낡은 아파트를 소유하고 있던 사람에게로 귀속된다. 이건 농지도 마찬가지다. 시장이 제대로 작동한다면 개발시기가 가까워지면 농지의 가격은 도시용지의 가격으로 접근해 갈 것이기 때문에 대부분의 개발이익은 농지 소유자인 농민에게 귀속된다. 그렇기 때문에 개발이익과 관련된 시장 흉내내기는 개발로부터의 대부분 이익을 농지 소유자인 농민에게 귀속시키는 것이어야 한다.

공영개발을 하면서 어떻게 그것이 가능한가라는 의문을 제기할 수도 있겠지만, 조금만 생각을 바꾸면 얼마든지 가능하다. 방법은 이렇다. 먼저 개발이익을 모두 농지 소유자들에게 귀속시킨다는 약속과 함께 농민으로부터 토지를 수용한다. 수용된 땅을 도시용지로 구획짓고, 기반시설을 설치한 후, 각각의 땅들을 수요자들에게 경쟁입찰방식으로 매각한다. 매각수입 중에서 부지조성비와 기반시설 설치비, 그리고 적정수준의 수수료를 제하고 남은 금액이 원래 토지의 땅값이자 개발이익이 된다. 그 이익을 농지 소유자의 것으로 되돌리는 것이다. 분배방식은 면적을 기준으로 할 수도 있을 것이고, 다른 방식을 사용할 수도 있겠지만, 어쨌든 이익은 농지 소유자의 것으로 삼는 것이 옳다. 이 방식은 기존의 토지구획정리방식과 비슷하지만, 환지(還地)가 아니라 돈으로 이익을 돌려준다는 점에서 차이가 있다.

저자도 처음에는 토지개발 과정에서의 개발이익을 국가에 귀속시키는 것을 당연하게 여겼다. 개발이익이라는 것은 토지 소유자의 노력 때문이 아니라 공짜로 생긴 것이기 때문에 토지 소유자에게 귀속시킬 이유가 없다는 생각에서였다. 그러나 한번 더 생각해 보면서 원래의 생각이 짧았음을 깨달았다. 개발이익을 토지 소유자에게 귀속시키는 것이 정당성이 없다는 것을 인정해 보자. 그러면 국가는 그것을 가져갈 정당성이 있나? 농지를 도시용지가 되도록 만드는 것은, 우리의 임금이 오르는 것과 마찬가지로 정부가 아니라 우리 사회 전체의 발전 덕분이다. 그리고 각자의 임금이 올랐을 때, 올랐다는 이유만으로 정부가 가져가야 할 이유가 없듯이 농지가격이 올랐다고 해서 그 이익을 정부가 가져가야 할 이유도 없다. 물론 개발과정에서 정부의 기여가 있는 것이 사실이지만, 거기에 대한 수수료를 받는 것으로 족하다.

특히 그 이익을 본 사람이 부자가 아닐 경우에는 더욱 그렇다. 도대체 마땅히 농민의 것이어야 할 이익을 거두어다가 다른 누구를 위해서 쓴다는 말인가. 도시개발에서 나온 이익을 정부가 거두어 가는 것은 정당하지 못하다. 저렴한 주택을 공급한다는 명분으로 분양가를 싸게 해서 도시의 중산층들에게 개발이익을 안겨주는 것도 부당하다. 농지는 농민의 것이며, 거기에서 발생하는 개발이익도 농민의 것이다. 저자가 말한 방식대로 개발이익을 모두 농민에게 돌린다면 수용과정에서의 저항도 줄어들 것이고, 토지의 공급도 지금보다 쉽게 늘어날 수 있을 것이다.

김해 대포천 수질개선·유지에 관한 자발적 협약서

오늘 우리는 지역주민들의 마음과 힘을 모아 하천을 살리는 데 성공한 김해시 대포천의 모범사례를 뒤돌아보고 이를 더욱 발전시키고자 자발적 협약을 맺는다.

경남 김해시 상동면에 소재한 대포천은 부산시민의 상수원인 낙동강 물금취수장의 약 300m 상류에 위치하고 있다. 대포천은 지역개발과 더불어 오염되기 시작해 1997년에는 Ⅲ급수 이하의 하천으로 전락했다. 상류지역에는 10개 마을 1,500여 가구 4,300여 명이 살고 있었고, 소·돼지사육 축산농가, 공장, 음식점 등 많은 오염원이 들어서 있었다.

1997년 당시 수질오염이 심화되면서 낙동강 물금취수장의 상수원보호를 위하여 대포천 일대가 상수원보호구역으로 지정될 상황에 이르자, 대포천 일부 주민들은 반대운동을 전개하였다. 그러나 대안 없는 반대운동이 대다수의 주민들로부터 호응을 얻지 못하면서, 우선 대포천을 살리고 행정당국에 상수원보호구역 지정을 유예해 주도록 요구하자는 의견이 대두되었다.

이러한 의견에 따라 주민들은 '상동면수질개선대책위원회'를 구성하여 대대적인 수질정화운동에 나서 자발적으로 오염을 줄여나가기 시작했다. 주민들은 가구당 월 2~3천 원을 내어 3천만 원의 '수질개선기금'을 조성하고, 유급감시원 2명을 대포천에 배치하는 한편, 수계별 하천감시단 3개반(18명)을 구성하여 축산폐수와 공장폐수의 무단방류 감시에 들어갔다. 또한 하천바닥에 붙어있는 축산오물을 씻어내고, 장비를 동원하여 하천바닥을 깨끗이 긁고 닦아냈다. 가정에서도 세제 덜쓰기 운동, 손빨래하기 운동, 물 덜쓰기 운동에 적극 동참했고, 하수가 흘러드는 어귀마다 미나리를 심었다. 주민들은 관계기업별로 담당구역을 배정하여 매주 한 차례씩 범면민 하천정화활동도 벌였다. 김해시에서는 음식물쓰레기가 하천으로 흘러들지 않도록 각 가정과 식당에 간이침전조를 설치해 주었다.

주민들의 주도적이고 자율적인 노력으로 대포천은 드디어 1998년 2월 이후 BOD 기준 Ⅰ급수 하천으로 개선되어 오늘에 이르고 있다. 과거 검붉던 하천물은 바닥이 훤히 들여다보일 정도로 맑아졌고, 가재와 재첩이 살아나고 멸종위기에 처한 조개류와 물고기들이 돌아왔다. 주민들의 자율적인 노력으로 수질을 획기적으로 개선한 대포천 사례는 한국 민간환경운동사에서 모범적인 사례의 하나로 기록될 것이다.

앞으로도 대포천의 수질을 깨끗이 보전하여 후손들에게 물려주고, 주민의 자율적인 수질개선운동이 전국에 확산되는 계기를 삼고자 이에 주민대표, 자치단체 및 정부 간 다음과 같이 하기로 자발적 협약을 체결한다.

1. 대포천 유역에 주민을 대표하는 '상동면수질개선대책위원회'를 두되, 사회단체대표, 이장단, 부녀회장단, 새마을지도자, 기업체대표 등으로 구성한다.
1. 상동면 주민들은 위원회를 중심으로 자율적으로 대포천 수질을 BOD 기준 연평균 I급수로 유지·관리하여 낙동강 본류의 수질개선에 이바지한다.
1. 상동면수질개선대책위원회는 본 협약의 기준수질 유지를 위해 다음과 같이 활동한다.

① 수질개선은 물을 아껴 쓰는 데서 시작되므로 물 아껴 쓰기를 생활화한다.
② 빨래는 모아서 하며 합성세제 사용을 억제하고, 비누사용을 권장한다.
③ 축산분뇨는 퇴비 또는 액비화하거나 처리시설을 설치하여 직접 하천에 유입되지 않도록 하고, 부득이할 경우에는 수거하여 공공처리장 또는 퇴비화시설 등에 위탁처리한다.
④ 요식업소 및 사업장 등은 오수처리시설 설치와 가동의무를 준수한다.
⑤ 쓰레기 줄이기 및 분리수거를 생활화하고 무단투기 행위는 엄격히 감시한다.
⑥ 2010년까지 상동면 전역을 비료, 농약사용을 최소한으로 줄이는 친환경 농업지역으로 만든다.
⑦ 자동차 세차는 지정된 세차장에서 하며 위반시 고발한다.
⑧ 부락 및 기업체별로 하천 책임관리구역을 설정하여 책임관리하게 한다.
⑨ 수질오염행위에 대한 주민감시 활동을 생활화한다.
⑩ 지속적인 관심을 위해 축제행사 및 학술행사를 매년 개최한다.

1. 대책위원회가 위와 같은 노력을 기울여, 연평균 수질이 낙동강 수계 물관리 및 주민지원 등에 관한 법률 제23조 제1항 제3호의 규정에 의한 기준을 만족하는 경우에는 동 법 제23조에 의한 주민지원사업에 대하여 낙동강수계관리위원회에서 심의하여 지원한다.
1. 대포천 수질이 낙동강 수계 물관리 및 주민지원 등에 관한 법률 제7조, 제9조 제1항, 제11조 제1항의 규정을 충족할 경우에는 상수원보호구역 지정과 오염총량관리제 시행을 유예한다.

2002. 4. 3

김해시수질개선대책협의회 회장 ————
상동면수질개선대책위원회 회장 ————
김   해   시   장 ————
경 상 남 도 지 사 ————
환 경 부 장 관 ————

제 8 장

토지세, 벌금이 아니다

해준 게 뭐 있는데, 세금만 거둬 가나?

2005년 10월 11일 오후 1시. 안산시청 정문 앞.[1] 안산시민 5백여 명은 "재산세 탄력세율 소급적용을 위한 70만 안산시민 궐기대회"를 열었다. 지나치게 많이 오른 재산세를 내리라는 것이다. 이 모임을 이 끌었던 안산시 아파트 입주자 대표 회장단 연합회 백남오 회장은 대회 사를 통해 이렇게 말했다.

"주민의사를 무시하고 세금을 과다하게 인상한 안산시는 40만 아파 트 주민의 목소리를 경청해 주택분 재산세율을 조속히 인하하라."

연합회 측은 이날까지 지방세 납부거부 서명운동에 참가한 가구수

---

1) 이하의 내용은 연합뉴스 기사, "지방세 인하 촉구" 안산시민 궐기대회(연 합뉴스, 2005년 10월 11일 15:4).

가 모두 2만 5천여 가구에 달한다고 밝혔다.

사태의 발단은 이 지역 아파트 관련 재산세가 지난 2년간 80% 가량 올랐기 때문이다. 2) 늘어난 세금에 대해 일부 아파트단지 대표를 중심으로 납부거부 투쟁이 시작된 것이다. 사태가 여기에 이르자 시의회는 10월 25일부터 28일까지 임시회를 열어 재산세를 인하하는 내용의 시세 조례안을 상정하겠다고 했다.

광주(경기도) 시에서도 같은 움직임이 일어나고 있다. 2005년 7월 11일 저녁 8시, 오포읍 신현리 현대모닝사이드 아파트주민 백여 명은 재산세 인상 반대에 대한 입주자 총회를 개최했다. 이 모임을 주도하는 광주시 공동주택 입주자 대표 총연합회의 김진수 회장의 말이다. "… 납세의무를 지켜도 돌아온 혜택은 없었으며, 이제는 우리의 권리를 쟁취해야 한다. …" 한편 총연합회는 같은 날 광주시 67개 공동주택 회장단 명의로 재산세 인하를 위한 탄원서를 시에 접수했다. 3)

지방세를 뺏어가면서 지방자치를 한다고?

새로운 세금은 시장과 군수와 구청장들도 들고일어나게 만들었다. 2004년 11월 12일. 국회 본관건물. 전국 시장·군수·구청장협의회의 권문용 회장은 다른 시장·군수·구청장들이 배석한 자리에서 상기된 표정으로 기자회견을 가졌다.

> "종합부동산세 국세 신설은 전국 234개 시·군·구 가운데 190개 시·군·구가 반대하고 있고, 두 차례 실시한 여론조사 결과 국민의 85%가 반대하고 있다." 4)

---

2) 연합뉴스, 2005년 10월 11일.
3) 《광주일보》 기사(http://www.gjnews.net).

노무현 정부가 추진하는 종합부동산세를 폐지하거나 지방세로 놔두라는 것이다. 본래 우리나라의 건물이나 토지관련 세금에는 종합토지세와 재산세가 있었다. 종합토지세는 토지에 대해서 부과하고 재산세는 건물을 대상으로 한 세금이었는데, 두 세금 다 기초자치단체(시·군·구)가 거둬서 쓰는 것이었다. 참여정부는 종합토지세를 없애는 대신 종합부동산세를 새로 만들어서 그 수입을 국가가 가져가도록 했다. 결국 종합부동산세를 만든다는 것은 기초자치단체들의 세원을 중앙정부가 가져가버리는 일이었다. 그러니 대다수의 기초단체장들이 반대하는 것은 당연한 것이었다.

이들의 반발은 기자회견에 머물지 않고 법적 분쟁으로 비화되었다. 2005년 7월 1일 서울시의 22개 구청장들[5]은 이 문제와 관련해서 국회의장을 상대로 헌법재판소에 권한쟁의심판 청구장을 접수시켰다.[6] 권한쟁의심판이란 국가기관이나 지방자치단체들이 다른 국가기관이나 자치단체로부터 자신의 정당한 권한을 침해당했을 때, 그 부당함을 해결해 달라고 헌법재판소에 제기하는 재판이다. 이번의 권한쟁의심판 청구는 국회가 통과시킨 종합부동산세법이 세금 및 재정과 관련된 기초지방자치단체의 자주적 권한을 부당하게 침해했다는 사유로 제기되었다.

---

4) 시·군·구청장협의회, "종부세 위헌소지"(《동아일보》, 2004년 11월 12일 19:6).

5) 권한쟁의심판 청구에 참여한 자치구는 서울시내 25개 자치구 중 중구, 강남구, 종로구, 용산구, 광진구, 중랑구, 성북구, 강북구, 도봉구 등 22개 구이다. 성동구, 동대문구, 동작구 등 나머지 3개 구는 심판청구에 참여하지 않았다(http://www.newsk.com).

6) "종합부동산세 폐지해야"(《중앙일보》, 2005년 7월 7일 6:8).

충돌의 근본원인 : 보유세 강화정책

　이 같은 일련의 사태의 직접적 원인은 노무현 대통령이 이끄는 참여 정부의 보유과세 강화정책에 있다. 노무현 대통령이 (2005년 4월 27일 청와대 국정과제 회의) 직접 "주택시장에서 생기는 모든 (투기적) 이익은 국민이 공유해야 한다"고 말할 정도로 이 정부는 부동산에 대한 세금을 늘리는 데에 열성이다. 그들이 이렇게 하는 명분은 2%의 부자들을 고통스럽게 하는 것일 텐데, 반발은 서민들과 (자기들과 비교해서 훨씬 힘이 약한) 시장·군수·구청장으로부터 일어나고 있으니 집권세력으로서는 난감할 것임이 분명하다.

　이런 사태들은 부동산 세금에 관해서 여러 가지를 생각하게 만든다. 도대체 세금의 목적이 무엇인가. 주민들에게 제공하는 서비스에 대한 대가인가 아니면 재산이 많은 사람은 부자가 된 '죄'로 치러야 하는 벌금과 같은 것인가. 세금은 국회나 다수의 여론이 원한다면 마음대로 거두어 가도 되는 것인가. 주민들이 내지 않겠다고 하면 안 내도 되는 것인가. 지방정부가 걷지 않겠다는 세금을 중앙정부가 거두라고 강제해도 되는 것인가. 모두 다 만만치 않은 질문들이지만, 조심스럽게나마 답에 이르는 길을 찾아보자.

토지세, 벌금이 아니고 가격이다

세금이란 무엇인가. "국가가 국민에게 반대급부 없이 강제적으로 걷는 돈." 법학도들이라면 이런 식으로 답할 것이다. [7] 국가가 아닌 다른 시민은 내 허락 없이 내 돈을 가져가면 안 된다. 그건 강도나 도둑질이며, 누군가 그렇게 하려고 하면 나는 뺏기지 않기 위해 내 스스로를 방어할 권리가 있다. 국가에 대해서도 마땅히 그래야 하지만, 국민들은 국가에 대해서 스스로를 방어할 힘을 가지고 있지 못하다. 그렇기 때문에 국가의 과세권 남용을 막을 수 있는 장치가 필요하다.

정부는 세금을 거두어 갈 힘이 있다. 세무서가 세금이라는 이름으로 우리의 재산을 모두 빼앗아 간다면 시민들은 일단 빼앗길 수밖에 없다. 거기에 저항한다면 집달관을 동원해서 재산을 차압할 것이고, 거기에도 저항하면 국가의 공권력 집행을 방해한다고 경찰이 와서 체포할 것이며, 경찰에 대해서도 문을 닫아걸고 무기를 들고 저항한다면 결국 군대가 와서 나를 죽일 것이다. 공권력이라는 것의 본질은 그런 것이다.

영국에서는 왕으로부터 세금을 부과받은 귀족들이 칼을 들고 저항했고 결국 왕이 굴복했다. 그래서 마그나 카르타(*Magna Carta*), 즉 대헌장이라는 것에 왕이 서명했다. 요점은 왕이라고 해도 함부로 세금을 거두지 못한다는 것이다. 지금으로부터 790년 전의 일이지만, 그것이 계기가 되어 영국에서는 사유재산제와 민주주의가 자리를 잡았고, 그 덕분에 영국은 18세기 중엽부터 산업혁명이라는 폭발적 발전을 이루어 낸다. 이처럼 현대민주주의 또는 법치주의의 출발은 국가가 시민의 돈을 어떻게 거두어 가는 것이 옳은가의 문제와 관련되어 있다. [8]

---

7) 강창희, 《세법 강의》(박영사, 2001), p. 10.
8) 위의 책, pp. 12~13.

오늘날 왕은 사라졌다. 하지만 왕이 휘두르던 폭력과 군대는 여전히 남아 있다. 그리고 합법적 폭력은 누군가에 의해서 움직인다. 그게 누구인가? 직접적으로는 대통령이고 국회의원들이지만, 그들은 어쩌면 허수아비들이다. 그들 위에 군림하면서 그들을 지시하고 명령하는 것은 대중이고 여론이다. 대통령이든 국회의원이든 대중이 원하는 것은 따라야 한다. 그렇지 않다면 다음 번 선거에서 자리를 잃게 될 것이다. 대중들이 그 경찰과 군대를 이용해서 누군가로부터 세금이라는 명목으로 재물을 거두어서 자신들의 이익을 취할 수 있다. 그런 일은 지금도 비일비재하게 일어나지만, 그럴수록 나라의 살림살이는 어려워진다.

유일한 희망은 대중들이 스스로 자각하는 일이다. 세금이 무엇이고 왜 필요한지, 그리고 지금의 세금이 과연 그런 원칙들에 충실한지 생각해 보고 깨달아야 한다. 또 대중은 황금률이라는 것을 깨달아야 한다. "네 몸 대하듯이 네 이웃을 대하라." "다른 사람에게 높은 세금을 매기고 싶다면 너도 그 정도의 세금을 스스로 부담하라." "네가 세금을 내고 싶지 않다면 다른 사람에게도 세금을 내지 않을 자유를 주라." 이런 것들이 모든 사람들이 지켜야 할 황금률이다. 그것을 깨닫지 못하는 한 대중들은 다른 사람들에게 높은 세금을 부과해서 그 반사이익을 취하려고 할 것이다. 결국 자기도 언젠가는 그 희생양이 될 것임에도….

국가는 국민의 아래에 있다

토지세의 본질이 무엇인가? 토지세는 개인의 재산을 국가가 마음대로 뺏어가는 수단인가. 아니면 국가가 제공하는 공공서비스에 대한 대가, 즉 가격인가.

이것은 우리가 국가라는 존재를 어떻게 받아들이는가와 밀접히 관련되어 있다. 우리들 각자가 국민으로서의 자격을 누리는 것은 국가(또는 통치자)의 은덕 때문인가. 즉, 국가가 우리를 국민으로서 받아들이지 않는다면 우리는 국민의 자격을 잃게 되고, (다른 나라가 우리를 국민으로 받아들이지 않는 한) 생존의 기반을 잃게 되는가. 만일 그렇다면, 우리의 생존은 국가 덕분이다. 따라서 국가는 모든 국민에게 어떠한 재산상의 요구도 할 수 있어야 한다. 생명을 주는 국가가 그까짓 재산 정도 빼앗아간들 대수이겠는가. 무엇을 가져간다고 해도 그건 당연한 국가의 권리에 속할 것이다.

그러나 우리는 국가를 전혀 다른 방식으로 이해할 수 있다. 우리들 각자는 당연히 생명과 재산을 누릴 권리가 있으며, 스스로의 재산과 생명과 안전을 방어할 권리가 있다. 국가는 그런 우리들을 돕는 데에 존재 의미가 있다. 즉, 아파트나 오피스텔의 관리사무소처럼 국가도 우리가 스스로 해결하기 귀찮은 문제들을 대신 해결하라고 위임받은 존재다. 국방도, 치안도, 우리가 손수 나서는 것이 불편하기 때문에 돈을 내고 국가를 머슴삼아 대신 시키는 것이다. 세금은 우리들이 그 대가로 지불하는 것이다.

여러분은 어떤 쪽이 더 마음에 드는가? 나는 후자의 견해를 더 좋아한다. 둘 중의 하나를 선택하라고 한다면 여러분들도 나와 같은 것을 선택하리라고 믿는다.

역사적으로 보면 대다수의 인류는 전자의 성격을 갖는 국가에서 살아야 했다. 통치자는 언제든지 국민의 생명줄을 끊을 수 있었고, 그렇기 때문에 백성들은 통치자가 내놓으라고 하면 웬만한 것은 다 내놔야 했다. 그렇지 않으면 죽음과 탄압이 따랐다. 우연히 왕과 국가의 권력이 제한될 수 있었던 극히 예외적인 상황(예를 들어, 영국의 명예혁명, 중국의 춘추전국시대 등)에서만 국가는 국민에게 봉사하는 시늉이라도 할 수 있었다.

이제 그렇지 않은 나라들이 많아지고 있음은 매우 다행이다. 통치자는 국민들의 종복이라는 생각이 많이 퍼지고 있다. 그러나 아직도 경제문제와 관련해서는 그렇지 못한 경우가 많다. 즉, 국회가 원하는 한, 얼마를 세금으로 거두어 가더라도 괜찮다는 식의 견해가 팽배하다. 국민 다수가 지지하는 한, 가진자들에 대해 어떤 규제를 가해도 상관없다는 생각, 서민들의 세금은 작아야 하지만, 돈 좀 있는 자들은 세금을 많이 내야 한다는 생각이 팽배하다. 이것은 잘못되었다. 나는 언론의 자유나 신체의 자유가 모든 국민들에게 보장되어야 하는 것과 마찬가지로 경제적 자유나 재산권도 모든 국민들에게 보장되어야 한다고 생각한다. 그러기 위해서 정부는 국민 각자로부터 가져간 것보다 더 많은 가치를 공공서비스의 형태로 되돌려 주어야 한다. 그래야 국가는 모든 국민에게 이로운 존재가 될 수 있다. 빅셀(Knutt Wicksell)이라는 스웨덴의 경제학자는 모든 재정계획에 대해 국민 만장일치의 동의를 받게 해야 한다고 제안했다. 빅셀이 그런 제안을 했던 이유는 그렇게 해야 국가 때문에 손해를 보는 사람을 없앨 수 있기 때문이었다. 모든 사람에게 이로운 재정과 조세를 만들어내려고 했던 것이다.

불행히도 현실적으로 만장일치는 어렵다. 설령 정부의 행동이 모든 사람에게 이롭게 짜여진 경우조차도 만장일치를 이끌어내기는 어렵다. 알박기와 같은 전략적 행동 때문이다. 그래서 어떤 형태로든 다수결은 불가피하다. 그러나 다수결을 하다보면 다수의 폭정이 나타날 수 있다. 정치적 다수를 차지한 자들이 민주주의나 또는 사회정의라는 이름으로 소수자들의 재산을 빼앗아서 자신들의 것으로 만들 가능성이 높아진다. 정치가들이 다수에게 아부해서 표를 얻어내기 위해서 그런 일이 벌어지는 경우도 많다. 20세기 이후 세계적 유행이 된 복지국가는 이러한 성격을 강하게 가지고 있다. 그런 국가는 모든 사람에게 이익이 되는 존재가 아니다.

그러면 어떻게 국가로 하여금 국민 각자에게 봉사하는 국가를 만들 것인가. 가장 좋은 것은 국민들 각자에게 선택권을 보장해 주는 것이다. 냉장고나 자동차를 고르듯 A라는 나라가 마음에 안 들면 B라는 나라를 선택하게 하는 것이다. 그러면 국가들도 좋은 국민을 유치하기 위해 치열하게 경쟁할 것이다. 그런 상황에서는 어떤 국가이든 국민 각자로부터 거둔 만큼, 아니 거둔 것보다 더 큰 가치를 제공할 수밖에 없다. 그렇지 않으면 그 나라는 사람들로부터 버림받을 것이기 때문이다. 지금도 국제자본들에게는 그런 시대가 이미 시작되었다. 아무리 미국자본이라고 하더라도 미국이 마음에 안 들면 한국으로 올 수 있고, 한국이 마음에 안 들면 말레이시아로, 중국으로 국적을 옮길 수 있다. 그러나 사람은 아직 그런 단계에까지 가지 못했다. 사람은 아직 국적을 선택할 수 없다. 하지만, 나라 안에서 그런 비슷한 환경을 만들 수는 있다. 민영화와 지방화를 통해서 공공서비스에 대한 국민의 선택권을 넓히는 것이다.

도로를 국가가 소유하고 운영하면 이용자들은 공짜로 쓰지만 그 비용은 납세자들이 세금으로 부담한다. 납세자의 입장에서 보면 세금을 내고도 도로를 조금밖에 쓰지 않을 수 있고, 또 어떤 사람은 세금도 한 푼 안내면서 도로를 많이 사용할 수 있다. 그건 부당하다. 도로를 민영화하면 사용자들은 누구나 돈을 내야만 사용할 수 있고 또 돈을 내면 반드시 그 이상의 서비스를 받게 된다. 낸 돈만큼의 서비스를 받지 못한다면 그런 도로는 이용하지 않을 것이기 때문이다. 그런 이유 때문에 공공서비스 가운데 최대한 많은 것들을 민영화해야 한다. 지금도 많은 공공서비스들이 민영화되고 있다. 예를 들어, 전화서비스는

284

KT로 민영화되었고, 도로는 신공항하이웨이주식회사 같은 것으로 민영화되었다. 그러나 공항, 항만, 학교 등 아직도 갈 길은 많이 남아 있다.

재산세는 지방세여야 한다

그러고도 여전히 정부가 담당해야 할 공공서비스가 있다면 최대한 지방정부로 넘겨야 한다. 중앙정부와는 달리 지방정부에 대해서는 국민들이 상당 정도 선택의 여지를 가지고 있기 때문이다. 공원과 도로를 관리하는 일, 초중등학교를 운영하고 재정을 조달하는 일, 경찰업무 등 지금 중앙정부가 하는 업무 중 상당히 큰 부분을 지방정부가 맡아서 할 수 있고, 또 그래야 한다. 좀 극단적으로 말하자면, 현재 중앙정부가 맡고 있는 기능 중 외교와 국방, 통화 관련 업무만 남겨두고 나머지는 모두 지방정부에 넘겨도 그리 큰 문제는 없을 것이다.

민영화와 지방화는 선택을 통해서 국민이 원하는 것이 무엇인지 드러나게 하고, 정부로 하여금 그것을 만족시키도록 유도한다. 경쟁과 선택이 있기 때문이다. 반면 중앙정부가 모든 것을 독점한다면 국민이 무엇을 원하는지, 그리고 중앙정부가 과연 그것을 만족시키고 있는지 판단하기 매우 어려워진다.

재원은 어떻게 조달해야 할까. 민영화된 기업의 재원은 사용료나 요금으로 충당될 수밖에 없고, 또 그래야만 한다. 그럼 지방정부는 무엇을 재원으로 해야 하나? 토지세가 바로 해답이다. 조세수출 가능성이 작다는 게 가장 큰 이유다. 지방단위로 세금을 부과할 때 가장 우려할 부분은 조세수출이다. 즉, 조세의 부담을 다른 지역 주민들에게 떠넘기는 일이다. 즉, 부산시가 컨테이너세라는 것을 부과하고 있는데, 그 세부담은 컨테이너로 옮겨질 물품의 소비자들이 떠 안게 되며, 그 사

람들은 대부분 부산시민들이 아니다. 그래서 그 세금을 부산시민 마음
대로 부과할 수 있다면 지나치게 높은 세율을 매길 가능성이 있다.

토지세는 조세수출의 염려가 상당히 작은 세금이다. 땅에 대한 세금
을 아무리 높이더라도 그것을 부담하는 사람은 결국 자기 지역의 주민
이기 때문이다. 또 지방정부의 지출은 대개 해당 지역의 땅값을 올리
는 효과를 갖는다. 공원, 환경관리, 도로관리 등 큰 부분이 지가와 밀
접한 관련을 갖는다. 따라서 땅값의 일부를 환수해서 지방정부의 재원
으로 삼는다면 정부의 세금 때문에 손해를 보는 사람의 숫자를 최소화
하면서 재원의 지속가능성도 확보할 수 있다. 또 재정지출의 혜택을
본 사람이 세금을 내는 것이어서 공정하기도 하다.

현실적으로도 지방정부는 지방세를 그런 용도로 운영하려는 성향을
보인다. 국가의 구성원들에 비해 지방자치단체의 주민들은 상대적으
로 동질적이기 때문에 재분배 목적으로 세금을 거두려는 욕구가 작다.
종합부동산세를 놓고 지난 1~2년간 우리나라가 치렀던 논쟁의 내용
이 그것을 보여준다. 중앙정부는 어떻게든 부자동네로부터 세금을 거
두어서 재정이 취약한 동네로 나눠주려고 한 반면(종합부동산세는 본래
그런 목적으로 만든 것이다), 지방정부는 어떻게든 자기 동네에서 거둔
돈을 자기 동네가 쓰려고 했을 뿐 그걸 가지고 재분배하려는 움직임은
보이지 않았다.

토지세는 지방세로 남겨두어야 한다. 그것도 기초자치단체의 세원
으로 남겨두어야 한다. 그래야 그나마 시장이나 군수, 구청장이라도
납세자에게 봉사하는 공복이 될 것이다.

아이러니하게도 토지세의 중요성을 그리도 강조하는 헨리 조지의
추종자들은 토지세가 지방세로 남는 것을 별로 좋아하지 않는다. 토지
세가 지방세로 남는 한, 지방정부가 토지가치를 몰수의 대상으로 여기
지 않으리라는 것을 알고 있기 때문일 것이다. 경쟁에 노출되어 있는
지방정부는 납세자로부터 받은 것보다 더 많은 가치를 돌려주려고 노

력할 것이고, 그 결과 세금을 써서 올라가는 동네 땅값이 거두어 가는 세금보다 커지게 된다. 조지스트들(georgists)이 별로 원하지 않는 결과이다. 정부는 지방정부든 중앙정부든 국민의 머슴이어야 하고, 머슴이라면 당연히 주인으로부터 가져간 것보다 더 많은 것으로 돌려주어야 한다. 그건 조지스트의 토지세 개념과 완전히 다르다. 어쩌면 헨리 조지에게는 정부의 권력으로부터 파생되는 악을 억제해야겠다는 생각보다 가진자에 대한 증오가 더 앞섰는지 모른다(헨리 조지에 대해서는 제 9장에서 상세히 다루겠다).

과표결정권도 지방의 것이어야 한다

일반적 세금의 경우 세금의 액수는 세율에 의해서 결정된다. 소득세 같으면 소득액에다가 소득세율을 곱한 금액이다. 그런데 재산세의 경우 약간은 특수한 사정이 있는 것이, 세율 말고도 과표 현실화가 세금의 크기를 좌우하며, 또한 재산의 가치를 정확히 파악하기가 쉽지 않기 때문이다. 그나마 거래가 잦은 아파트는 그 가치를 파악하기가 비교적 쉽지만, 단독주택이나 토지의 가치는 파악하기가 쉽지 않다. 그래서 인위적 평가과정이 개입되기 마련이다. 그리고 정확한 시장가치를 알 수 없기 때문에 과표의 설정은 상당히 지방자치단체의 재량권이 강하게 작용하던 부분이었다.

종합부동산세가 도입되기 이전, 재산세나 종합토지세는 기초자치단체의 지방세였지만, 실질적으로는 절름발이의 지방세였다. 지방세가 진정으로 지방세다우려면 자기 지역 주민의 세부담을 지방의회나 또는 주민들의 직접투표를 통해서 결정할 수 있어야 한다. 주민들의 세부담 수준을 결정하는 가장 직접적 수단은 세율이다. 그런데 우리나라의 모든 지방세의 세율은 중앙의 국회가 제정하는 지방세법으로 결정된다.

지방정부가 할 수 있는 일은 단지 중앙의 국회의원들이 정해준 대로 주민들로부터 지방세를 거두어서 사용하는 것뿐이다. 우리나라의 지방세법은 지방주민의 세부담 수준을 스스로 결정할 수 없는 것이다. 그나마도 부분적으로나마 자기 지역 주민들의 세부담 수준을 스스로 조절할 수 있었던 장치는 토지의 과표를 결정하는 권한이었다. 우리는 과표 현실화율이 지역마다 제각각이어서 문제라고 하지만 사실은 그것을 통해서 과세자주권이 행사되었던 점도 인정해야만 한다. 그런데 참여정부는 이 같은 차이를 인정하지 않으려고 한다. 그러다 보면 지방주민들이 자신들의 재산세 부담을 스스로 결정할 수 있는 힘은 완전히 박탈되고 만다. 이러한 상황에서 정부가 내세우고 있는 지방분권이라는 구호는 공허할 뿐이다. 진정한 지방분권은 지방주민들이 자신의 일을 스스로의 돈과 힘으로 해결하는 것이다. 재정의 독립은 모든 독립의 밑바탕이다. 토지세는 세율과 과표 모두를 지방주민들이 스스로 결정할 수 있도록 중앙정부는 손을 떼야 한다.

세부담의 공평성 문제

많은 사람들이 세부담의 불공평함을 바로잡기 위해 보유세 부담을 늘려야 한다고 주장한다. 강남지역의 아파트 보유자들이 다른 지역에 비해서 상대적으로 너무 작은 세금을 낸다는 것이다. 언뜻 듣기에 설득력이 있어 보이지만 논리적 근거는 희박하다.

우리가 과세의 공평을 따질 필요가 있는 것은 재정의 혜택은 누리면서 혜택에 상응하는 세금은 부담하지 않을 때이다. 누군가 세금을 부당하게 작게 내면 다른 누군가가 억울하게 많은 세금을 내야하기 때문이다. 그것은 분명 불공평하다.

그런데 재산세에는 이런 논리가 적용될 수 없다. 재산세는 기초자치단체의 세원이며, 재산세의 세수는 기초자치단체별로 사용된다. 강남구 주민이 낸 재산세는 강남구청이 강남구 주민을 위해서 사용하며, 성북구 주민이 낸 재산세는 성북구청이 성북구 주민을 위해서 사용한다. 따라서 성북구 주민이 부담하는 재산세와 강남구 주민이 부담하는 재산세 간에는 아무런 관련이 없다. 강남구 주민들이 재산세를 작게 낸다고 해서 성북구 주민들이 더 많은 세금을 부담해야 하는 것이 아니다. 이렇게 본다면 재산세 부담의 공평여부는 같은 기초자치단체의 주민들끼리 따질 문제이지 다른 자치단체의 주민들간에 따질 문제는 아니다.

이것은 마치 우리가 미국 부자들이 세금을 더 안내는 것이 불공평하다고 따지는 것과 다를 것이 없다. 그들이 세금을 얼마를 내던 우리와는 아무 상관이 없는 문제다. 그러나 용산 미군기지를 옮기는 비용에 대해서는 공평과 불공평을 따져야 하고, 또 따지는 것이 당연하다. 미국이 얼마를 부담하는지에 따라서 우리의 부담도 달라지기 때문이다. 일부 자치구가 재산세를 조금 낸다고 불평하는 것은 한국국민이 미국국민들에게 세금을 더 내라고 불평하는 것과 별로 달라 보이지 않는다.

게다가 보유과세가 특히 문제된 곳은 비교적 부유한 지역들이고, 그 지역들의 재정자립도는 높다. 강남구, 서초구, 송파구 등 세부담이 급격히 높아질 서울의 자치구들은 우리나라에서 가장 재정자립도가 높은 기초자치단체들이다. 중앙정부로부터 받는 교부세도 거의 없다. 따라서 과표가 높아지고 보유과세 부담이 높아지면 그 지역들의 재정수입이 증가하게 된다.

문제는 그 수입이 집값을 높이는 용도에 사용될 것이라는 사실이다. 구체적 용도를 정확히 예측하기는 힘들지만 늘어난 재산세 수입은 해당 지역의 주거환경을 좋게 만드는 데에 쓰일 것은 분명하며, 그렇게 되면 주택가격에도 상승압박을 가할 것이다. 물론 주거환경이 좋아져서 집값이 오르는 것은 좋은 일이지만, 지역주민의 대표자들이 지방의회 의원이나 구청장들이 원하지 않는 데도 세금을 더 내서 더 많이 쓰라고 강요해야 할 이유가 있을까.

이번의 재산세 과표인상이나 종합부동산세 도입을 둘러싼 갈등을 보면서 과연 참여정부가 지방분권을 진정으로 바라고 있는지에 대해서 의문이 든다. 진정한 독립은 재정적 독립이다. 살림살이가 예속된다면 독립이나 분권이라는 말은 장식품일 뿐이다. 그런데 재산세의 과표 수준을 결정하는 것은 지방정부가 스스로의 재정지출 수준을 결정하는 수단이다. 그것의 자율권을 제약하는 것은 재정의 자율성 자체를 제약하는 것이다. 지방분권이라는 정책목표가 공허하게 들리는 것은 그런 이유에서다. 과표 현실화율을 포함한 재산세 부담 결정권은 지방정부의 몫이어야 한다. 재정자립도가 높아서 중앙정부의 지원 없이도 살 수 있는 자치단체라면 더욱 그렇다.

수억 원 짜리 집의 소유자가 내는 재산세가 1~2천만 원짜리 자동차 주인이 내는 자동차세보다 작은 것이 말이 안 된다고 하는 사람들도 있다. 그러나 재산세를 자동차세와 비교하는 것은 난센스다. 자동차에 대해서 세금을 부과하는 이유가 무엇인가? 부자여서? 국민 대부분이 자동차를 가지고 있는 상황에서 이제 자동차세는 더 이상 보유세로서의 의미가 없다. 자동차에 대해서 세금을 매겨야 한다면 그것은 도로의 파손과 대기오염을 줄이기 위함이다. 자동차를 많이 운행할수록 도로는 파손된다. 도로를 사용할 때마다 파손액 만큼을 부담시킬 수가 없기 때문에 자동차에 대해서 세금을 매겨 도로의 마모를 줄일 수 있을지 모른다. 그러나 그런 용도라면 실제 주행한 거리대로 세금을 부과하는 주행세가 훨씬 낫다. 주행세가 현실적으로 시행하기 어렵다면 연료에 대해서 세금을 부과하는 것이 차선책이고, 지금도 휘발유 등의 연료에 대해서 특별소비세와 교통세 같은 것이 부과되고 있다. 그렇기 때문에 자동차세는 필요가 없다. 그리고 자동차세는 폐지해야 할 대상이다. 하지만 존치한다면 자동차 한 대당 도로파손과 대기오염의 금액과 같게 결정해야 한다. 그것과 재산세는 아무런 관계가 없다. 지금의 자동차세가 잘못되었다면 문제가 되는 자동차세를 폐지하거나 줄일 일이지, 자동차세보다 작다고 재산세를 올리는 것은 난센스다.

거래세가 나쁜 이유

원활한 거래는 효율적 자원배분의 기초이다. 토지든 무엇이든 귀중한 것일수록 가치 있게 사용되어야 하며, 그러기 위해 원활한 거래가 필요하다. 거래가 원활해야 그 귀중한 자원이 가장 가치 있게 사용할 수 있는 사람에게로 옮겨갈 것이기 때문이다. 원활한 거래는 효율적 자원이용을 위해 반드시 필요한 장치이다.

거래가 잦다는 것은 좋은 일이다. 아파트는 단독주택에 비해서 표준화되어 있기 때문에 거래가 잦다. 하나가 거래되면 그것이 다른 거래에 상당히 정확한 벤치마크가 된다. 그래서 가격이 비교적 정확하게 평가되고, 사람들이 속을 확률도 작다. 그 결과 더욱더 거래가 자주 일어나는 경향이 있다. 반면 거래가 뜸한 시장에서 형성되는 가격은 가격편차가 심하고 무엇이 진정한 가격인지 알기가 어렵다. 가격의 신호기능이 약하기 때문에 더욱 거래가 뜸해진다. 싸움은 말리고 흥정은 붙이라는 말은 여기에서도 옳다.

그런데 거래세는 거래를 억제한다. 취득세든 등록세든 양도소득세든 거래에 대해서 부과되는 모든 세금은 사람들로 하여금 거래를 꺼리게 만든다. 거래가 어려워지는 만큼 무엇이 진정한 가격인지 알기가 어려워진다. 시장에서 통용되는 호가나 매매가격이 진정으로 그것의 가치를 반영하는지 알기가 어렵다. 그 결과 토지이용의 효율성도 떨어진다. 도시적 용도로 사용하는 것이 필요해진 시점에서도 도시적 이용에 대해서 잘 알지 못하는 원래의 농부들이 땅을 계속 소유하게 되는 폐단이 지속된다. 그만큼 토지는 낭비되는 것이다.

거래세의 거래억제 효과 때문에 거래세가 필요하다고 주장하는 사람도 있기는 하다. 토빈 같은 학자는 외환거래에 세금을 부과해서 투기를 막아야 한다고 주장한 바 있다. 즉, 거래세를 도입하면 외환을 샀다 팔았다 하는 단기적 투기행위가 줄어들기 때문에 외환위기의 위험이 줄어든다는 것이다. 그러나 그것이 시장의 자유로운 작동을 막아서 가격의 신호기능을 억제한다는 것 역시 부인하기 힘들다.[9] 게다가 토지시장에서의 거래가 외환위기와 같은 위기상황을 초래할 정도로 많은 거래가 이루어질 것이라는 것은 상상하기 힘들다. 최소한 효율성 면에서 토지거래에 대한 세금은 정당화되기 힘들다.

거래세는 가난한 사람을 돕는다는 차원에서도 정당화되기 힘들다. 토지나 주택의 거래는 부자만이 하는 것이 아니기 때문이다. 물론 거래세는 일시적으로 부동산의 가격을 낮추는 효과가 있기는 하다. 미국에서도 거래세를 높였더니 가격이 낮아지는 것으로 나타났다.[10] 그러나 세금 때문에 생겨나는 가격하락은 의미가 없다. 소비자는 결국 세금만큼 정부에 돈을 내야 하기 때문이다. 거래세는 여러 가지로 나쁜 점이 많아서 당장이라도 폐지하는 것이 옳은 세금이다.

---

9) M. Shvedov, *Transaction Tax: General Overview* (CRE Report for Congress, 2004. 12), p. 6 (http://www. opencrs. com).

10) John D. Benjamin, N. Edward Coulson, and Shiawee X. Yang, "Real Estate Transfer Taxes and Property Values: The Philadelphia Story," *The Journal of Real Estate Finance and Economics*, Vol. 7, Issue 2, pp. 151~157.

보유세, 보유세, 어떤 보유세?

작은 정부의 열렬한 주창자 밀턴 프리드먼은 토지세를 세상에서 가장 덜 나쁜 세금(the least bad tax)이라고 불렀다. 세금이 나쁜 것은 그것으로 인해 사람들의 근로와 투자의욕이 떨어지기 때문이다. 근로와 투자의욕이 떨어지면 그만큼 세상은 살기 어려워진다. 소득세가 높아지면 사람들의 근로의욕이 떨어지고 그 결과 세상은 궁핍해진다. 법인세가 높아지면 투자행위가 줄어들어서 일자리의 창출도 줄어든다. 그런 점에서 본다면 토지세는 아주 매력적이다. 토지는 이미 존재하는 자원이며, 세금이 부과된다고 해서 줄어들지 않는다. 소득세가 높아지면 노동의 공급이 줄어들고, 법인세가 높아지면 투자가 줄어드는 것과는 대조적이다. 국민의 재산을 뺏어간다는 측면에서 모든 세금은 나쁘지만, 그래도 부작용이 가장 작다는 의미에서 토지보유세는 가장 덜 나쁜 세금이다.

그런데 토지보유세가 좋은 세금이기 위해서는 몇 가지의 조건이 충족되어야 한다. 가장 중요한 것은 순수 지대(地代)에 대한 세금이어야 한다는 것이다. 토지의 가치 중에는 소유자의 노력 때문에 만들어진 것이 많다. 똑같은 땅이라도 어떤 소유자는 거기다가 음식점을 만들 수 있고, 다른 소유자는 오피스빌딩을 지을 수 있다. 그리고 그 같은 선택의 차이는 토지가격의 차이로 나타나게 된다. 그 차이는 분명 소유자의 판단과 선택의 결과이다. 토지세가 좋은 세금이기 위해서는 소유자의 기여를 모두 제외한 순수한 지대에 대해서만 매겨져야 한다. 그러기 위해서 무엇보다도 중요한 일은 건물에 대해서 세금을 매겨서는 안 된다는 것이다. 어떻게 보더라도 건물은 순수한 자연의 산물이 아니라 인간의 노력의 산물이다. 그렇기 때문에 건물의 가치는 보유세의 적용대상에서 빼버려야 한다.

토지세가 좋은 세금이기 위한 두 번째의 조건은 모든 토지와 모든 소유자에 대해서 세율이 같아야 한다는 것이다. 학문적 용어를 빌리자면 가장 좋은 세금은 중립세(neutral tax)이다. 세금을 부과하더라도 그것 때문에 사람들이 경제활동의 내용을 바꾸지 않을 때 그런 세금을 중립세라고 한다. 세금이 경제활동에 영향을 미치지 않는다는 의미에서 중립이라는 단어를 사용한 것이다. 토지보유세를 좋다고 하는 이유도 그것으로 인해 경제활동이 영향을 받지 않을 것으로 믿기 때문이다. 즉, 토지보유세를 부과하더라도 자기 땅에 농사를 지을 사람은 여전히 농사를 짓고, 10층짜리 건물을 지을 사람은 10층을 지으며, 땅을 3년간 빈 채로 놔둘 사람은 그대로 3년을 빈 채로 놔둘 때에 토지세는 비로소 중립세이고 가장 덜 나쁜 세금인 것이다. 그러기 위해서는 모든 토지의 용도에 대해서 세율이 같아야 한다.

또 모든 소유자에 대해서 세율이 같아야 한다. 땅을 어떤 용도로 사용하든 세율이 같아야 하듯이, 땅을 많이 가진 사람이든 작게 가진 사람이든 모든 토지 소유자에 대해서 같은 세율이 적용될 때에 토지세의 중립성은 성립한다. 누진 토지세는 그런 이상에서 벗어나 있다.

세 번째의 조건은 토지세가 토지의 가치를 모두 몰수하는 것이어서는 안 된다는 것이다. 토지를 사용하는 데에도 많은 노력이 든다. 금융시장에서의 펀드매니저들이나 외환시장에서의 외환딜러들은 엄청난 스트레스를 받아가면서 일한다. 투자를 잘하기 위해 많은 공부를 해야 하고 결단을 해야 한다. 그들로부터 이익을 환수해간다면 정확한 예측과 결단을 위해 노력할 인센티브는 사라지게 된다. 토지 소유자라고 해서 다르지 않다. 토지보유세라는 이름으로 모든 토지의 가치를 환수해간다면 토지 소유자는 더 이상 토지 소유자로서의 역할을 할 인센티브를 잃게 된다. 보유세의 부담이 몰수에 가까워질수록 소유자의 토지 이용은 대충대충이 될 것이고, 어느 수준 이상을 넘어가면 더 이상 토지 소유자이기를 포기할 것이다. 다른 세금들에 비해서 보유세가 덜 나쁘기는 하지만, 토지 소유자의 인센티브를 죽이는 정도까지여서는 안 된다.

이 같은 조건들이 갖추어진다면 토지세는 다른 어떤 세금보다 좋은 세금이 될 수 있다. 그러나 우리나라건 다른 나라이건 실제의 토지세는 이상적 모습과는 거리가 먼, 왜곡투성이의 흉한 모습을 하고 있다.

뉴올리언스의 엽총 주택과 하노이의 튜브 주택

뉴올리언스, 우리 주변에서 흔히 볼 수 있는 켄터키 프라이드 치킨 (KFC)의 고향이다. 허리케인 카트리나 덕에 유명해지기 전까지 우리에게 별로 알려지지 않은 미국 남부의 조그마한 도시이다. 하지만 남북전쟁까지만 해도 미국에서 뉴욕 다음으로 큰 도시였다.

이 도시가 저자의 관심을 끈 것은 주택의 모습 때문이었다. 이곳의 주택은 좁고 깊은 모양을 하고 있다. 즉, 도로에 면한 길이는 좁은 대신 뒤쪽으로 길게 뻗어 있다. 낭만적이라고 할 수도 있겠지만, 자세히 들여다보면 왜곡적 토지세 때문에 생겨난 비효율적 형태의 토지이용 모습이다.[11]

지금처럼 그때도 뉴올리언스 정부는 재산세를 주된 세입원으로 삼았다. 그런데 특이하게도 이 도시에서는 도로에 접한 폭을 기준으로 해서 토지세를 부과했다. 처음에 땅의 길이는 대개 비슷했던 터라 전면의 폭은 면적과 비례했었을 것이고, 폭에 비례해서 세금을 매기는 일도 설득력이 있었을 것이다. 그런데 세금은 점차 토지의 모양을 바꾸어 갔다. 세금을 적게 내기 위해 사람들이 점차 도로변의 폭을 줄이는 대신 길이를 늘려갔던 것이다. 급기야 차 한 대보다도 폭이 좁은 주택이 되어버렸다. 그러다 보니 뉴올리언스의 주택은 '엽총 주택'

11) http://en.wikipedia.org

(shotgun house)이라고 불리기에 이른다. 앞문에서 총을 쏴도 될 정도로 길다고 해서 붙여진 별명이다. 일반적인 미국의 주택들이 앞면이 넓다는 것을 생각해 보면 불편하기 짝이 없는 집임에 틀림없다.

그런데 뉴올리언스의 이상한 이야기는 거기서 그치지 않았다. 엽총주택 중에는 2층짜리도 있었는데 재산세는 토지에 대해서만 부과되었기 때문에 층수와 관계없이 재산세는 같았다. 당연히 시민들 사이에서 불만이 터져나왔다. 그러자 시당국은 도로에 접한 길이에 건물의 층수를 곱해서 재산세를 부과했다. 그랬더니 이번에는 '낙타 등 주택'(camel back housing)이라고 불리게 되는 주택을 짓기 시작했다. 낙타 등처럼 앞은 1층이고 뒤는 2층인 주택이다. '눈 가리고 아웅'이긴 하지만, 어쨌든 그게 2층은 아니었고 세금은 1층짜리에 준해서 낼 수 있었기 때문이다. 그러나 결과적으로 세금 때문에 이곳 사람들의 주거생활이 얼마나 불편해졌는지 생각해 보기 바란다.

이런 일은 베트남에서도 일어났다. 뉴올리언스처럼 하노이의 주택들도 좁고 긴 모양을 하고 있는데, 그 이유는 뉴올리언스와 정확히 똑같다. 정부가 토지세를 도로와 접한 길이에 따라 부과하다 보니까 도로에 접한 길이는 줄어들고 그것을 메우기 위해 깊이는 깊어진 것이다. 다만 뉴올리언스의 좁고 긴 주택의 이름이 엽총 주택인 반면 하노이의 좁고 긴 주택은 '튜브 주택'(tube housing)이다.

엽총 주택과 튜브 주택은 아무리 토지보유세라 하더라도 앞에서 제시한 조건이 갖추어지지 않으면 경제활동에 악영향을 주게 된다는 사실을 잘 보여주고 있다. 우리나라의 보유세는 좋은 토지세가 갖추어야할 조건들을 잘 갖추고 있을까? 불행히도 우리나라의 부동산 보유세는 뉴올리언스나 하노이의 이상한 주택을 만들어냈던 토지세 못지않게 우스꽝스럽다는 것이 내 생각이다. 그 중에서 가장 잘못된 부분은 건물에 대한 과세와 용도별 차등과세, 그리고 누진세율 구조이다.[12]

우리나라의 부동산 보유세는 나쁘다 1 : 건물세

노벨경제학상 수상자인 윌리엄 비크리(William Vickery)는 미국에서의 전통적 재산세가 최선과 최악의 조세를 합쳐 놓은 것이라고 말했다. 최선의 조세는 토지의 가치에 대한 세금이고, 최악의 세금은 건물의 가치에 부과되는 세금을 가리킨다. 앞서도 설명했듯이 건물에 대한 과세는 인간의 노력에 대한 세금이기 때문에 나쁜 세금으로 본 것이다.

미국의 재산세는 토지와 건물을 합친 부동산 전체의 가치에 대해서 부과되는데, 세금을 부과하는 측의 입장에서는 그것이 자연스럽다. 일단 건물이 지어져 있는 부동산이라면 대부분 토지와 건물이 합쳐져서 거래되는 것이 일반적이다. 따라서 가격을 관찰할 수 있는 것도 두 개가 합쳐진 부동산에 대해서이다. 그렇기 때문에 미국의 재산세는 토지와 건물을 구분하지 않고 부동산 전체에 대해서 부과된다. 하지만 부과의 자연스러움에도 불구하고 재산세가 건물가치에 대한 세금을 포함하고 있다는 사실은 건축행위를 억제하게 된다는 부작용을 피할 수 없게 한다. 미국의 지방정부들이 토지와 건물을 구분하지 않는 가장 큰 이유는 전체 부동산의 가치에서 토지가치만을 분리해 내기가 어렵기 때문이다. 3층짜리 건물이 10억 원에 팔렸을 때, 그 중에서 토지가치는 얼마이고 건물의 가치는 얼마라고 할 것인가. 두 가지가 합쳐져서 거래되는 상황에서 두 개의 가치를 분리해 낸다는 것은 지극히 어려운 일임이 분명하다.

그런데 신통하게도 우리나라는 진작부터 토지와 건물의 가치를 구분하고 있었다. 우리나라 근대세제는 1894년 갑오경장과 더불어 시작

---

12) UNDP와 세계은행, 그리고 UN 정주기구(UNCHS: 후에 HABITAT으로 개명)의 공동연구 결과에서도 누진율 축소, 차등세율 폐지 등을 권고하고 있다. William Dillinger, *Urban Property Tax Reform: Guidelines and Recommendations*(World Bank, 1992), pp. 7~9.

되었다. 토지세도 그랬다. 그때까지 여러 가지 명목으로 논·밭에 부과되었던 각종 조세를 통합하여 지세(地稅)로 단일화했다.13) 지세는 토지만에 대한 세금이었다. 1909년 건물에 대한 세금인 가옥세가 들어왔지만, 여전히 토지는 건물로부터 분리되어 과세되었다. 그 이후 국세이던 지세와 가옥세가 지방세로 바뀌고, 두 개의 세금이 재산세로 통합되었다가 종합토지세가 도입되면서 분리되곤 했지만(1990년), 토지와 건물을 분리해서 세금을 매긴다는 원칙에는 변함이 없었다. 참여정부에 들어와서야 비로소 (주택에 대해서만) 토지와 건물을 구분하지 않고 전체의 가치에 대해서 과세하기 시작했다.

토지세의 가장 큰 어려움은 토지만이 따로 거래되지 않는 상황에서 토지가치를 정확히 분리해 내는 일이다. 그런데 그 정확성 여부를 떠나서 우리나라는 이미 예전부터 감정평가라는 수단을 통해 토지가치를 분리하고 있었던 것이다. 그렇기 때문에 국회와 정부가 마음만 먹는다면 건물을 재산세의 과세대상에서 제외시키는 일은 식은 죽 먹기다. 그냥 건물에 대해서 과세를 하지 않으면 그만인 것이다. 그런데도 건물에 대해서 과세를 계속하고 있었다. 좋은 과세라는 관점에서 본다면 결코 바람직하지 않다. 건물에 대한 과세는 없애는 것이 좋다.

참여정부의 정책은 오히려 그와는 반대방향으로 나아갔다. 즉, 주택에 대해서는 토지와 건물을 분리하던 과거의 정책을 버리고 두 개를 합친 주택 전체의 가치를 과세대상으로 삼는 주택세를 도입했다. 그렇게 함으로써 평가의 정확성은 높아질 것이다. 그러나 건물세를 없애고 토지세만을 남겨 놓는 일은 더욱 어렵게 되어버렸다.

---

13) 한국민족문화사전에서 인용(http://www.koreandb.net).

298

우리나라의 부동산 보유세는 나쁘다 2 : 용도별 차등세율

토지보유세가 '가장 덜 나쁜' 세금이기 위해서는 모든 토지의 용도에 대해서 동일한 세율이 적용되어야 한다. 땅을 농지로 사용하든, 주택으로 사용하든, 공장으로 사용하든 아니면 빈 땅으로 사용하든 세율이 같아야 세금 때문에 왜곡이 일어나지 않는다. 만약 용도별로 세율에 차이가 난다면 높은 세율을 적용받는 용도의 토지는 줄어들고 세율이 낮은 용도의 토지는 늘게 될 것이다. 물론 토지의 총면적이 변하는 것은 아니지만, 그것의 용도별 분포가 변하게 되고, 그 결과 비효율적 토지이용에 초래된다.

우리나라 토지보유세의 세율은 용도별로 심한 격차를 보인다. 종합부동산세를 보자. 농지와 공장용지, 업무용지의 경우 거의 보유세 부담이 없다 싶을 정도로 세율이 낮은 반면, 주택과 나대지에 대해서는 엄청나게 높은 세율이 적용된다. 또 토지보다는 오히려 건물에 대해서 중과세를 하고 있고, 부동산 보유세라고 보기에 너무 기이한 누진구조를 가지고 있기도 하다.

일부 인도, 필리핀 같은 저개발국들의 경우 이런 식의 차등세율구조를 가지고 있기도 한데, 흥미로운 것은 그 방향이 우리와 정반대라는 것이다. 우리나라의 재산세는 택지와 주택에 대해서는 중과세하는 반면 상업용, 공업용 부동산에 대해서는 저율로 과세하고 있다. 그러나 대부분의 저개발국가에서는 상업용 부동산과 공업용 부동산은 주거용 부동산에 비해서 훨씬 높은 세율을 부과한다.[14] 인도의 캘커타에서는 상업용 및 산업용 부동산의 세율이 주택에 대한 세율보다 50%나 높다. 인도네시아의 경우 1991년 이전까지 상업용, 산업용 부동산에 대

---

14) William Dillinger, *Urban Property Tax Reform: Guidelines and Recommendations*(World Bank, 1992), p. 7.

한 세율이 주거용보다 2.5배였다. 공한지는 우리나라는 중과세의 대상인 반면 다른 나라들에서는 거의 세금을 매기지 않는 것이 상례라고 한다. 특히 아프리카의 영어사용 국가들과 아랍의 이슬람국가들이 그런데, 나이지리아의 오니차(Onitsha)의 경우 공한지에 대해서는 재산세를 전혀 매기지 않으며, 요르단의 경우는 0.04%를 부과한다. 0.04%는 거의 세금이 없는 것과 다름없는 세율이다. 우리나라처럼 택지와 공한지에 대해서 차별적으로 중과세를 하는 나라는 찾아보기 어렵다.

이런 식의 차등세율구조는 필연적으로 택지의 공급을 불리하게 만들어서 주택공급을 악화시킨다. 또 나대지의 소유를 어렵게 해서 저밀도개발을 수반하는 조기개발을 유도한다. 이런 특성은 중립세라는 바람직한 토지세의 덕목과는 너무 거리가 멀다.

사정이 이렇기 때문에 우리나라에서 보유세를 강화하자는 주장은 부동산, 그 중에서도 주택과 나대지를 많이 소유한 자를 벌주자는 의미가 된다. 부동산과 관련된 세금을 정상화하기 위해서는 단순히 보유세를 늘리고 거래세를 줄이기에 앞서, 보유세의 구조부터 뜯어고쳐야 한다. 즉, 주택지이든, 공장용지이든, 농지이든 가리지 말고 모든 토지에 대해서 동일한 세율이 적용되어야 한다.

우리나라의 부동산 보유세는 나쁘다 3 : 누진세율

우리나라의 재산세는 아주 특이하게도 누진구조로 되어 있다. 즉, 토지나 주택을 더 많이 소유한 사람일수록 높은 세율을 부과한다. 소득세를 누진구조로 하는 경우는 많지만, 재산세를 그렇게 만드는 경우는 세계적으로도 그리 흔하지 않다.

앞의 두 가지 성질과 마찬가지로 누진세율구조도 토지세의 바람직

300

한 속성을 앗아간다. 누진구조의 세율이 경제활동에 해로운 영향을 끼치기 때문이다. 토지와 주택을 많이 소유할수록 세율이 높아지기 때문에 많이 소유하려는 인센티브를 줄이게 된다. 그래야 하는 것 아니냐고 말하는 사람들도 많겠지만, 장기적 효과를 생각한다면 오히려 해로운 결과를 초래한다. 가장 해로운 결과는 건물의 공급이 위축된다는 것이다. 자본주의 시장경제체제에서 건물을 지으려면 누군가는 짓는 건물을 소유해야만 한다. 좀더 구체적으로 말하자면 누군가 분양받을 사람(건축주 본인을 포함해서)이 있어야 건물을 짓게 된다. 그런데 대부분의 경우 건물을 소유한다는 것은 그 건물이 깔고 있는 토지까지 소유하게 됨을 뜻한다. 누진세는 건물과 토지에 대한 보유수요(분양수요)를 줄이게 되고, 그 결과 건물의 공급도 줄인다. 건물의 공급이 줄어든 만큼 사람들은 상대적으로 더 좁은 곳에서 살아가야 한다. 토지세가 바람직할 수 있는 것은 건물의 공급을 줄이지 않을 때이다. 그런데 누진 토지세는 건물의 공급을 줄인다. 건물누진세까지 겹쳐서 건물공급 위축효과는 더욱 커진다.

물론 단기적으로는 누진세가 주택과 토지를 많이 가진 사람으로 하여금 그 주택을 매각하도록 유도할 것이기 때문에 다른 사람들에게 집이나 땅을 이전보다 싸게 구입할 수 있는 기회를 제공할 수 있다. 그러나 그것은 잠시뿐이다. 시간이 지나면서 건물의 공급이 줄어들게 되고, 장기적으로는 모두를 힘든 생활로 몰아가게 된다. 모름지기 바람직한 경제정책은 긴 안목을 가지고 세워져야 한다.

누진세는 임대주택산업에도 큰 영향을 미친다. 임대주택업을 하는 사람은 필연적으로 많은 땅과 건물을 소유하게 되어 있다. 임대용 주택이 모두 땅을 깔고 있기 때문이다. 그렇기 때문에 누진 토지세와 누진 건물세는 주택임대업자를 비롯한 부동산 임대업자에 대한 중과세를 뜻한다. 부동산 임대업이 있어야 주택이나 사무실을 직접 소유하지 않고도 주거와 경제활동을 할 수 있다. 은행이 있어야 자기 돈이 없어도 돈을 빌려서 사업을 할 수 있듯이 부동산 임대업이 있어야 부동산을 소유하지 않고도 살 수 있는 것이다. 은행과 마찬가지로 부동산 임대업도 인간생활에서 매우 중요한 존재다. 누진세는 그런 중요한 경제활동을 억제하고 있다. 누진구조를 취하는 한 토지세를 좋은 세금이라고 말할 수 있는 근거는 없다.

누진세의 부메랑 효과

세금이 벌금으로 변하지 않기 위해서는 납세자의 동의가 필요하다. 현대민주주의의 기원이 되었던 마그나 카르타는 바로 세금문제 때문에 생긴 것이다. 왕이 세금을 거두려면 납세자의 동의를 받으라는 것이다. 그런데 납세자는 어떨 때에 세금에 동의할까? 어느 국민이 세금을 기쁜 마음으로 낼까 싶겠지만, 정부가 받아간 것보다 더 큰 이익을 돌려준다면 세금내는 것을 마다할 사람이 어디 있겠는가. 세금은 납세자의 동의를 받아서 거두어야 한다는 조세법률주의의 본래 취지는 바로 거두어간 것보다 더 큰 이익을 돌려주라는 것이다. 납세자에게 거둔 것보다 더 많은 것을 돌려주지 않는 정부는 납세자의 재산을 약탈하는 것임을 늘 명심해야 한다.

개혁론자들이 토지보유세를 강화하자고 주장할 때 단골메뉴로 들고 나오는 미국의 재산세는 이러한 정신에 충실하다. 미국의 재산세는 지방마다 다르기 때문에 재산세율이 1%인지에 대해서는 의문의 여지가 있지만, 크게 틀린 수치는 아닌 것 같다. 그런데 보유세 강화론자들이 간과하는 것이 있다. 미국의 재산세는 철저하게 지방세라는 사실이다. 동네주민들이 자신들의 재정 필요에 따라 세율을 결정하며, 그렇기 때문에 당연히 자신들의 이익을 극대화하는 방향으로 세율이 결정되기 마련이다. 그런 상황에서 어떻게 1%라는 높은 세율일까? 그건 우리와 지방재정의 구조가 판이하게 다르기 때문이다. 학교도 경찰도 소방서도 공원도 모두 주민들이 자기들의 주머니를 털어서 만든 돈으로 해결해야 한다. 그런 공공서비스들이 없으면 동네는 살기 어려워질 것이다. 결론적으로 말하자면 자기들이 내는 세금이 자기들에게 더 큰 이익을 가져다주기 때문에 세금을 내는 것이다. 집값을 가지고 말하는 것이 더 쉬울 것 같다. 미국사람들에게도 집은 가장 큰 재산이다. 그 집값이 오르길 원하지 않는 사람은 없을 것이다. 그런데 집값은 동네가 살기 좋을수록 비싸진다. 집값을 높이려면 세금을 내서 학군도 좋게 만들고 동네 분위기도 좋게 만들어야 하는 것이다. 매년 세금 천 달러를 내서 공공서비스를 공급받으면 집값이 오르고 그 오른 값이 매년 천 달러보다 크다면 세금을 내는 것이 좋지 않겠는가. 미국의 재산세율은 동네마다 그런 계산을 해서 나온 결과인 것이다.

그 1%라는 숫자에는 미국 납세자들의 세금반란(tax revolt)도 한 몫을 했다. 우리는 지금에 와서 진보정치의 홍역을 치르고 있지만, 1960년대와 1970년대는 서구의 많은 나라들이 진보정치의 홍역을 겪었다. 반전반핵운동과 큰 정부 운동, 계획 및 통제경제 같은 사상들이 세계를 풍미했다. 미국의 지방정부에서도 많은 세금을 거두게 되었고, 심지어는 납세자들은 집을 팔아서 세금을 내야 하는 사태까지도 발생하게 되었다. 납세자들의 반발이 일어날 것은 정해진 수순이었다. 1978년 미국 캘리포니아주의 납세자들은 자비스(Jarvis)라는 사람의 주도로 세금반란을 일으켰고, 결국 캘리포니아 의회는 '의안 13'(Proposition 13)을 통과시키게 된다. 이 제안의 가장 중요한 내용은 재산세의 세율이 부동산 시장가치의 1%를 넘어서는 안 된다는 것이었다. 그렇게 결정된 숫자가 지금의 평균 재산세율을 형성하는 데에 중요한 역할을 했을 것이다.

민주주의 사회에서 우리가 가장 우려하는 것은 결정권을 가진 다수가 소수를 약탈하는 것이다. 사람들은 누구나 다른 사람의 돈으로 덕을 보고 싶어한다. 또 사람들은 대부분 자기보다 돈 많은 사람을 질투하고 시기한다. 이 두 가지가 결합하면 민주주의는 아주 무서운 결과를 초래할 수 있다. 다수가 힘을 합쳐서 소수의 것을 약탈하는 일이다. 사회주의 혁명도 같은 범주에 속한다. 그렇게 극단적이 아니더라도 얼마든지 평화적 합법적 약탈이 일어날 수 있다. 대통령과 국회의원들이 다수 유권자의 마음을 사기 위해 소수의 부자들을 약탈하는 세금을 얼마든지 만들 수 있기 때문이다. 물론 그런 약탈들은 여러 가지 이론과 명분들로 치장된다. 하지만 거대한 실패로 끝나버린 사회주의 혁명도 얼마나 화려한 명분과 이론으로 치장했었는가.

모든 국민이 같은 세율을 부담한다는 원칙에 동의한다면 세금이 약탈로 변하는 현상을 막아낼 수 있다. 모든 국민의 세율이 같아야 한다면 부자들에게 많은 세금을 매기기 위해 이른바 '서민'들 자신들의 부담도 늘려야 할 것이기 때문에 누구도 함부로 세금 높이자는 말을 못하게 된다. 그것이 황금률이고 그것이 올바른 공평이다. 그렇게 되면 평균적으로 최적 세율이 선택될 가능성이 높아진다. 세금이 약탈의 수단으로 변하는 것을 막으려면 헌법상의 평등권이 세부담에 대해서도 적용되어야 한다.

누진세는 그런 제약을 완전히 허물어버린다. 다수는 세금을 조금만 내고 소수에게만 많은 세금을 부과하겠다는 데 싫어할 다수는 없다. 그래서 소수의 부자들에게만 높은 세율이 적용되도록 세율구조가 만들어지겠지만, 영원히 그렇게 되지는 않는다. 높은 세율은 부메랑이 되어 저소득층의 재산까지도 빼앗아 갈 것이다.

그 이유는 누진세 과표가 높을수록 세율이 높아지는 세금이라는 사실과 시간이 갈수록 부동산 가격이 올라서 전 국민의 과표가 올라간다는 두 가지의 사실에서 비롯된다.

시간이 지나면 땅값과 집값도 오른다. 땅값과 집값이 오르게 되면 모든 집과 땅의 세율이 오르게 된다. 그건 당초 누진세를 도입했던 취지와는 전혀 다른 효과이다. 누진세의 취지는 부자들에게만 높은 세율을 적용하는 것인데, 집과 땅의 전반적 가격이 높아지면서 부자이든 서민이든 집값과 땅값이 오른 모든 사람의 세율이 높아지게 되는 것이다. 누진세는 부메랑이다. 세금으로 부자의 것을 뺏으려고 만든 장치가 자신의 것까지 뺏어가게 되는 것이다.

별장과 고급주택에 대한 벌금, 이제는 없애자

우리나라의 재산보유세는 별장과 고급주택에 대해서 5%라는 지독한 고율의 세금을 매기고 있다. 1973년에 만든 이 조항은 박정희 대통령의 성향을 반영하는 것이었다. 평소 그는 매우 검소한 사람이었다. 10·26이 난 이후 대통령의 관저를 정리하다가 대통령의 변기수조에 벽돌이 들어있는 것을 발견했다고 한다. 변기에서 나오는 물을 아끼기 위함이었을 것이다. 그는 검소한 만큼 사치스러운 것을 싫어했다. 문제는 자기만 그런 것이 아니라 자기의 국민들도 사치부리는 꼴을 못 봤다는 것이다. 그래서 1973년 발표한 긴급조치 3호에는 호화주택과 별장에 대한 중과세 조치가 들어가게 되고, 1974년에는 사치성 재산에 대한 세율이 인상된다.

대통령 본인이 싫어한다고 해서 다른 국민들의 소비생활에 간섭한 것은 잘못된 일이다. 사치인지 아닌지는 돈을 쓰는 당사자가 결정할 일이지 대통령이 판단할 일이 아닌 것이다. 그러나 그것을 가지고 박 대통령만 탓할 수도 없는 것이, 그 같은 지도자의 잔소리 습관이 최근까지도 남아 있었기 때문이다. 김영삼 대통령이 공무원들에게 골프를 치지 말라고 하는 것도 그런 잔소리였다. 대통령은 그렇게 잔소리할 권리가 있는 사람이 아님을 받아들여야 한다. 별장을 마련하든 고급주택을 짓든 소비자들의 판단에 맡길 일이다. 예전에도 그랬어야 했고,

지금은 더욱 그렇다. 그것을 나쁜 일이라고 백안시해서 벌금성격의 중
과세를 매기는 것은 시대착오적이다. 별장이 되었든 고급주택이 되었
든 그냥 주택일 뿐임을 받아들여야 할 때다.

보유세, 매매가격은 낮추고, 전세가격은 높인다

우리나라에서 보유세를 높이자고 하는 이유는 집값을 잡기 위함이
다. 그런데 집값에도 여러 가지가 있다. 매매가격 말고도 전세보증금
액수나 월세 등이 모두 집의 가격이다. 그 중에서 보유세 강화를 통해
서 낮추고자 하는 것은 매매가격이다. 보유세 강화론자들은 아마도 매
매가격을 낮추면 다른 가격들, 예를 들어 전세보증금이나 월세가격까
지도 낮아질 것이라고 기대하고 있을 것이다. 그러나 보유세 강화로
매매가격이 낮아진다고 해서 다른 가격까지 낮아지는 것은 아니다. 다
른 가격들은 오히려 오를 가능성이 높다.

8·31 대책 이후 실제로 이런 현상이 나타났다. 매매가격은 하락했
지만 전세가격은 오히려 상승한 것이다. 왜 이런 일이 일어날까.

보유세를 높이 부과하면 늘어나는 세부담만큼 매매가격은 낮아진
다. 간단한 예를 가지고 설명해 보자. 원래 보유세가 없었다고 가정해
보자. 그런 상태에서 시장가격이 3억인 집이 있다. 이 집에 보유세를
부과하게 되면 집값은 떨어지게 된다. 논의를 단순하게 하기 위해서
보유세는 매년 3백만 원씩 같은 액수를 내야 한다고 해보자. 보유세
부담의 총액은 매년 내야 하는 3백만 원을 모두 더한 금액이 된다. 이
때의 더하기는 단순한 더하기가 아니라 할인이라는 과정을 거쳐야 한
다. 올해의 3백만 원과 내년의 3백만 원이 다르기 때문이다. 연 이자
율을 3%라 하고 그 금액을 모두 할인해서 더하면 1억 원이 된다. 즉,
매년 3백만 원의 보유세를 새로 부과할 경우 앞으로 매년 내야 하는

보유세의 총액은 1억 원인 셈이다. 이런 보유세가 부과되면 기존에 3억 원에 팔리던 집을 예전처럼 3억 원에 내 놓으면 팔리지가 않는다. 구매자의 입장에서 보면 예전처럼 집을 구입하기만 하면 끝나는 것이 아니라 매년 3백만 원을 따로 세금으로 바쳐야 하기 때문이다. 그걸 생각하면 과거에 그 집을 3억 원에 사려고 했던 사람은 그 보다 1억 원이 낮은 2억 원이어야 집을 구입하려고 할 것이다. 그래서 매매가격은 3억 원에서 2억 원으로 떨어진다. 지출효과를 고려하지 않는다면 보유세는 매매가격을 낮춘다.

여기서 우리가 눈여겨보아야 할 것은 매매가격이 낮아진다고 해서 소비자들의 주거사정이 좋아지는 것은 결코 아니라는 사실이다. 3억 원짜리가 2억 원으로 떨어진 이유는 합계 1억 원을 세금으로 내야 하기 때문이다. 새로 집을 구입하는 사람은 매매가격 2억 원과 세금 1억 원을 내야 하는 것이다. 매매가격이 낮아지는 것은 사실이지만, 결국 소비자의 주거비 부담은 달라지는 것이 없다. 단지 집주인에게 3억 원 모두를 주었을 것을 보유세 때문에 집주인에게는 2억 원만 지불하고 나머지 1억 원은 매년 3백만 원씩 정부에 할부로 지불한다는 사실이 달라졌을 뿐이다.

장기적 효과를 따져보면 보유세가 오히려 소비자들에게 고통을 가져다줄 수 있음을 알게 된다. 보유세로 주택공급이 위축될 수 있기 때문이다. 보유세 때문에 3억 원을 내고도 집을 사려했던 사람이 2억 원만 내려고 함을 말한 바 있다. 이건 기존 주택뿐만 아니라 새로 분양하는 주택에서도 마찬가지다. 어떤 아파트의 분양가가 3억 원이면 구입했을 사람이 보유세 도입 이후에는 분양가를 2억 원으로 해야 분양 받으려고 할 것이다. 건설업자의 입장에서 본다면 같은 주택을 짓더라도 과거에 3억 원을 받을 수 있었던 것을 이제는 2억 원밖에는 받을 수 없게 된 것이다. 그만큼 이윤은 줄어들고 주택을 지으려는 의욕도 줄어든다. 그래서 보유세의 강화는 주택의 공급을 줄인다.

주택의 공급이 줄면 상대적으로 매매가격은 오르게 된다. 2억으로 떨어진 매매가격이 2억에 머물러 있지 않고 2억 2천, 2억 5천으로 오르게 된다. 그래도 여전히 과거의 3억보다는 낮다고 생각할지 모르지만, 세금의 합계인 1억 원까지 합치면 3억 2천, 3억 5천이기 때문에 소비자의 주거비 부담은 증가한다.

주택공급의 축소는 주택의 다른 가격들, 즉 전세와 월세가격을 올린다. 이것을 이해하려면 부동산에 대한 수요가 보유수요와 거주수요로 구성된다는 사실을 알 필요가 있다. 보유수요란 글자 그대도 주택을 소유하고 싶어하는 수요이다. 부동산을 소유하는 사람은 보유수요를 실현하고 있는 것이다. 한편 거주수요는 구체적 공간에서 살고자 하는 수요이다. 부동산을 보유하고 있든 않든 누구나 어딘가에서는 거주하고 있다는 의미에서 누구나 거주수요를 실현하고 있다.

매매가격은 주택의 총량과 보유수요에 의해서 결정된다. 주택의 총량이 고정되어 있다면 보유세는 보유수요를 줄이기 때문에 매매가격을 낮춘다. 시간이 흐르면서 보유세가 주택의 신규공급을 줄이게 되고, 그 결과 매매가격이 서서히 높아지지만 그래도 여전히 보유세가 없을 때보다는 낮은 수준을 유지한다.

그러나 전세와 월세 등 임대료는 그렇지 않다. 이들 가격은 주택의 총량과 거주수요에 의해서 결정된다. 보유세로 주택의 총량이 줄어들지만 거주수요가 줄지는 않는다. 보유세는 보유수요를 줄이기는 하지만 거주수요를 줄이지는 않는다. 거주수요를 줄이려면 전세나 월세를 사는 사람들에 대해서도 주택에 거주한다는 이유만으로 세금을 매겨야 하는데, 그런 일은 상상하기 힘들다. 주택의 총량은 줄고 거주수요는 그대로 있다면 당연히 그 가격인 전세나 월세가격은 뛰어오른다. 게다가 보유세의 강화는 거주수요를 늘릴 수도 있다. 보유세 부담이 높아지면 집을 사려고 했던 사람들이 전세로 눌러 앉는 경우가 많을 것이다. 그 과정에서 많은 사람들이 거주면적을 늘릴 가능성이 있다. 즉,

자기 집을 구입해서 거주한다면 32평에 그칠 사람들이 전세나 월세를 택할 때는 그보다 넓은 40평을 택할 가능성이 높은 것이다. 이는 보유세로 보유수요는 줄지만 거주수요는 증가할 수 있음을 뜻한다. 만약 그것이 사실이라면 보유세의 강화로 인해 단기적으로 주택의 총량이 변하지 않을 때에도 전세와 월세가격은 상승할 수 있다. 8·31 대책 이후에 우리는 그 현상을 겪고 있다.

기반시설부담금

집이나 기타 시설들이 들어서면 사람도 같이 따라온다. 그러다 보면 기존의 도로나 학교 같은 기반시설들이 혼잡해지기 일쑤다. 또 인구나 경제활동이 기존 상하수도의 용량을 초과해서 물 부족이나 오염물 처리에 문제가 생길 수도 있다. 그래서 대개 새로운 주택이나 시설들을 지으려면 도로나 학교, 상하수도 같은 기반시설도 같이 공급되어야 한다. 기반시설의 공급에서도 가장 해결하기 어려운 문제는 돈이다. 기반시설을 공급하기 위한 돈을 누구에게서 거둘 것인가.

답은 새로 시설을 만들거나 그 시설에 입주할 사람들이다. 새로 입주하는 사람들은 기존 주민들에게 피해를 주는 셈이다. 자유는 타인에게 피해를 주지 않는 범위에서만 허용될 수 있음을 고려할 때 새로운 입주자가 기반시설 설치비용을 부담하고 들어오는 것은 도덕적으로도 옳은 일이고 경제적으로도 가해자에게 사회적 비용을 부담시킨다는 의미에서 효율적이다. 기반시설 비용은 새로 들어오는 주민이 아니라 개발업자에게 부과해도 결과는 같다. 분양시장에 경쟁이 있는 한, 기반시설비 부담은 결국 분양가격에 반영될 것이기 때문이다.

이런 관점에서 본다면 참여정부가 도입하려는 기반시설부담금제의 아이디어 그 자체는 건전하다. 자기가 일으킬 문제에 대해 미리 해결책을 마련해 놓는 것은 모든 건전한 시민이 취해야 할 태도이다. 그러나 이 제도를 둘러싼 제도적 배경과 구체적 시행방법들을 보면 여러 가지 생각해 보아야 할 것들이 있다.

제일 먼저 해결해야 할 과제는 이미 비슷한 명목의 세금이나 부담금이 많다는 것이다. 시가표준의 0.2%를 거둬가는 도시계획세는 바로 기반시설 수요를 충당하기 위해 징수하는 세금이다. 위헌판결을 받기는 했지만 아직도 효력이 살아 있는 학교용지부담금 역시 기반시설 중 가장 돈이 많이 들어가는 것 중 하나인 학교용지 비용을 충당하기 위한 목적이다. 외환위기의 와중에서 부과가 중지되었다가 참여정부 들어서 다시 부활의 길을 걷고 있는 개발부담금 역시 그렇다. 개발부담금은 개발이익의 25%를 거두게 되어 있는데, 그 돈의 가장 적합한 용도는 해당 지역의 기반시설 설치이다. 교통유발부담금이라는 것도 있다. 이것 말고도 현실적으로 많은 개발사업에서 개발허가관청인 시청이나 군청이 개발업자에게 근린공원이나 도로 같은 것을 만들어서 기부채납하라고 요구하는 경우가 많다. 이것 역시 중요한 기반시설부담 제도이다. 이런 상황에서 기반시설부담금을 또 거두는 것은 설득력이 없다. 국민에게 돈을 내라고 요구하기 전에 과연 그 돈을 거두는 것이 정당한지의 여부부터 따져보았으면 좋겠다.

또 한 가지 생각해 보아야 할 것은 기반시설부담금과 개발이익 간의 관계이다. 저자의 제안은 둘을 연결해서 생각하지 말라는 것이다. 즉, 개발이익이 있건 없건 간에 기반시설부담금은 해당 개발행위로 생겨나는 기반시설 수요에만 기초해서 산정해야 한다. 개발이익의 일정비율을 부과한다든가, 공시지가의 일정비율을 부과하는 방식은 제대로 된 기반시설부담금 부과방식이 아니다. 해당 개발행위로 초래되는 기반시설 수요, 그것만이 기반시설부담금의 산정기초가 되어야 한다.

그렇게 되면 개발이익이 하나도 없는 경우에도 엄청난 기반시설부담금을 납부해야 할 경우가 생겨날 수 있다. 개발이익이 없더라도 기

310

반시설수요를 만들어낸다면 당연히 그 비용을 부담해야 한다. 반면 개발이익은 엄청난데, 지역적 환경에 따라 기반시설부담금은 거의 낼 필요가 없는 곳도 생길 것이다. 기반시설부담금은 그래야 한다. 개발업자가 개발이익의 크기와는 무관하게 건축비를 부담하듯이 기반시설부담금도 그런 성격을 가져야 한다.

기반시설부담금과 토지세 간의 관계에 대해서도 선을 그어두어야 한다. [15] 새로운 시설을 모두 기반시설부담금으로 한다면 새로 입주할 사람들이 앞으로 내게 될 재산세는 어디에 쓸 것인가? 기반시설부담금이 본격적으로 징수된다면 토지세의 부담은 줄여야 할 필요성이 대두된다. 기반시설부담금을 늘려서 혼잡을 유발한 사람이 비용도 부담하게 하는 것은 좋지만, 그와 동시에 누가 어떤 혜택을 받게 되는지 알기 어려운 다른 세금들은 줄이는 것이 옳다.

---

15) R. Epstein, *Takings: Private Property and the Power of Eminent Domain* (Harvard University Press, 1985), p. 288.

제 9 장

아! 헨리 조지[1]

헨리 조지와 토지사유재산제

참여정부에 들어와서 헨리 조지(Henry George)라는 이름이 자주 입
에 오르내리게 되었다. 청와대 정책기획실장으로 있던 이정우 박사가
헨리 조지의 추종자인 것으로 알려져 있으며, 잘은 모르지만 아마도
그를 참모로 데리고 있는 노무현 대통령도 반쯤은 조지스트가 되어 있
을 것이다. 주택으로부터 발생하는 이득은 사회가 공유해야 한다는 대
통령의 말은 그런 생각을 반영하고 있을 것이다.

---

1) 헨리 조지의 토지사상은 여러 분야에 걸쳐 있기 때문에 이 장에서 저자의
논의도 앞의 장들과 많이 중복됨에 독자들의 양해를 구한다. 특히 사유재
산권제도의 본질을 다룬 제2장 및 토지세를 다룬 제8장의 내용과 많이 겹
친다. 이 책을 쓰는 동안 서강대학교 곽태원 교수의 헨리 조지 비판서가
나왔다. 헨리 조지 사상의 옳고 그름에 대해 더 상세히 알고 싶은 사람은
아래의 책을 참조할 것. 곽태원, 《토지는 공유되어야 하는가?: 진보와 빈
곤에 나타난 헨리 조지의 토지사상 평가》(한국경제연구원, 2005).

헨리 조지는 19세기 말 미국의 사회사상가로서, 그의 사상은 자본주의와 관련해서는 극단적인 두 가지 면을 동시에 가지고 있다. 한편으로 그는 극단적 자유주의자였다. 자유무역이나 거래에 지장을 주는 모든 규제들과 세금을 폐지해야 한다고 주장했다. 요즈음으로 따지자면 극단적 신자유주의인 셈이다. 그러나 토지와 관련해서는 철저한 사회주의자였다. 헨리 조지는 토지의 사유재산제를 증오했다. 신의 창조물인 토지를 사유재산의 대상으로 삼는 것은 애초에 사악한 일이라는 것이다. 하지만 어쩔 수 없이 누군가는 토지를 관리해야 하기 때문에, 그리고 국가보다는 개인이 관리하는 것이 낫기 때문에 토지의 사유재산권은 그대로 놓아두는 것이 좋다고 했다. 그러면서도 토지로부터 발생하는 이득은 모두 환수해서 모든 사람에게 이익이 되게 사용하자고 제안한다. 그래서 그가 제안한 것이 부지가치세이다. 즉, 토지에서 발생하는 모든 가치를 100% 국가가 환수하자는 주장이다. 그와 동시에 경제의 자유는 보장해야 하니까 절충안으로 단일세(single tax)라는 아이디어가 나오게 되었다. 토지세를 제외한 모든 세금들 예를 들어, 소득세, 관세, 부가가치세, 건물에 부과되는 세금 등 토지에 부과되는 세금 이외의 모든 세금을 없애자는 것이다. 그렇게 되면 토지세는 유일한 세금으로 남게 된다. 따라서 그런 세금을 단일세라고 불렀다. 또 그런 주장을 펼치는 운동을 단일세 운동(single tax movement)이라고 부르며, 헨리 조지의 주장에 동조하는 사람들을 조지스트라고도 부른다.

이정우 교수 말고도 우리나라에는 여러 명의 조지스트들이 활동하고 있다.[2] 한국 조지스트의 원류는 아마도 대천덕 신부인 것 같은데, 그의 영향을 받아서 경북대학교의 김윤상 교수, 대구 가톨릭대학교의 전강수 교수 등 많은 조지스트들이 나왔다. 이들이 만들어 놓은 단체

---

[2] 한국 조지스트들의 계보와 활동상에 대해서는, 《한겨레 21》, 2005년 7월 21일자를 볼 것(http://h21.hani.co.kr).

들도 헨리 조지 연구회, 성경적 토지 정의를 위한 모임(성토모), 토지
정의시민연대 등 여러 개가 있다. 이들이 헨리 조지의 자유무역과 철
저한 자유와 책임의 사상을 받아들이고 있는지는 분명치 않지만, 그의
또 다른 면인 토지 사회주의 사상을 추종하는 것은 분명하다.

헨리 조지의 토지사상은 토지의 국유화 또는 사회주의 사상이다. 그
는 토지가치를 100% 환수하는 한 사유재산제는 유지해도 된다고 했
지만, 그의 제안대로 하면 토지의 사유재산제는 유지가 될 수 없다.
즉, 헨리 조지의 주장은 토지의 무정부 상태를 향해 가거나 또는 국유
제를 향할 수밖에 없다. 그 이유를 살펴보자.

토지가치의 100%를 환수하려면 두 가지 방법이 있다. 첫째는 임대
용 토지에 해당되는 방법으로 매년 받은 임대료를 모두 국가가 세금으
로 환수하는 것이다. 그렇게 하면 토지가치의 100%가 환수된다. 이
렇게 되면 토지의 주인은 소유권을 포기할 것이다. 왜? 토지를 가지고
있어봐야 자기에게는 아무런 이익도 없는데, 무엇 때문에 임대료를 거
두어서 전액을 세금으로 내는 수고를 자청하겠는가. 그래서 토지의 주
인은 사라질 것이다. 토지의 주인이 토지를 포기하고 나면 아무나 쓰
게 되거나 아니면 국가가 그 토지의 소유권을 확보한 후 누군가 쓸 사
람에게 빌려주어야 할 것이다. 어떤 경우이든 임대료의 100%를 거두
어 가는 한 토지의 사유재산제는 유지될 수 없다.

둘째는 토지의 소유자에게 사전에 정해진 세금을 거두되, 그 세금의
액수가 토지에서 나오는 모든 사용가치와 가격상승분을 포함하도록 하
는 것이다. 말하자면 공시지가처럼 '공시 임대료' 같은 지표를 만들어
서 토지 소유자에게 부과하는 것이다. 이 방법은 앞의 것과 다음과 같
은 점에서 다르다. 앞에서는 토지 주인이 거두면 거두는 대로 세금을
받아갔다. 그러나 두 번째의 방법에서는 토지 주인이 임대료로 얼마를
거두든 상관없이 정부가 사전에 정한 '공시 임대료'를 세금으로 거두어
가게 된다.

조지스트들은 두 번째의 방법을 쓰면 토지 소유자들이 토지를 매우 효율적으로 이용할 것이라고 주장한다. 그렇지 않으면 세금을 낼 수 없기 때문이라는 것이다. 한국의 대표적 조지스트인 김윤상 교수의 말을 들어보자.

> "지대세가 부과되는 상황에서 지대소득이 지대세액에 미달하면 손해를 본다. 그러므로 토지 소유자는 토지를 최선의 용도에 맞게 직접 사용하거나 타인에게 임대하여 지대세를 납부하고도 손해를 보지 않을 정도로 소득을 충분히 올려야 하며, 그렇지 못하면 토지소유를 포기해야 한다."[3]

헨리 조지 또는 김윤상 교수의 세계에서 토지 소유자는 그 토지로부터 얼마의 수익이 발생하건 정부가 정한 세금을 납부해야 한다. 그러면 그 세금은 어떻게 매길 것인가? 일반적 지대론이 가정하는 것처럼 그 땅으로부터 거둘 수 있는 최대의 금액 또는 지대가 될 것이다. 따라서 토지 소유자가 임차인으로부터 최대의 지대를 받아내지 못한다면 손해를 볼 것이기 때문에 최대의 지대를 거두려고 할 것이다. 그러기 위해서 토지를 효율적으로 이용해야 한다. 이것은 조지스트들의 생각이다.

그러나 김윤상 교수도 인정했듯이 토지 소유자들에게는 토지 소유권의 포기라는 선택권이 남아 있다. 잘해봤자 본전인데, 무엇 때문에 힘들여가면서 땅으로부터 수익을 내려고 애쓰겠는가. 따라서 두 번째의 제도하에서도 토지의 소유자는 사라지게 된다. 토지의 사유재산제와 토지시장도 사라진다.

김윤상 교수도 부지가치세가 토지시장의 무력화를 초래한다는 데에

---

3) 김윤상, "토지가치 세제에 대한 의문과 해명," 이정우 외, 《헨리 조지 100년 만에 다시 보다》(경북대학교 출판부, 2002), p. 88.

는 동의하는 듯하다. 그런데도 여전히 문제가 없다는 주장을 편다. 한 번 들어보자.

"토지 매매시장이 무력화되어도 토지의 적정배분에는 문제가 없다. 첫째로, 토지가치세를 실시하면 당해 토지의 지대세에 상응하는 수준의 토지사용을 할 수 없는 사람은 토지를 소유하지 않으려고 할 것이다. 즉, 토지를 소유하는 사람은 대체로 토지를 잘 사용할 사람이라고 보아도 무방하므로 토지의 적정배분이 이루어지게 된다."[4]

김윤상 교수의 주장은 세금을 낼 수 있을 정도로 토지를 잘 이용할 수 있는 사람만 토지 소유자가 될 것이라는 주장이다. 그러나 다른 모든 경제활동과 마찬가지로 토지의 이용에도 높은 위험과 비용이 든다는 사실을 감안한다면 그의 주장은 설득력이 없다. 아무리 열심히 일해 봐야 남 좋은 일(세금납부)만 시키는 활동을 무엇 때문에 하겠는가. 부지가치세하에서는 모든 사람이 토지 소유권을 포기하게 된다.

한 가지 해결책이 있기는 하다. 토지의 소유자에게 소유권을 포기하지 못하게 강제하는 방법이다. 토지소유를 포기하고 싶어도, 토지를 국가에 헌납하고 싶어도 그럴 수 없게 만드는 것이다. 그렇게 될 경우 토지 이용자는 일종의 강제노역을 하는 셈이 된다. 세금내기 위해 열심히 일해야 하기 때문이다.

오늘날과 같은 민주주의 사회에서 그런 일은 상상하기 힘들다. 설령 그것이 가능하다고 하더라도 오래가지는 못할 것이다. 시간이 흐르면 어떤 식으로든 소유권의 포기는 일어나기 마련이다. 예를 들어, 세금을 내지 않는 자선단체에 기부하는 방법, 죽으면서 상속하지 않는 방법 등이 사용될 수 있을 것이다. 역사적으로 보더라도 높은 토지세는 토지 포기의 원인이 되었고, 그 결과 세금을 피해 갈 수 있는 사람들

---

4) 위의 책, p. 99.

에 의해서 토지겸병이 이루어지는 원인이 되었다.[5]

조지스트들은 헨리 조지가 주장한 토지가치 환수제, 또는 단일세가 토지의 사유재산제를 파괴하지 않고도 토지가치를 전 인류가 공유하는 방법이라고 믿는다. 그러나 토지가치 100% 환수는 토지에 대한 사유재산제의 포기를 의미한다. 그 다음은 무정부 상태이거나 또는 국유제일 것이며, 그것은 토지가 가진 막대한 잠재력의 파괴로 나타난다. 인간의 육체와 재능을 사유재산으로 삼지 않았던 노예제하에서 인간의 잠재력이 파괴되었던 것과 마찬가지다.

토지는 왜 사유재산이어야 하나?

"토지는 인간이 만든 것이 아니다. 따라서 사유재산이 될 수 없다." 이것이 조지스트를 비롯한 많은 사람들의 생각이다. 그럴듯하게 들리지만 이 주장에는 논리적 비약이 있다. 누군가 만든 사람에게 소유권이 주어져야 한다면, 국가는 어떻게 소유권을 가질 수 있나? 국가가 토지를 만든 것도 아닌데 말이다. 만든 사람만이 소유할 수 있다면, 누구도 만들지 않은 땅에 대해서는 국가를 포함한 누구도 소유권을 가질 수 없다. 땅은 국가가 만든 것이 아니기 때문이다.

그러면 이용권은 어떤가? 사람이 살아가려면 반드시 토지를 사용하기 마련인데, 그럴 수 있는 권리는 어디서 오는 것일까? 내가 어떤 땅을 차지하고 살면 다른 사람은 그 땅을 사용할 수 없게 되는데, 누가 나에게 그런 권리를 준 것일까? 신의 계시를 받아야만 하는 것일까? 자기가 만들지 않은 것을 그냥 사용해도 되는 것일까? 누가 만들었는가를 소유권이나 이용권의 근거로 삼는다면 이런 질문들에 대한 답을

---

5) 여기에 관해서는, 정희남 역, 《세계 토지사》(《한국경제신문》, 1998) 참조.

구할 수 없다.

토지를 사유재산으로 삼아야 하는 이유는 토지가 귀하기 때문이다. 토지에 대한 인간의 욕망은 거의 무한에 가까운데, 그 욕망을 채워줄 토지의 부존량은 유한하기 때문이다. 그래서 토지는 효율적으로 이용되어야 하고, 그러기 위해 토지는 사유재산이어야 한다.

토지의 사유재산제를 부인한다고 해보자. 그러면 십중팔구 국유화될 것이다. 누구도 토지 소유권을 행사하지 않는 상태도 이론적으로는 가능하겠지만 십중팔구는 국가관리하에 들어갈 것이다. 국유화 상태에서도 토지를 이용해야 한다. 정부가 직접 토지를 이용하거나 또는 누군가에게 사용권을 주어야 한다.

모든 땅의 용도를 정부가 직접 결정한다면 그야말로 재앙이 닥칠 것이다. 무슨 동 몇 번지의 땅에 어떤 용도의, 몇 층짜리 건물을 어떤 모양으로, 어떤 자재를 사용해서, 언제 지을 것인지 일일이 결정해야만 한다. 어떤 정부라도 그런 정보를 가지고 있지 못하며, 토지시장이 사라지고 난 후에는 더욱더 그런 정보를 얻을 길이 없다. 그래서 과거에 사회주의 국가들이 그랬듯이 소비자들이 무엇을 원하는지와 무관하게 획일적 건축물만을 지어낼 것이다. 그런 사정은 건축뿐만 아니라 농업이든, 공업이든 토지를 써야 하는 모든 일에서 발생하게 될 것이다.

토지이용의 목적 자체가 달라지는 문제도 생길 것이다. 현재와 같은 사유재산제에서 토지의 용도는 소비자가 가장 원하는 방향으로 결정된다. 그래야만 토지 주인이 돈을 벌 수 있기 때문이다. 경쟁이 존재하는 한 사유재산제는 공급자로 하여금 소비자에게 봉사하게 만든다. 그러나 국유제가 되면 사정이 달라진다. 토지의 용도는 정치적으로 결정되기 마련이다. 권력자가 원하는 방향으로, 또는 권력자를 설득시킬 수 있는 방향으로 토지의 용도가 결정될 것이다.

근세 이후의 역사는 토지로부터 권력이 분리되어 온 역사이다. [6] 즉, 현대로 가까워올수록 토지는 권력기반으로서의 역할이 줄어든다.

특히 유럽의 봉건주의 해체가 그랬고, 우리나라에서 왕토사상의 약화과정이 그랬다. 헨리 조지와 그의 추종자들은 권력을 다시 토지와 결합시키려고 한다.

국가가 직접 토지를 사용하지 않고 국민들에게 이용권을 불하해 주더라도 여전히 문제는 남는다. 첫째는 몇 년의 이용권을 줄 것인지의 문제다. 기간이 짧을수록 비효율성이 커진다. 예를 들어, 1년 단위로 사용자를 바꾼다면 오랜 기간에 걸쳐 수익이 발생하는 투자는 일어나지 않을 것이다. 1년 후에 국가에 반납할 토지에 누가 무엇 때문에 10층짜리 건물을 짓겠는가. 이용기간을 길게 해줄수록 그런 문제는 줄어든다. 하지만 이용 기간이 길다는 것은 사유재산에 가깝다는 말이다. 예를 들어, 백 년 이용권 같은 것은 거의 사유재산권이다. 기존의 사유재산은 영원히 사용할 수 있고 양도까지 할 수 있는 권리이다. 이용권의 허용기간이 길어질수록, 그리고 타인에게 양도할 수 있는 범위가 확대될수록 사유재산에 가까워진다.

결론은 이렇다. 토지에서 사유재산의 속성을 제거할수록 토지이용의 효율성은 떨어진다. 토지이용의 효율성을 높이려면 사유재산의 속성을 폭넓게 허용해야 한다. 토지가 효율적으로 이용되길 원한다면 결국 사유재산제가 필요하다.

토지는 귀중한 자원이기 때문에 그것을 가장 효율적으로 이용할 사람에게 배정되어야 한다. 사유재산제는 그것을 가능하게 해주는 장치다. 대개는 토지를 가장 효율적으로 사용할 의향과 능력이 있는 사람 (또는 그런 사람을 동원할 수 있는 사람)은 그 토지의 가치를 가장 높게

---

6) 토지-권력 분리의 궁극적 원인은 재정적인 데에 있다. 주산업이 농업일 때는 세금을 토지에서 거두었다. 그러나 산업혁명 이후 제조업과 상업의 중요성이 커지자 거기에 세금을 부과하게 되었다. Spencer H. MacCallum, *Reconciling Property in Land with Classical Liberal Thought*(http://www.logan.com, 2006년 2월 3일 접속).

평가하며, 따라서 자유시장에서는 그런 사람이 토지의 소유자가 된다. 효율적 토지 이용자를 자동으로 골라내는 장치인 셈이다. 따라서 사유 재산제가 필요한지의 여부는 해당 자원을 인간이 만들었는지로 판단해 서는 안 된다. 인간의 욕망은 무한하고 부존량은 제한된 자원, 즉 희 소한 자원이라면 인간이 만들었건 아니건 사유재산의 대상으로 삼아야 하는 것이다.

따지고 보면 여러분 자신의 몸과 재능도 여러분 자신이 만들지 않았 다. 태어날 때 타고 나온 것이다. 그럼에도 불구하고 당신의 몸과 재 능은 당신의 것이다. 왜? 그렇게 할 때 당신이 가진 잠재력이 최대한 발휘되기 때문이다. 자신의 몸과 재능을 자신이 소유하지 않는 노예는 자신의 잠재력을 발휘하지 않는다. 뭐든지 귀하게 쓰이길 원한다면 사 유재산으로 삼아야 한다.

지대론과 토지 소유자의 역할

헨리 조지는 토지의 이용이라는 것을 지나치게 단순한 행위로 보았 다. 즉, 토지의 용도나 이용방식은 이미 결정되어 있는 것으로 본 것이 다. 누가 토지의 주인이 되더라도 농지로 쓰일 땅은 농지로 쓰이고, 3 층짜리 건물이 지어질 땅은 여전히 그 운명대로 갈 것이다. 그렇기 때 문에 누가 토지의 주인이 되더라도, 심지어는 주인이 없더라도 토지이 용의 모습은 변하지 않는다. 그래서 다음과 같은 말이 나올 수 있었다.

> "지대 내지 토지가치는 토지의 생산성이나 효용으로 발생하는 것이 아 니다. 지대는 생산에 주는 도움이나 이익을 표시하는 것이 아니라 단 지 생산의 결과 중 일부분을 취득할 수 있는 힘을 표시할 뿐이다."[7]

'기생충 !' 그런 그림으로부터 자연스럽게 떠오르는 토지 소유자의 이미지이다. 이 사회에 아무것도 기여하는 것 없이 지대만 챙겨 가는 존재를 다른 어떤 이름으로 부를 수 있겠는가. 헨리 조지와 그의 추종자들에게 지주들은 기생충에 불과했다. 그들로부터는 모든 이익을 환수하더라도 세상은 아무것도 나빠질 것이 없다. 오히려 다른 세금을 줄일 여지가 늘어나니 풍요로운 세상이 다가오는 것이다.

토지 소유자의 역할을 이런 식으로 본 것은 단지 헨리 조지만이 아니었다. 아담 스미스, 데이비드 리카도, 존 스튜어트 밀 등 모든 고전경제학자들이 지주의 역할을 그렇게 이해했다.

고전경제학자들이 그랬던 데에는 이해할 만한 역사적 배경이 있었다. 고전경제학자들이 등장했던 것은 이른바 부르주아라고 불리는 신흥 상공인 계층이 급속히 부상하고 봉건제도는 해체되는 시대였다. 그들에게 부르주아들은 시대의 희망이었던 반면, 봉건영주들은 극복의 대상이었다. 자연스럽게 그들의 이론은 무엇인가를 생산하는 상공인들의 역할을 강조하는 반면, 토지를 차지하고 있던 지주들, 즉 봉건영주들의 역할을 무시했다. 고전경제학의 가장 밑바닥에 깔려 있던 노동가치설도 그런 관점에서 이해될 수 있을 것이다.

그러나 토지를 소유하고 이용하는 일이 그리 만만한 것은 아니다. 저자가 일하는 자유기업원에는 약간의 기금이 있는데, 수입을 늘리기 위해 은행에만 넣어두지 말고 건물을 사서 임대료를 받는 것을 검토한 적이 있었다. 그러다가 결국 포기하고 말았는데, 그 이유는 부동산 임대사업이라는 것이 우리가 감당하기에 너무 위험한 일이기 때문이었다. 예를 들자면 이런 것들이 걱정거리였다. 임대가 안 나가고 공실로 남아 있으면 어떻게 하지? 실제로 지금 우리가 들어 있는 건물에도 공실들이 꽤 남아 있다. 또 임차인이 임대료를 안내고 배짱을 부리면 어

---

7) 김윤상 역, 《진보와 빈곤》(비봉출판사, 1996), p. 159.

떻게 하지? 우리들로서는 그것을 해결할 자신이 없었다. 결국 건물임
대도 아무나 하는 것이 아니라는 결론을 내렸다. 돈 빌려주고 이자받
는 돈 장사가 쉽지 않듯이 건물임대 역시 쉬운 일이 아닌 것이다. 빈
땅을 소유하고 관리하는 일은 더욱 그렇다. 언제, 어떤 용도의 건물
을, 몇 층짜리로, 어떤 건축자재를 들여서 지을 것인가. 어느 것 하나
만만한 일은 없다. 결국 토지소유를 통해서든 건물소유를 통해서든 돈
을 번다는 것은 만만한 일이 아니다.

어쩌면 토지는 자연이 준 선물이라는 말 자체부터 다시 생각해 보아
야 할지 모른다. 노래에 대한 소질은 분명 자연이 준 선물이지만, 노
래에 소질이 있다고 해서 모두 가수가 될 수 있는 것은 아니다. 사람
의 능력은 어느 용도에 어떻게 사용하는가에 따라서 가치가 완전히 달
라진다. 운동 잘하는 사람에게 가수의 직업을 가지라고 하면 제대로
될 리가 없다. 그리고 각자가 무엇을 할지는 가장 직접적인 이해관계
를 걸고 있는 자기 자신이 결정하게 하는 것이 가장 좋다. 그러다 보
면 실수도 나오겠지만, 최소한 다른 사람이 대신 판단해 주는 것보다
는 자기가 판단할 때에 자기가 가진 소질과 능력을 더 적절한 용도에
사용할 수 있을 것이다.

땅도 마찬가지 아닐까. 땅이 자연에 의해서 만들어진 것은 사실이지
만, 그것을 언제 어떠한 용도에 어떻게 사용할 것인지는 소유자가 결
정하게 하는 것이 가장 바람직하다. 같은 땅이라도 잘못된 결정을 내
리면 가치가 형편없어질 것이고, 좋은 결정을 내린다면 큰 가치가 발
생할 것이다. 장소가 좋다고 누구나 다 장사를 잘하는 것이 아닌 것과
마찬가지다. 각각의 토지를 사유재산으로 삼을 때 그 결정을 가장 잘
할 수 있게 된다.

토지 소유자들은 기생충이 아니다. 토지 소유자들이 지금과 같은 역
할을 해주지 않는다면 토지시장은 사라질 것이고, 지대이론도 더 이상
성립하지 않게 된다.

322

토지자유지상주의자와 토지세

조지스트들 중에는 이른바 '토지자유지상주의자'(*geo-libertarian*) 들로 불리는 사람들이 있다. 폴드베리(Fred Foldvary)[8] 같은 학자가 대표 격이다. 헨리 조지가 그랬듯이 폴드베리도 토지 이외의 다른 분야에 대해서는 극단적 자유주의자라고 불릴 만하다. 마음에 안 들면 자치단 체가 국가로부터 탈퇴해서 독자적 주권국가를 만들 수 있어야 한다는 주장도 서슴지 않는다. 또 특정 광역자치단체에 속한 자치단체의 대다 수 주민들이 자기가 속한 광역자치단체가 마음에 들지 않을 경우 그 광역단체로부터 탈퇴해서 스스로 하나의 광역단체를 만들거나 또는 다 른 광역단체의 일원이 될 수 있게 하라고도 한다. 다수의 주민들이 원 한다면 자기들 스스로 통치기구(그걸 자치단체로 부를지 국가로 부를지 애매하긴 하지만) 또는 국가를 만들 수 있게 허용하라고 한다. 그런 그 가 조지스트인 것은 지방자치단체이든 국가이든 세금의 유일한 원천은 토지세여야 한다고 주장한다는 사실에서 비롯된다.

나는 그의 주장에 상당부분 동의한다. 예를 들어, 서울의 관악구 주 민들의 대부분이 서울시의 행정방식을 마음에 들어하지 않을 경우 서 울시를 탈퇴해서 경기도의 한 시가 될 수 있게 허용하는 것이 좋다. 그럴 때에 경기도가 동의한다는 전제가 있기는 하지만, 만약 경기도가 원하지 않는다면 어디에도 속하지 않는 독립 시를 형성할 수 있게 허 용하는 것이 옳다고 생각한다.

하지만 토지세만이 유일한 재원이 되어야 한다는 주장에는 조건이 필요하다. 만약 해당 자치단체의 재정수요가 그리 크지 않아서 토지에 부과되는 세금이 매년 발생하는 지대와 가격상승분의 일부분만을 거두

---

8) Fred Foldvary, *Public Goods and Private Communities* (Edward Elgar, 1994).

어도 충분할 경우는 토지만을 과세대상으로 삼는 것이 합리적이다. 그러나 재정수요가 커져서 지대와 가격상승분을 대부분 거두어 가야 하는 상황이라면 토지세만을 과세대상으로 삼는 것은 불합리하다. 앞서도 살펴보았듯이 지대의 100%를 거두어 갈 경우 토지시장은 작동하지 않을 것이기 때문이다. 토지세가 가장 덜 나쁜 세금이긴 하지만, 토지 소유자가 소유의 인센티브를 가지고 있다는 전제하에서 그렇다. 소유의 인센티브가 없어질 정도로 무거운 세금은 토지세라고 해도 해로운 세금이다.

나는 오히려 자치단체간의 치열한 경쟁이 있는 상황이라면 무엇에 과세하든 지방자치단체에 맡겨두라고 권하고 싶다. 그런 상황에서는 지방간의 경쟁은 거의 기업들간의 경쟁과 유사할 것이다. 그런 상황에서는 각 자치단체들이 무엇을 재원으로 삼든 그것은 각자가 알아서 할 문제라고 생각한다. 서로 경쟁적으로 가장 효율적인 재원조달수단을 택할 것이기 때문이다. 그것이 반드시 토지세여야 할 이유는 없다. 예를 들어, 아파트 관리비 책정방식을 보면 세대별로 측정가능한 것은 세대별로 부담하고, 공동으로 사용할 수밖에 없는 것은 면적비례로 하는 경우가 많다. 같은 아파트단지 안에도 층별로, 동별로 평당가격의 차이가 매우 심하다는 사실을 고려할 때, 아파트 관리비는 토지세적 방법으로 부과되고 있지 않은 것이다. 나는 지방정부도 마찬가지라고 생각한다. 지방정부간의 경쟁이 치열하다면 자기들이 편한 방식으로 징수하면 되지, 굳이 토지세여야 할 이유는 없다. 그럼에도 불구하고 현실적으로 토지세를 지방정부의 재원조달수단으로 추천하는 이유는 지방정부간의 경쟁이 그렇게 치열하지는 않기 때문에, 지방정부들이 여전히 세금을 재분배의 수단으로 삼을 수 있어서이다. 적당한 수준에서의 토지세는 공공서비스에 대한 가격으로서의 성격을 가장 강하게 가지고 있다.

324

투기와 공한지와 경기변동

헨리 조지는 토지투기를 비효율적 토지이용의 근본원인으로 보았
다. 투기가 일면 토지 소유자들이 토지를 시장에서 거두어들이게 되
고, 그 결과 토지의 실수요자들은 토지를 사용할 수 없게 된다. 주택
도 잘 안 지어지고, 공장을 건축하기도 어려워진다. 따라서 토지투기
는 산업생산을 억제하게 되고 불황의 원인이 된다. 이렇게 해서 헨리
조지는 토지투기가 비효율적 토지이용의 원인이자 불황의 원인이기도
하다고 갈파했다. 다음과 같은 말은 그런 문제의식에서 나왔음이 분명
해 보인다.

> "산업 피라미드는 토지를 저변으로 해서 형성된다. 다른 업종에 대한
> 수요를 창조하는 일차적이고 기본적인 업종은 자연으로부터 부를 뽑
> 아내는 업종이다. 그러므로 교환단계 내지 업종을 한 단계씩 추적해
> 보면 생산제약에 의한 구매력 감소의 원인이 궁극적으로 토지에 노
> 동이 투입되는 것을 제약하는 어떤 장애와 연결되어 있음을 알 수 있
> 다. 그 장애는 지대 또는 토지가치의 투기적 상승임이 분명하다. 이
> 것은 토지 소유자가 노동과 자본을 배척하는 것과 같은 효과를 낸다.
> 생산제약은 산업구조 저변에서 시작하여 … 공급중단은 수요중단을
> 낳아 드디어 기계의 톱니바퀴가 전부 빠져버리듯이, 도처에서 노동
> 자가 물자부족을 겪으면서 노동력이 유휴화되는 참상이 발생한다."[9]

자신이 주장하는 토지세는 이런 문제를 모두 해결할 수 있다고 예언
한다.

> "이러한 조세제도하에서는 사용하지 않을 토지를 보유하려고 하는 사
> 람은 없어지고, 어느 곳에서든지 사용하지 않는 토지는 개량하고자

9) 김윤상 역, 앞의 책, p. 257.

하는 사람에게 개방될 것이기 때문이다. 10)... 자연의 기회가 노동에
개방되고, 자본과 토지의 개량물에 대한 조세가 면제되며, 교환이
제약을 벗음으로써, 일하려 하는데도 자신의 노동에 필요한 물자를
구하지 못하는 비참한 광경은 볼 수 없게 된다. 산업을 마비시키는
주기적 공황이 사라진다."11)

　요지는 투기가 땅값을 너무 올려서 아무도 땅을 쓸 수 없게 된다는
것이다. 이 말은 난센스다. 지금 당장 쓰는 것이 최선인 땅이라면 그
땅의 주인도 그것을 알고 있다. 그래서 자신이 그 땅을 직접 사용하거
나 또는 그렇게 할 사람에게 땅을 매각하게 된다. 지금 당장이 아니라
더 기다렸다가 쓰는 것이 좋은 땅이라면 가격이 오름에도 불구하고 땅
은 유휴지 상태로 남아 있을 것이다. 그렇게 하는 것이 소유자 자신뿐
만 아니라 사회 전체에도 좋은 일이다.
　이런 사정은 장기간 빈 땅으로 있다가 나중에 개발된 땅의 건물들을
보면 쉽게 알 수 있다. 나중에 지은 건물일수록 높이가 높다. 그건 고
밀도 이용을 위한 조건이 성숙될 때까지 기다렸음을 뜻한다. 그리고
그 조건이란 대개 가격이 충분히 높아진 상태를 말한다. 그래서 고층
빌딩이 들어설 만한 지역일수록 또는 고밀도로 이용될 가능성이 높은
토지일수록 공한지로 남아 있는 시간이 길다. 성장속도가 빠른 도시일
수록 공한지가 많이 남아 있는 것도 그런 이유 때문이다. 공한지는 시
장에 의한 토지의 비축분인 셈이다.
　토지시장의 현실을 이해하는 사람이라면 빈 땅의 존재가 효율적 토
지이용을 위해 반드시 필요한 것임을 이해할 것이다. 도시 내에 빈 땅
이 존재하는 것은 토지 소유자들이 적절한 개발시점이 오기를 기다리
고 있기 때문이다. 그러나 토지시장의 이런 특성을 이해하지 못하는

10) 위의 책, p. 422.
11) 위의 책, p. 425.

사람에게는 유휴지가 도시의 땅값을 올리고 산업발전을 막는 장애물쯤 으로 비쳐질 것이다.

유휴지를 억지로 개발하게 하면 저밀도개발이 이루어지게 마련이다. 우리는 그런 증거들을 토지초과이득세, 택지초과소유부담금 등 공한지 에 대한 중과세의 효과를 통해서 이미 관찰한 바 있다. 우리나라의 토 지공개념론자들이 공한지의 존재의미를 이해하지 못했듯이 헨리 조지 역시 공한지가 시장에 의한 토지의 비축분임을 이해하지 못했다.

공한지의 존재가 불황의 원인이 되지도 않는다. 한쪽에서 공한지가 남아 있다고 하더라도 지어지는 토지는 고밀도로 개발된다. 공한지를 억지로 개발하게 하면 당장은 건설물량이 늘어나겠지만 시간이 가면서 가용지가 줄어들어 오히려 경기의 진폭을 크게 할 뿐이다.

그리고 투기가 건설을 억제하지도 않는다. 부동산시장의 활황은 대 개 전반적 소득증가 현상이나 통화량 증가(금리하락) 현상과 같이 온 다. 전자의 이유 때문이라면 부동산시장의 활황은 토지가격의 상승뿐 만 아니라 건축활동의 증가를 동반하는 경우가 대부분이다. 즉, 활발 한 토지시장은 전반적 경기호조의 한 국면일 뿐, 토지시장 때문에 경 기가 좋아지고 나빠진다고 보기 어렵다.

물론 토지 소유자의 행동이 실제로 토지의 효율적 이용을 막는 경우 가 있는 것은 사실이다. 알박기 행동이 나타날 때이다. 알박기는 특정 한 개발사업을 위해 인접한 여러 필지의 토지가 필요할 때 자주 나타 난다. 재개발사업에 포함되는 가옥주 및 세입자들, 재건축사업에 포 함되는 아파트의 주인 및 세입자들, 택지개발사업에 포함되는 농지나 임야의 소유자들, 큰 공장을 확장하려고 할 때 그 주변에 토지를 소유 하는 사람들이 터무니없이 땅값을 높이 부르거나 터무니없는 보상을 요구하는 경우가 많은데 그런 것을 알박기라고 한다. 알박기는 토지의 정상적 이용에 매우 큰 장애요소가 된다. 그래서 매수청구제도 같은 제도적 보완장치가 필요한 것이 사실이다. 그러나 그것은 사유재산제

자체의 문제가 아니며, 헨리 조지가 문제시하는 땅값이 전반적으로 올라가는 투기현상과 관련이 있는 것도 아니다.

현실적으로 토지이용에 장애가 되는 가장 큰 요인은 글자 그대로 토지이용규제이다. 투기 때문에 땅을 못 쓰는 것이 아니라 정부가 법적으로 사용하지 못하도록 규제하고 있기 때문에 못쓰는 것이다. 우리가 전 국토의 5% 정도만을 도시적 용도로 사용하고 있는데, 그것이 투기 때문인가? 그린벨트, 농지규제, 임야에 대한 규제 등 백 종도 넘는 규제가 토지의 효율적 이용을 막고 있는 것이지 투기나 유휴지 때문이 아니다.

토지 독점과 빈곤에 대한 잘못된 생각

헨리 조지는 경제발전의 모든 이익이 토지 소유자에게 돌아간다고 했다. 그래서 아무리 경제가 발전해도 토지를 가지지 않은 자들은 가난에서 벗어날 수 없다고 했다. 그의 추론은 한 국가의 토지를 모두 한 사람이 소유하는 상황에서 출발한다.

> "그 필요함이 절대적일 때에는 — 예를 들어, 토지를 사용하지 않으면 굶게 된다던가 — 토지소유에 따른 인간의 소유는 절대적이다. 백 명이 사는 어느 섬이 있는데, 이 섬에는 출구가 없다고 가정해 보자. 이때 한 사람이 다른 99명에 대한 절대적 소유자가 되거나, 그 섬의 땅에 대한 절대적 소유자가 되거나 결과에는 아무런 차이가 없다. 어느 경우에나 그 사람은 99명에 대한 절대적 지배자가 되고 생사를 결정하는 힘까지도 생긴다. 다른 사람들이 섬에 사는 것을 허락하지 않으면 바다로 쫓아내는 것과 다름없기 때문이다."[12]

---

12) 위의 책, p. 335.

헨리 조지가 상정하는 상황에서는 그의 추론이 어느 정도 맞다. 한 사회 내의 토지는 한 사람이 모두 소유하고 있고, 사람들이 무엇을 하든 어떤 식으로든 그 사람의 땅을 이용할 수밖에 없다면 헨리 조지의 말이 맞을 가능성이 높다. 그럴 때에 토지 소유권이란 그 사회 전체에 대한 통제권을 말한다. 하지만 이것은 사유재산제가 확립되어 있는 시장경제의 현실과는 너무 동떨어져 있다. 오히려 절대권력을 행사했던 고대의 왕들에게 더 맞는 말이다. "하늘 아래 왕의 땅이 아닌 것이 없고, 왕의 신하가 아닌 자가 없다"는 왕토사상이 바로 그것이다. 그 왕이 바로 토지 소유자이다. 헨리 조지의 말처럼 그 유일한 토지 소유자는 백성들의 고혈을 짜냈다.

사유재산제의 현실은 그렇지 않다. 현실에서는 수많은 사람들이 토지를 소유하고 있다. 그리고 그들이 소유하는 토지들은 상당한 대체관계에 있으며 경쟁관계에 있기도 한다. 따라서 A라는 토지 소유자가 자신을 착취할 것 같다면 비슷한 다른 토지를 제공하는 B 또는 C의 것을 선택하면 된다. 무슨 일을 하든 반드시 토지가 필요한 것은 사실이지만, 토지를 공급하는 사람들이 많고 경쟁관계에 있다면 토지를 소유했다는 이유만으로 토지의 이용자를 착취할 수 없다.

그런 사정은 먹는 물이 없으면 모두 죽을 수밖에 없지만, 물이 없을까봐 걱정할 이유가 없는 것과 마찬가지다. 먹을 것이 없으면 굶어죽지만 쌀이 공급되지 않을까봐 걱정할 이유가 없는 것과 마찬가지다. 먹을 것, 마실 것을 공급하는 사람이 많고 그들간의 경쟁이 치열하기 때문에 우리는 먹을 것과 마실 것을 걱정하지 않는다. 토지도 다르지 않다.

토지 소유자간의 경쟁은 토지의 임대료나 토지가격이 토지의 기여분에 접근하도록 한다. 토지뿐만 아니라 노동, 자본, 크게 보면 모두 그 기여대로 가져간다. 경영능력, 지적재산권 모두 마찬가지다. 상대적으로 희소한 것일수록 가격은 높아지고, 그것의 소유자가 가져가는

몫은 커진다. 자본이 풍부할수록 노동의 상대적 희소성은 커지고 임금
수준도 높아진다. 토지의 공급이 제약되어 있다면 다른 것들이 풍부해
질수록 토지 소유자가 가져가는 몫은 늘어난다. 토지의 규제를 풀어서
토지공급을 원활히 하자는 것도 결국 토지 소유자들의 몫을 줄이고 임
금노동자들의 몫을 늘리자는 것이다.

지금까지의 역사를 살펴보자. 누가 많은 돈을 벌었는가? 빌 게이츠
는 과연 땅에 투자해서 돈을 벌었나 아니면 그의 지식과 경영능력으로
벌었나? 이건희 씨는 땅에 투자해서 부자가 됐나, 아니면 반도체에 투
자해서 부자가 됐나? 경쟁시장이 존재하는 상황에서 이익배분은 대개
생산에 기여한 것에 비례하기 마련이다.

만약 조지의 말이 옳다면 GDP 총액에 대한 땅값의 비율은 점점 더
커져야 한다. 그러나 실제의 데이터는 오히려 그 반대다. 〈표 5-5〉에
서 이미 보여 주었듯이 GDP 대비 땅값 총액의 비율은 1989년의 8.65
로부터 계속 떨어져서 2003년에는 2.07이 되었다.

국민소득통계를 봐도 조지의 말이 틀렸음을 알 수 있다. 전체 국민
소득 중에서 노동의 대가로 지급된 소득의 비율을 노동소득 분배율이
라고 부른다. 1970년 우리나라의 노동소득 분배율은 41.2%였는데,
1975년에 약간 낮아져서 40.2%였고, 1980년에는 51.3%였으며, 그
후 계속 높아져서 2002년에는 60.9%가 되었다. 경제의 발전은 지주
보다는 노동의 소유자들에게 더 많은 것을 가져다 준 것이다.

헨리 조지의 토지 독점에 대한 생각은 틀렸다. 토지가 필수적 재화
라고 해서 독점인 것은 아니다. 오히려 토지문제를 해결한다고 지대조
세제를 도입하면 (앞서 설명한 대로) 토지의 국유화가 초래되고, 그것
이 바로 토지의 독점이다. 나라 안의 땅을 모두 정부가 관리하는 것만
큼 심각한 독점이 어디 있겠는가. 그런 정부는 진시황 같지는 않겠지
만 최소한 과거의 사회주의 국가들 정도의 횡포는 부릴 것이다.

토지시장은 충분히 경쟁적이다. 우리가 우려할 것은 토지이용규제

〈표 9-1〉 우리나라의 노동소득 분배율 추이

연도	1970	1975	1980	1985	1990	1995	2000	2002
노동소득분배율(%)	41.2	40.2	51.3	54.0	59.1	61.7	59.4	60.9

를 통한 시장의 제약이다.

독점에 대한 잘못된 인식은 조지의 추종자들에 이르러 다른 모든 자연자원으로 확대되었다. 그래서 어획량 쿼터, 주파수 같은 것들이 사유재산이 되어서는 안 된다고 한다. 그러나 그것 역시 사유재산으로 삼는 것이 독점을 막는 길이다.

이용권 보장기간과 사유재산

헨리 조지의 말대로 한다면 토지 소유자는 사라진다. 그렇더라도 이용자는 결정해야 한다. 헨리 조지는 만인이 토지에 대해 평등한 접근권을 가져야 한다고 했다. 하지만 평등한 접근권이라는 것이 토지를 사람의 숫자대로 나누어서 사용하는 것을 뜻하지는 않을 것이다. 어떤 식으로든 토지를 효율적 이용자에게 배정하는 방법이 있어야 한다.

다산 정약용은 여전제를 제안하면서 아들의 숫자에 따라서 토지를 분배하자고 했다. 성서에서도 이스라엘 사람들이 가나안 땅에 들어간 후, 사람 수에 따라 토지를 배분하되 추첨방식을 가미할 것을 명하고 있다.

"여호와께서 모세에게 일러 가라사대 이 명수대로 땅을 나눠주어 기업
을 삼게 하라. 수가 많은 자에게는 기업을 적게 줄 것이니 그들의 계
수함을 입은 수대로 각기 기업을 주되 오직 그 땅을 제비뽑아 나누어
그들의 조상지파의 이름을 따라 얻게 할지니라(민수기 26: 52~55)."

주인이 없어진 땅을 어떻게 배분할 것인지에 대해 헨리 조지는 뚜렷
한 대안을 내놓지 않고 있다. 그러나 다음과 같은 구절을 보면 아마도
선점제, 즉 먼저 이용하는 사람에게 권리를 주어야 한다고 생각했던
것 아닌가라는 추측이 든다.

"지대가 국가나 시정부에 귀속되어도 … 지금과 다름없이 토지가 경
작되고 개량될 것인가?… 그 대답은 … 물론 그렇다 이다. 토지를 공
유로 하더라도 토지의 적절한 사용과 개량에는 아무 지장을 주지 않
을 것이다. 토지사용에 필요한 것은 토지의 사적 소유가 아니라 개
량물에 대한 보장이다. 수확을 보장해 주면 씨를 뿌릴 것이고, 주택
을 소유할 수 있도록 보장해 주면 집을 지을 것이다. … 토지의 소유
여부는 이와 아무 관계가 없다."[13]

씨를 뿌린 사람에게 수확하게 해주고 집을 지은 사람에게 집에 대한
권리를 보장해 준다는 것은 선점의 원칙의 핵심이다. 그런데 헨리 조
지의 이 생각은 그 자체에서 모순을 안고 있다. 씨를 뿌린 사람 또는
집을 지은 사람에게 노동의 결과를 보장한다는 것은 그 땅의 배타적
이용권을 보장해 주는 것과 같다. 배타적 이용권, 그것이 바로 사유재
산이라는 것을 헨리 조지는 인식하지 못했던 것일까? 아무리 공유지라
고 해도 거기에 주택을 지어서 사는 사람은 그 기간 동안 토지에 대한
배타적 이용권을 가진 것이고, 그건 바로 그 기간 동안 사유재산을 소

---

13) 위의 책, pp. 384~385.

유하는 것이다. 그 사람은 다른 사람과 그 가치를 나누고 있는 것이
아니다.

조지스트들은 그것이 소유권이 아니라 이용권이라고 반론을 제기할
것이다. 그러나 이용권과 소유권은 상대적 개념이다. 과거 홍콩정부
가 허용했듯이 999년 동안 사용이 보장되는 이용권은 소유권과 다를
것이 하나도 없다. 반면 이용권의 허용기간이 짧아질수록 소유권적 성
격은 줄어들지만, 토지이용의 효율성도 줄어든다.

토지 개혁론자들이 우려하는 것은 토지가 배타적으로 소유되는 것
이다. 이 문제를 해결하기 위해서는 가능한 짧은 기간 동안만 배타적
이용권을 보장해야 한다. 예를 들어, 매년 이용자를 바꿀 수 있다면
매우 평등한 이용권의 배분이 일어날 수 있다. 그런데 이용권 보장기
간이 짧을수록 토지이용의 효율성은 떨어진다. 1년 후에 이용자가 바
뀐다면, 그리고 기존의 이용자가 새 이용자로부터 투자한 것의 가치를
회수할 수 없다면 누구도 투자수익의 회수에 1년을 넘어가는 투자는
하지 않을 것이다. 농지의 개량도, 건물투자도 일어나지 않는다. 이건
모두의 궁핍을 뜻한다. 아무리 토지제도가 바뀌어도 이기심이라는 인
간본성은 바뀌지 않기 때문이다.

이런 일을 피하기 위해서는 두 가지의 방법을 사용할 수 있다. 첫째
는 이용권 보장기간을 충분히 길게 잡아주는 것이다. 그 기간을 2년으
로 하면 2년짜리 투자가 이루어지고, 20년으로 해주면 20년짜리 투자
가 이루어질 수 있다. 그 기간이 길어질수록 단기적 시야에서 비롯되
는 토지이용의 비효율성은 줄어든다.

그러나 그 기간을 어떻게 설정하더라도 이용기간 종료시점이 가까
워지면서 비효율적 토지이용의 가능성이 높아지는 것은 피할 수 없다.
75년간의 이용권을 줄 경우 처음에는 기간이 제약조건이 안 되겠지만
만기가 다가올수록, 예를 들어 남은 기간이 2년이라면 2년 안에 회수
할 수 있는 투자만 하게 된다는 것이다. 이를 말기(末期) 문제(end-

period problem) 라고 부르는데, 이 문제를 피하기 위해서 특별한 사유
가 없는 한 이용권을 자동으로 연장해 주어야 한다. 그렇게 된다면 사
실상 이용권을 150년으로 인정하는 것과 다름없다. 그러나 그렇게 하
더라도 이용권에 기간제한을 두는 한, 언젠가 말기문제는 닥치기 마련
이다. 그 문제를 완전하게 해결하는 방법은 영원히 이용권을 보장하는
것인데, 그렇게 되면 이용권은 소유권과 다를 것이 없다.

 이용기간이 길어짐에 따라 이용권이 소유권에 접근하는 것과 마찬
가지로 소유권의 허용기간에 제한을 가하게 되면 소유권이 제한적 이
용권의 성격을 갖게 된다. 최근 들어 일부 사람들이 성경에 나오는 대
로 '희년'(禧年: *jubilee*) 을 시행해야 한다고 주장하기 시작했다. 50년
마다 한 번씩 토지 소유권을 재배정해야 한다는 것이다. 이런 소유권
이라면 사실상 소유권이 아니라 50년간 이용권이 된다. 50년 후에는
지금의 땅을 누군가에게 공짜로 내어주어야 하기 때문이다. 그런 제도
하에서는 희년이 다가올수록 말기문제를 피할 수 없게 된다. 그것은
사회가 피폐해짐을 뜻한다. 그런 이유 때문에 고대 이스라엘에서도 희
년이 실제 시행된 적은 거의 없으며, 시행되었을 때도 그 대상은 주로
장기투자가 필요하지 않은 농지였었고, 장기적 안목에서의 투자가 필
요한 성(城) 안의 주택(도시주택)은 제외되었다고 한다. 예일법대의
엘릭슨 교수의 말을 빌리자면 파국을 피하기 위한 이스라엘 백성들 나
름대로의 현명한 선택이었을 것이다. 14)

---

14) Robert C. Ellickson and Charles Dia Thorland, "Ancient Land Law:
    Mesopotamia, Egypt, Israel, 71," *Chicago-Kent Law Review* (1995),
    pp. 321~.

토지가 국유지인 홍콩의 속사정

조지스트들 중에는 홍콩을 헨리 조지 이론의 중요한 증거로 제시하는 사람들이 많다. 15) 이 나라가 토지를 국유화하고, 시민들에게 이용권만 허용했기 때문에 부강해졌다는 것이다. 내 결론은 이렇다. 홍콩의 토지가 국유인 것도 사실이고, 또 세계에서 가장 빠른 경제발전을 해서 부강해진 것도 사실이지만, 두 사실간에 인과관계가 있는 것은 아니다.

홍콩의 토지는 영국의 식민지가 되었던 1843년부터 정부소유였다. 그러나 실질적으로는 사유재산이었다. 처음에는 75년 이용권이 주어졌고 만기시에 자동갱신이 가능했다. 앞서도 설명했듯이 이건 이용기간이 150년이라는 말과 다름없다. 또한 그 이용권은 자유로운 양도와 상속이 가능했다. 따라서 그것은 이용권이 아니라 철저한 사유재산이었다. 150년간 임대한 땅에 집을 지어 세도 놓고 팔 수도 있고 상속할 수도 있는데, 그게 사유재산 아니면 무엇인가. 그것도 불편해서 어떤 경우는 999년짜리 사용권을 주기도 했다. 홍콩의 토지 국유제는 이름뿐이고 실질적으로 철저한 사유재산제다. 오히려 우리나라보다 더 철저한 사유재산이다. 이용권을 매각할 때 그 흔한 양도소득세조차 없기 때문이다.

다음의 글은 2005년 4월 21일 'yahoo'의 부동산 섹션에 'miev'라는 필명의 누리꾼이 남긴 '홍콩에도 부동산투기, 그리고 재건축이 있을까'라는 글16) 의 일부를 전제한 것인데, 전 국토가 국유지인 홍콩의 실제 모습이 어떤지 적나라하게 보여주고 있다.

---

15) Harold Kyriazi, *Libertarian Party at Sea on Land* (New York: Robert Schalkenbach Foundation, 2000).

16) http://neonet. realestate. yahoo. co. kr

〈홍콩에도 부동산 투기, 그리고 재건축이 있을까〉

"최근 2년여 홍콩에도 부동산 광풍이 불고 있습니다. 1997년 중국반환, 아시아 금융위기, 2003년 사스 여파로 홍콩 아파트 가격은 고점 대비 40%대로 대폭락했습니다. 반 토막 이상입니다. 그러던 것이 2년여 만에 종전 가격을 상회할 정도로 폭등했습니다. 잘 나가는 동네의 고급 아파트들은 폭등하고, 외곽의 소형 아파트들은 오름세가 훨씬 적었습니다. 큰길 하나를 사이에 두고 희비가 엇갈리는 경우도 많이 봅니다. 홍콩도 부동산 폭등을 두고 우려가 많습니다. 모 경제 단체장(재벌이죠)이 '홍콩 부동산은 거품에 돌입했다'라고 경고하는 기사를 본 적이 있습니다. 반면 정부 고위관료는 '아직 심각한 과열'이라고 생각지는 않는다'라고 반박하구요. 서울과는 정반대입니다."

"서울에 비해 홍콩에 없는 것이 몇 가지 있습니다. 대지지분이 없습니다. 땅은 정부소유이고 장기 임차형식입니다. 일조·조망권이 없습니다. 앞에 고층건물이 들어서도 끽소리 못합니다. 부동산 규제가 없습니다. 양도세, 다주택 중과세 이런 거 없습니다. 아파트는 거의 완공상태에서 분양하고, 내부 인테리어는 구매자가 자비로 갖춰야 합니다. 건물만 지어놓고 분양하는 겁니다."

"홍콩 아파트는 거의 주상복합 형태입니다. … 새로 지은 주상복합은 내부시설부터 편의시설까지 오래된 아파트와 비교할 바가 아닙니다. 따라서 가격도 비쌉니다. 그래도 유명지역에 있는 오래된 아파트들의 가격과는 꽤 차이가 있습니다. 홍콩에도 강남불패의 신화가 있는 셈입니다. 홍콩에 부동산 투기는 대단합니다. 한국처럼 투기규제가 없다보니 능력 있으면 백 채도 삽니다. 많지 않은 취득세 등만 내면 될 뿐 양도소득세도 없습니다. 모기지론으로 70% 정도를 조달하므로 자기자금이 많이 들지 않습니다. 월세 개념의 임차가 활성화되어 있어 모기지 상환이 용이합니다. 현재 모기지론 금리가 3% 이내… 월 수입임차료는 집값의 약 5%대이므로 월세로 모기지도 상환가능한 상황입니다(유명주거지의 경우). 제가 아는 어떤 분은 모기지

70% 끼고 3억 투자해서 10억짜리 아파트를 사셨습니다. 1년 6개월
후 18억에 팔았으니까 3억 투자해서 8억을 번 셈이네요. 반대의 경
우라면 죽음이지요. 레버리지가 대단합니다. 유명 주거지 인근에 분
양하는 새 아파트들은 투기꾼들이 장난칠 수 있는 여지가 농후합니
다. 실제로 그렇다고 들었고요. 그렇지만 부동산 가격이 어디 그렇
게 투기꾼들이 쥐락펴락할 만큼 만만합니까? 이슈가 될 만큼 문제가
된 적은 많지 않습니다. 홍콩처럼 투기가 자유스러운 곳도 아파트
값은 별 잡음 없이 시장 논리대로 흘러가는 모습을 보입니다. "

　여기서 말하는 가격이란 이용권의 가격을 말한다. 이용권의 허용기
간이 길어지고, 자동갱신이 보장되며 양도 및 상속이 가능하기 때문에
이용권은 바로 소유권인 것이다. 홍콩의 토지 국유제는 형식일 뿐이지
실제로는 우리보다 훨씬 더 철저한 사유 토지제를 시행하는 나라이다.
양도세도, 1가구 다주택 규제도, 다른 어떠한 투기억제책도 없으니 말
이다.
　홍콩의 경제발전은 경제적 자유의 덕분이지 토지 국유제 때문이 아
니다. 홍콩은 처음부터 자유무역지대로 출발했다. 17) 처음부터 관세
도, 무역장벽도, 가격규제도, 최저임금제도, 자본이득세(양도세)도
없었다. 경제자유네트워크(Economic Freedom Network) 18) 라는 조직
에서는 매년 '경제자유지수'(Economic Freedom Index)를 발표하는데,
홍콩은 계속해서 세계 1위이다. 자유가 그들을 부유하게 만들었지, 토
지 국유제 때문이 아니다. 물론 홍콩정부도 공공주택을 공급한 적이
있는데, 그것은 중국 공산화 이후 발생한 중국난민을 수용하기 위함이

---

17) R. Peterson, "Lessons in Liberty: Hong Kong, 'Crown Jewel' of
　　Capitalism," Edited by B. Folsom, Jr., *The Industrial Revolution and
　　Free Trade* (Foundation for Economic Education, 1996), pp. 103~116,
　　at p. 105.
18) http://freetheworld.com

었다. 19)

토지를 국가가 소유한 나라는 많았다. 그리고 그 대부분은 전체주의 국가가 되었다. 토지를 국가소유로 하면서도 개인들이 자유를 누리고 경제적으로 번영을 누릴 수 있었던 곳은 홍콩처럼 국가의 소유권이 형식적 수준에 머물렀던 나라들이다. 자유와 번영을 가져다주는 것은 사유재산제와 경제적 자유이지, 토지 국유화가 아니다.

불로소득에 대한 편견과 개발이익환수론

헨리 조지는 토지로부터의 소득을 불로소득이라고 단정한다. 따라서 토지소득을 개인이 취하는 것은 도둑질이 된다. 당연히 사회가 환수해야 한다는 결론이 따른다.

> "지대는 토지에서 자연히 생기는 것도 아니고 토지 소유자의 행위에 의해 생기는 것도 아니다. 지대는 사회 전체에 의해 창출된 가치를 대표한다. 사회에 다른 사람이 없다면 토지 소유자로 하여금 토지보유로 생기는 모든 것을 갖게 해도 좋다. 그러나 사회 전체가 창출한 지대는 반드시 사회 전체의 것이 되어야 한다."20)

이미 여러 군데서 살펴보았지만 토지로부터 발생하는 소득에 대한 적대적 태도는 헨리 조지만이 아니다. 즉, 존 로크, 아담 스미스, 리카도, 밀, 레옹 발라(L. Warlas) 같은 훌륭한 경제학자들이 모두 토지로부터의 소득을 불로소득으로 보고 국가가 환수해야 한다고 제안했다. 우리나라의 학자들도 대개 이 같은 논리를 답습하고 있다.

---

19) R. Peterson, 앞의 책, p. 103.
20) 김윤상 역, 앞의 책, pp. 352~353.

토지의 가치 중에 소유자 자신의 노력에 의해 만들어지지 않는 부분이 많이 있는 것은 사실이다. 금리가 낮아지거나 전반적 소득수준이 높아져서 토지가격이 오르기도 하고, 지하철 노선이 지나가서 오르기도 한다. 행정수도가 옮겨가는 지역의 토지가격도 주민들의 노력과는 무관하게 상승한다(하긴, 시위도 하고 로비도 열심히 했기 때문에 주민들의 노력이 없다고 보기는 어렵지만). 글자 그대로 받아들인다면 그런 이익은 토지 소유자 자신의 노력으로 생긴 것이 아니기 때문에 불로소득이라고 부를 수 있는 것이 사실이다.

하지만 그런 이익들을 국가가 환수해야 한다는 주장으로 건너뛰는 것은 논리적 비약이다. 토지 소유자가 만들지 않은 가치라서 사유화할 수 없다면 국가 역시 자신이 만들지도 않은 가치를 과연 무슨 근거로 환수해서 차지한다는 말인가.

이쯤 해서 우리는 토지가치를 오르게 만드는 요인들 중 토지 소유자의 노력이 아닌 것들을 두 종류로 나누어서 생각해 볼 필요가 있다. 첫째는 수없이 많은 익명의 사람들의 상호작용 결과로 토지가치가 오르는 경우다. 외식에 대한 수요가 늘어서 음식점 부지의 가격이 오른다던가, 전반적 소득상승으로 토지가격이 오르는 등의 경우이다. 결국 땅에 대한 사회의 수요가 늘어서 값이 오르는 경우다. 둘째는 고속도로가 뚫린다던가, 인근지역에 좋은 시설이 들어와서 자기 땅값도 덩달아 오르는 경우다.

결론부터 말하자면 첫 번째 부류의 지가상승은 국가가 환수해야 할 이유가 없다. 이렇게 생각해 보면 쉽다. A라는 회사가 공장 지을 땅을 물색한다는 소문이 나자 후보지가 될 만한 땅들의 값이 오르기 시작했다. 이때 그 후보지들의 값을 오르게 만든 사람은 토지 소유자가 아니라 A라는 회사이다. 그렇다면 A회사의 행위에 의해서 땅값이 오른 것이니까 땅값 상승분은 A회사가 환수해야 하나? 그것이 말도 안 되는 소리이듯이 땅에 대한 전반적 수요상승으로 값이 오른 것을 사회가 환수하자는 말도 사리에 맞지 않는다.

누군가가 무엇을 만들었다는 것은 의도적으로 무엇인가를 했다는 의미이다. 그런 의미에서 본다면 가치는 누구도 만들어낸 것이 아니다. 누구도 그런 가치를 만들려는 의도를 가지고 있었던 것은 아니기 때문이다. 그것은 그저 형성될 뿐이다.

경제학의 용어를 빌리자면 재화나 서비스의 가치를 만들어내는 것은 수요와 공급의 상호작용이다. 수요는 올라가는데 공급의 증가가 더디게 일어난다면 그것의 가치는 올라간다. 수요는 가만히 있는데 공급이 증가하는 재화는 그 가치가 떨어진다. 이런 과정은 누구의 의도에 의해서 진행되는 것이 아니다. 수많은 사람들의 상호작용을 통해서 자동적으로 진행된다.

공급자는 수요에 영향을 미치기 어렵고 수요자는 공급에 영향을 미치기 어렵다. 그런데도 자신이 가지고 있는 재화의 값은 타인들의 행동에 의해서 영향을 받는다. 타인들의 행동에 의해서 가치가 변했다면 그 부분은 분명 불로소득이라고 부를 수 있을 것이다. 그런데 그걸 환수한다면 세상에 환수대상이 아닌 것은 찾을 수 없다. 세상 모든 것의 가치는 수요와 공급의 상호작용에 의해서 결정되기 때문이다.

다음과 같은 손재영 교수의 지적은 설득력이 있다.

"타인의 행위로 우연한 이득을 얻는 것은 토지에서 발생하는 개발이익에만 국한되지 않는다. 어떤 다른 종류의 자산을 가졌거나, 특별한 기술을 가졌거나, 특정 업종의 사업을 영위하거나 간에 자산가치와 소득의 등락은 (중략) 본인의 노력과 관계없이 우연적 소득과 손실이 발생한다는 것은 경제생활의 일상적 단면이다. (중략) 토지를 특별히 취급해야 할 논리적 이유는 분명치 않다."[21]

21) 손재영, "개발이익환수의 제문제와 정책방향," 손재영 편, 《토지시장의 분석과 정책과제》(한국개발연구원, 1993), pp.367~.

소유자의 노력과는 무관하게 토지가격이 뛴 것과 마찬가지로, 경제발전 과정에서 임금도 엄청나게 상승했다. 그리고 그 임금상승분은 근로자들 개개인의 노력과는 무관하다. 우리가 해방 직후의 사람들보다 더 땀 흘려 일한다고 할 수 있겠는가. 그런데도 왜 우리는 그들보다 더 많은 임금을 받고 있나? 그 차이는 분명 자신의 노력으로 만들어진 것이 아니다. 우리의 선조들이 열심히 일한 덕을 우리가 이제 보고 있는 것이다. 그게 불로소득 아닌가. 따라서 토지가격 상승분을 환수해야 한다면 임금상승분도 환수하는 것이 사리에 맞다. 그런데도 사람들은 토지가격 상승분만을 문제시한다.

이런 면에서 보면 예전에 덴마크의 수상을 지냈던 스타크(Viggo Starke)의 다음 말은 틀렸다.

> "내가 생산한 것은 내 것이다. 전적으로 내 것이다. 당신이 생산한 것은 당신의 것이다. 전적으로 당신의 것이다. 그러나 우리 중 누구도 생산하지 않은 것, 그렇지만 우리 모두의 노력 때문에 형성된 가치는 우리 모두에게 속한 공통의 것이어야 한다."

야구선수 박찬호의 높은 연봉은 박찬호를 좋아하는 사람들 때문에 생긴 것이긴 하지만, 그 돈은 여전히 박찬호 선수의 사유재산인 것과 마찬가지다.

개발이익환수론은 노동가치설에 그 뿌리를 두고 있다. 즉, 가치라는 것은 인간의 노동을 통해서만 창출될 수 있다는 사상이다. 제본스나 멩거가 한계효용에 입각한 가치이론을 제시하기 전까지 경제학계는 노동가치설의 지배를 받았다. 상품의 가치는 그것을 생산하기 위해 투입된 노동가치의 합과 같다는 견해이다. 이 학설로는 다이아몬드의 가치가 왜 높은지 설명할 수가 없었다. 그러나 그것은 그저 하나의 역설(스미스의 역설이라 부른다)로 남겨둔 채, 노동가치설은 대부분 훌륭한

학자들의 논리 속에 스며들었다. 가치란 노동가치의 합이 아니라 수요와 공급에 의해서 결정된다는 주장이 나온 후에야 비로소 노동가치설은 학계에서 힘을 잃어갔다. 그럼에도 불구하고 노동가치설은 개발이익환수론이라는 새로운 옷을 입고 질긴 목숨을 부지하고 있다.

이처럼 개발이익환수론의 논리적 근거는 없다. 그럼에도 불구하고 개발이익환수론이 지속적으로 정치적 지지를 받는 이유에 대해 영국의 경제학자 하비(Harvey)[22]는 정치적 다수가 소수를 착취하고 싶어하기 때문이라고 말한다. 즉, 토지로부터 개발이익을 누리는 자들의 숫자는 그렇지 않은 자들의 숫자보다 상대적으로 작기 때문에 다수에 의해서 착취당하게 된다는 것이다. 상당한 설득력이 있지만, 우리나라에서는 그보다는 표를 가진 대다수 유권자들의 무지나, 가진자들에 대한 거부감이 더 큰 원인일 것 같다.

개발이익을 환수해 가면 현실에 어떤 효과가 있을까. 가장 중요한 효과는 토지의 소유자들이 미래에 대한 정보를 창출하려 하지 않을 것이라는 사실이다. 사람들은 늘 무엇의 값이 오르고 무엇의 값이 떨어질지에 대해서 궁금해하고 예측하려고 애쓴다. 그것을 통해서 이익을 보거나 손해를 피하고 싶어서다. 그리고 성공적으로 미래를 예측한 사람은 이윤으로 보상받는다. 그런 과정을 통해서 미래에 대한 정보가 생산된다.

그런데 토지가치의 증가분을 모두 환수해 간다면 미래에 대한 예측을 잘해야 할 이유가 없어진다. 잘해 봐야 본전인데 무엇 때문에 값이 오를 만한 것을 골라내고 떨어질 것을 팔아치우겠는가. 그 결과 토지를 사용하는 데에 필요한 미래에 대한 정보가 잘 만들어지지 않게 된다.

희소한 생산요소들이 현상에 고착된다는 문제도 있다. 이해하기 쉬운 노동력을 가지고 설명해 보자. 음식점 배달원과 공사장 인부의 임

---

22) J. Harvey, *The Economics of Real Property* (The MacMillan Press, 1981), p. 270.

금이 월평균 백만 원 정도로 같았다고 해보자. 이제 주택에 대한 수요가 폭발적으로 증가하여 공사장 인부의 월평균 임금이 2백만 원이 되었다. 그 차액 백만 원은 임금 속에 포함된 불로소득이다. 본인의 노력과는 무관하게 노력에 대한 대가가 상승했기 때문이다.

그 차액 백만 원이 불로소득이긴 하지만 환수하지 않고 그대로 둔다면 배달원들은 공사장 인부로 전직해 갈 것이고 양쪽의 임금이 비슷해질 때까지 그런 과정은 계속될 것이다.

이번에는 그 우발적 임금상승분 월 백만 원(2백만 원~백만 원)을 정부가 환수하기로 했다고 해보자. 이런 조치의 결과는 쉽게 예측될 수 있다. 공사장의 인부가 부족함에도 불구하고 배달원 중에서 공사장 인부가 되려는 사람은 없을 것이다. 옮겨간다고 이익이 될 것이 없기 때문이다. 즉, 수요가 증가했음에도 불구하고 생산요소의 공급이 증가되지 않는다. 불로소득의 환수는 그런 결과를 초래한다.

토지도 마찬가지이다. 용도변경으로 개발이익이 발생한다고 할 때, 개발이익을 모두 환수하면 누구도 현재의 용도를 좀더 생산적인 용도(좀더 수요가 큰 용도)로 바꿀 필요를 느끼지 못할 것이다. 그 결과 토지의 용도가 현상에 그대로 고착된다. 개발이익환수제는 가격규제와 같은 폐해를 발생시킨다.

위험부담을 하려는 인센티브가 줄어드는 것도 문제이다. 토지를 소유하는 일은 상당한 위험을 수반한다. 언제 값이 떨어질지, 내가 팔려고 할 때 과연 팔릴지 모든 것이 불확실하다. 누군가가 토지를 소유하려면 그런 위험들에 대한 보상이 수익으로 주어져야 하고, 시장수익률에는 그런 보상이 포함되어 있을 것임이 분명하다.

토지 소유자들이 얻는 이득 중 어느 정도가 위험부담에 대한 대가인지는 누구도 알지 못한다. 그럼에도 불구하고 가격상승분을 거두어 간다면 위험부담에 대한 대가가 줄어들게 되고, 그만큼 위험부담을 하려는 인센티브는 떨어지게 된다.

지금까지 우리가 논의한 것은 수요가 증가해서 개발이익이 발생했을 때, 그것을 국가가 환수해야 하는지에 관한 것이었다. 그러나 개발이익이 그런 경우에만 발생하는 것은 아니다. 정부의 투자 같은 것으로 우발적 이익을 얻는 토지 소유자로부터는 그 이익을 환수할 필요성이 인정된다.

도로를 개설한다던가, 공원을 설치하는 등 정부가 공공투자를 하게 되면 인근의 지가는 올라간다. 자기 동네에 행정수도가 들어서고 공기업이 들어서면 지가가 올라가게 된다.

이런 이익을 무상으로 주게 되면 이른바 '지대추구행위'(rent seeking behavior)라는 것이 나타날 수 있다. 지대추구란 이미 창출되어 있는 가치, 또는 어차피 창출될 가치를 자기가 차지하기 위해 애쓰는 행동을 말한다. 도둑질은 대표적 지대추구행위이다. 남들이 이미 만들어 놓은 것을 가져가는 것이기 때문이다. 그리고 그것은 낭비다. 도둑질을 위해서도 시간과 노력이 투입되는데, 그 과정에서 새로운 가치가 만들어지지는 않기 때문이다.

지하철 노선을 서로 자기 동네로 끌어들이려고 시위하거나 또는 로비하는 행위, 행정수도를 자기 동네로 끌어들이기 위해 시위와 로비하는 행위, 이미 자리잡고 있는 공기업을 자기 동네로 유치하기 위해 로비하는 행위 같은 것도 지대추구에 속한다. 지대추구는 낭비를 불러온다. 그 행동으로 새로운 것이 만들어지는 것은 없는데도 시간과 에너지와 노력을 쏟기 때문이다.

따라서 그런 이득을 환수하면 지대추구행위로 인한 낭비를 상당부분 줄일 수 있다. 지하철 개통으로 인한 지가상승분을 모두 환수한다면 어차피 개설될 지하철을 자기 동네로 끌어들이기 위한 시위와 로비는 줄어들 것이다. 행정수도 이전이나 공기업 이전에 따른 해당 지역의 지가상승분을 모두 환수한다면 행정수도와 공기업을 자기 지역으로 유치하기 위해 벌이는 낭비적 행동은 막을 수 있을 것이다.

결론을 말하자면 이렇다. 토지가격 상승으로 인한 토지 소유자의 이익 중에 자신의 노력 때문이 아닌 부분이 포함된 것은 사실이다. 하지만 그런 사정은 가격이 수요와 공급에 의해서 결정되는 모든 것에 대해서 똑같이 나타난다. 토지가격이 오르는 것과 마찬가지로 경제발전 과정에서 임금이 오르는 것도 노동자 본인의 노력과는 무관하다. 따라서 개발이익을 환수할지의 여부는 그것이 불로소득인지의 여부가 아니라 환수할 경우 어떤 결과를 초래할지를 기준으로 판단하는 것이 좋다. 이런 관점에서 본다면 정부의 투자로 인한 개발이익은 환수할 필요성이 높지만, 전반적 소득상승이나 금리의 변화 등에 의한 지가상승분은 환수해야 할 이유가 없다.

단일세, 중립세, 사유재산제

지금까지 저자가 헨리 조지를 비판한 것은 그가 토지의 사유재산제를 부인하기 때문이었다. 그것을 제외하면 헨리 조지의 주장들 중에 귀를 기울일 만한 것들이 많다. 그는 토지문제 외에는 자유방임주의자라고 불릴 정도로 경제활동의 자유를 옹호했다. 또 토지가치를 100% 거두어 가는 대신 다른 모든 세금을 폐지하자고 주장했다. 소득세, 법인세, 양도소득세, 상속세, 증여세, 부가가치세, 주세, 마권세, 공동시설세, 교통세, 농어촌특별세, 취득세, 등록세 등을 모두 다 폐지하고 토지보유세 하나만 남겨두자는 것이다. 지대를 모두 환수하자는 주장이 파격적인 만큼 다른 모든 세금을 폐지하자는 주장 역시 파격적이다. 토지세 부담이 사유재산제의 실질적 무력화 수준에까지 이르지 않는다는 전제하에 나는 헨리 조지의 단일세 제안을 전적으로 지지한다. 그 이유를 설명해 보겠다.

조세의 가장 큰 해악은 그것 때문에 납세자들의 생산적 활동이 억제

된다는 것이다. 좀 극단적으로 말해서 소득세를 100% 거두어 간다고 해보자. 즉, 버는 족족 국가가 세금으로 거두어 가면 십중팔구 누구도 일하지 않을 것이다. 따라서 이 사회에는 아무것도 생산되지 않고 세금을 거둘 것도 없어진다. 물론 실제의 세율이 그렇게 높지는 않기 때문에 세금 때문에 누구도 생산하지 않는 상황이야 일어나지 않겠지만, 말하고자 하는 것은 세율이 높을수록 일하려는 의욕이 떨어진다는 사실이다. 그처럼 세금 때문에 생산의욕이 떨어져서 생기는 문제를 부르기 위해 경제학자들은 '사중손실'(*dead weight loss*)이라는 단어를 만들어냈다. 전문용어로 말하자면 세금 때문에 생산이 줄어들고, 그로 인해 소비할 것이 줄어들어 발생하는 소비자 후생의 감소분이 사중손실이다. 어쨌든 중요한 것은 세금 때문에 납세자의 행동이 바람직하지 않은 방향으로 바뀔 수 있다는 사실이다. 그리고 사중손실을 작게 발생시키는 세금일수록 좋은 세금인 셈이다.

그런데 세금 중에는 사중손실이 아예 없는 것들도 있다. 예를 들어, 소득이 얼마이던 간에 1년에 일정액을 납부하는 인두세가 있다고 생각해 보자. 아무 일을 하지 않더라도 내야 하는 세금이 인두세다. 각자가 얼마를 벌든 내는 세금은 똑같기 때문에 세금을 피하려고 일을 조금할 이유가 없다. 그렇기 때문에 사중손실도 발생하지 않는다.

이처럼 사중손실이 없는 세금을 중립세라고 부른다. 납세자들의 행동에 영향을 주지 않는 세금이라는 의미에서 중립세이다. 토지보유세는 중립적일 가능성이 매우 높은 세금이다. 토지를 사용하든 안 하든, 그리고 어떤 용도로 사용하든 토지가액의 일정비율을 보유세로 내야 한다면 보유세를 부과한다고 해서 토지의 이용방식이 달라질 가능성은 그리 높지 않다. 많은 경제학자들이 토지세를 지지하는 이유도 바로 이 토지세의 중립성에 있다고 보아야 한다. 물론 1970년대 이후 이론적 차원에서 토지세가 과연 중립적인가에 대한 논쟁이 시작된 것이 사실이지만, 그래도 여전히 많은 경제학자들이 토지세는 중립적일 가능성이 높은 세금으로 받아들이고 있다.

같은 금액을 거둘 것이면 가급적 중립적인 토지보유세로 거두는 것이 좋다. 예를 들어, 우리나라는 토지와 건물에 대해서 별도의 세금을 거두었다. 토지에 대해서는 종합토지세가, 그리고 건물에 대해서는 재산세가 각각 부과되었다. 사중손실을 줄이려면 토지세의 세율은 올리고 건물세는 폐지해야 한다. 부동산에 대해서 부과되는 세금 중 취득세와 등록세, 양도소득세도 중립성이 매우 약하다. 그런 거래세들 때문에 거래가 제약받기 때문이다. 따라서 거래와 관련된 세금들을 없애고 그 수입의 상실분을 메꿀 수 있을 정도로 토지보유세를 높이는 데에도 찬성한다. 그러나 앞서도 설명했듯이 토지세 부담이 사유재산제를 무력화시킬 정도까지 높아져서는 안 된다는 것, 그리고 모든 토지에 대해서 동일한 세율이 적용되어야 한다는 조건이 지켜진다는 전제하에서다.

그러나 현실적으로 우리나라의 토지세는 중립적이지 않다. 용도마다 세율이 다 제각각이다. 농지와 공장용지는 세율이 터무니없이 낮고 주택에 대해서는 터무니없이 높다. 공한지는 중과세하고 오피스빌딩은 저율과세한다. 게다가 합산누진과세까지 한다. 이런 세금은 중립세와는 거리가 멀다. 토지세 그 자체가 경제활동을 왜곡하는 원인이 된다. 중립성이라는 이유 때문에 토지세를 확대할 것이라면 먼저 모든 용도에 대해서 토지세의 세율을 균일하게 하는 작업부터 시작해야 한다. 그래야 토지세를 확대하는 취지를 살릴 수 있다.

그건 그렇다 하더라도, 토지세만 남기고 다른 모든 세금을 없애는 것은 어떤가? 헨리 조지가 저술활동을 하던 19세기 말에는 그의 제안이 어느 정도 설득력이 있었다. 그 당시 미국정부의 재정규모는 GDP의 5~7%를 쓰고 있었는데, 우연히도 지대 역시 GDP에서 그 정도의 비중을 차지하고 있었다.[23] 그러나 지금은 정부가 쓰는 돈이 GDP의 30%에 육박하고 있다. 우리나라의 GDP에서 지대소득이 어느 정도의 비중을 차지하는지 확실한 데이터가 있지는 않지만, 분명 20%를 밑돌 것임은 분명하다. 토지세만 남기고 모든 세금을 없앤다면 지금의 재정규모를 유지하는 일은 불가능할 것이다. 물론 개인적으로 나는 재정규모가 더 줄어야 한다고 생각하고 있기는 하지만, 그것은 별도의 논의를 필요로 하는 주제이다.

헨리 조지가 이해 못한 것

  헨리 조지는 토지 소유자의 역할을 이해하지 못했다. 아니 어쩌면 이해하고 싶지 않았을지도 모른다. 그러기 때문에 토지의 소유자를 없애고자 했다. 토지 소유자가 없더라도 토지는 잘 이용될 것이라고 생각했다. 아니 소유자가 없어야 더 잘 이용될 수 있다고 믿었다.
  그것은 잘못된 생각이다. 당신에게 돈이 좀 있다고 가정해 보자. 그리고 그 돈을 어딘가에 투자하려고 한다. 그 돈을 어디에 투자할 것인가. 주식? 채권? 정기예금? 주택? 아니면 토지? 토지를 산다면 어디에 어떤 땅을 사야 할까? 결정하기 매우 어려울 것이고 매우 위험한 일이기도 하다. 그 중에서 토지를 산다는 일은 주식을 사는 것보다 어쩌면 더 위험한 일일 가능성이 높다. 값이 오를지 내릴지, 내가 원할 때에 원하는 용도로 이용할 수 있을지, 어떻게 이용하는 것이 좋을지, 원할 때에 팔 수 있을지 …. 하나 같이 정답이 없는 의문들이다. 토지 소유자들은 그런 것들에 대해서 나름대로의 답을 찾아야 하고, 실천하고 시장의 검증을 거쳐야 한다. 그것이 토지 소유자의 역할이다. 그건 외환딜러들, 펀드매니저들, 주식투자자, 노동력의 소유자, 공장의 소유

23) E. S. Mills, *Is Land Tax Practical* (mimeo, 1998).

348

자 못지않은 보상을 필요로 한다. 그러나 헨리 조지를 비롯한 고전경제학자들, 또 오늘날까지 이어져온 그들의 후예들은, 맑스가 자본가의 역할을 이해 못했듯이 토지 소유자의 역할을 이해하지 못했다.

이론적으로 말하자면 토지 소유자의 가장 중요한 역할은 토지라는 귀중한 자원을 어떤 용도로 언제, 어느 정도의 밀도로 사용할지 결정하는 것이다. 효율적 토지이용은 사유재산제에 근거한 자유로운 거래와 계약, 그리고 경쟁, 즉 시장경제가 가장 잘 해결해 준다. 이렇게 보면 토지의 소유권제도를 결정함에 있어 토지를 누가 만들었는지는 관계가 없는 문제다. 부존량은 희소한데 찾는 사람이 많은 자원이라면 모두 사유재산제의 대상으로 삼는 것이 좋다.

조지스트의 근원적 오류는 사유재산의 존재이유를 창조에서 찾았다는 것이다. 물론 창조는 중요한 행위이다. 그러나 그것 못지않게 이미 만들어져 있는 것을 적재적소에 사용하는 일 역시 중요하다. 아니 어쩌면 그건 창조보다 더 중요한 것인지도 모른다.

게다가 토지이용행위를 창조가 아니라고 말할 수 있는가? 토지를 적재적소에 배치하는 행위는 가치를 창조하는 행위이다. 그것은 대구의 사과를 서울로 옮기는 것이 가치를 창조하는 행위인 것과 마찬가지다.

물론 헨리 조지의 제안대로 인간의 생산적 노력을 저해하는 세금들을 없애는 것은 좋다. 그러나 그것을 위해서 토지로부터 나오는 소득을 모두 몰수해서 토지의 사유재산을 유명무실하게 만들어야 한다는 주장은 잘못되었다. 토지세가 비교적 왜곡이 작은 세금인 것은 사실이지만, 사유재산제가 유지된다는 전제하에서이다. 사유재산제를 무력화시키는 세금만큼 큰 왜곡을 불러오는 세금은 없다.

헨리 조지는 맑스의 이론을 잘 이해하고 있었기 때문에, 만일 맑스의 이론이 실천에 옮겨진다면 독재체제가 될 것이라고 예언했다. 그 예언은 옳았다. 그러나 불행히도 자신의 이론이 가져올 결과는 잘 이해하지 못했다. 토지가치의 100% 환수는 필연적으로 토지 국유화를

초래하게 되고, 삶의 기반인 토지를 통제하는 정부는 십중팔구 독재의
유혹에 빠지게 된다. 그것이 역사의 교훈이다.

찾아보기

(용 어)

352

356

360

찾아보기

(인 명)

❖ 저자 약력

김정호(金正浩)는 연세대학교 경제학과와 서울대학교 환경대학원(수료)을
거쳐 미국 일리노이대학교에서 경제학 박사, 숭실대학교에서 법학 박사
학위를 받았다. 토지문제와 회사법, Cyber Law 관련 이슈들을 자유주의적,
법경제학적으로 분석하는 일에 독보적 능력을 인정받고 있다.
한국경제연구원 규제연구실장을 역임했고, 청와대 국가경쟁력강화기획단에서
일하기도 했다.
현재는 자유기업원 원장으로서 시장경제의 전도사를 자임하고 있으며,
서울대학교 초빙교수 및 한양대학교 겸임교수,
《동아일보》, 《한국경제신문》 고정 칼럼니스트,
《헤럴드 경제신문》 객원논설위원으로도 활동중이다.

주요 저서로는 《왜 우리는 비싼 땅에서 비좁게 살까》,
《토지세의 경제학: 미신과 현실》, 《한국의 토지이용규제》,
《사이버 공간의 법경제학》, 《갈등하는 본능》,
《7천만의 시장경제 이야기》(편역) 등이 있다.

강대국 국제정치의 비극

존 J. 미어셰이머 / 이춘근 역

신국판 · 값 35,000원

미어셰이머는 이 책에서 강대국들은 어떻게 행동하는가를 매혹적으로 묘사했고, 왜 그들이 그렇게 행동하는가에 대해 강력한 설명을 제시했다. 이 책은 공격적 현실주의에 관한 결정판이다.
－케네츠 N. 월츠

남북경제통합론

박상봉 저
신국판 · 값 15,000원

진정한 통일은 성공적인 남북한 경제통합을 의미한다는 전제하에 독일 경제통합정책의 장단점들을 본보기로 삼아 우리의 경제통합을 7단계로 나누어 분석하고 제시한다.

9 · 11의 충격과 미국의 거대전략 : 미국의 안보경험과 대응

존 L. 개디스 / 강규형 역
46판 · 값 10,000원

이 책은 현재 미국 외교정책의 기원을 존 퀸시 애덤스로 거슬러 올라가는 맥락에서 파악한 멋진 책이다. 이런 수준의 책은 개디스 정도의 경험과 지식, 그리고 재능을 가진 사람만이 쓸 수 있다.
－ 리처드 하스(미국 외교관계위원회 의장)

김일성시대의 중소와 남북한

오진용 저
신국판 · 값 25,000원

이 책의 주제는 바로 '1990년대 중소와 남북한 관계'의 근본적 변화과정을 다루는 것이다. 한국의 대(對) 중소 접근의 시대적 배경, 그 수교과정이 이 책의 핵심 부분이다.

한국전쟁과 미국 외교정책

윌리엄 스툭 / 서은경 역
신국판 · 값 15,000원

정치학자 존 뮬러(John Mueller)가 "2차 세계대전 이후 일어난 아마도 가장 중요한 사건"이라 규정한 '한국전쟁'에 대한 윌리엄 스툭 교수의 명철하고 심도 있는 분석.

미국의 대전략 : 외교정책과 군사전략

로버트 J. 아트/김동신 · 이석중 공역
신국판 · 값 28,000원

현재 미국은 세계에서 가장 강력한 국가이다. 아마도 전성기의 로마보다 더욱 강력할 것이다. 미국은 적어도 향후 몇십 년간 가장 강력한 국가로 남을 것이다. 그러한 강력한 국가에 어떤 행동이 요구될까? 이에 대한 답으로서, 로버트 J. 아트는 미국의 이익에 규합하는 8가지의 대전략을 규정하였다.

새로운 제국—중국

로스 테릴 / 이춘근 역
신국판 · 값 30,000원

한때 붉은 왕조의 신경을 건드려 '분열주의자'로 몰려 강제추방당한 저자 로스 테릴은, 맑스주의의 '신유가사상'과 레닌주의의 '신법가사상'의 베일에 가려진 중국제국의 실체를 역사학적, 정치학적 시각으로 명쾌하게 해부하고 있다.

일본의 국가전략과 안보전략

배정호 저
신국판 · 값 18,000원

우리는 한일관계의 불우했던 과거사로 이성과 감성이 얽혀, 일본에 대해 냉철한 전략적 접근보다는 종종 감정적 · 정서적으로 접근하는 경향이 있다. 그러나 이 책은 전후 일본의 국가전략과 안보전략을 냉철하고도 전략적으로 분석하였다.

413-756 경기도 파주시 교하읍 출판도시 518-4번지
TEL : 031) 955-4600 FAX : 031) 955-4555 www.nanam.net
NANAM 나남출판

자유기업원 시리즈

2006. 1

*01~55까지의 도서주문은 '자유기업원'으로, 56 이후의 책과 국제문제시리즈는 '나남출판'으로 하시기 바랍니다.